民间借贷
疑难解答与实务指导

安天甲 / 编著

Private Lending

Troubleshooting and
practical guidance

中国法制出版社
CHINA LEGAL PUBLISHING HOUSE

前　言

随着经济的发展，国家富强了，人民富裕了，个人手中的钱越来越多了，与此同时，经济的发展也越来越需要更多的钱，在各种银行不能全面满足市场经济快速发展需要的时候，民间借贷便有了相应的需求与市场，这种民间借贷市场也随着经济的快速发展而呈现出井喷式的涌现和跨越式的发展。由于管理的滞后及法律规制的不健全，从而造成了民间借贷市场的鱼龙混杂，许多与民间借贷相关联的犯罪也应运而生，并呈现出日益增多的势头，正所谓"你盯着别人的利息，别人却盯着你的本金"。因种种原因，民间借贷的纠纷也迅速激增，于是在纠纷不能通过其他途径和手段加以解决的情况下，很多当事人便走向了法院，拿起法律这个武器来维权。从法院受理民事案件的统计上看，民间借贷纠纷案件已快速地攀升为仅次于离婚纠纷案件的民事纠纷案件，在数量上稳居于民事案件的第二位。

通过向人民法院提起诉讼解决民间借贷纠纷是一种正常的诉讼行为，虽自古就有"杀人偿命，欠债还钱"的说法，但诉讼是一种非常专业的行为，诉讼就要遵守诉讼规则，不能认为别人欠你钱，就一定能打赢官司，拿着欠条打输官司的也不在少数。就民间借贷的诉讼而言，债权人完全可能因为没有借贷凭证、借贷凭证的内容欠缺或不完整、超过时效期间、保证人超过保证期间、所借款项是否交付等诸多原因而被法院驳回诉讼请求；也可能不愿意或忽略利率约定而丧失应有的利息，还可能因为应当打"借条"而打"欠条"而输掉官司；保证担保中，债务人到期不偿还借款和到期不能偿还借款的保证责任是有明显差异的，没有约定保证期间与保证期间约定不明及约定保证期间直至借款本息全部还清时止等是否具有一样的法律后果；同样是100万元的借款，同样是向同一法院主张债权，选择不同的途径和方式，其成本和期间是有天壤之别的；"砍头息""高利贷""利滚利""赌债"、以房屋买卖代替借贷等是否合法；在诉讼中债权人与债务人各自负担哪些举证责任，各自应当提供哪些证据材料，应当提供的证据应当证明到何种程度等，这些都会影响到诉讼目的的实现和法院的判决结果。对此，本书将作出明确的回答和指导。

在此，作者真诚地提醒：当您想到拿起法律这个武器来维护自己权利的时候，首先应当学会的是如何正确而有效地使用法律这个武器！

真诚地感谢认真研读本书的每一位读者！是你们的认可、支持与鼓励才使本人在维护法律公平、正义与尊严的道路上不断地坚持与努力着，本人将一如继往地为每一个委托人提供包括民间借贷纠纷在内的所有法律服务，本人也将为相信并通过法律手段维护自己权益的人们提供全方位的法律服务，贯彻与实现"努力让人民群众在每一个司法案件中感受到公平正义"！

认真并仔细阅读本书一定会使你受益匪浅，未尽事宜，可与作者沟通、联系和探讨。欢迎读者对本书提出宝贵意见和对相关事宜进行探讨。

维权之路漫漫兮，其修远兮！

安天甲

目 录

第一章 民间借贷常识 ……………………………………………… 1

第一节 民间借贷基本常识//003

第二节 民间借贷的形成与效力//015

第三节 民间借贷的利息与利率//023

第四节 民间借贷的虚假诉讼//030

第五节 民间借贷相关犯罪与民刑交叉问题//034

第六节 民间借贷专项指导//049

第七节 案例裁判与评析//058

第二章 民间借贷的担保 ……………………………………………… 77

第一节 担保的基本常识//079

第二节 保证担保//086

第三节 抵押担保//095

第四节 质押担保//108

第五节 民间借贷担保的专项指导//116

第六节 案例裁判与评析//128

第三章 民间借贷的起诉与答辩 …………………………………… 141

第一节 起诉//143

第二节 诉讼时效//155

第三节 诉讼费用//166

第四节 送达与答辩//172

第五节 管辖权异议//185

第六节 保全制度//189

第七节 回避制度//203

第八节 专项指导//208

第九节 案例裁判与评析//214

第四章 民间借贷的证据 ········· 221

第一节 证据常识//223

第二节 民间借贷证据//242

第三节 证据的审查认定//258

第四节 专项指导//268

第五节 案例裁判与评析//274

第五章 民间借贷审理与处理的程序 ········· 291

第一节 审理民间借贷的普通程序//293

第二节 民间借贷审理的简易程序//309

第三节 民间借贷案件的小额诉讼//315

第四节 民间借贷的二审程序//320

第五节 督促程序//332

第六节 民间借贷实现担保物权程序//342

第七节 专项指导//349

第八节 案例裁判与评析//356

第六章 民间借贷的执行、异议及其诉讼 ········· 377

第一节 民间借贷案件的执行//379

第二节 执行异议与执行异议之诉//390

第三节 第三人撤销之诉//398

第四节 专项指导//406

第五节 案例裁判与评析//410

第七章 民间借贷的再审与抗诉 ········· 415

第一节 民间借贷案件再审的申请//417

第二节　民间借贷案件再审的审查//423
第三节　民间借贷案件再审的程序//432
第四节　民间借贷案件的抗诉//438
第五节　对民间借贷案件再审与抗诉的指导//442

第一章
民间借贷常识

第一节　民间借贷基本常识

1. 什么是民间借贷？其法律关系如何？

【律师解答】民间借贷，是指自然人、法人、其他组织之间及其相互之间进行资金融通的行为。在民间借贷法律关系中，提供资金的一方为出借人或贷款人，接受资金的一方为借款人。

【特别提醒】经金融监管部门批准设立的从事贷款业务的金融机构及其分支机构，因发放贷款等相关金融业务引发的纠纷不属于民间借贷纠纷。

【法条链接】

《最高人民法院关于审理民间借贷案件适用法律若干问题的规定》

第一条　本规定所称的民间借贷，是指自然人、法人、其他组织之间及其相互之间进行资金融通的行为。

经金融监管部门批准设立的从事贷款业务的金融机构及其分支机构，因发放贷款等相关金融业务引发的纠纷，不适用本规定。

2. 可以进行民间借贷的主体包括哪些？

【律师解答】根据《最高人民法院关于审理民间借贷案件适用法律若干问题的规定》第一条的规定，可以进行民间借贷的主体包括：

（1）自然人，也就是自然出生的人，通常所说的个人。

（2）法人，法人是与自然人相对应的一种民间借贷主体，它是指具有民事权利能力和民事行为能力，依法享有民事权利和承担民事义务的组织。

（3）其他组织，是指合法成立、有一定的组织机构和财产，但又不具备法人资格的组织。

【特别提醒】法人与法人、自然人、其他组织之间的民间借贷必须是以资金融通为目的的行为，如果是以发放贷款取得利息收入为目的，则是无效的。

【法条链接】

《中华人民共和国民法总则》

第十三条　自然人从出生时起到死亡时止，具有民事权利能力，依法享有民事权利，承担民事义务。

第五十七条 法人是具有民事权利能力和民事行为能力，依法独立享有民事权利和承担民事义务的组织。

第一百零二条 非法人组织是不具有法人资格，但是能够依法以自己的名义从事民事活动的组织。

非法人组织包括个人独资企业、合伙企业、不具有法人资格的专业服务机构等。

3. 无行为能力人或限制行为能力人可以成为民间借贷的主体吗？

【律师解答】自然人从出生到死亡都具有民事权利能力，依法享有民事权利，承担民事义务。而自然人的行为能力，要依其年龄、智力及精神状况而定，不满八周岁的未成年人以及不能辨认自己行为的精神病人是无民事行为能力人，无民事行为能力人必须由他的法定代理人代理民事活动。八周岁以上的未成年人以及不能完全辨认自己行为的精神病人是限制民事行为能力人，限制行为能力人可能进行与他的年龄、智力、精神状况相适应的民事活动，其他民事活动由他的法定代理人代理，或者征得他的法定代理人同意。无民事行为能力人与限制民事行为能力人因具有民事权利能力，享有民事权利，故完全可以成为民间借贷的主体。

【特别提醒】虽无民事行为能力人或限制行为能力人可以成为民间借贷的主体，但其与法人、其他组织之间及其相互之间签订的民间借贷合同，可能存在合同效力上的瑕疵。

【法条链接】

《中华人民共和国民法总则》

第十九条 八周岁以上的未成年人为限制民事行为能力人，实施民事法律行为由其法定代理人代理或者经其法定代理人同意、追认，但是可以独立实施纯获利益的民事法律行为或者与其年龄、智力相适应的民事法律行为。

第二十条 不满八周岁的未成年人为无民事行为能力人，由其法定代理人代理实施民事法律行为。

第二十一条 不能辨认自己行为的成年人为无民事行为能力人，由其法定代理人代理实施民事法律行为。

八周岁以上的未成年人不能辨认自己行为的，适用前款规定。

第二十二条 不能完全辨认自己行为的成年人为限制民事行为能力人，实施民事法律行为由其法定代理人代理或者经其法定代理人同意、追认，但是可以独立实施纯获利益的民事法律行为或者与其智力、精神健康状况相适应的民事法律行为。

4. 其他组织都包括哪些?

【律师解答】可以进行民间借贷的其他组织包括：企业法人设立的分支机构、外国公司在中国设立的分公司，依法登记领取营业执照的非法人集体企业、合伙企业、个体工商户、个人独资企业、村民委员会、家庭农场等。

【特别提醒】其他组织虽没有法人资格，但作为独特的社会主体，在法律规定的范围内从事民事法律活动，具有相应的民事权利能力和民事行为能力。

【法条链接】

《最高人民法院关于适用〈中华人民共和国民事诉讼法〉的解释》

第五十二条　民事诉讼法第四十八条规定的其他组织是指合法成立、有一定的组织机构和财产，但又不具备法人资格的组织，包括：

（一）依法登记领取营业执照的个人独资企业；

（二）依法登记领取营业执照的合伙企业；

（三）依法登记领取我国营业执照的中外合作经营企业、外资企业；

（四）依法成立的社会团体的分支机构、代表机构；

（五）依法设立并领取营业执照的法人的分支机构；

（六）依法设立并领取营业执照的商业银行、政策性银行和非银行金融机构的分支机构；

（七）经依法登记领取营业执照的乡镇企业、街道企业；

（八）其他符合本条规定条件的组织。

《中华人民共和国民法总则》

第五十四条　自然人从事工商业经营，经依法登记，为个体工商户。个体工商户可以起字号。

第五十五条　农村集体经济组织的成员，依法取得农村土地承包经营权，从事家庭承包经营的，为农村承包经营户。

第一百零二条　非法人组织是不具有法人资格，但是能够依法以自己的名义从事民事活动的组织。

非法人组织包括个人独资企业、合伙企业、不具有法人资格的专业服务机构等。

5. 中国公民与外国人或无国籍人在中国境内可以进行民间借贷吗？

【律师解答】外国人或无国籍人在中华人民共和国领域内进行民事活动，适用中华人民共和国法律，这是国际通行的法律效力属地原则的体现，所以在中国境内中国公民与外国人或无国籍人可进行资金融通等民间借贷活动。

【法条链接】

《中华人民共和国民法总则》

第十二条　中华人民共和国领域内的民事活动，适用中华人民共和国法律。法律另有规定的，依照其规定。

6. 我国的金融机构有哪些？

【律师解答】我国的金融机构，按地位和功能可分为四大类：

第一类，中央银行，即中国人民银行。

第二类，银行。包括政策性银行、商业银行。

第三类，非银行金融机构。主要包括国有及股份制的保险公司、城市信用合作社、证券公司（投资银行）、信托公司、财务公司、金融租赁公司、汽车金融公司、消费金融公司及货币经纪公司等金融机构；

第四类，在境内开办的外资、侨资、中外合资金融机构。

以上各种金融机构相互补充，构成了一个完整的金融机构体系。

7. 什么是非存款类放贷组织？

【律师解答】非存款类放贷组织，是指在工商行政管理部门注册登记，并经省级人民政府监督管理部门批准取得经营放贷业务许可，经营放贷业务但不吸收公众存款的机构。目前常见的小额贷款公司就属于这类组织。

【特别提醒】非存款类放贷组织是经营放贷业务的公司制企业，不得以任何形式吸收或变相吸收公众存款。

8. 小额贷款公司与借款人的借款属于民间借贷吗？

【律师解答】对于小额贷款公司与借款人签订的借款合同的性质在实践中还存在争议，有人认为小额贷款公司有特别的设立程序，对其监管的主体、准入标准、业务规则等都有其特别规定，应当属于金融监管机构监督管理的其他金融机构范围，其贷款发生的纠纷不应适用民间借贷的法律规定；而有些人则认为，小额贷款公司也是取得营业执照的公司，也可以作为民间借贷的主体，与其他民间借贷主体并无本质区别，对其借贷纠纷应当适用民间借贷的法律规定。

笔者认为：2015年9月1日起施行的《最高人民法院关于审理民间借贷案件适用法律若干问题的规定》第1条："本规定所称的民间借贷，是指自然人、法人、其他组织之间及其相互之间进行资金融通的行为。经金融监管部门批准设立的从事贷款业务的金融机构及其分支机构，因发放贷款等相关金融业务引发的纠纷，不适用本规定。"最早提出建立"小额贷款组织"的文件见于国务院办公厅2006年2月发布的《国务院办公厅关于落实中共中央国务院关于推进社会主义新农村建设若干意见有关政策措施的通知》（国办函〔2006〕13号），该通知指出"大力培育由自然人、企业法人或社团法人发起的小额贷款组织，并授权由银监会牵头，会同人民银行等部门抓紧研究制定管理办法"。此后，银监会与人民银行于2008年共同发布了《中国银行监督管理委员会、中国人民银行关于小额贷款公司试点的指导意见》（银监发〔2008〕23号），该意见将小额贷款公司定义为"由自然人、企业法人与其他社会组织投资设立，不吸收公众存款，经营小额贷款业务的有限责任公司或股份有限公司"。其主要资金来源于"股东缴纳的资本金、捐赠资金，以及来自不超过两个银行业金融机构的融入资金"。小额贷款公司设立时不仅需要向工商部门申请办理注册登记手续并领取营业执照，还需向"中国银行业监督管理委员会派出机构和中国人民银行分支机构报送相关资料"，同时须接受省级政府金融办等部门对其日常经营的监督管理。之后，人民银行于2009年发布《金融机构编码规范》（银发〔2009〕363号），该规范第3项"术语与定义"的第3.32项将小额贷款公司认定为金融机构，并设立编码为Z，归为其他金融机构一类。由此可见，小额贷款公司应当符合《最高人民法院关于审理民间借贷案件适用法律若干问题的规定》中所称的从事贷款业务的金融机构。但事实上，银监会发布的各类官方文件的意见却与上述人民银行的意见相左，银监会正式文件中鲜见承认小额贷款公司的金融主体地位，依据银监会《金融许可证管理办法》（〔2003〕第2号，2007年修正）第3条以列举的方式阐述了金融机构范围："金融机构包括政策性银行、商业银行、金融资产管理公司、信用合作社、邮政储蓄机构、信托投资公司、企业集团财务公司、金融租赁公司和外资金融机构等"，其中并未提及小额贷款公司，小额贷款公司是无法根据该办法领取金融许可证的。据银监会《消费金融公司试点管理办法》（〔2013〕第2号）第2条："本办法所称消费金融公司，是指经银监会批准，在中华人民共和国境内设立的，不吸收公众存款，以小额、分散为原则，为中国境内居民个人提供以消费为目的的贷款的非银行金融机构。"该文径直承认了消费金融公司的金融机构地位。但相比来看，小额贷款公司与消费金融公司在设立目的、经营范围、社会金融调节作用方面有较高的相似度。

从人民法院的司法判例来看，人民法院在判断涉小额贷款公司借贷类纠纷的案由、主体时，小额贷款公司一直是民间借贷案件的适格主体，例如最高人民法院（2014）民一终字第98号案件，将宁夏骊达小额贷款有限公司银川分公司与宁夏隆湖房地产开发集团有限公司案件定性为民间借贷纠纷；与此相反，涉消费金融公司的借贷纠纷的案由则一般定为金融借款合同纠纷。

笔者认为：小额贷款公司与其他民间借贷主体还存在明显的区别，从法律对民间借贷的界定上看，民间借贷属于自然人、法人、其他组织之间及其相互之间进行资金融通的行为，而小额借贷公司则是一种经营性行为，其业务主要是发放贷款获取利息，不符合民间借贷的含义，不属于民间借贷。最高人民法院专职委员杜万华在其《最高人民法院民间借贷审判实务指导与疑难解答》一书中也仅认为：最高人民法院关于审理民间借贷案件适用法律若干问题的规定所确立的利率规制应当适用于小额贷款公司。2015年4月，由中国人民银行启动起草《非存款类放贷组织条例》，该条例征求意见稿已向社会公布征求意见，虽然该条例至今没有经国务院批准实施，但中国人民银行在其征求意见稿说明中明确"放贷业务是典型的金融业务，基于风险防范和金融消费者权益保护等考虑，有必要对经营放贷业务实行许可制度，这也是国际惯例，美国、德国、英国等国家和我国香港等地区都对放贷业务采取牌照管理。因此征求意见稿规定，除依法报经监督管理部门批准并取得经营放贷业务许可的非存款类放贷组织外，任何组织和个人不得经营放贷业务（第4条第1款）"，由此可见小额贷款公司的贷款不属于民间借贷。

【特别提醒】目前法院在审理涉及小额借贷公司借贷纠纷中，还是适用民间借贷的法律及司法解释的规定，未来应当以国务院《非存款类放贷组织条例》的规定为准。涉及小额贷款公司的贷款纠纷，应当以当地法院对此相关规定进行对待和处理。

9. 什么是本金？

【律师解答】本金就是借贷双方约定的出借人向借款人支付的借款金额。本金以出借人实际提供的借款数额为准。

【特别提醒】民间借贷的借款本金不包括在借款时借款人预先扣除的利息。

【法条链接】

《最高人民法院关于审理民间借贷案件适用法律若干问题的规定》

第二十七条 借据、收据、欠条等债权凭证载明的借款金额，一般认定为本金。预先在本金中扣除利息的，人民法院应当将实际出借的金额认定为本金。

10. 什么是利率？

【律师解答】利率是"利息率"的简称，就是指一定期限内利息额与存款本金或贷款本金的比率。

公式表示为：利息率＝利息额/本金

利率一般可分为年利率、月利率和日利率。

利率表示法：％代表年利率，‰代表月利率，万分比‱代表日利率。

三种利率之间可以换算。其换算公式为：

年利率/12＝月利率

月利率/30＝日利率

年利率/360＝日利率

【特别提醒】利率根据针对的对象，还分为存款利率和贷款利率，在民间借贷中的利率，一般是指借款利率。

11. 什么是利息？

【律师解答】利息一般就是指借款人（如债务人）为取得货币资金的使用权而支付给贷款者（如债权人）的一定代价，或者说是货币所有者因暂时让渡货币资金使用权而从借款者手中获得的一定报酬。利息又称子金，是母金（如本金）的对称。利息作为借入货币的代价或贷出货币的报酬，实际上，就是借贷资金的"价格"。

利息一般包括存款利息、贷款利息和各种债券的利息。

【特别提醒】利息计算时，本金以元为起息点，元以下的角、分不计息。利息的金额算至分位，分位以下四舍五入。分段计算算至厘位，合计利息后分以下四舍五入。

计算规定：不论闰年，平年，不分月大，月小，全年按360天。每月均按30天计算。天数计算＝月×30天＋另头天数（1月1日至4月24日即为144天）

12. 什么是复利？

【律师解答】复利是相对于单利而言的，俗称"利滚利"，是指在借贷关系中，借款人将到期应付而未付的利息计入本金再计算利息。即除最初的本金要计算利息外，在每一个计息期，上一个利息期的利息将成为生息的本金，再算利息，由此产生的利息称为复利。比如：甲向乙借款10万元，年利率为10%，借期为2年，如果按单利法计息，本息合计应是10万元＋（10万元×10%×2）＝12万元；如果按复利法计算，计息期限为一年，那么10万元一年的利息即为1万元，本息合计即是11万元，11万元再按10%计算一年，利息即是11万元×10%×1＝1.1万元，这样10万元借款在两年的借期内产生的利息即为2.1万元，出借人2年后获得的本息即为12.1万元，很显然多出了1000元。可见，按复利法计息，出借的本金越大，利率越高，计息次数越多，与单利法计息产生的差距就越大。

13. 等额本息还款法是怎么回事？

【律师解答】等额本息还款法，指按月等额归还贷款本息。即借款人每月按相等的金额偿还贷款本息，其中每月贷款利息按月初剩余贷款本金计算并逐月结清。等额还款法的特点是在整个还款期内，每个月的还款额保持不变（遇调整利率除外），优点在于借款人可以准确掌握每月的还款额，有计划地安排家庭的收支。由于每月的还款额相等，因此，在贷款初期每月的还款中，剔除按月结清的利息后，所还的贷款本金就较少；而在贷款后期因贷款本金不断减少、每月的还款额中贷款利息也不断减少，每月所还的贷款本金就较多。

【特别提醒】采用等额本息还款法，假如还款已到中期，也没必要提前还款。因为等额本息法越到后来归还的本金越多，利息越少。还款中后期再提前还贷，对还贷者而言，该还的利息大头都付了，提前还的只是本金，并没有节省利息。这种还款方式，实际占用出借人贷款的数量更多、占用的时间更长，同时它便于借款人合理安排每月的生活和进行理财（如以租养房等），对于精通投资、擅长于"以钱生钱"的人来说，无疑是最好的选择。

14. 什么是等额本金还贷法？

【律师解答】 所谓等额本金还贷法，即每月归还的本金相同，利息逐月递减，月还款数呈先高后低、逐月递减态势。这种还贷方式适合目前收入较高、预计将来收入大幅增长或准备提前还款的还贷者。

【特别提醒】 采用等额本金法还贷者不适宜提前还贷。因为等额本金是将贷款总额平分成本金，根据所剩本金计算还款利息。也就是说，这种还款方式越到后期，所剩的本金越少，因此所产生的利息也越少。当还款期超过 1/3 时，借款人已还了将近一半的利息，再选择提前还贷的话，偿还的更多是本金，不能有效地节省利息支出。

15. 什么是过桥贷款？

【律师解答】 过桥贷款（bridge loan）又称搭桥贷款，是指金融机构 A 拿到贷款项目之后，本身由于暂时缺乏资金，没有能力运作，于是找金融机构 B 商量，让它帮忙发放资金，等 A 金融机构资金到位后，B 则退出。这笔贷款对于 B 来说，就是所谓的过桥贷款。在这个解释里面，过桥贷款有一个参考人的问题，就是说，这笔贷款相对于 B 来说，才能称作过桥贷款，其实 B 在这笔贷款的按时成功发放过程中起了一个桥梁的作用。

【特别提醒】 从一般意义上讲，过桥贷款是一种短期贷款（short-term loan），其是一种过渡性的贷款。过桥贷款是使购买时机直接资本化的一种有效工具，回收速度快是过桥贷款的最大优点。过桥贷款的期限较短，最长不超过一年，利率相对较高，以一些抵押品诸如房地产或存货来作抵押。因此，过桥贷款也称为"过桥融资"（bridge financing）、"过渡期融资"（interim financing）、"缺口融资"等。在我们国家，过桥借贷主要发生在商业银行为国开行、进出口行、农发行等政策性银行进行短期融通资金时。法律及司法解释均没有对民间借贷中的过桥借贷进行规定，但现实中却存在一部分过桥借贷的民间借贷。

16. 什么是 P2P 网络借贷？

【律师解答】 P2P 网络借贷是 Peer to Peer Lending 的简称，即借款人和投资人之间，通过互联网平台实现一方获得资金支持，另一方获得利息收入的交易模式。该模式的雏形是英国人理查德·杜瓦、詹姆斯·亚历山大、萨拉·马休斯和大卫·尼克尔森4位年轻人共同创造的。2005年3月，一家名为"Zopa"的网站在英国开通，标志着网络借贷的诞生，英国也成为P2P网络贷款的发源地，此后P2P网络借贷平台在全球范围内得到了迅速的发展，规模较大的有美国的prosper等，国外的平台大多从网络上直接获取借款人和投资人，直接对借贷双方进行撮合，不承担过多的中间业务，模式比较简单。随着我国近几年经济的快速发展，P2P网络贷款这一商业模式很快传入我国。2007年8月，我国第一个P2P借贷网站拍拍贷正式成立，并在这几年的发展中逐渐完善和扩展自己的经营方式，随后还出现了宜信、陆金所、人人贷、齐放网等诸多借贷平台。特别是2013年以来，P2P网络借贷出现井喷式发展，至今已超过2000家。2005年1月20日，银监会成立了普惠金融部，P2P划归普惠金融部管理。

17. 网络贷款平台与形成借贷双方是什么关系？

【律师解答】在网络借款中，网络贷款平台只是提供媒介服务，属于居中服务，既不是网络民间借贷的当事人，也不是担保人。

【特别提醒】除网络平台明示提供担保或有其他证据证明其为借贷提供担保外，网络平台只提供媒介服务，不承担担保责任。

【法条链接】

《最高人民法院关于审理民间借贷案件适用法律若干问题的规定》

第二十二条　借贷双方通过网络贷款平台形成借贷关系，网络贷款平台的提供者仅提供媒介服务，当事人请求其承担担保责任的，人民法院不予支持。

网络贷款平台的提供者通过网页、广告或者其他媒介明示或者有其他证据证明其为借贷提供担保，出借人请求网络贷款平台的提供者承担担保责任的，人民法院应予支持。

18. 什么是借条？

【律师解答】"借条"是指借、贷双方在设立权利义务关系时，由债务人向债权人出具的债权凭证。"借条"，又称为"借据"，"借据"是比较正式的叫法。"借条"使用最多的是在借贷现金时，出借人在交付借款时往往会要求借款人开具"借条"，交由出借人收执，以证实借款的事实；在借用物品时,有时出借人也会要求对方打张"借条"。借条是证明借贷合同关系之债的必然凭据,是出借人向借款人交付借款时,借款人向出借人出具的一种借贷事实的依据。一个"借"字,不但反映出借、贷双方的借款合同关系,而且也反映出贷方已履行了借款合同中的"出借"义务。假如借款人不守诚信,不履行返还借款义务时,出借人可以凭着"借条"起诉到法院,请求法院判令借款人返还借款。此时,"借条"就成了借贷纠纷案件中最重要的证据,只要"借条"能够足以证实双方存在借款事实,法院就会支持出借人的诉讼请求。

19. 什么是欠条?

【律师解答】"欠条"又称为"欠据",通常是由于债务人应当向债权人履行债务时,因自身原因不能按时偿还而向债权人出具的债权凭证。"欠"字与"借"字有很大的区别,欠反映的是一种"状态",借表明了债权关系是因为借贷而形成,欠条则无法表明债权关系形成的真正原因。欠条和借条性质不同,借条是用以确认借款的法律事实。而欠条是欠款的凭证,是对欠款事实的确认,具有催款的性质。当借条持有人凭借条向法院起诉时,由于通过借条本身较易于识别和认定当事人之间存在的借款事实,借条持有人一般只需要向法院简单地陈述借款的事实经过即可,对方要抵赖的话一般很困难。但是,当欠条持有人凭欠条向法院起诉时,欠条持有人必须向法官陈述欠款形成的事实,如果对方否认,欠条持有人须进一步证明存在欠条形成的事实。

"欠条"产生的原因有很多,借钱可以是其中一种原因,其他例如在履行买卖合同、承揽合同、运输合同等合同中,只要债务人没有及时履行债务,债权人也可以要求打"欠条",在很多时候,"欠条"往往是对双方经济往来的一种结算凭证,表明自写"欠条"之日起双方之间形成一种债权债务关系。

20. 什么是收条或收据?

【律师解答】"收条"是指收到别人或单位送到的钱物时写给对方的一种凭据。正式的"收条"又称为"收据",无论收到钱,还是收到物品都可以开具"收条","收条"可以用来证实履行了交钱或交物的合同义务。例如,甲、乙双方签定有买卖合同,在乙方履行支付货款义务之后,甲方就必须交付乙方货物，甲方在收到货款时则必须开具"收条"（收据或发票）给乙方收执。

21. 什么是格式合同？

【律师解答】 格式合同又称定式合同、标准合同或附意合同等，是指合同条款由当事人一方预先拟定，对方只能表示全部同意或者不同意的合同，也即一方当事人要么整体接受合同条件，要么不订立合同。由于格式合同具有内容定式化、预定化等特点，因而可以简化手续、节省费用和时间，提高效率，所以在通信、保险、交通、邮政等现代生活的诸多领域被广泛使用。

【特别提醒】 在我国，银行、小额贷款公司等借款合同普遍采用了格式合同。民间借贷中有的出借人对外融通资金数量较多，也制定了大量的各种格式合同文本。借款人在使用时，要多加注意。

22. 格式合同的特点有哪些？

【律师解答】 民间借贷格式合同具有以下特点：

（1）合同文本往往由贷款人预先拟定，不与借款人事先协商。格式借款合同是由银行、小额借贷公司等贷款人预先拟定的，在拟定之时不征求借款人的意见，借款人签订时只能接受或者拒绝，不容讨价还价。

（2）格式条款的内容和形式固定化。通常情况下，格式借款合同的内容和式样经过标准处理，固定一致，订立时贷款人只需要向借款人提供印制文本，不同的借款人但格式合同文本相同。贷款人与不同的借款人订立相同种类借款合同，是一种机械性的重复，每份借款合同差异仅在于借款人姓名（名称）的改变和标的数量上的多少。

（3）适用时间上的重复性、长期性和适用对象上的非特定性。格式借款合同在适用上具有持久性，在一定期限内多次使用该文本，而一般不为某笔贷款的成立拟定专门借款合同；适用对象上，借款人也具有不特定性。

（4）格式借款合同表现为书面形式。

第二节 民间借贷的形成与效力

1. 民间借贷关系在什么情况下成立和生效？

【律师解答】民间借贷分为自然人之间的借贷和法人及其他组织与自然人之间的借贷。自然人之间的借贷自出借人提供借款时成立并生效。而法人及其他组织相互之间和其与自然人之间的民间借贷，自双方签订借款协议或达成借贷合议时成立并生效。

【特别提醒】自然人之间的民间借贷属于实践合同，只签协议不付钱，合同不生效，债务人不能要求法院判决强制出借人借款。而除自然人之间的民间借贷外，其他民间借贷属于诺成性合同，除当事人另有约定或者法律、行政法规另有规定外，双方签订借款协议后合同就成立并生效，出借人不支付借款，借款人可以要求出借人支付借款并承担违约责任。

【法条链接】

《中华人民共和国合同法》

第四十四条　依法成立的合同，自成立时生效。

法律、行政法规规定应当办理批准、登记等手续生效的，依照其规定。

第二百一十条　自然人之间的借款合同，自贷款人提供借款时生效。

《最高人民法院关于审理民间借贷案件适用法律若干问题的规定》

第十条　除自然人之间的借款合同外，当事人主张民间借贷合同自合同成立时生效的，人民法院应予支持，但当事人另有约定或者法律、行政法规另有规定的除外。

2. 如何确定自然人之间借款合同的生效？

【律师解答】《合同法》第210条规定：自然人之间的借款，自贷款人提供借款时生效。如何确认贷款人（出借人）提供了借款，根据《最高人民法院关于审理民间借贷案件适用法律若干问题的规定》第9条的规定，以下情况可视为具备《合同法》第210条关于自然人之间借款合同的生效要件：

（1）以现金支付的，自借款人收到借款时；

（2）以银行转账、网上电子汇款或者通过网络贷款平台等形式支付的，自资金到达借款人账户时；

（3）以票据交付的，自借款人依法取得票据权利时；

（4）出借人将特定资金账户支配权授权给借款人的，自借款人取得对该账户实际支配权时；

（5）出借人以与借款人约定的其他方式提供借款并实际履行完成时。

【法条链接】

《最高人民法院关于审理民间借贷案件适用法律若干问题的规定》

第九条 具有下列情形之一，可以视为具备合同法第二百一十条关于自然人之间借款合同的生效要件：

（一）以现金支付的，自借款人收到借款时；

（二）以银行转账、网上电子汇款或者通过网络贷款平台等形式支付的，自资金到达借款人账户时；

（三）以票据交付的，自借款人依法取得票据权利时；

（四）出借人将特定资金账户支配权授权给借款人的，自借款人取得对该账户实际支配权时；

（五）出借人以与借款人约定的其他方式提供借款并实际履行完成时。

3. 哪些民间借贷合同无效？

【律师解答】《最高人民法院关于审理民间借贷案件适用法律若干问题的规定》第14条规定：具有下列情形之一，人民法院应当认定民间借贷合同无效：

（1）套取金融机构信贷资金又高利转贷给借款人，且借款人事先知道或者应当知道的；

（2）以向其他企业借贷或者向本单位职工集资取得的资金又转贷给借款人牟利，且借款人事先知道或者应当知道的；

（3）出借人事先知道或者应当知道借款人借款用于违法犯罪活动仍然提供借款的；

（4）违背社会公序良俗的；

（5）其他违反法律、行政法规效力性强制性规定的。

【法条链接】

《中华人民共和国合同法》

第五十二条 有下列情形之一的，合同无效：

（一）一方以欺诈、胁迫的手段订立合同，损害国家利益；

（二）恶意串通，损害国家、集体或者第三人利益；

（三）以合法形式掩盖非法目的；

（四）损害社会公共利益；

（五）违反法律、行政法规的强制性规定。

4. 在民间借贷中，有的借款人不会写字，怎样才能使民间借贷成立和生效？

【律师解答】在民间借贷中，确实有的借款人没上过学，也不会写字，此时在借贷文书上应当由其亲属或他人代签，在借贷文书上注明代签事由和代签人，并由借款人在代签处捺上手印。

【特别提醒】注意核实代签人与借款人的关系及身份。

【法条链接】

《最高人民法院关于适用〈中华人民共和国合同法〉若干问题的解释（二）》

第五条 当事人采用合同书形式订立合同的，应当签字或者盖章。当事人在合同书上摁手印的，人民法院应当认定其具有与签字或者盖章同等的法律效力。

5. 民间借贷所打借条、欠条、收据等如何捺印指纹才受法律保护？

【律师解答】民间的借贷或欠款字据及协议，上面除了有借贷人或欠款人的签名字迹以外，还要捺印上借贷人或欠款人的指纹，有的时候借贷人或欠款人文化水平不高，签名有困难时，那只能在借贷或欠款条上留下指纹，以证明借贷或欠款事实的存在。由于人们对指纹捺印了解得不是很清楚，没有这方面的经验和知识，只是认为随便伸出个手指头捺印一下就行。还有的在指纹捺印过程中，就用指尖那么一捺，加上使用的印油不符合规范要求，指纹捺印后根本看不清指纹的纹路，也就无法辨别到底是谁的指纹。

捺印指纹是确认某个人民事行为是否存在，指纹的捺印是有特殊要求和方法的，而不是很随意的一种行为。在民间借贷中指纹捺印时应注意以下事项：

（1）应使用专用的印泥或印油，防止印泥或印油在手指上堆积，形成捺印指纹的模糊和不清晰。印泥和印油为红色、蓝色、黑色均可。

(2)捺印指纹的顺序是以右手的食指、拇指、中指为依次顺序的，如果右手手指因特殊情况，指纹捺印不能满足要求时，可用左手的食指、拇指、中指依次代替，最好在指纹捺印中注明。

(3)在捺印过程中是将手指平放在要捺印的有关材料或文件上，从左至右用手指滚动捺印，捺印的力大小要掌握好，这样指纹的纹路会清晰地留在材料或文件上，最好在捺印前确认印泥或印油在手指上遗留的程度。也可请专业人员或有这方面知识的人操作。

6. 情人之间打的欠条或借条有效吗？

【律师解答】 由于情人之间的特殊关系，一般在相处期间可能存在或发生一定的经济往来和交易等，对真实存在和发生的情人之间的欠条或借条还是有法律效力的，属于合法的借贷关系，受法律保护。但情人之间没有资金交付的虚假借贷或侵害合法的一方配偶财产权利的无效。

【特别提醒】 在认定情人之间的欠条或借条时需要注意，情人之间具有特殊的人身关系，也是虚假债务发生较多的主体，在司法实践中，对情人之间的债务无论对方是否承认，均需对借贷原因、过程及款项转移等进行审查，避免侵害他人的合法权益。

7. 夫妻间借款协议有效吗？

【律师解答】 在婚姻存续期间，夫妻一方向另一方打的借条是否有效，要根据具体情况而定。如夫妻双方存在财产约定，约定婚姻存续期间财产实行各自所有，且夫妻间的借款也客观真实地发生和存在，这时双方签订的借款协议是有法律效力的。如夫妻没有婚后财产特别约定，法律规定婚后所得为夫妻共同所有，在这种情况下，夫妻之间订立借款协议，以夫妻共同财产出借给一方从事个人经营活动或用于其他个人事务的，一方为另一方打欠条或借条或签订借款协议的，应视为双方约定处分夫妻共同财产的行为，不属于民间借贷关系。如果在婚姻存续期间，一方受胁迫或欺诈等打的欠条或借条抑或是签订的借款协议，因双方之间没有真实借贷款项发生，则属于虚假借贷，不受法律保护。

【特别提醒】 在实行法定共有制的夫妻中，夫妻之间订立借款协议，以夫妻共同财产出借给一方从事个人经营活动或用于其他个人事务的，虽不能认定为民间借贷，但不等于这种借条、欠条或协议是无效的。

【法条链接】

《最高人民法院关于适用〈中华人民共和国婚姻法〉若干问题的解释（三）》

第十六条 夫妻之间订立借款协议，以夫妻共同财产出借给一方从事个人经营活动或用于其他个人事务的，应视为双方约定处分夫妻共同财产的行为，离婚时可按照借款协议的约定处理。

8. 拖欠劳务费或劳动报酬，可以按民间借贷主张权利吗？

【律师解答】 拖欠劳务费或劳动报酬产生的基础是双方之间存在劳动关系或雇佣关系，这与民间借贷关系是不同的法律关系，拖欠劳务费或劳动报酬也可能给劳动者出具欠条，但所欠的内容是拖欠劳务费或劳动报酬，这种欠条不能按民间借贷主张权利。

【特别提醒】 虽不能按民间借贷主张权利，但劳务提供者或劳动提供者可以以欠条直接提起民事诉讼。如无拖欠劳务费或劳动报酬的欠条，则需先提起劳动争议仲裁。

【法条链接】

《最高人民法院关于审理劳动争议案件适用法律若干问题的解释（二）》

第三条 劳动者以用人单位的工资欠条为证据直接向人民法院起诉，诉讼请求不涉及劳动关系其他争议的，视为拖欠劳动报酬争议，按照普通民事纠纷受理。

9. 以出一定数额资金并约定保证收回本金且保证固定收益的合伙关系成立吗？

【律师解答】 以出具一定数额的资金为条件参与合伙，但约定保证出资者收回本金并收取固定收益，如果出资者不承担经营风险，因其不符合合伙共同出资、共同经营与风险共担的法律特征，双方不属于共同合伙，因出资者提供固定资金，保证收回本金并取得固定收益，这种情况下，约定的固定收益可视为利息，对此，应当认定为借贷关系。

【法条链接】

《中华人民共和国民法通则》

第三十条 个人合伙是指两个以上公民按照协议，各自提供资金、实物、技术等，合伙经营、共同劳动。

第三十一条　合伙人应当对出资数额、盈余分配、债务承担、入伙、退伙、合伙终止等事项，订立书面协议。

《中华人民共和国合伙企业法》

第二条　本法所称合伙企业，是指自然人、法人和其他组织依照本法在中国境内设立的普通合伙企业和有限合伙企业。

普通合伙企业由普通合伙人组成，合伙人对合伙企业债务承担无限连带责任。本法对普通合伙人承担责任的形式有特别规定的，从其规定。

有限合伙企业由普通合伙人和有限合伙人组成，普通合伙人对合伙企业债务承担无限连带责任，有限合伙人以其认缴的出资额为限对合伙企业债务承担责任。

《中华人民共和国合同法》

第一百九十六条　借款合同是借款人向贷款人借款，到期返还借款并支付利息的合同。

《最高人民法院关于审理民间借贷案件适用法律若干问题的规定》

第十五条　原告以借据、收据、欠条等债权凭证为依据提起民间借贷诉讼，被告依据基础法律关系提出抗辩或者反诉，并提供证据证明债权纠纷非民间借贷行为引起的，人民法院应当依据查明的案件事实，按照基础法律关系审理。

当事人通过调解、和解或者清算达成的债权债务协议，不适用前款规定。

10. 赌博欠钱，打的借条或欠条属于民间借贷吗？

【律师解答】 赌博是严重的违法甚至犯罪活动，是法律明确禁止的行为。因赌博所形成的债务不受法律保护，因赌博欠赌博参与者或组织者的钱给其出具的欠条或借条不属于民间借贷。

【法条链接】

《最高人民法院关于审理民间借贷案件适用法律若干问题的规定》

第十四条　具有下列情形之一，人民法院应当认定民间借贷合同无效：

……

（三）出借人事先知道或者应当知道借款人借款用于违法犯罪活动仍然提供借款的；

……

《最高人民法院关于依法妥善审理民间借贷纠纷案件促进经济发展维护社会稳定的通知》

四、依法妥善审理民间借贷纠纷案件。人民法院在审理民间借贷纠纷案件时,要严格适用民法通则、合同法等有关法律法规和司法解释的规定,同时注意把握国家经济政策精神,努力做到依法公正与妥善合理的有机统一。要依法认定民间借贷的合同效力,保护合法借贷关系,切实维护当事人的合法权益,确保案件处理取得良好的法律效果和社会效果。对于因赌博、吸毒等违法犯罪活动而形成的借贷关系或者出借人明知借款人是为了进行上述违法犯罪活动的借贷关系,依法不予保护。

11. 在赌场放贷,受法律保护吗?

【律师解答】在赌场对参与赌博的人放贷,虽未参与赌博,但属于出借人事先知道借款人所借款项用于赌博的违法犯罪活动,在赌场放贷属于为赌博提供赌资,这种民间借贷合同是无效的,是不受法律保护的。

12. 合伙人退出合伙后,没有退还合伙财产,双方可以约定转为借贷关系吗?

【律师解答】合伙人退出合伙应当先行对合伙事务进行清算,经清算后,要求退伙的合伙人退出合伙,退出合伙时,如有应当对退出合伙的人给予相应的退款或分割相应的合伙财产,对退伙人应当分得的款项或财产,如合伙继续存续,继续存续的合伙人不能支付退出合伙的人的财产或款项,双方可以约定对应退还的财产或款项转为民间借贷,该约定不违反法律的强制性规定和禁止性规定。

【特别提醒】退出合伙应当清算,不经清算不能退出合伙。对应当给付退伙人的资金应当由继续合伙的组织或者人员出具借条或借款协议,写明金额、利息、期限等相关内容,如只写"欠条",则不能转化为民间借贷。

【法条链接】

《中华人民共和国合同法》

第二百一十条 自然人之间的借款合同,自贷款人提供借款时生效。

《最高人民法院关于审理民间借贷案件适用法律若干问题的规定》

第九条 具有下列情形之一,可以视为具备合同法第二百一十条关于自然人之间借款合同的生效要件:

……

（五）出借人以与借款人约定的其他方式提供借款并实际履行完成时。

13. 法人之间、其他组织之间以及它们相互之间订立的民间借贷合同都是有效合同吗？

【律师解答】不一定。法人之间、其他组织之间以及它们相互之间为生产、经营需要订立的民间借贷合同有效。如果不是为生产、经营需要而订立民间借贷合同，如变相经营金融业务，对从银行等金融机构低息贷款进行转贷牟利等，则是无效的。

【特别提醒】法人之间、其他组织之间以及它们相互之间订立的民间借贷合同是否有效，取决于借贷的目的或借贷款项用途，主要看是否为生产、经营需要而订立借贷合同。

【法条链接】

《最高人民法院关于审理民间借贷案件适用法律若干问题的规定》

第十一条　法人之间、其他组织之间以及它们相互之间为生产、经营需要订立的民间借贷合同，除存在合同法第五十二条、本规定第十四条规定的情形外，当事人主张民间借贷合同有效的，人民法院应予支持。

14. 法人或者其他组织在本单位内部通过借款形式向职工筹集资金，用于本单位生产、经营有效吗？

【律师解答】法人或者其他组织在本单位内部通过借款形式向职工筹集资金，用于本单位生产、经营，双方所形成的借款关系属于民间借贷法律关系，这种法律关系是合法有效的。

【特别提醒】法人或者其他组织在本单位内部通过借款形式向职工筹集资金成立民间借贷是有前提的，即筹集资金须用于本单位生产、经营，否则，就不属于民间借贷，其借贷行为无效。

【法条链接】

《最高人民法院关于审理民间借贷案件适用法律若干问题的规定》

第十二条　法人或者其他组织在本单位内部通过借款形式向职工筹集资金，用于本单位生产、经营，且不存在合同法第五十二条、本规定第十四条规定的情形，当事人主张民间借贷合同有效的，人民法院应予支持。

《中华人民共和国合同法》

第五十二条　有下列情形之一的，合同无效：

（一）一方以欺诈、胁迫的手段订立合同，损害国家利益；

（二）恶意串通，损害国家、集体或者第三人利益；

（三）以合法形式掩盖非法目的；

（四）损害社会公共利益；

（五）违反法律、行政法规的强制性规定。

15. 借用他人信用卡消费的，是否形成借贷关系？

【律师解答】借用他人信用卡消费，可能是赠与关系，也可能是偿还先前存在的借贷关系，还可能是产生新的借贷关系。从借用信用卡消费的行为本身不能确定双方一定形成何种法律关系。如果借用他人信用卡消费并承诺还款的，则双方形成借贷关系，并需支付息于还款造成的滞纳金损失。

【特别提醒】不是以交付现金形式的民间借贷，出借人一定要保存好有关的证据材料，用以证明双方是民间借贷关系，而非其他关系。

16. 债务人为债权人出具多张借条，能否确定最后一张具有总条性质？

【律师解答】民间借贷的实践中，有在一定期间内债务人向同一债权人多次借款的事实发生，也存在先多次借款，而最后出具一个总条的情况。对此，如果债务人出具多张借条而最后一张借条含有"共"字等表示合计意思的，可将其认定为总条性质。如果最后一张借条中没有"总""共"等表示合计的意思的，则不能认定为总条的性质。

【特别提醒】实践中个案情况不一，具体存在多张借条，后出具的借条是否包括先前借款，则要根据具体案情加以确定。

第三节　民间借贷的利息与利率

1. 民间借贷计息和付息是一回事吗？

【律师解答】计息和付息并不是一回事，计息就是计算利息，按双方约定的利率和期间计算出相应的利息。计息可以按年计算，也可以按月或日计算。而付息是借款人向出借人支付利息，支付利息的前提要进行计算利息，付息可以与计息相对应，也可以不一致，如按月计息、按年付息，或按月计息、到期本息一次付清等。

2. 民间借贷的利息如何支付?

【律师解答】对于民间借贷利息的支付，双方有约定的，按约定履行。如果双方对利息的支付方式没有约定，事后又未达成补充协议且按合同条款及交易习惯仍不能确定的，则借款期间不满一年的，应当在返还借款时一并支付；借款期间一年以上的，应当在每届满一年时支付，剩余期间不满一年的，应当在返还借款时一并支付。

【特别提醒】利息的支付方式双方可以约定，但如约定违反法律的强制性或禁止性规定也是无效的。

【法条链接】

《中华人民共和国合同法》

第六十一条 合同生效后，当事人就质量、价款或者报酬、履行地点等内容没有约定或者约定不明确的，可以协议补充；不能达成补充协议的，按照合同有关条款或者交易习惯确定。

第二百零五条 借款人应当按照约定的期限支付利息。对支付利息的期限没有约定或者约定不明确，依照本法第六十一条的规定仍不能确定，借款期间不满一年的，应当在返还借款时一并支付；借款期间一年以上的，应当在每届满一年时支付，剩余期间不满一年的，应当在返还借款时一并支付。

3. 民间借贷没有约定利息，可以要求借款人给付利息吗?

【律师解答】无论是自然人之间的民间借贷，还是除自然人之外的其他民间借贷，如果双方没有约定利息，则视为不支付利息。出借人主张借期内的利息，法院不予支持。除自然人之间的借贷外，借贷双方对借贷利息约定不明，出借人主张利息的，人民法院应当结合民间借贷合同的内容，并根据当地或者当事人的交易方式、交易习惯、市场利率等因素确定利息。

【特别提醒】对借期内的利息不予支持，但逾期的，出借人可以主张按本金6%给付逾期期间占用本金的利息或赔偿利息损失。

【法条链接】

《中华人民共和国合同法》

第二百一十一条 自然人之间的借款合同对支付利息没有约定或者约定

不明确的，视为不支付利息。自然人之间的借款合同约定支付利息的，借款的利率不得违反国家有关限制借款利率的规定。

《最高人民法院关于审理民间借贷案件适用法律若干问题的规定》

第二十五条　借贷双方没有约定利息，出借人主张支付借期内利息的，人民法院不予支持。

自然人之间借贷对利息约定不明，出借人主张支付利息的，人民法院不予支持。除自然人之间借贷的外，借贷双方对借贷利息约定不明，出借人主张利息的，人民法院应当结合民间借贷合同的内容，并根据当地或者当事人的交易方式、交易习惯、市场利率等因素确定利息。

4. 民间借贷的利息可以在借款时扣除吗？

【律师解答】借款利息在借款时扣除是许多民间借贷出借人的做法，但根据相关法律和司法解释的规定，利息在借款时事先从本金中扣除的，则以出借人实际提供的借款数额作为借款本金并以此计算相应的借款利息。

【特别提醒】利息在本金中预先扣除，与交付全部借款后支付利息是不同的。

【法条链接】

《最高人民法院关于审理民间借贷案件适用法律若干问题的规定》

第二十七条　借据、收据、欠条等债权凭证载明的借款金额，一般认定为本金。预先在本金中扣除利息的，人民法院应当将实际出借的金额认定为本金。

5. 借款时出借人按约定交付了全部借款，但要求借款人在收到借款后支付利息，此时的借款本金如何计算？

【律师解答】如果是出借人交付借款人约定的全部借款，但双方约定借款人在取得借款后立即支付利息，此时借款人从借款中取出部分给付出借人，属于利息支付方式，其本金可按约定和出借人交付的数额计算。如果双方没有约定这种利息支付方式，此时本金如何计算？法律及司法解释均未作出规定。笔者认为：这种情况下，原则上应当按约定并在借款人支付利息前实际给付的数额作为借款本金。如果按当时借款人实际取得的借款数（出借人借出数减去借款人当时支付的利息）按36%的利率计算，如超出，对超出部分不予保护，如未超出则应当予以保护。因为按实际取得数作为借款本金，24%利率以内均受法律保护，而超过24%未超过36%部分，属于自然债务，未支付的，可以不再支付，已支付的不再返还。事实上借款人对这部分利息已在借款时支付完毕。

【特别提醒】除借款"预先在本金中扣除利息的，人民法院应当将实际出借的金额认定为本金"外，法律并未对支付利息的时间与方式作出禁止和限制。

6. 民间借贷的利率，国家有限制吗？

【律师解答】《最高人民法院关于审理民间借贷案件适用法律若干问题的规定》对民间借贷的利率以固定标准取代以往参照央行同期贷款基准利率四倍浮动标准，具体采取"两线三区"进行分段规定：年利率24%（含本数）以内的利息有效，受司法保护；年利率24%至36%（含本数）之间的利息为自然债务，当事人可以自愿给付，司法不予干预；36%以上的利息为无效，即使给付了也可以请求返还。

【特别提醒】对于民间借贷年利率24%至36%（含本数）之间的利息，当事人可以自愿给付，当事人已给付的，不能请求法院判决退还。对于债务人未给付的，也不能请求法院判决给付。

【法条链接】

《最高人民法院关于审理民间借贷案件适用法律若干问题的规定》

第二十六条　借贷双方约定的利率未超过年利率24%，出借人请求借款人按照约定的利率支付利息的，人民法院应予支持。

借贷双方约定的利率超过年利率36%，超过部分的利息约定无效。借款人请求出借人返还已支付的超过年利率36%部分的利息的，人民法院应予支持。

7. 民间借贷的利息可以采取复利的计算方式吗？

【律师解答】对民间借贷的利息能否采取复利的计算方式，最高人民法院的司法解释对复利采取了适度保护的原则，即允许双方在出借期内进行结息并将前期不超过利率24%的利息部分计入结息后期间的本金，同时对借款到期时，计算出的整个借期内借款人在借款期间届满后应当支付的本息之和，不能超过最初借款本金与以最初借款本金为基数，以年利率24%计算的整个借款期间的利息之和。

允许以出借期内进行结息并计入结息后期间的本金是受两个条件限制，一个是计入结息后本金的利息只限于结息前不超过利率24%的利息部分；另一个是受原始借款数额与总借款期间计算所得利息总额的限制，也就是借款期间的利息总和，不能超过最初借款本金与以最初借款本金为基数，以年利率24%计算的整个借款期间的利息之和。

【特别提醒】国家限制的是变相高利贷，针对的是有固定期间的民间借贷，一般是在几年以上，在整个借期内按期结息计入本金的情况。如果出借人只签订一年或六个月的借款，借款到期后，再次将本金和利息出借给借款人，应当按重新借款对待，这种不受《最高人民法院关于审理民间借贷案件适用法律若干问题的规定》第28条的限制和调整。

【法条链接】
《最高人民法院关于审理民间借贷案件适用法律若干问题的规定》

第二十八条　借贷双方对前期借款本息结算后将利息计入后期借款本金并重新出具债权凭证，如果前期利率没有超过年利率24%，重新出具的债权凭证载明的金额可认定为后期借款本金；超过部分的利息不能计入后期借款本金。约定的利率超过年利率24%，当事人主张超过部分的利息不能计入后期借款本金的，人民法院应予支持。

按前款计算，借款人在借款期间届满后应当支付的本息之和，不能超过最初借款本金与以最初借款本金为基数，以年利率24%计算的整个借款期间的利息之和。出借人请求借款人支付超过部分的，人民法院不予支持。

8. 民间借贷期限届满，债务人没有偿还借款，其利息如何计算？

【律师解答】民间借贷期限届满，借款人没有按期还款，属于逾期违约，对于逾期期间的利息率，借贷双方有约定的，按约定，但如约定超过24%的部分，不受法律保护。

如果双方对逾期利率没有约定或约定不明的，如双方约定了借期内的利率但未约定逾期利率，出借人主张借款人自逾期还款之日起按照借期内的利率支付资金占用期间利息的，人民法院应予支持。双方既未约定借期内的利率，也未约定逾期利率，出借人主张借款人自逾期还款之日起按照年利率6%支付资金占用期间利息的，人民法院应予支持。

【特别提醒】借款到期未还属于违约，对于违约行为，本着当事人意思自治的原则，在不违反限制性规定的情况下，予以保护；当事人没有约定，则仅支持因违约给对方造成损失的赔偿。

【法条链接】

《中华人民共和国合同法》

第二百零七条 借款人未按照约定的期限返还借款的，应当按照约定或者国家有关规定支付逾期利息。

《最高人民法院关于审理民间借贷案件适用法律若干问题的规定》

第二十九条 借贷双方对逾期利率有约定的，从其约定，但以不超过年利率24%为限。

未约定逾期利率或者约定不明的，人民法院可以区分不同情况处理：

（一）既未约定借期内的利率，也未约定逾期利率，出借人主张借款人自逾期还款之日起按照年利率6%支付资金占用期间利息的，人民法院应予支持；

（二）约定了借期内的利率但未约定逾期利率，出借人主张借款人自逾期还款之日起按照借期内的利率支付资金占用期间利息的，人民法院应予支持。

9. 民间借贷双方既约定了逾期利率，又约定了违约金，借款人逾期未偿还借款本息，出借人可以要求借款人既按逾期利率计算利息，又支付违约金吗？

【律师解答】出借人与借款人既约定了逾期利率，又约定了违约金或者其他费用，出借人可以选择主张逾期利息、违约金或者其他费用，也可以一并主张，但总计不能超过借款本金按年利率24%计算的数额。

【特别提醒】总体上是保护守约者，制裁违约者，逾期利息和违约金可以同时并用，但仍在允许的限度之内予以保护。

【法条链接】

《最高人民法院关于审理民间借贷案件适用法律若干问题的规定》

第三十条 出借人与借款人既约定了逾期利率，又约定了违约金或者其他费用，出借人可以选择主张逾期利息、违约金或者其他费用，也可以一并主张，但总计超过年利率24%的部分，人民法院不予支持。

10. 民间借贷借款人自愿支付利息或违约金有无限制？

【律师解答】民间借贷的利息和违约金的支付原则尊重当事人的意思，但对其支付也存在一定的条件和制约，借款人自愿支付的利息或违约金，不能损害国家、集体和第三人的利益。支付的数额不能超过按借款本金和年利率36%计算所得的数额。

【特别提醒】虽借款人自愿支付，但超过年利率36%的部分利息和违约金，借款人可以要求返还。

【法条链接】

《最高人民法院关于审理民间借贷案件适用法律若干问题的规定》

第三十一条 没有约定利息但借款人自愿支付，或者超过约定的利率自愿支付利息或违约金，且没有损害国家、集体和第三人利益，借款人又以不当得利为由要求出借人返还的，人民法院不予支持，但借款人要求返还超过年利率36%部分的利息除外。

11. 民间借贷当事人"利息2分"是付2分钱利息还是按2%计息？

【律师解答】在民间借贷中，经常会发生当事人约定"利息2分"或"利息按2分计算"等类似的情况，对此如何认定，法律也未明确作出规定，在民间借贷中，利率有年利率和月利率，都用%表示，但根据民间借贷的习惯，利率都是月利率，利率是百分之几，常称几分，如2分利，通常是指月利率2%。

【特别提醒】民间借贷中，特别是出借人，一定要认真核对借款或借条的内容，对借款时间、数额、期限、利率等要写清楚明白，以免出现误解或者产生歧义，带来不必要的麻烦和诉讼的困难。

12. 民间借贷未约定还款期限怎么办？

【律师解答】民间借贷没有约定还款期限或约定不明确的，借款人可以随时返还借款，出借人可以随时要求借款人偿还借款。

【特别提醒】出借人要求借款人还款，应当给借款人留有筹集款项等履行返还借款的合理期限。对此期限法律没有明确规定，实践中根据个案情况和行业惯例加以确定。

【法条链接】

《中华人民共和国合同法》

第二百零六条 借款人应当按照约定的期限返还借款。对借款期限没有约定或者约定不明确，依照本法第六十一条的规定仍不能确定的，借款人可以随时返还；贷款人可以催告借款人在合理期限内返还。

第四节　民间借贷的虚假诉讼

1. 什么是虚假民间借贷诉讼？

【律师解答】虚假民间借贷诉讼是指在民间借贷诉讼案件中各方当事人恶意串通，采取虚构法律关系，捏造案件事实等方式提起民事诉讼，侵害他人合法权益、获取非法利益的行为。

【特别提醒】虚假民间借贷诉讼是民事虚假诉讼的多发领域，有关当事人一定要多加注意，并尽可能地提供相应的证据及线索，保护自己的合法权益。

2. 虚假民间借贷诉讼中常见的表现形式有哪些？

【律师解答】虚假民间借贷诉讼常见的有两种，一种是因对抗已生效判决的债务履行或为在离婚纠纷诉讼中分得更多财产，通过虚构债务，利用民间借贷合同进行虚假诉讼，规避法律，逃避债务。另一种是当事人企图借助法院的裁判变非法财产为合法财产。在这两种行为中，司法实践常见的是高利贷、赌债，以赠与、买卖或民间借贷的形式诉诸法院，意图将不受法律保护利益变为合法之债。

【特别提醒】无论以什么形式表现，虚假诉讼的本质是规避法律、逃避债务、变非法财产为合法财产。

3. 如何识别虚假民间借贷诉讼？

【律师解答】识别虚假民间借贷诉讼是民间借贷诉讼中的难点，最高人民法院结合虚假民间借贷诉讼审判实践经验，吸收了实践中有益的做法，采取了合理怀疑加综合判断的规范模式，对如何识别虚假民间借贷诉讼进行了规定。在总结审判实践中形形色色的虚假民间借贷诉讼的基础上，最高人民法院提出了十种能够引发民间借贷合理怀疑情况。

(1) 出借人明显不具备出借能力；

(2) 出借人起诉所依据的事实和理由明显不符合常理；

(3) 出借人不能提交债权凭证或者提交的债权凭证存在伪造的可能；

(4) 当事人双方在一定期间内多次参加民间借贷诉讼；

(5) 当事人一方或者双方无正当理由拒不到庭参加诉讼，委托代理人对借贷事实陈述不清或者陈述前后矛盾；

（6）当事人双方对借贷事实的发生没有任何争议或者诉辩明显不符合常理；

（7）借款人的配偶或合伙人、案外人的其他债权人提出有事实依据的异议；

（8）当事人在其他纠纷中存在低价转让财产的情形；

（9）当事人不正当地放弃权利；

（10）其他可能存在虚假民间借贷诉讼的情形。

【特别提醒】这10种情况是最高人民法院根据审理民间借贷虚假诉讼司法实践而总结的，最后一个是兜底性的条款，实践中个案情况千差万别，只要能够引起法官合理怀疑的，就应进行严格的综合审查。

【法条链接】
《最高人民法院关于审理民间借贷案件适用法律若干问题的规定》

第十九条　人民法院审理民间借贷纠纷案件时发现有下列情形，应当严格审查借贷发生的原因、时间、地点、款项来源、交付方式、款项流向以及借贷双方的关系、经济状况等事实，综合判断是否属于虚假民事诉讼：

（一）出借人明显不具备出借能力；

（二）出借人起诉所依据的事实和理由明显不符合常理；

（三）出借人不能提交债权凭证或者提交的债权凭证存在伪造的可能；

（四）当事人双方在一定期间内多次参加民间借贷诉讼；

（五）当事人一方或者双方无正当理由拒不到庭参加诉讼，委托代理人对借贷事实陈述不清或者陈述前后矛盾；

（六）当事人双方对借贷事实的发生没有任何争议或者诉辩明显不符合常理；

（七）借款人的配偶或合伙人、案外人的其他债权人提出有事实依据的异议；

（八）当事人在其他纠纷中存在低价转让财产的情形；

（九）当事人不正当放弃权利；

（十）其他可能存在虚假民间借贷诉讼的情形。

4. 对涉嫌虚假民间借贷诉讼的，法院应当如何对其进行审查？

【律师解答】人民法院审理民间借贷纠纷案件时发现有《最高人民法院

关于审理民间借贷案件适用法律若干问题的规定》第19条规定的十种情形的，应当严格审查借贷发生的原因、时间、地点、款项来源、交付方式、款项流向以及借贷双方的关系、经济状况等事实，综合判断是否属于虚假民事诉讼。

【特别提醒】民间借贷案件出现《最高人民法院关于审理民间借贷案件适用法律若干问题的规定》第19条规定的十种情形，是引发虚假民间借贷诉讼的合理怀疑的根据，是否属于虚假民间借贷诉讼，还需根据审查后的情况来综合确定。

5. 虚假民间借贷诉讼审查中，损害他人合法权益都包括哪些内容？

【律师解答】当事人之间恶意串通，企图通过虚假民间借贷诉讼、调解等方式侵害他人合法权益，构成虚假诉讼。这里侵害"他人合法权益"包括"案外人的合法权益、国家利益、社会公共利益"。

【特别提醒】案外人的权益有合法与非法之分，法律保护的是合法权益。而国家利益和社会公共利益，不存在非法的问题。

【法条链接】

《最高人民法院关于适用〈中华人民共和国民事诉讼法〉的解释》

第一百九十条 民事诉讼法第一百一十二条规定的他人合法权益，包括案外人的合法权益、国家利益、社会公共利益。

第三人根据民事诉讼法第五十六条第三款规定提起撤销之诉，经审查，原案当事人之间恶意串通进行虚假诉讼的，适用民事诉讼法第一百一十二条规定处理。

6. 经查明属于虚假民间借贷诉讼，原告申请撤诉的可以吗？

【律师解答】民间借贷案件经审查属于虚假民间借贷诉讼，原告申请撤诉的，人民法院不予准许，应当作出驳回原告诉讼请求的判决。

【特别提醒】因案涉侵犯他人合法权益，故法院应当以判决的形式确定驳回原告的诉讼请求，对原告的主张予以否定，使原告的侵权行为有一个确定的司法审查结果。

【法条链接】

《中华人民共和国民事诉讼法》

第一百一十二条 当事人之间恶意串通，企图通过诉讼、调解等方式侵害他人合法权益的，人民法院应当驳回其请求，并根据情节轻重予以罚款、拘留；构成犯罪的，依法追究刑事责任。

《最高人民法院关于审理民间借贷案件适用法律若干问题的规定》

第二十条　经查明属于虚假民间借贷诉讼，原告申请撤诉的，人民法院不予准许，并应当根据民事诉讼法第一百一十二条之规定，判决驳回其请求。

诉讼参与人或者其他人恶意制造、参与虚假诉讼，人民法院应当依照民事诉讼法第一百一十一条、第一百一十二条和第一百一十三条之规定，依法予以罚款、拘留；构成犯罪的，应当移送有管辖权的司法机关追究刑事责任。

单位恶意制造、参与虚假诉讼的，人民法院应当对该单位进行罚款，并可以对其主要负责人或者直接责任人员予以罚款、拘留；构成犯罪的，应当移送有管辖权的司法机关追究刑事责任。

7. 诉讼参与人或其他人恶意制造、参与虚假民间借贷诉讼的，应当承担什么法律后果？

【律师解答】 诉讼参与人或者其他人恶意制造、参与虚假诉讼，人民法院应当依照《民事诉讼法》第111条、第112条和第113条之规定，依法予以罚款、拘留；构成犯罪的，应当移送有管辖权的司法机关追究刑事责任。

【特别提醒】 如果是单位恶意制造、参与虚假诉讼的，人民法院应当对该单位进行罚款，并可以对其主要负责人或者直接责任人员予以罚款、拘留；构成犯罪的，应当移送有管辖权的司法机关追究刑事责任。

【法条链接】

《中华人民共和国民事诉讼法》

第一百一十一条　诉讼参与人或者其他人有下列行为之一的，人民法院可以根据情节轻重予以罚款、拘留；构成犯罪的，依法追究刑事责任：

（一）伪造、毁灭重要证据，妨碍人民法院审理案件的；

（二）以暴力、威胁、贿买方法阻止证人作证或者指使、贿买、胁迫他人作伪证的；

（三）隐藏、转移、变卖、毁损已被查封、扣押的财产，或者已被清点并责令其保管的财产，转移已被冻结的财产的；

（四）对司法工作人员、诉讼参加人、证人、翻译人员、鉴定人、勘验人、协助执行的人，进行侮辱、诽谤、诬陷、殴打或者打击报复的；

（五）以暴力、威胁或者其他方法阻碍司法工作人员执行职务的；

（六）拒不履行人民法院已经发生法律效力的判决、裁定的。

人民法院对有前款规定的行为之一的单位，可以对其主要负责人或者直接责任人员予以罚款、拘留；构成犯罪的，依法追究刑事责任。

第一百一十二条　当事人之间恶意串通，企图通过诉讼、调解等方式侵害他人合法权益的，人民法院应当驳回其请求，并根据情节轻重予以罚款、拘留；构成犯罪的，依法追究刑事责任。

第一百一十三条　被执行人与他人恶意串通，通过诉讼、仲裁、调解等方式逃避履行法律文书确定的义务的，人民法院应当根据情节轻重予以罚款、拘留；构成犯罪的，依法追究刑事责任。

另：参见本节前条【法条链接】内容。

第五节　民间借贷相关犯罪与民刑交叉问题

1. 与民间借贷相关联的常见犯罪有哪些？

【律师解答】民间借贷是民间融通资金的一种方式，合法的民间借贷受法律保护，但也有许多人借民间借贷的名义实施犯罪行为，根据公安部通报，民间借贷过程中常见的犯罪手段五花八门，隐蔽性非常强。与民间借贷有关联的一些犯罪主要是经济犯罪，如合同诈骗罪、非法集资罪、高利转贷罪、非法经营罪、赌博罪等。

【特别提醒】在民间借贷涉嫌犯罪方面，一定要掌握罪与非罪的界限，不可越雷池一步，否则，因其质的不同，而适用不同的法律，最终的结果将会与合法的民间借贷有天壤之别。

2. 什么是合同诈骗罪？其构成要件有哪些？

【律师解答】合同诈骗罪是指以非法占有为目的，在签订、履行合同过程中，采取虚构事实或者隐瞒真相等欺骗手段，骗取对方当事人的财物，数额较大的行为。

合同诈骗罪的客体是复杂客体，即国家对经济合同的管理秩序和公私财产所有权。本罪的对象是公私财物。

本罪的客观方面，表现为在签订、履行合同过程中，以虚构事实或者隐瞒真相的方法，骗取对方当事人财物，数额较大的行为。

本罪的主体，个人或单位均可构成。犯本罪的个人是一般主体，犯本罪的单位是任何单位。

本罪的主观方面，表现为直接故意，并且具有非法占有对方当事人财物的目的。

【特别提醒】所谓数额较大，以非法占有为目的，在签订、履行合同过程中骗取对方当事人财物，涉嫌下列情形之一的，应予追诉：（1）个人诈骗公私财物，数额在五千元至二万元以上的；（2）单位直接负责的主管人员和其他直接责任人员以单位名义实施诈骗，诈骗所得归单位所有，数额在五万元至二十万元以上的。

【法条链接】

《中华人民共和国刑法》

第二百二十四条　有下列情形之一，以非法占有为目的，在签订、履行合同过程中，骗取对方当事人财物，数额较大的，处三年以下有期徒刑或者拘役，并处或者单处罚金；数额巨大或者有其他严重情节的，处三年以上十年以下有期徒刑，并处罚金；数额特别巨大或者有其他特别严重情节的，处十年以上有期徒刑或者无期徒刑，并处罚金或者没收财产：

（一）以虚构的单位或者冒用他人名义签订合同的；

（二）以伪造、变造、作废的票据或者其他虚假的产权证明作担保的；

（三）没有实际履行能力，以先履行小额合同或者部分履行合同的方法，诱骗对方当事人继续签订和履行合同的；

（四）收受对方当事人给付的货物、货款、预付款或者担保财产后逃匿的；

（五）以其他方法骗取对方当事人财物的。

3. 合同诈骗的具体表现形式都有哪些？

【律师解答】合同诈骗的具体表现形式有以下几种方式：

（1）以假乱真"饰耳目"。犯罪分子以虚假的证明材料虚构不存在的单位，或伪造身份证明、冒用他人名义，在签订合同骗取钱财后就溜之大吉。

（2）招摇撞骗"唱空城"。犯罪分子虚构购销产品、发包工程、投资协作等名目骗签合同，待收受对方给付的货物、货款、预付款或者得到担保财产后迅速逃逸。

（3）一唱一和"演双簧"。犯罪分子利用媒体和网络先发布虚假广告，冒充国家行政机关、国有企业、部队和知名民营企业等单位，以紧俏和滞销商品为诱饵，通过以一方需购买某种物品，而另一方能提供此物品来演"双簧"，随后诱惑第三方参与进来，上当受骗。

（4）虚张声势"空手道"。为证明自己"有经济实力"，犯罪分子以伪造、变造、作废的票据或者其他虚假的产权证明、虚假的土地使用证、房屋所有权证等作担保，诱使对方当事人信任，再利用经济合同诈骗钱财。

（5）先舍后取"钓大鱼"。犯罪分子本没有实际履行能力，为达到其犯罪目的，先履行小额合同或者部分履行合同，使对方当事人相信其履约能力和诚意，进而与之签订标的额更大的合同，待诈骗到大量钱财后立即销声匿迹。

（6）高进低出"连环套"。犯罪分子先以高价签订买卖合同并交付小额定金或支付小部分货款，在骗取对方信任后，想方设法拿到全部货物，然后迅速将这些货物进行低价倾销，随后迅速逃跑。

【特别提醒】民间借贷的借款人，在没有正常借款事由与还款条件和保障的情况下，编造一些虚假的借款事由，其主观目的是想侵吞出借人的款项，通过签订借款合同的方式骗取他人款项，会构成合同诈骗罪。实践中的事例很多，图高利、血本无归等情况时有发生，出借款项时一定要注意考查借款人的真实意图与还款能力。借款合同只是证据，并不是借款偿还的保障。

4. 什么是非法集资犯罪？其特点是什么？

【律师解答】非法集资是指单位或者个人未依照法定程序经有关部门批准，以发行股票、债券、彩票、投资基金证券或者其他债权凭证的方式向社会公众筹集资金，并承诺在一定期限内以货币、实物以及其他方式向出资人还本付息或给予回报的行为。

非法集资行为需同时具备非法性、公开性、利诱性、社会性四个特征要件，具体为：一是未经有关部门依法批准或者借用合法经营的形式吸收资金；二是通过媒体、推介会、传单、手机短信等途径向社会公开宣传；三是承诺在一定期限内以货币、实物、股权等方式还本付息或者给付回报；四是向社会公众即社会不特定对象吸收资金。

【特别提醒】非法集资犯罪属于一类犯罪，非法集资根据主观态度、行为方式、危害结果等具体情况的不同，构成相应的罪名，主要涉及《刑法》中第176条非法吸收公众存款罪、第192条集资诈骗罪、第160条欺诈发行股票、债券罪；第179条擅自发行股票、公司、企业债券罪；第225条非法经营罪等罪名。

【法条链接】

《中国人民银行关于取缔非法金融机构和非法金融业务活动中有关问题的通知》（银发〔1999〕41号）

一、非法集资是指单位或者个人未依照法定程序经有关部门批准，以发行股票、债券、彩票、投资基金证券或其他债权凭证的方式向社会公众筹集资金，并承诺在一定期限内以货币、实物及其他方式向出资人还本付息或给予回报的行为。它具有如下特点：

（一）未经有关部门依法批准，包括没有批准权限的部门批准的集资以及有审批权限的问题超越权限批准的集资；

（二）承诺在一定期限内给出资人还本付息。还本付息的形式除以货币形式为主外，还包括以实物形式或其他形式；

（三）向社会不特定对象即社会公众筹集资金；

（四）以合法形式掩盖其非法集资的性质。

5. 什么情况下构成非法吸收公众存款或者变相吸收公众存款？

【律师解答】违反国家金融管理法律规定，向社会公众（包括单位和个人）吸收资金，同时具备下列四个条件的，可认定构成非法吸收公众存款或者变相吸收公众存款。

（1）未经有关部门依法批准或者借用合法经营的形式吸收资金；

（2）通过媒体、推介会、传单、手机短信等途径向社会公开宣传；

（3）承诺在一定期限内以货币、实物、股权等方式还本付息或者给付回报；

（4）向社会公众即社会不特定对象吸收资金。

【特别提醒】未向社会公开宣传，在亲友或者单位内部针对特定对象吸收资金的，不属于非法吸收或者变相吸收公众存款。

【法条链接】

《最高人民法院关于审理非法集资刑事案件具体应用法律若干问题的解释》

第一条 违反国家金融管理法律规定,向社会公众(包括单位和个人)吸收资金的行为,同时具备下列四个条件的,除刑法另有规定的以外,应当认定为刑法第一百七十六条规定的"非法吸收公众存款或者变相吸收公众存款":

(一)未经有关部门依法批准或者借用合法经营的形式吸收资金;

(二)通过媒体、推介会、传单、手机短信等途径向社会公开宣传;

(三)承诺在一定期限内以货币、实物、股权等方式还本付息或者给付回报;

(四)向社会公众即社会不特定对象吸收资金。

未向社会公开宣传,在亲友或者单位内部针对特定对象吸收资金的,不属于非法吸收或者变相吸收公众存款。

6. 非法集资都有哪些表现形式?

【律师解答】 非法集资活动涉及内容广,表现形式多样,从目前案发情况看,主要包括债权、股权、商品营销、生产经营等四大类。主要表现形式有以下几种:

(1)借种植、养殖、项目开发、庄园开发、生态环保投资等名义非法集资;

(2)以发行或变相发行股票、债券、彩票、投资基金等权利凭证或者以期货交易、典当为名进行非法集资;

(3)通过认领股份、入股分红进行非法集资;

(4)通过会员卡、会员证、席位证、优惠卡、消费卡等方式进行非法集资;

(5)以商品销售与返租、回购与转让、发展会员、商家联盟与"快速积分法"等方式进行非法集资;

(6)利用民间"会""社"等组织或者地下钱庄进行非法集资;

(7)利用现代电子网络技术构造的"虚拟"产品,如"电子商铺""电子百货"投资委托经营、到期回购等方式进行非法集资;

(8)对物业、地产等资产进行等份分割,通过出售其份额的处置权进

行非法集资;

（9）以签订商品经销合同等形式进行非法集资;

（10）利用传销或秘密串联的形式非法集资;

（11）利用互联网设立投资基金的形式进行非法集资;

（12）利用"电子黄金投资"形式进行非法集资。

【法条链接】

《最高人民法院关于审理非法集资刑事案件具体应用法律若干问题的解释》

第二条 实施下列行为之一，符合本解释第一条第一款规定的条件的，应当依照刑法第一百七十六条的规定，以非法吸收公众存款罪定罪处罚:

（一）不具有房产销售的真实内容或者不以房产销售为主要目的，以返本销售、售后包租、约定回购、销售房产份额等方式非法吸收资金的;

（二）以转让林权并代为管护等方式非法吸收资金的;

（三）以代种植（养殖）、租种植（养殖）、联合种植（养殖）等方式非法吸收资金的;

（四）不具有销售商品、提供服务的真实内容或者不以销售商品、提供服务为主要目的，以商品回购、寄存代售等方式非法吸收资金的;

（五）不具有发行股票、债券的真实内容，以虚假转让股权、发售虚构债券等方式非法吸收资金的;

（六）不具有募集基金的真实内容，以假借境外基金、发售虚构基金等方式非法吸收资金的;

（七）不具有销售保险的真实内容，以假冒保险公司、伪造保险单据等方式非法吸收资金的;

（八）以投资入股的方式非法吸收资金的;

（九）以委托理财的方式非法吸收资金的;

（十）利用民间"会"、"社"等组织非法吸收资金的;

（十一）其他非法吸收资金的行为。

7. 什么是集资诈骗罪？其犯罪构成如何？

【律师解答】集资诈骗罪是指以非法占有为目的，违反有关金融法律、法规的规定，使用诈骗方法进行非法集资，扰乱国家正常金融秩序，侵犯公私财产所有权，且数额较大的行为。

集资诈骗罪构成要件包括：

（1）客体要件：集资诈骗罪侵犯的客体是复杂客体，既侵犯了公私财产所有权，又侵犯了国家金融管理制度。

（2）客观要件：集资诈骗罪在客观方面表现为行为人必须实施了使用诈骗方法非法集资，数额较大的行为。

（3）主体要件：集资诈骗罪的主体是一般主体，任何达到刑事责任年龄、具有刑事责任能力的自然人均可构成本罪。依《刑法》第200条的规定，单位也可以成为集资诈骗罪主体。

（4）主观要件：集资诈骗罪在主观上由故意构成，且以非法占有为目的。

【特别提醒】所谓据为己有，既包括将非法募集的资金置于非法集资的个人控制之下，也包括将非法募集的资金置于本单位的控制之下。在通常情况下，这种目的具体表现为将非法募集的资金的所有权转归自己所有或任意挥霍，或占有资金后携款潜逃等。

【法条链接】

《中华人民共和国刑法》

第一百九十二条 以非法占有为目的，使用诈骗方法非法集资，数额较大的，处五年以下有期徒刑或者拘役，并处二万元以上二十万元以下罚金；数额巨大或者有其他严重情节的，处五年以上十年以下有期徒刑，并处五万元以上五十万元以下罚金；数额特别巨大或者有其他特别严重情节的，处十年以上有期徒刑或者无期徒刑，并处五万元以上五十万元以下罚金或者没收财产。

《最高人民法院关于审理非法集资刑事案件具体应用法律若干问题的解释》

第四条第一款 以非法占有为目的，使用诈骗方法实施本解释第二条规定所列行为的，应当依照刑法第一百九十二条的规定，以集资诈骗罪定罪处罚。

8. 非法集资等犯罪，其"以非法占有为目的"如何认定？

【律师解答】与民间借贷有关的犯罪，一般其构成要件都要"以非法占有为目的"的主观要求，对于如何认定"以非法占有为目的"《最高人民法院关于审理非法集资刑事案件具体应用法律若干问题的解释》作出了解释，主要包括以下情况：

（1）集资后不用于生产经营活动或者用于生产经营活动与筹集资金规模明显不成比例，致使集资款不能返还的；

（2）肆意挥霍集资款，致使集资款不能返还的；

（3）携带集资款逃匿的；

（4）将集资款用于违法犯罪活动的；

（5）抽逃、转移资金、隐匿财产，逃避返还资金的；

（6）隐匿、销毁账目，或者搞假破产、假倒闭，逃避返还资金的；

（7）拒不交代资金去向，逃避返还资金的；

（8）其他可以认定非法占有目的的情形。

【特别提醒】集资诈骗罪中的非法占有目的，应当区分情形进行具体认定。行为人部分非法集资行为具有非法占有目的的，对该部分非法集资行为所涉集资款以集资诈骗罪定罪处罚；非法集资共同犯罪中部分行为人具有非法占有目的，其他行为人没有非法占有集资款的共同故意和行为的，对具有非法占有目的的行为人以集资诈骗罪定罪处罚。

【法条链接】

《最高人民法院关于审理非法集资刑事案件具体应用法律若干问题的解释》

第四条第二款 使用诈骗方法非法集资，具有下列情形之一的，可以认定为"以非法占有为目的"：

（一）集资后不用于生产经营活动或者用于生产经营活动与筹集资金规模明显不成比例，致使集资款不能返还的；

（二）肆意挥霍集资款，致使集资款不能返还的；

（三）携带集资款逃匿的；

（四）将集资款用于违法犯罪活动的；

（五）抽逃、转移资金、隐匿财产，逃避返还资金的；

（六）隐匿、销毁账目，或者搞假破产、假倒闭，逃避返还资金的；

（七）拒不交代资金去向，逃避返还资金的；

（八）其他可以认定非法占有目的的情形。

第四条第三款 集资诈骗罪中的非法占有目的，应当区分情形进行具体认定。行为人部分非法集资行为具有非法占有目的的，对该部分非法集资行为所涉集资款以集资诈骗罪定罪处罚；非法集资共同犯罪中部分行为人具有非法占有目的，其他行为人没有非法占有集资款的共同故意和行为的，对具有非法占有目的的行为人以集资诈骗罪定罪处罚。

9. 什么是非法经营罪？其构成要件有哪些？

【律师解答】非法经营罪，是指未经许可经营专营、专卖物品或其他限制买卖的物品，买卖进出口许可证、进出口原产地证明以及其他法律、行政法规规定的经营许可证或者批准文件，以及从事其他非法经营活动，扰乱市场秩序，情节严重的行为。

本罪在主观方面由故意构成，并且具有谋取非法利润的目的，这是本罪在主观方面应具有的两个主要内容。

本罪的主体是一般主体，即一切达到刑事责任年龄，具有刑事责任能力的自然人。依法成立、具有责任能力的单位也可以成为本罪的主体。

客观方面表现为未经许可经营专营、专卖物品或者其他限制买卖的物品，买卖进出口许可证、进出口原产地证明以及其他法律、行政法规规定的经营许可证或者批准文件，以及从事其他非法经营活动，扰乱市场秩序，情节严重的行为。

非法经营罪侵犯的客体应该是市场秩序，如违法经营储蓄业务，冲击与破坏我国的金融秩序。

【特别提醒】民间借贷属于融通资金的行为，吸收存款、变相储蓄、专业放贷等经营行为必须取得相应的许可证并接受监管部门的监管。否则，这种超出民间借贷范围的经营行为，可能涉嫌构成非法经营犯罪。

【法条链接】

《中华人民共和国刑法》

第二百二十五条 违反国家规定，有下列非法经营行为之一，扰乱市场秩序，情节严重的，处五年以下有期徒刑或者拘役，并处或者单处违法所得一倍以上五倍以下罚金；情节特别严重的，处五年以上有期徒刑，并处违法所得一倍以上五倍以下罚金或者没收财产：

（一）未经许可经营法律、行政法规规定的专营、专卖物品或者其他限制买卖的物品的；

（二）买卖进出口许可证、进出口原产地证明以及其他法律、行政法规规定的经营许可证或者批准文件的；

（三）未经国家有关主管部门批准非法经营证券、期货、保险业务的，或者非法从事资金支付结算业务的；

（四）其他严重扰乱市场秩序的非法经营行为。

《非法金融机构和非法金融业务活动取缔办法》

第二条　任何非法金融机构和非法金融业务活动，必须予以取缔。

第三条　本办法所称非法金融机构，是指未经中国人民银行批准，擅自设立从事或者主要从事吸收存款、发放贷款、办理结算、票据贴现、资金拆借、信托投资、金融租赁、融资担保、外汇买卖等金融业务活动的机构。

非法金融机构的筹备组织，视为非法金融机构。

10. 违反国家规定，未经依法核准，擅自发行基金份额募集基金是否构成犯罪？

【律师解答】违反国家规定，未经依法核准擅自发行基金份额募集基金，情节严重的，以非法经营罪定罪处罚。

【特别提醒】注意只限于基金，且需达到情节严重。

【法条链接】

《最高人民法院关于审理非法集资刑事案件具体应用法律若干问题的解释》

第七条　违反国家规定，未经依法核准擅自发行基金份额募集基金，情节严重的，依照刑法第二百二十五条的规定，以非法经营罪定罪处罚。

11. 什么是擅自发行股票、公司、企业债券罪？其犯罪构成如何？

【律师解答】擅自发行股票、公司、企业债券罪，是指未经国家有关主管部门批准，擅自发行股票或者公司、企业债券，数额巨大、后果严重或者有其他严重情节的行为。

犯罪构成为：

（1）本罪的客体为复杂客体，即国家对证券市场的管理制度以及投资者和债权人的合法权益。

（2）犯罪主体是一般主体，既包括自然人，也包括单位。

（3）主观方面是故意。

（4）本罪在客观方面是，行为人必须实施了未经国家有关主管部门的批准，擅自发行股票、公司、企业债券，数额巨大、造成严重后果或者有其他严重情节的行为。

【特别提醒】公司企业公开向社会发行股票、债券需要符合法律规定的发行条件，且须经中国证监会等主管、监管部门审批或核准的，否则，有可能涉嫌犯罪。构成该罪除有未经审批而发行的行为外，还要求发行数额巨大与后果严重或其他严重情节。

【法条链接】

《最高人民法院关于审理非法集资刑事案件具体应用法律若干问题的解释》

第六条 未经国家有关主管部门批准，向社会不特定对象发行、以转让股权等方式变相发行股票或者公司、企业债券，或者向特定对象发行、变相发行股票或者公司、企业债券累计超过200人的，应当认定为刑法第一百七十九条规定的"擅自发行股票、公司、企业债券"。构成犯罪的，以擅自发行股票、公司、企业债券罪定罪处罚。

12. 明知他人实施赌博犯罪活动，仍以民间借贷的名义向其提供借款，是否构成犯罪？

【律师解答】明知他人实施赌博犯罪活动，仍以民间借贷名义向其提供借款，属于明知他人实施赌博犯罪活动，而为其提供资金等直接帮助，此时，实施赌博犯罪行为人与提供赌资人是有共同犯罪指向的，如果实施赌博的行为人构成赌博犯罪，则以民间借贷名义提供赌资者，应以赌博罪的共犯论处。

【特别提醒】为赌博等犯罪活动提供赌资，其与赌博者或开设赌场者形成共同犯罪的前提是提供资金者须明知所出借或提供的资金用于赌博活动，否则不能认定为赌博犯罪的共同犯。

【法条链接】

《最高人民法院、最高人民检察院关于办理赌博刑事案件具体应用法律若干问题的解释》

第四条 明知他人实施赌博犯罪活动，而为其提供资金、计算机网络、通讯、费用结算等直接帮助的，以赌博罪的共犯论处。

13. 如何认定赌博债务？

【律师解答】赌博而产生的债务可以因债务产生的方式不同主要分为以下两种：一是赌博过程中当事人之间因赌博输赢没有实际现金支付，输家向赢家以欠条方式确认的赌博债务；二是赌场中庄家或者专门放高利贷牟利的人（俗称"放码人"）向参与赌博的人员发放借款，借款人向他们出具借条而产生的赌博债务。

赌博债务关系的表现形式也可能表现为借条、欠条等书面形式，但与正当的借贷关系相比有很大的区别，如借款用途可能为随意编造，利息约定可能大大超出同期银行利息，最主要的是往往没有实际借款的交付，如借款人在赌场中得到的只是代表一定数额金钱的筹码，而不是法定货币，如在赌场王某向张某出具10万元借条，而实际得到的是只能在该赌场使用的代表10万元赌博筹码的两副扑克牌。

赌场中的借贷，往往利率都高出国家限制规定，利息一般事先都在借款本金中扣除。由于诉讼中最重要证据"借条""欠条"一般不会注明债务的赌债性质，原告方并不会对"借条""欠条"以外的事实作过多陈述，而参与赌博的人又往往不愿意出庭作证，被告除了自己的陈述几乎不可能有其他证据证明债务的赌博性质。因此，对被告提出的异议法院要认真审查，对被告提出不能自行收集的证据而请求人民法院收集的，人民法院应当尽量依法予以调查和收集。

对是否存在赌博债务，应当结合原、被告双方陈述以及原、被告之间的关系，各自的职业、品行，另外加强与公安部门的联系，及时向当地公安派出所查询聚众赌博的查处情况，了解原、被告是否有参赌的前科，逐个调取与涉诉借款相关的证据，充分发挥间接证据和辅助证据的证明作用，判断大量间接证据能够形成证据链证明债务的赌债性质。

【特别提醒】因赌博而产生的借贷不受法律保护，借款人一定要收集与保存相关证据材料，否则认定会带来一定的困难。可能不受法律保护的借贷关系因判决借贷而成立，借贷者承担全部责任。

14. 什么是高利转贷罪？其构成要件有哪些？

【律师解答】高利转贷罪，是指违反国家规定，以转贷牟利为目的，套取金融机构信贷资金高利转贷他人，违法所得数额较大的行为。如从专业银行或政策性银行取得无息或低息贷款，然后以较高利率转贷给他人，挣取利息差，其数额达到较大的。

高利转贷罪的构成要件为：

（1）构成犯罪的主体必须是取得金融机构信贷资金的个人或者单位，

其他人不能成为本罪的主体。

（2）行为人在客观上有违反规定取得金融机构信贷资金并将这些信贷资金高利转贷给他人，获取非法利益的行为。

（3）行为人采取收取高利的方式将金融机构的信贷资金转贷给他人，从中获取非法利益。如果行为人没有以高利而是以取得贷款的相同利率转贷他人，尽管行为本身也违反了国家规定，但不构成犯罪。

（4）行为人将金融机构信贷资金转贷他人，获取非法利益，必须达到数额较大的，才构成犯罪，这是区分罪与非罪的重要界限。

【特别提醒】"套取金融机构信贷资金高利转贷他人"是指行为人以编造虚假理由等手段，将取得的商业银行、信托投资公司、农村信用社、城市合作银行、农业发展银行等金融机构的信贷资金，又转贷给第三人。行为人转贷给他人的资金必须是金融机构的信贷资金。如果行为人只是将自己的资金借贷给他人的，不属于转贷他人，不构成犯罪。

【法律链接】

《中华人民共和国刑法》

第一百七十五条　以转贷牟利为目的，套取金融机构信贷资金高利转贷他人，违法所得数额较大的，处三年以下有期徒刑或者拘役，并处违法所得一倍以上五倍以下罚金；数额巨大的，处三年以上七年以下有期徒刑，并处违法所得一倍以上五倍以下罚金。

单位犯前款罪的，对单位判处罚金，并对其直接负责的主管人员和其他直接责任人员，处三年以下有期徒刑或者拘役。

15. 人民法院对民间借贷案件立案后，发现民间借贷行为本身涉嫌非法集资犯罪如何处理？

【律师解答】人民法院立案后，发现民间借贷行为本身涉嫌非法集资犯罪的，应当裁定驳回起诉，并将涉嫌非法集资犯罪的线索、材料移送公安或者检察机关。

【特别提醒】公安或者检察机关不予立案，或者立案侦查后撤销案件，或者检察机关作出不起诉决定，或者经人民法院生效判决认定不构成非法集资犯罪，当事人又以同一事实向人民法院提起诉讼的，人民法院应予受理。

【法条链接】

《最高人民法院关于审理民间借贷案件适用法律若干问题的规定》

第五条 人民法院立案后,发现民间借贷行为本身涉嫌非法集资犯罪的,应当裁定驳回起诉,并将涉嫌非法集资犯罪的线索、材料移送公安或者检察机关。

公安或者检察机关不予立案,或者立案侦查后撤销案件,或者检察机关作出不起诉决定,或者经人民法院生效判决认定不构成非法集资犯罪,当事人又以同一事实向人民法院提起诉讼的,人民法院应予受理。

16. 人民法院在对民间借贷立案后,发现与民间借贷纠纷案件虽有关联但不是同一事实的涉嫌非法集资等犯罪的线索、材料的如何处理?

【律师解答】 人民法院立案后,发现与民间借贷纠纷案件虽有关联但不是同一事实的涉嫌非法集资等犯罪的线索、材料的,人民法院应当继续审理民间借贷纠纷案件,并将涉嫌非法集资等犯罪的线索、材料移送公安或者检察机关。

【特别提醒】 有关联但非同一事实决定了不是同一犯罪案件,故可以对民间借贷纠纷进行审理,涉嫌非法集资犯罪的线索、材料依法移送。

【法条链接】

《最高人民法院关于审理民间借贷案件适用法律若干问题的规定》

第六条 人民法院立案后,发现与民间借贷纠纷案件虽有关联但不是同一事实的涉嫌非法集资等犯罪的线索、材料的,人民法院应当继续审理民间借贷纠纷案件,并将涉嫌非法集资等犯罪的线索、材料移送公安或者检察机关。

17. 人民法院正在审理的民间借贷案件,其民间借贷的基本事实必须以刑事案件审理结果为依据,而该刑事案件尚未审结的,如何处理?

【律师解答】 人民法院正在审理的民间借贷案件,其民间借贷的基本事实必须以刑事案件审理结果为依据,而该刑事案件尚未审结的,人民法院应当裁定中止诉讼,在该刑事案件审结后,对相关民间借贷案件再恢复审理。

【特别提醒】 民间借贷案件必须以刑事案件审理结果为依据,刑事案件审结后,当事人应当提供与此有关的刑事判决,如当事人不能提供,则可申请法院调取。

【法条链接】

《中华人民共和国民事诉讼法》

第一百五十条　有下列情形之一的，中止诉讼：

（一）一方当事人死亡，需要等待继承人表明是否参加诉讼的；

（二）一方当事人丧失诉讼行为能力，尚未确定法定代理人的；

（三）作为一方当事人的法人或者其他组织终止，尚未确定权利义务承受人的；

（四）一方当事人因不可抗拒的事由，不能参加诉讼的；

（五）本案必须以另一案的审理结果为依据，而另一案尚未审结的；

（六）其他应当中止诉讼的情形。

中止诉讼的原因消除后，恢复诉讼。

《最高人民法院关于审理民间借贷案件适用法律若干问题的规定》

第七条　民间借贷的基本案件事实必须以刑事案件审理结果为依据，而该刑事案件尚未审结的，人民法院应当裁定中止诉讼。

18. 借款人或者出借人的借贷行为涉嫌犯罪，或者已经生效的判决认定构成犯罪，当事人提起民事诉讼的，民间借贷合同的效力如何认定？

【律师解答】 现实中各种法律关系的设立及其效力，均有与其相对应的法律规范，不同的法律关系的认定、判断与处理，应依据其相对应的法律规范。借款人或者出借人的借贷行为涉嫌犯罪，或者已经生效的判决认定构成犯罪，当事人提起民事诉讼的，民间借贷合同并不当然无效。民间借贷合同的效力要以相应的法律、法规、司法解释进行确认。

【特别提醒】 这里所说的其实就是民事法律关系与刑事法律关系竞合的问题，认定行为是否构成犯罪及构成什么犯罪，依据《刑法》加以判断和认定，而对于民事法律关系的成立与否及其效力，则依据民事法律的相关规定进行确认和处理。对于民间借贷合同的效力，人民法院应当根据《合同法》第52条、《最高人民法院关于审理民间借贷案件适用法律若干问题的规定》第14条之规定，认定民间借贷合同的效力。

【法条链接】

《最高人民法院关于审理民间借贷案件适用法律若干问题的规定》

第十三条　借款人或者出借人的借贷行为涉嫌犯罪，或者已经生效的判决认定构成犯罪，当事人提起民事诉讼的，民间借贷合同并不当然无效。人民法院应当根据合同法第五十二条、本规定第十四条之规定，认定民间借贷合同的效力。

担保人以借款人或者出借人的借贷行为涉嫌犯罪或者已经生效的判决认定构成犯罪为由，主张不承担民事责任的，人民法院应当依据民间借贷合同与担保合同的效力、当事人的过错程度，依法确定担保人的民事责任。

第六节　民间借贷专项指导

1. 借条、欠条和收据等字据的规范写法指导

（1）格式应规范、清晰

建议使用欠条、收条等字据的规范格式。一个完整的欠条主要包括四个要件：债权人、债务人、欠款内容以及归还时间，当然还包括签名及时间等内容；收条则应包括五个要件：交纳人、收取人、交付理由、交付内容以及交付时间。这些内容反映在正规制作、填充式的字据（商店有售）上，使人一目了然，当事人双方的权利义务关系十分明确。

（2）形式注意事项

书写字据，字里行间，不宜有空格空行，否则容易被持据人增写其他内容。不要用褪色的笔书写，钢笔最好用黑墨水或者蓝黑墨水，黑色水笔亦可。若用圆珠笔或其他易褪色的墨水写字据，遭遇保存不当受潮或水浸时，字迹会变得模糊不清，亦可能为别有用心者利用化学制剂涂改制造良机。

（3）标的物应写清楚

借款、还款、借物、还物，皆应写清楚金额、数量，最好使用大写数字，以防止涂改和伪造。是财还是物，要分清，不要模糊、混淆。

涉及数字部分，最好用大写。有小写而没有大写，大小写不一致，数字前头有空格，小数点位置不准确等，这些都便于持据人添加数字或修改，进而引发纠纷。如"货款计拾捌万人民币（180000万元）"，此为常见之失误，笔者已见过多次；阿拉伯数字末尾加个零，数额会骤然巨变。

（4）内容表述要清晰

语句不可大意，顺序不能颠倒，"借到张三"与"张三借到"有天壤之别；不要将"欠条"与"收条"相互改制，相关涂抹会为纠纷埋下伏笔；

不要把"欠条"变为"借条",有些公司拖欠民工工资,向民工出具借款"借条"而非公司拖欠工资的"欠条",如此,一字之差,劳资纠纷瞬间转变成民事借贷纠纷,民工对于企业长期拖欠工资的行为,便难以到劳动仲裁部门举报、申诉,只能向法院起诉。

有的字据将"买"写成"卖","收"写成"付"等,虽只是一字之差,但都极容易颠倒是非。如借条一份:"霍某借柳某现金50000元,现还欠款5000元"。这里的"还"字因有两个读音,既可理解为"归还",又可解释为"尚欠"。

(5) 签名盖章不可小视

署名要署真名,化名、代号、名字谐音都不规范,最好以身份证上姓名为准,免得引发纠纷。由别人代笔书写字据或代笔签名,而本人只在上面按一个手印,也容易引发纠纷,农村习惯于盖章。但盖私章在法律上的效力并不高,聪明的张作霖在当年与日本人签订协议时,便盖章而不签名,其意在于为后来不认账打下基础。章谁都能刻,但字迹却是各具特色。香港人习惯以一个英文字母代替签名,笔者常见港人签名皆龙飞凤舞,一个字母拐几弯便成,在香港受法律保护,在内地与香港人商业往来时,最好让其签全名,免得让法官难断是非。

单位应注明单位名称,最好能盖单位公章。法定代表人签字亦可,若为其他人,应有授权委托书。单位印鉴应当规范,字据上最好加盖最高效力的公章,若加盖"某公司行政专用章""收欠款专用章""项目经理部专用章"或者拇指大的小章,不太妥当。若单位拒绝承认拥有那些部门章、小章,事实难以澄清。

个人、单位应写全称,而不宜用简写、代号、化名。如"今欠司马先生货款2000元"中"司马先生"指称不明;如"今欠九州公司货款30万元"中的"九州公司"指称不明,不同地域可能都有九州公司,同一地域还有不同行业的九州公司。

签字、盖章要各方当事人皆在现场,以防被人冒充、替换。

(6) 时间应写清

行使权利、履行义务的时间,出具字据的时间,都应当清晰明了。不写日期的字据一旦发生纠纷,事实真相难以查清,对诉讼时效的确定也容易造成困难。

对约定有履行义务期限的字据，要在应履行义务之日起一定期限内向人民法院起诉主张权利，若无诉讼时效中止、中断、延长情形的，就会丧失胜诉权。

(7) 利率要注明

不要因系亲朋好友，碍着面子而不写明利息。若要计算利息，应当写明利息标准，否则，在诉至法院后，将视为未对利息加以约定。《合同法》第211条明确规定：自然人之间的借款合同对支付利息没有约定或约定不明的，视为不支付利息。

利率利息分不清，也容易产生纠纷。如张大民立借据："今欠王麻子人民币8万元，利息2分，8个月内还清"。借钱是事实，但约定利息是每月2分钱，还是月利率2分，难以说清。此种情况，已有判例，认定为约定不明，为公平起见，王麻子得到张大民按银行同期贷款利率支付的利息。

利率和利息是两个不同的概念，将2分利率写成2分利息，或写成0.2分利息，或写成0.2%利息，都是不恰当的。利率是利息和本金的比率，主要表示方法有：①年利率，用"%"表示；②月利率，用"‰"表示；③日利率，用"‱"表示。无论是银行还是民间借贷约定利息的时候，文字表述均应用"利率"，银行放贷利率通常按月计算，用"‰"表示，2分的利率就是20‰（即2%），月利率五厘六即为5.6‰。

(8) 注意认真核对字据

在书写字据后，双方应当认真核对，如有漏洞，应当立即修正或者重新书写。亦可找第三人对字据字字斟酌，切忌稀里糊涂就签字盖章。

(9) 无效字据

受胁迫所写"欠条"的行为，为无效的民事行为，权利义务关系将不为法院所确认；赌债、婚姻、感情之债的欠条，不受法律保护，应为无效；借款时，如果明知对方将用于非法活动，就不要借款给对方，否则该借款不受法律保护。

(10) 要妥善保存字据

注意保存完整欠条，缺角欠条，证据效力会有所减弱。为维护自身合法权益，要注意保全证据，一般情况下要保存好字据复印件。若对方骗取字据后，立即销毁会导致事实难以说清的结局。如遇对方抢夺或者暴力抢夺字据，而后将其撕毁，以达到不履行债务之目的，涉嫌抢夺罪、抢劫罪。偷窃欠条，亦可能涉嫌盗窃罪。

（11）商业交往特别注意

业务往来手续不清，易起事端，常见情况是，对方未付钱，己方无完善字据，亦无其他价目表或者价格清单。每批货物交付后，应当立即填写《送货单》《进料验收单》等字据，并要求对方签字盖章。送了货物后，应当即时结算，在把所有款项算清后，应当尽快制作结账单，当场不能给付的，结账手续做完后，要立新的字据，此时，切记要将结账前发生的收条、欠条、收据予以收回，一时不能收回的，结账单上注明"在此之前一切条子均作废"。

（12）善后处理

还款时，要记着索回欠条，如对方称一时找不到欠条，应让其写一张收据留存，这样才不会给日后留下隐患。债权债务关系终结后，相关字据或者销毁，或者存档。

2. 民间借贷借款格式合同的填写的指导

格式合同文本能否正确填写，对于合同的法律意义至关重要，合同当事人对此应引起足够的重视。合同当事人应在详细通读格式合同文本后，方可按说明要求逐一填写。填写合同文本应当认真细致、字迹工整规范不得涂改、填错、填漏。对于合同文本空白栏处，亦应加横线表示删除。合同主体应书写全称并与印章名称相符，主从合同内容相互对应，不能自相矛盾。一式数份的合同，填写内容应当保持一致。提请民间借贷出借人，填合同文本应注意以下问题：

（1）选择合适的合同文本

民间借贷出借人，有时会制定民间借贷的格式文本，在使用格式合同时，应注意区分不同的民间借贷种类，使用相应的合同文本，并注意主合同和从合同的一致性。

（2）合同编号的填写

为便于民间借贷出借人管理民间借贷，民间借贷数量较多时，出借人应当制定相应的合同编号规则，并根据其规定予以编号与填写。出借人对借款合同编号应确保编号的唯一性，保证借款合同与其从合同（担保合同）之间建立一一对应关系。关于合同编号。如果存在额度合同，额度项下的每一单民间借贷合同中必须注明额度合同号，如果有从合同，从合同中必须注明主合同号。

(3) 关于合同当事人项的填写

关于"贷款人"和"借款人"的所有资料都要完整填写，不可有空项。如果借款人有委托代理人，除要认真填写相关内容外，还要有合法有效的授权委托书。

①合同当事人的名称应当填写全称，并与合同所盖公章的名称相一致。

②合同当事人的营业场所（住所）应当填写详细。当事人是法人或者非法人组织的，合同的营业场所应当与"企业法人营业执照"等证件上的地址保持一致；当事人是自然人的，住所地址应当详细到街道、门牌号和楼层房号。如果当事人的实际营业场所（住所）与"企业法人营业执照"或身份证等证件记载不一致的，应予以注明。

③合同当事人的法定代表人（负责人）应当填写准确。当事人是法人的，应填写法定代表人的姓名；当事人是非法人组织的，应填写主要负责人姓名。法定代表人（负责人）应与"企业法人营业执照"等证件上载明的法定代表人（负责人）相一致。此外，如果合同文本中有"注册地址""基本开户行""开立的账号"等内容的，也应如实、详细填写。

(4) 关于合同期限、日期的填写：合同文本涉及期限、日期内容主要有以下情形：

①借款期限、用款计划、还本计划中的"××年××月××日"等日期，应当使用阿拉伯数字填写。

②"一个银行工作日""应当提前一日书面通知乙方""本合同一式一份"等数量词，应当使用中文大写填写。

③借款期限日期的确认：借款期限为整年的，借款期限的最后一日，为借款期限起始日在对年对月对日的前一日。

(5) 关于合同金额的填写：除非国际惯例要求，借款合同中的金额数量，一律使用中文大写填写。

(6) 关于合同预留空白栏的填写：

①合同文本上列有备选项的空白栏，填写时将选定的内容填写在空白栏横线上。对未被选上的选项内容，应加横线以表示删除。

②合同文本上有空白栏，但根据实际情况不准备填写内容的，应加盖"此栏空白"字样的印章。

③合同文本上有多个空白栏，如"用款计划""还本计划""其他约定事项"等，若不填写内容或没有选项的空白栏，应加盖"以下空白"字样的印章。

（7）关于合同其他约定事项的填写：合同当事人在使用格式合同文本时，对于合同文本没有条款规定或者规定得不够详尽而需要特别说明的事项，或者出借人提出需要在合同中明确的条件，等等，都可以在本条中加以约定。

（8）关于合同文本骑缝章：文本超过一页的合同书，以及所有打印后粘贴于格式合同上的条款，都应当加盖骑缝章。

（9）关于合同的份数：合同签订后，合同当事人各自至少应保留一份合同正本。此外，办理审批、登记等手续还应向相关部门提交合同文本。这些情况都应在合同中予以明确。

（10）格式合同填写出现错误时，原则上应重新签订合同，特殊情况下需在原合同上修改时，须将错误之处用一横线划掉，在旁边注明正确的内容，然后再由各方当事人在修改处盖章（当事人为个人时则签字）。

（11）格式合同的签章

格式合同的签订须由合同当事人的法定代表人（或负责人）或其委托代理人签名并加盖单位公章，或者合同当事人本人（合同当事人为自然人时）或其委托代理人签名。特殊情况下，需要以法定代表人或其委托代理人签章代替签字时，务必审核其签章的真实性。若借款合同及其从合同的法定代表人因故不能签订合同的，出借人应当要求代理人出示法定代表人授权委托书和代理人本人的合法身份证件。授权委托书应有明确的授权事项、授权权限、授权期限、授权人签字。出借人应仔细核实授权委托书和代理人的身份，审查代理人的代理行为是否超越了其代理权限，避免发生无权代理的法律后果。

合同条款协商一致并经合同双方当事人审核合格后，若合同当事人是企业法人或非企业法人组织，出借人应将合同书送达借款人或担保人，由其法定代表人或其授权代理人签字盖章。不允许采取转交方式将合同书送达当事人，以确保签字盖章的真实。合同签订要落实"双签"，即法定代表人或主要负责人签字并加盖单位公章。若合同当事人是自然人的，应由其本人在出借人的指引下完成合同的签约过程。不管是企业类借款还是个人类借款，凡需要自然人签名，应核实签字人的身份，防止他人冒名顶替。同时，签名应是本人签字，不允许使用个人名章。根据《最高人民法院关于适用〈中华人民共和国合同法〉若干问题的解释（二）》第5条的规定，当事人在合同书上捺手印的，人民法院应当认定其具有与签字或者盖章同等的法律效力。

如对签章或签字的真实性产生怀疑，可通过比照之前的签字或盖章、到工商等部门查询等方式核查签字或公章的真伪。

3. 民间借贷格式合同法律风险指导

格式借款合同由于其方便、省时、省力，实践中被民间借贷的出借人经常使用，使用格式合同仍然存在一定风险，根据《合同法》有关规定，民间借贷采用格式借款合同主要存在着下列法律风险：

（1）违反公平原则影响合同效力的风险

我国《合同法》第39条第1款规定："采用格式条款订立合同的，提供格式条款的一方应当遵循公平原则确定当事人之间的权利和义务。"此款即体现了格式合同应当遵循公平原则，出借人在借款合同中，应当公平合理地确定借款人与出借人之间权利，不得利用自身有利地位，将意志强加于借款人，损害借款人或其他相对人的利益。如果格式合同中出现明显不公平的条款，损害借款人的合法权益，该合同就有可能被变更或撤销，进而影响合同的效力。

（2）对免责或限责条款不履行告知义务的风险

《合同法》第39条规定：提供格式条款的一方应当采取合理的方式提请对方注意免除或限制其责任条款，按照对方的要求，对该条款予以说明。所谓合理方式主要是指贷款人以能引起借款人注意、提醒强调和吸引对方注意力的方式，通常可采取要求借款签字、个别告知或对这些条款以更醒目字体、字号标明注意事项、填写说明等。提请借款人注意必须在合同签订前作出，否则对借款不产生约束力。

（3）格式条款无效的风险

《合同法》第40条规定：格式条款具有本法第五十二条和第五十三条规定情形的，或者提供格式条款的一方免除其责任、加重对方责任、排除对方主要权利的，该条款无效。格式合同如果违反当事人真实意思表示，以致双方权利义务严重失衡时，借款人可以依法要求确认其无效。

（4）特别条款的效力优于格式合同条款效力的风险

《合同法》第41条规定，格式条款和非格式条款不一致的，应当采用非格式条款，因此，如果贷款人与借款人就格式信贷合同的条款所规定的内容进行了协商并达成一致的情况下，非格式条款的效力就要优于格式合同条款，因为它更符合意思自治原则。

（5）对格式信贷合同的不利解释的风险

《合同法》第41条规定，对格式条款有两种以上解释的，应当作出不利于提供格式条款一方的解释，法律之所以这样规定，是由格式合同的性质所决定的，因为它由贷款人一方预先拟定，又未与借款人预先协商，因此，法律要保护借款人的利益。

4. 民间借贷格式合同法律风险防范的指导

民间借贷的出借人使用格式合同有诸多优点，但它同时也是一把"双刃剑"，出借人在享受格式合同带来方便的同时，也为自己埋下了诸多隐患，为了防范有可能产生的风险，笔者提出以下几点建议性措施：

（1）基于公平原则制订格式合同

出借人在拟定借贷合同文本时，可以公开、广泛征求借款人以及社会中介机构的意见，以求公平。必要时请律师帮助制订民间借贷合同的文本，完善合同样本的效果，从源头上避免格式合同条款无效或不利于出借人解释的风险。

（2）在格式合同中采用合理的提示方式

采用合理方式，提示相对方注意"免除责任""限制责任"的条款。当然，公平、合理、合法的免责条款可以合理分配风险，避免不必要的讼争。

①合理方式。系指在通常情况下，能够引起相对方的注意，诸如字号、字体、颜色、位置等方式。例如在制订的格式合同中，免责条款均以较大的字体、加下划线等方式进行明示。

②提示注意的措施与免责条款的关系。免除提供者责任的程度越高，提示注意的措施就越醒目。

③可以在格式合同中，约定"特别提示条款"。该条款约定："乙、丙方（即合同相对方）已特别注意到本合同黑体画线部分，并无任何异议。"

（3）按照相对方的要求予以说明。按照合同相对方的要求进行说明，既是相对方的权利，也是合同提供方的义务。合同提供方在尽了说明义务之责，尽了提示注意义务，相对方明知合同内容即为已知。

（4）吸收框架合同文本优点，设计合同可选择条款。所谓框架合同文本，是指由合同制订者设计合同的基本体例，内容上区分必备条款和选择条款的一种参考样例。使用时相对人必须再根据具体情形，对框架合同文本进行初步筛选补充，然后交由合同提供方进一步协商，最后确定合同文本内容。从形式上看，小额贷款公司等出借人使用框架合同文本后，"填合同"转变为"写合同"和"谈合同"，实质上，框架合同文本的使用更符合《合同法》所确立的私法上的意思自治原则，是避免格式合同所可能带来的法律风险的行之有效的办法，而且它还可以突出相对人的不同特点和风险点，有的放矢防范法律风险。或者在制订的格式合同中，也较多地设计了可选择条款供合同相对方选择，旨在弱化格式合同的单方性，而最大限度彰显合同的公平、合理，加以防范和化解格式合同的法律风险。

5. 对民间借贷利息、利率的指导

（1）民间借贷的利息、利率均可以由双方协商确定。

（2）如果双方在协议或合同中没有约定利息、利率，则视为不支付利息。出借人主张利息的，法院不予支持。

（3）约定利率要以年利率为标准，如约定了月利率，则应换算成年利率进行计算。

（4）民间借贷的年利率24%以内受法律保护，属于合法有效。

（5）民间借贷约定年利率超过24%至36%的部分利息，属于自然债务，当事人对这部分利息，如已支付给出借人，借款人不能请求法院判决返还；如借款人未支付这部分利息，出借人也不能请求法院判决借款人给付。

（6）民间借贷年利率超过36%的部分，属于违法，其约定无效，借款人如已支付了超过年利率36%的部分利息，可以请求法院判决返还。如未支付，出借人也无权要求借款人支付这部分利息。

（7）自然人之间借贷对利息约定不明，出借人主张支付利息的，人民法院不予支持。

（8）除自然人之间借贷的外，借贷双方对借贷利息约定不明，出借人主张利息的，人民法院应当结合民间借贷合同的内容，并根据当地或者当事人的交易方式、交易习惯、市场利率等因素确定利息。

（9）借贷双方对前期借款本息结算后将利息计入后期借款本金并重新

出具债权凭证，如果前期利率没有超过年利率24%，重新出具的债权凭证载明的金额可认定为后期借款本金；超过部分的利息不能计入后期借款本金。约定的利率超过年利率24%，当事人主张超过部分的利息不能计入后期借款本金的，人民法院应予支持。按此计算，借款人在借款期间届满后应当支付的本息之和，不能超过最初借款本金与以最初借款本金为基数，以年利率24%计算的整个借款期间的利息之和。出借人请求借款人支付超过部分的，人民法院不予支持。

（10）借贷双方对逾期利率有约定的，从其约定，但以不超过年利率24%为限。

（11）民间借贷双方既未约定借期内的利率，也未约定逾期利率，出借人主张借款人自逾期还款之日起按照年利率6%支付资金占用期间利息的，人民法院予以支持。

（12）民间借贷双方约定了借期内的利率但未约定逾期利率，出借人主张借款人自逾期还款之日起按照借期内的利率支付资金占用期间利息的，人民法院予以支持。

（13）民间借贷的出借人与借款人既约定了逾期利率，又约定了违约金或者其他费用。在借款人逾期违约时，出借人可以选择主张逾期利息、违约金或者其他费用，也可以一并主张，但一并主张是有限制的，即总计不能超过年利率24%计算的数额，如有超过，对超过的部分，人民法院不予支持。

（14）民间借贷没有约定利息但借款人自愿支付，或者超过约定的利率自愿支付利息或违约金，且没有损害国家、集体和第三人利益的，此时借款人又以不当得利为由向法院起诉，要求出借人返还的，人民法院不予支持，但借款人要求返还超过年利率36%部分的利息除外。

第七节　案例裁判与评析

1. 朱某与邱某民间借贷纠纷上诉案

【裁判要旨】

朱某借用邱某信用卡消费取款，且朱某出具欠条承诺偿还信用卡欠款及利息，因此双方之间产生借贷关系，而非借用关系。现朱某同意偿还欠款本金，但不同意承担利息及滞纳金，因利息及滞纳金的损失系由朱某不积极还款所致，且邱某自2009年开始一直在积极地陆续偿还信用卡欠款，并未有意拖延、扩大利息损失，朱某认为邱某怠于还款造成利息及滞纳金损失，没有证据证明。故不能对其上诉请求予以支持。

【案情】

2009年4月至2009年7月，朱某使用邱某的光大银行尾号为7700和交通银行尾号为2314的信用卡陆续消费、取现，至2009年7月24日共使用人民币35500元，当日，朱某向邱某出具欠条，载明："今欠邱某光大银行信用卡622658000426×××××××、交通银行信用卡520169091133×××××××共计金额35500元整，利息按银行信用卡的利息额计算，于2009年12月31日前还清。"朱某未按照约定向银行或邱某按期限还款，涉案信用卡的欠款于2011年由邱某陆续还清，产生相应的利息10051元、滞纳金2267元。

一审法院判决认定：公民之间合法的借贷关系受法律保护。邱某提交的由朱某书写的欠条，可以证明朱某向邱某欠款的事实，故邱某与朱某之间的借贷关系成立。朱某为邱某出具的欠条已对还款期限及利息进行了约定，朱某应当按照约定全面履行自己的义务。现还款期限届满，邱某要求朱某偿还借款并给付利息，理由充足，该院予以支持。综上所述，依照《中华人民共和国民法通则》第90条、第108条之规定，判决：自判决生效之日起七日内，朱某返还邱某欠款人民币35500元，并按银行同期信用卡利率给付2009年7月24日起至判决确定的给付之日止的利息与滞纳金（利息10051元，滞纳金2267元）。

朱某不服一审法院上述民事判决，向法院提起上诉，请求撤销一审判决，改判驳回邱某要求朱某支付利息及滞纳金的诉讼请求。上诉理由是：一审法院将本案案由确定为民间借贷纠纷错误，应当为借用合同纠纷。邱某怠于偿还银行借款，并怠于向朱某主张还款，也是产生银行利息及滞纳金的原因，故对于因此造成的损失应当承担相应的责任。

二审法院经审理查明的事实与一审法院查明的事实一致。

二审法院认为：朱某借用邱某信用卡消费取款，且朱某出具欠条承诺偿还信用卡欠款及利息，因此双方之间产生借贷关系，而非借用关系。现朱某同意偿还欠款本金，但不同意承担利息及滞纳金，因利息及滞纳金的损失系由朱某不积极还款所致，且邱某自2009年开始一直在积极地陆续偿还信用卡欠款，并未有意拖延、扩大利息损失，朱某认为邱某怠于还款造成利息及滞纳金损失，没有证据证明。综上，朱某的上诉理由缺乏法律和事实依据，其上诉请求本院不予支持。一审判决认定事实清楚，适用法律正确，应予维持。依照《中华人民共和国民事诉讼法》第 153 条第 1 款第（1）项的规定，判决如下：

驳回上诉，维持原判。

【评析】

朱某借用邱某信用卡消费取款，且朱某出具欠条承诺偿还信用卡欠款及利息，因此双方之间产生借贷关系，而非借用关系。现朱某同意偿还欠款本金，但不同意承担利息及滞纳金，因利息及滞纳金的损失系由朱某不积极还款所致，且邱某自 2009 年开始一直在积极地陆续偿还信用卡欠款，并未有意拖延、扩大利息损失，朱某认为邱某怠于还款造成利息及滞纳金损失，没有证据证明。综上，朱某的上诉理由缺乏法律和事实依据，其上诉请求没有得到二审法院支持。

2. 出借 500 万元，法院判还 50 万元

【案情】

2015 年年初，老张来到当地人民法院，称两年前借了 500 万元给朋友徐某。但约定的半年时间到了，徐某一直没有归还，而且至今都讨要无果。老张希望拿回 500 万元及其利息。

老张称与徐某住在一个小区，一来二去两家人越来越熟悉。一次徐某开口向他借钱，他也获知徐某有个厂子，便借了 20 万元。老张说，后来又分多次借出给徐某，到 2013 年 12 月 16 日已经累计借了 360 万元。并且在此之前半个月，还借出了一大笔 140 万元给徐某。法庭上，他出具了两张借条，第一张借条上写，借出 140 万元，第二张借条上写借出 360 万元，均有徐某爱人的签字。

对此，徐某坚决否认，称尽管有 360 万元借款的借条，但并没有真正履行。而老张所说的 140 万元实际是 360 万元的利息，徐某更不认可。"时隔 15 天分别借款 140 万元和 360 万元，他是在哪家银行？转账还是现金何种方式给我们的？"徐某要求老张提供证据，不过老张辩称都是现金交付，银行并没有完整的借款记录。庭审中，他只提供了 2012 年转入徐某账户 50 万元的银行记录。

【裁判要旨】

法院审理认为，根据老张提供的各类银行存取汇款记录，除了2012年初的50万元外，其他的借款都难以确定。所以法院只能根据现有证据，可认定双方的实际借贷额为50万元。判决徐某在判决生效后10日内，向老张偿还50万元。

【评析】

在审判实践中，对民间借贷纠纷案件，不仅要看当事人之间的借据是否真实有效，还要审查其履行情况。尤其对于大额借款，而且出借人主张现金交付的，法庭需审查出借人自身的经济实力、交易习惯。"如果除借据外，出借人无法举出其他证据的，不能认定借款交付的事实。"

民间高利贷中往往存在利用虚假借条转移财产，侵害了其他债权人的权益。一个人可能欠很多人的债，但为了躲债，他写一张虚假借条给无关的第三方，称愿意把自己的房子等财产转给第三方做抵押。实际上是转移了财产，让真正的债权人讨不了债。

那么本案中老张是否确实借了500万元给徐某，又的确是现金交付的呢？这种可能性几乎为零。一般人不会把几百万取出来，现金借给对方。即便其没有银行转账记录，也应该有取款记录，但老张同样没有，借债事实不清，资金来源又不明，法院最终自然不能认定500万元的借款。不能对其请求给予全部支持。在此提醒各位民间借贷的出借人，如果出借的话，应该确保是合法借贷关系，审核借款人的还款能力，最好要求借款人提供担保。寻求高利而借钱，往往是肉包子打狗，有去无回。

3. 约定利息无年月，法院判决按年计息

【特别提醒】

民间借贷对利息无约定或约定不清的情形非常普遍，一旦产生争议，法院处理起来也十分困难。下面看看湖北省竹溪县人民法院审理的一起房地产开发合同纠纷案，该案是因政府棚户区改造行为导致合同无法履行，刘某手持房屋所有权证要求解除合同，返还投资。并按协议约定支付2分2厘的利息，而王某手持土地使用权证请求支付违约金并分得50%棚户区改造补偿款。最终法院依法判决解除合同，返还投资款并按年利率2分2厘支付利息。

【案情】

2011年8月10日，刘某与王某签订《土地使用权出让协议书》。该协议约定，刘某将位于竹溪县城关镇西关街256号的土地使用权作价460万元转让给王某，王某付现金160万元，余款用建成后的1700平方米商品房抵偿。协议签订后，王某于2011年8月10日、2012年4月15日、2012年9月18日分三次共支付给刘某现金160万元，刘某出具了收据。2012年8月20日双方又签订了《合作开发协议书》，约定刘某用位于竹溪县城关镇西关街256号的房地产作为投资与王某共同开发房地产。2012年11月26日，刘某将该房地产的国有土地使用权过户给王某。2013年竹溪县人民政府西关街棚户区拆迁改造工程动工，西关街256号的房地产亦属拆迁范围，致使双方共同开发房地产的合同目的不能实现而产生纠纷，双方又于2013年11月18日协商签订了《房屋买卖纠纷和解协议》，约定由刘某返还王某现金160万元，并自收款之日按2分2厘的利率支付利息，王某在刘某付清本息后将该房的国有土地使用证交还给刘某。

【裁判要旨】

依法成立的合同，对当事人具有法律约束力。刘某与王某签订的《土地使用权出让协议书》《合作开发协议书》及《房屋买卖纠纷和解协议》均是双方的真实意思表示，内容不违反法律、行政法规的强制性规定，协议合法而有效。因竹溪县人民政府对西关街进行棚户区拆迁改造，致使双方签订的协议不能实际履行，合同目的无法实现，刘某请求解除协议、返还土地转让费、收回土地使用权证的诉请符合法律规定，法院依法予以支持。因双方在本案中均无过错，对王某要求刘某支付违约金、分得50%棚户区改造补偿款的抗辩意见法院不予采纳。据此，依照《中华人民共和国合同法》第8条、第94条第1款、第97条之规定判决：一、解除刘某与王某签订的《土地使用权出让协议书》及《合作开发协议书》。二、刘某返还王某现金160万元及利息（自三次付款之日起按年利率2分2厘计算利息至执行完毕之日止），此款限判决生效后三十日内付清。三、王某于判决生效后三十日内将竹溪县西关街256号土地的使用权证交给刘某。

判决后，双方对解除合同、返还投资款均无异议，王某仅对利率产生异议，认为应当按月息2分2厘计算利息，不应按年息计算。

【评析】

根据《合同法》第211条规定自然人之间的借款合同对支付利息没有约定或者约定不明确的，视为不支付利息。自然人之间的借款合同约定支付利息的，借款的利率不得违反国家有关限制借款利率的规定，该案双方虽对利息有约定，利率也确定，但并未约定是年、月、日息，其约定不准确、不具体，易使双方已产生歧义。虽然年息、月息区别较大，相差几十万元，但根据举证责任的分配规则，谁主张谁举证，王某不能证明协议中所写利息是月息2分2厘，法院依照人民银行公布的贷款利率以年利率为计算单位，按年利率为计算单位计算该利息，符合行业和交易习惯，从而依法公平保护双方当事人的合法权益。

4. 赌债不受法律保护

【案情】

李某和王某是同乡，自2007年以来王某陆续欠下李某97000元债务，王某于2010年2月出具了《借条》及《还款计划》约定2010年5月30日全部还清，承诺还款时间已过，王某未还款。经李某多次催促，王某仍然未偿还，无奈之下，李某诉至深圳某法院，要求王某立即返还借款97000元及利息13000元，并向法庭提交了《借条》及《还款计划》作为证明借款事实的证据。王某拿到法院传票后，聘请了律师，把欠款的过程和写借条的事实、来龙去脉和律师详细叙说一遍，经过努力收集了相关的证据，向法庭提交。

在庭审中，经过法庭调查及双方的举证、质证，双方围绕本案的争议焦点进行了辩论：1. 被告向原告写下的借条是否有效；2. 被告所欠的债务是否属于赌债。

原告认为，《借条》及《还款计划》都是被告亲自签字确认的，是被告真实的意思表示，属于合法债务，欠债还钱乃天经地义的，被告应当返还，原告的请求合法有据，借贷事实客观真实，证据确实充分，法院应当全面支持原告的诉讼请求。

被告认为，原告要求被告王某返还借款人民币97000元及利息，没有事实依据和法律依据，依法应驳回其诉求。理由是：

一、被告向原告写下的《借条》及《还款计划》的基础客观事实，不具有真实性、合法性和目的正当性，双方不存在借贷关系，属于无效。

1. 欠款形成的背景是，自2007年以来原被告经常参与地下"六合彩"赌博，被告报码给原告，因输球陆续欠下原告97000元，实际上并无现金借贷事实。在被告提供的与原告录音（见被告提供的证据一）中，可看出，被告欠钱的原因是因被告没有给原告赌"六合彩"的钱，原告本来是要用被告的钱来赔付给别的买家，导致原告从其哥哥那儿借来先垫出去。同时，提请法庭注意，整个录音中，原告四次提到"垫出去"，"我就是相信你，才收你的单"。显然，"收单"是赌"六合彩"通用说法。也就更加说明原、被告与他人之间在参与"六合彩"的赌博过程中形成了赌债。

2. 《借条》及《还款计划》的产生存在威逼行为。

2010年2月26日，原告从广州委托两个收债人刘某和张某在被告家楼下拽住被告，在南山区某酒店要求被告还钱，原告等人恐吓及胁迫被告出具借条并将事先打印好的格式借条让被告填写，并强行要求被告出具《还款计划》，逼迫之下被告签字。违背真实意图的借贷关系是无效的，由于原被告之间系参与"六合彩"赌博而欠下的赌债，事实上并无现金借贷。

3. 被告不具有向原告借款的基础事实和目的性，通常借款会有整数而借条上写的是97000元，原告也说不出被告借款的目的和用途。

被告方针对原告的诉求，向法庭提交的录音证据、视频录音、证人证言（收债人刘某和张某）对原告方提出借款的合法性、真实性的抗辩，原告应举证证明借款的真实性和合法性，并与赌债无关，欠款不一定是民间借贷，原告的一张借条不足以证实本案合法债权的存在，原告应承担举证不能的法律后果。

二、被告所欠的债务属于赌债，不受法律的保护。

被告提供的《借条》及《还款计划》以合法的外衣掩盖了其违法的实质，违反了我国治安管理法等法律明令禁止赌博的规定，也违反了民法公序良俗的基本原则，同时违反了《合同法》第52条损害社会公共利益等法律的规定，本案的债务是赌债，因违反我国法律的相关规定，不具有合法性和真实性，因无效而不受法律保护。

综上所述，原、被告间没有发生民间借贷合同关系；本案的《借条》及《还款计划》是地下"六合彩"的结算结果，双方间没有直接产生权利和义务的利害因果关系。双方之间的欠款不等于民间借贷，虽然民间借贷也是欠款，但两者在法律上有性质上的区别。原告的诉求既没有事实依据，更没有法律依据，请求人民法院依法判决《借条》及《还款计划》无效，不予支持原告的诉求，不支持赌博的行为。

【裁判要旨】

法院经审理后认为，被告虽然向原告出具了《借条》及《还款计划》，但被告提供的与原告的录音对话内容及视频录像、证人证言，双方的陈述足以认定，原、被告之间的借贷关系是因赌六合彩而形成的，借条及还款计划系原告和证人刘某、张某威逼所写的，属于无效，双方的借贷不受法律保护，故驳回原告的诉讼请求。

【评析】

本案中，被告保护意识较强，在原告带收债人刘某和张某过程中，留了刘某和张某电话，在举证阶段联系他们，要求出庭做证；在出具借条和还款计划的现场酒店，调取了监控录像；在接到传票后，与原告见面进行了录音。这些证据都能体现原、被告之间的借条形成原因和过程违法，通过证据证明该债务属于赌债，法院采纳了被告方的意见并支持了被告的请求，驳回了原告的诉讼请求。在此也提醒民间借贷的出借人，不要为赌博等犯罪违法行为提供资金帮助，轻则导致提供的借贷资金血本无归，重则可能导致涉嫌犯罪。

5. 傅某诉席某、方某、汪某、叶某、胡某、范某民间借贷纠纷案

【案情】

2009年1月20日，席某、汪某、胡某与中国邮政储蓄银行浙江省开化县支行签订《中国邮政储蓄银行小额贷款联保协议书》和《中国邮政储蓄银行小额联保借款合同》，其后该行分别向三人发放了每人5万元小额联保贷款，共计15万元。为归还上述15万元贷款，2009年10月18日，席某、汪某、胡某三人向傅某借款15万元，约定利息按银行同期贷款利率四倍计付，定于2009年10月20日前归还。借款到期后，席某、汪某、胡某均未归还傅某借款15万元及利息。该笔借款发生在席某与方某，汪某与叶某，胡某与范某婚姻关系存续期间。2010年4月7日，方某与席某办理离婚登记手续。2010年4月16日，傅某诉至法院，请求判令席某、方某、汪某、叶某、胡某、范某归还借款15万元及利息。

【裁判要旨】

一审法院审理认为：傅某与席某、汪某、胡某之间的民间借贷行为，是

双方真实意思表示，内容不违反法律规定，受法律保护。席某与方某，汪某与叶某，胡某与范某系夫妻关系且债务发生在婚姻关系存续期间。债权人就婚姻关系存续期间夫妻一方以个人名义所负债务主张权利的应当按夫妻共同债务处理。傅某的诉讼请求合理合法，予以支持。判决：席某、方某、汪某、叶某、胡某、范某于判决生效后十日内返还傅某借款15万元，并支付相应利息。方某不服一审判决，提起上诉称：本案讼争借款是席某、汪某、胡某三人共同合伙向傅某借款，该债务是合伙债务而非个人债务，且席某向傅某借款时方某并不知情，也没有用于家庭共同生活，不应认定为夫妻共同债务。请求二审法院撤销原判，改判驳回傅某对方某的诉讼请求。

二审法院审理认为：本案的争议焦点为本案讼争借款是否应认定为夫妻共同债务。上诉人方某主张本案讼争借款系席某等三人的合伙债务而并非席某一方以个人名义所负债务，故不应视为夫妻共同债务，即使视为个人债务也不应将汪某、胡某的负债视为方某的夫妻共同债务。"婚姻关系存续期间夫妻一方以个人名义所负债务"，系相对于夫妻双方负债而言，并非与"合伙债务"对应的"个人债务"同一含义。且从个人合伙的相关法律规定来看，合伙之债亦可由合伙人的家庭共有财产承担。从2009年10月18日的借条来看，席某、汪某、胡某均在借款人一栏处签字，且席某、汪某、胡某对本案讼争借款系用于归还三人中国邮政储蓄银行小额联保贷款的事实亦予认可，席某、汪某、胡某理应对本案讼争借款承担共同清偿责任。从办理小额联保贷款的过程来看，席某、汪某、胡某三人组成联保小组，其中任一小组成员的借款均由联保小组的所有其他成员提供连带责任保证，方某、叶某、范某承诺为其配偶提供连带责任担保，叶某、胡某、范某对该事实均予认可，方某虽主张在贷款申请材料上其本人的签字为席某找他人代签，但结合傅某提供的《中国邮政储蓄银行小额贷款联保协议书》和《中国邮政储蓄银行小额联保借款合同》和各方当事人的陈述，应视为傅某已经举证证明本案讼争借款系用于家庭共同生活、经营所需。据此判决：

驳回上诉，维持原判。

【评析】

本案是浙江省法院民间借贷审判报告中的一个案例，该案例的意义在于：（1）"夫妻一方以个人名义所负债务"不能限定为夫妻一方以个人单独名义所负债务。夫妻一方与他人共同向第三人借款，形成共同债务，也属于

"夫妻一方以个人名义所负债务"的范畴。(2)夫妻一方以个人名义向银行贷款用于家庭经营,后向他人借款用于归还该银行贷款,该借款应认定为家庭经营所需,以此认定借款为夫妻共同债务。

6. 夫妻一方向婚外恋人出具没有实际借款的借条之效力认定

【裁判要旨】

离婚后,夫妻一方向夫妻关系存续期间的婚外恋人自愿出具借条,虽未实际借款,但一方就交往期间共同花费出具借条所形成的债务,属于自愿负担行为,该债权受法律保护。因该债务形成于夫妻关系终结之后,且是夫妻一方用于个人消费,另一方对此不承担偿还责任。〔(2012)渝北法民初字第04946号,(2013)渝一中法民终字第00740号〕。

【案情】

谭国凤诉沈承贵、王昌君民间借贷纠纷一案中,原告谭国凤诉称,2010年8月8日,被告沈承贵称家中急需用钱,向她借款27万元,并出具借条;现被告沈承贵未按约还款,因被告沈承贵、王昌君系夫妻关系,上述借款发生在二人婚姻关系存续期间,属于两被告的共同债务,起诉请求:判令两被告连带清偿借款本金及逾期利息。被告沈承贵辩称,他与原告从2010年3月至2010年9月系男女朋友关系,在此期间开销非常大,且大部分是由原告承担;2010年9月8日,原告前夫知晓原告与他的关系后,向天宫殿派出所报案诈骗;之后,他同原告及其前夫到派出所接受询问,当日原告前夫威胁他,让他就双方交往期间的花销偿还27万元给原告,迫于无奈,他书写27万元的借条一份,他与原告之间无真实借贷事实发生,请求驳回原告诉请。被告王昌君辩称,她与本案借款无关,被告沈承贵与原告系情人关系,她与被告沈承贵于2010年3月就已分居,借款不应由她承担。

一审法院查明:2010年8月8日,被告沈承贵向原告谭国凤出具借条"今借到谭国凤现金270000元,在一年内还清"。谭国凤在一审庭审中认可:借条中的借款时间大致是在2010年7月至2010年8月,原告分多次以现金方式支付给沈承贵的,具体借款金额及具体地点记不清楚了,因沈承贵借钱不还,所以才报警,在天宫殿派出所处理纠纷时由沈承贵出具了借条。2012年9月11日,重庆市公安局北部新区分局天宫殿派出所出具出警情况说明,内容是"2010年9月8日8点56分,天宫殿派出所接到报警人周海祥(系原告前夫)报警称抓住一个骗子,民警赶到现场后将双方当事人带回派出所。经过了解，当事人谭国凤和沈承贵称双方是在各自离婚后在一起要朋友，在此期间一起共花销了许多钱。谭国凤的前夫周海祥则认为沈承贵和前妻在一起是为了骗前妻的钱财，谭国凤也要求沈承贵归还在一起要朋友时的部分费用。后双方在派出所的调解室自行协商，达成一致后，双方自行离开"。另查明，沈承贵、王昌君原系夫妻关系，夫妻关系存续期间为1997年3月13日至2010年9月6日。

一审法院认为：因原告在诉状上和在接受法院调查询问时对出借时间和出具借条时间陈述前后自相矛盾，且未举示履行出借义务的支付凭据或交付依据；另外，天宫殿派出所出具的出警情况说明证明了谭国凤与沈承贵在要朋友期间花销较多，后双方对一起要朋友时的花销协商达成一致意见，且原告谭国凤认可本案的借条是在天宫殿派出所处理纠纷时由沈承贵出具的（即2010年9月8日），该陈述与天宫殿派出所出具的出警情况说明相吻合。综上，本案借条上的款项名义上是借款，实质上是二人在要朋友期间一起共同花销的部分费用。因原告谭国凤与被告沈承贵之间不存在真实有效的借款关系，判决驳回原告谭国凤的诉讼请求。

谭国凤不服一审判决，提起上诉。

二审法院查明的事实除一审法院查明的事实外，另根据谭国凤的申请到天宫殿派出所调取《笔录》，另查明新的事实：2010年9月8日，谭国凤与沈承贵因恋爱期间的花销问题发生争执，后经周海祥报警，三人被带至天宫殿派出所进行调解。当天，经谭国凤与沈承贵自行协商后，在该所由沈承贵向谭国凤出具了落款时间为2010年8月8日金额为27万元的借条一张。当天谭国凤并未实际向沈承贵交付现金27万元。二审庭审中，沈承贵自认与谭国凤恋爱期间两人花销很大，且多数由谭国凤支付。

【裁判要旨】

二审法院认为，经天宫殿派出所经办民警证实，双方当事人当天系因恋爱期间的花销问题发生争执而到派出所解决，最终双方经协商，由沈承贵向谭国凤出具了借条。故沈承贵辩称该借条中的款项实际系双方恋爱期间的花销，符合日常生活经验。该借条表明，沈承贵自愿将与谭国凤恋爱期间的花销中应由其承担部分转化为借款，并自愿于一年内还清。因该款项实际已由沈承贵消费使用，当日沈承贵自愿将其作为借款来归还并不违反法律、行政法规的强制性规定，应属有效，即沈承贵应受该借条的约束按时还款。

另，因该债务系沈承贵在与王昌君的婚姻关系存续期间违背夫妻间的忠实义务，在外与谭国凤恋爱消费所产生的费用，并未用于沈承贵的家庭，故若判由王昌君共同偿还将有违社会公序良俗，有违民法基本原则，被告王昌君对此不应承担法律责任。

综上，因该案在二审中出现新证据，判决如下：一、撤销重庆市渝北区人民法院（2012）渝北法民初字第04946号民事判决；二、限沈承贵于本判决生效后十日内向谭国凤清偿借款27万元，并以此为本金，按中国人民银行公布的同期同类贷款利率，自2011年8月8日起支付逾期利息，利随本清；三、驳回谭国凤的其他诉讼请求。

【评析】

本案中原告谭国凤并未实际向被告沈承贵交付借条载明的款项，借条是被告沈承贵对双方交往期间原告支出较多的自愿补偿，因此准确认定出具借条行为的性质及效力将是本案审理的关键。

一、出具借条行为的性质及效力

对于被告沈承贵向原告谭国凤就双方交往期间花费而出具借条的行为性质，有以下几种认识：1. 虽然没有实际借款，但是沈承贵自愿出具借条将恋爱期间的花销中应承担部分转化为借款关系；2. 虽然出具的是借条，但因为不符合借款合同特征，属于自愿负担行为，不属于借款合同。一审法院认为，因没有实际借款不符合借款合同特征，驳回原告诉请。二审法院持第一种意见，以借款关系成立改判。

笔者认为，双方的债权债务关系不是借款合同关系。法院查明的事实确定原告谭国凤并未实际向被告沈承贵出借过借条中载明的款项。在双方交往期间，原告谭国凤是为共同消费而支出的，真实意思并非出借款项给被告沈承贵，被告沈承贵也没有向原告谭国凤借款的意思。被告沈承贵在派出所书写的借条仅仅是对原告谭国凤在交往中支付较多的一种补偿。因为双方不具有借款的真实意思表示，且也未有实际借款的交付，故该书据名为借条但实质上并不能证明双方属于借款合同关系。本案中，虽然原告谭国凤和被告沈承贵在交往期间是否属于婚姻法上的同居关系并不明确。即使双方属于同居关系，依据《关于人民法院审理未办结婚登记而以夫妻名义同居生活案件的若干意见》的规定，解除同居关系时，同居生活期间双方共同所得的收入和购置的财产，按一般共有财产处理，同居生活前，一方自愿赠送给对方的财物可比照赠与关系处理。原告谭国凤对于被告沈承贵的支出可以认定为赠与，也不属于借款。举重以明轻，属于同居关系尚且如此，那么双方在交往中的花费更应认定为赠与。相应地，被告沈承贵书写借条的行为相当于双方对同居关系解除的就财产处理的一种协议。因此，双方之间围绕恋爱交往和借条书据产生的法律关系不是借款合同关系。

二审法院认为双方实际上最开始也不是借款合同关系，但是最后由于沈承贵出具了借条，双方的债权债务关系转化为借款合同关系。笔者认为，在审理买卖合同等出具的借条，双方对基础法律关系没有争议的，可以不审理基础法律关系。但是，本案中被告在庭审中已提出抗辩，并且法院依法已查明基础事实并非借款关系时，应该以基础关系确定。从合同分类上看，借款合同和其他无名合同是并列的，借款合同除可适用合同法一般规则外还可适用合同法分则关于借款合同的规定，无名合同一般适用合同法一般规则并可以参考相似有名合同规则适用。因此，准确认定借条背后的法律关系是十分重要的。

笔者认为沈承贵书写借条的行为应当认定为自愿负担行为，该书据名义上是借条，但实质上是单务无名合同。《德国民法典》第241条规定，"负担行为是指使一个人相对于另一个人（或若干人）承担为或不为一定行为义务的法律行为。负担行为的首要义务是确立某种给付义务，即产生某种'债务关系'。"王泽鉴先生认为，负担行为是以发生债权债务为内容的法律行为，也称之为债权行为或债务行为。可见，负担行为的结果是设定义务，产生债务，是使行为人承担给付义务的法律行为。从义务人的角度看，负担行为是给义务人为自己设定义务的行为，相对于权利人于利益上则处于失利人地位。从债权人的角度看，则产生债上的请求权，相对于义务人则处于获利人地位。负担行为并不直接发生权利变更的法律后果。它可以是单方行为，也可以是双方行为；可以是有偿行为，也可以是无偿行为。在负担行为中，义务之设定只涉及义务人利益的减损可能，义务之成立取决于义务人的主观选择。负担行为的本质就是以义务人为出发点，产生给付义务和期待利益的法律行为。笔者认为认定双方出具借条行为的性质，应当从双方的真实意思出发，从证据链出发，而不单单是借条本身。被告沈承贵自愿承担与原告谭国凤在恋爱期间的部分费用，属于意思自治的范围，其内容不违反法律、行政法规的强制性规定，应当属于有效。

二、出具借条对于夫妻另一方的效力

原告谭国凤认为借款发生在被告沈承贵、王昌君婚姻关系存续期间，属于二被告的共同债务。然而，二审法院以该笔债务未用于沈承贵的家庭，为维护社会公序良俗和民法基本原则，判令被告王昌君对此不应承担法律责任。笔者认为，只有借款发生在二被告婚姻存续期间才存在区分夫妻共同债务与个人债务的必要。因此可以看出，二审法院逻辑是债务在二被告婚姻存续期间就已产生，在2010年9月8日沈承贵出具借条时性质转化为借款，只是由于该债务没有用于二被告家庭生活，根据公序良俗原则，没有判令王昌君承担责任。

笔者认为，虽然借条落款时间为2010年8月8日，然而却是被告沈承贵在与被告王昌君2010年9月6日离婚后于2010年9月8日出具的。因为本案借条并非借款，并且在谭国凤与沈承贵交往期间的花费应该视为赠与，故在二被告婚姻存续期间，沈承贵并不向谭国凤负债。虽然借条落款时间2010年8月8日在二被告婚姻存续期间，但是因实际书写时间为2010年9月8日，因此，只是在2010年9月8日沈承贵出具借条时，沈承贵才因自愿负担行为向原告负债。即该笔债务在2010年9月8日二被告离婚后才产生，并不能追溯及实际花费之时。因此，因该债务属于二被告离婚后，且用于个人消费，属于被告沈承贵个人债务，故被告王昌君自然不必承担偿还责任。

7. "借钱不还"型诈骗罪的认定

【裁判要旨】

以工程资金需求为名向他人借款，并全部用于偿还欠账和赌博，到期无法偿还借款，应认定为诈骗罪。区分行为人"借款不还"的性质，应充分考虑行为人借钱时的主观故意、有无偿还能力以及对所借款项的使用情况等综合因素。

【案情】

2012年9月，罗小兵结识了李兴梅。2012年12月至2013年1月，罗小兵虚构自己在重庆做工程需要资金的事实，以高额利息为幌子，多次向李兴梅口头提出借款。李兴梅先后将其管理的扶贫互助资金231.91万元私自挪用给罗小兵。至案发前，罗小兵归还李兴梅27.6万元，其余204.31万元借款全部用于偿还债务和赌博。

【裁判要旨】

彭水苗族土家族自治县人民法院经审理后认为，罗小兵以非法占有为目的，采取虚构事实、隐瞒真相的方式骗取他人财物，数额特别巨大，其行为已构成诈骗罪。依法判处罗小兵有期徒刑十一年，并处罚金50万元。

罗小兵不服一审判决提起上诉，认为其与李兴梅之间是借贷关系，不构成犯罪。

重庆市第四中级人民法院经审理后认为，罗小兵在其已欠下巨额外债，又无稳定收入来源的情况下，隐瞒其无力偿债的财务状况，虚构在重庆做工程差钱的事实，并以高利息为诱饵，使李兴梅误认为罗小兵有可靠的投资项目，具有偿还能力，而挪用公款231.91万元交由罗小兵使用。罗小兵在骗得资金后，除极少部分归还被害人外，将其余资金全部用于偿债、赌博和日常开销，未对所借资金进行妥善的保存或合理投资，导致无法归还。罗小兵与李兴梅之间虽然名义上是借贷关系，但实质上罗小兵是在无偿还能力情况下，多次以借为名，骗取他人巨额财物，应以诈骗罪定罪处罚。判决驳回上诉，维持原判。

【评析】

"借钱不还"型诈骗，即借贷式诈骗，是指行为人以非法占有为目的，通过借贷的形式，骗取公私财物的诈骗方式。此类犯罪在日常生活中时有发生，由于犯罪人通常都是披着民间借贷的面纱实施，而且多发于亲戚、朋友、熟人之间，因此与民事案件中的债权债务纠纷有一定的相似之处，在处理此类案件时必须进行严格审查，防止将债务纠纷作为犯罪处理，避免打击无辜。

一、借贷式诈骗和民间借贷之间的区别

诈骗罪，是指"以非法占有为目的，采用虚构事实或隐瞒真相的欺骗方法，使受害人陷于错误认识并'自愿'处分财产，从而骗取数额较大以上公私财物的行为"。借贷式诈骗与民事债权债务纠纷在表现形式上有很多相似之处，如都是以借款为名转移财产，到期无法偿还债务，等等。本案中，罗小兵就提出他和被害人之间有借款的口头约定，还有支付本息的行为，虽然还不起借款，但其行为属于民间借贷，并非诈骗。那么借贷式诈骗和民间借贷之间在表现形式上有什么区别呢？我们如何在具体案件中进行判断呢？笔者认为，主要有以下几点：

（一）行为人的主观意图不同

诈骗人主观上具有非法占有的故意，即行为人在借钱时就具有不归还的意图。诈骗罪以行为人具有非法占有为目的作为主观构成要件的，因此，诈骗人"借钱"只是其虚构的幌子，主观上根本没有归还的意图。而正常的借贷人在借款时却具有归还的意思，往往只是因为客观原因造成债务不能及时归还。

（二）行为人采取的方式不同

诈骗人在借款时都会采用虚构事实和隐瞒真相的手段，导致被害人产生错误的认识，如虚构借款用于某种投资或营利性的活动，又如虚构自己的财务状况，使被害人误信其有归还的能力。而正常借贷中，借款人往往会如实地告知其借款用途，很少采用欺骗的方法。

（三）行为人对借款的态度不同

诈骗人在骗得财物后不会考虑归还财物，因此在财物的使用上毫无顾虑和节制，直接造成财物的灭失，如将借款用于赌博、吸毒或个人挥霍；而民间借贷中，借款人本身具有归还借款的能力，或者将借款用于可产生合法收益的途径，以保障归还借款。

二、如何判断行为人非法占有的主观意图

在司法实践中，很多借贷式诈骗的犯罪人在归案后，总是会提出其与被害人之间是正常的借贷关系，甚至提供借条等证据予以印证，给判断此类案件的性质造成困难。比如，本案中认定罗小兵行为性质的关键，就在于罗小兵当时的真实意图是什么。主观意图存在于人的大脑中，是一种意识形态，无法直接从思维中剥离出来加以认证。往往只能依靠行为人的自我叙述，但真实性值得怀疑，更多的是要接合其具体行为表现一类进行判断，因为"行为是基于人的意识而实施的，或者说是意识的外在表现"。在处理此类案件时，不能仅仅听信被告人的供述和辩解，而是要根据被告人的客观行为以及其他客观因素进行综合分析判断，行为人在犯罪中的行为表现往往更能表现出其主观意图。在判断行为人是否具有非法占有意图时，应从以下几个方面着手：

（一）行为人借钱的理由与实际用途

在正常的民间借贷中，借款人会告知债权人借款的真实用途，让债权人知晓借出资金的用途和风险，从而作出决定。而在诈骗案中，犯罪人通常会编造一些虚假的借款用途，如投资、工程建设等正当而且有丰厚利润的项目，使被害人产生其借出资金安全并能及时收回的错误认识。而实际上，犯罪人在获得借款后会将钱用于一些高危或者无法收回资金的活动，如用于赌博、供自己挥霍等，从而导致被害人的资金无法收回。行为人对资金的实际使用情况会反映出其借款是否具有非法占有的故意，而借款时的理由与实际使用的异同，也可以反映出行为人在借款时是否有虚构事实或隐瞒真相的客观行为，是考察行为人主观心态的重要依据。

（二）行为人借款时的财务状况

行为人借款时的财务状况是判断其是否准备归还借款的重要因素，行为人财务状况结合其对借款的用途，能够准确把握行为人的真实心态。在很多诈骗案件中，犯罪人在本人负债累累或者没有任何偿还能力的情况下，通过虚构事实将自己装扮成富人或具有偿还能力，如谎称拥有房屋、土地、豪车等，在骗得借款后大肆挥霍，造成借款无法归还，此类情形应当认定行为人在借款时就没有偿还的意图。反之，如果行为人本人具有较好的财产条件，虽然通过虚构理由等手段获得了借款，并用于了赌博等活动造成借款无法按时归还的，但其所拥有的其他财产，如房产、汽车、股票等，能够保证债权人利益不受损失的，应当认定行为人在借款时具有归还的意图，不应认定为诈骗。

（三）行为人是否有掩饰真实身份或隐匿行踪的行为

在借贷式诈骗中，犯罪人在犯罪之前会利用假名、假住址或假证件来掩盖真实身份，在得手后便销声匿迹。还有的犯罪人虽使用真实身份，但在骗得借款后或被害人追偿过程中，又通过更换手机号码、变更居住地点等方法来隐匿行踪，这些行为也能够反映出行为人不愿归还借款的主观心态，是判断行为人性质的重要依据。

判断行为人的主观意图过程中，应当结合以上三点进行综合的分析和判断，准确把握行为人是否具有非法占有的故意。

三、罗小兵的行为构成诈骗罪

就本案而言，罗小兵虽然以借款的名义向被害人"借"款，并且还支付了部分利息和本金。但其行为符合诈骗罪的构成要件，应以诈骗罪定罪处罚，其理由是：

首先，罗小兵具有非法占有他人财物的主观故意。罗小兵在借款时本人已经负债累累，又没有正常的收入来源，根本不具有偿还能力。而罗小兵在获得了二百多万元的借款后，全部用于偿还欠债和赌博，这些用途不可能产生收利，必然导致资金无法收回，说明其借钱时根本没有还钱的打算和规划，主观上是想非法占有被害人财物进行使用，虽然其间有少量归还利息和本金的行为，也只是其为了掩盖真相，防止被害人及时发现，故罗小兵主观上具有非法占有他人财物的意图，符合诈骗罪的主观要件。

其次，罗小兵实施了虚构事实骗取他人财物的客观行为。罗小兵向被害人虚构了其在重庆有工程的事实，并以高利息为诱饵骗取了被害人的信任，将两百多万元的资金"借"给他。被害人正是因为受到罗小兵虚构事实的欺骗，产生罗小兵有正当的投资途径，能够获利并及时收回借款的错误认识，才甘冒违法犯罪的风险挪用公共财产给罗小兵使用。如果罗小兵将资金的真实用途告知被害人，显然被害人是不会将公款借给罗小兵用于还账、赌博。因此，罗小兵实施了虚构事实的行为，使被害人产生错误认识，从而骗取被害人的财物，其行为符合诈骗罪的客观要件。

最后，罗小兵的行为造成了204.31万元的财物无法追回，其犯罪数额特别巨大，给公私财物造成了重大损失，后果严重，应当依照《刑法》第266条的规定，以诈骗罪定罪处罚。

第二章
民间借贷的担保

第一节　担保的基本常识

1. 什么是担保？

【律师解答】担保也称为债权担保，是指在民事经济活动中，为确保特定的债权人实现债权，以债务人或第三人的信用或者特定财产作为债务人履行债务保障的一种法律制度。具体地说，债权担保是指债权人与债务人或与第三人根据法律规定或相互间的约定，以债务人或第三人的特定财产或以第三人的一般财产（包括信誉）担保债务履行、债权清偿的法律制度。

【特别提醒】债权担保是为保障债权清偿而设立的特殊的保障制度，是督促债务人履行债务、保障债权实现的一种法律手段。债权担保依照法律规定或当事人约定而产生。

【法条链接】

《中华人民共和国物权法》

第一百七十一条　债权人在借贷、买卖等民事活动中，为保障实现其债权，需要担保的，可以依照本法和其他法律的规定设立担保物权。

第三人为债务人向债权人提供担保的，可以要求债务人提供反担保。反担保适用本法和其他法律的规定。

《中华人民共和国担保法》

第二条　在借贷、买卖、货物运输、加工承揽等经济活动中，债权人需要以担保方式保障其债权实现的，可以依照本法规定设定担保。

本法规定的担保方式为保证、抵押、质押、留置和定金。

《最高人民法院关于适用〈中华人民共和国担保法〉若干问题的解释》

第一条　当事人对由民事关系产生的债权，在不违反法律、法规强制性规定的情况下，以担保法规定的方式设定担保的，可以认定为有效。

2. 什么是反担保？

【律师解答】反担保是指为债务人担保的第三人，为了保证其追偿权的实现，要求债务人提供的担保。在债务清偿期届满，债务人未履行债务时，由第三人承担担保责任后，第三人即成为债务人的债权人，第三人对其债务人清偿的债务，有向债务人追偿的权利。当第三人行使追偿权时，有可能因债务人无力偿还而使追偿权落空，为了保证追偿权的实现，第三人在为债务人作担保时，可以要求债务人为其提供担保，这种债务人反过来又为担保人提供的担保叫反担保。

【特别提醒】反担保只有保证、抵押、质押三种担保方式，而将留置和定金排斥在外。也就是说留置和定金两种方式不能作为反担保的方式，因为在留置和定金的担保中不会出现第三人为债务人向债权人提供担保的可能，所以，有权要求债务人提供反担保的第三人，既可以是保证人，也可以是抵押人，还可以是出质人。

【法条链接】

《中华人民共和国担保法》

第四条　第三人为债务人向债权人提供担保时，可以要求债务人提供反担保。

反担保适用本法担保的规定。

《最高人民法院关于适用〈中华人民共和国担保法〉若干问题的解释》

第二条　反担保人可以是债务人，也可以是债务人之外的其他人。

反担保方式可以是债务人提供的抵押或者质押，也可以是其他人提供的保证、抵押或者质押。

3. 什么是担保的从属性？

【律师解答】担保的从属性是指民间借贷合同与担保合同之间的关系，借款合同或民间借贷合同是主合同，担保合同是从合同，担保合同的效力依附于主合同，主合同无效，则担保合同亦无效。

【特别提醒】实践中当事人通过合同约定担保合同的效力独立于主合同，如果主合同无效，担保合同仍有效。在国内担保中，不承认独立担保合同的效力。担保合同被确认无效后，债务人、担保人、债权人有过错的，应当根据其过错各自承担相应的民事责任。

【法条链接】

《中华人民共和国物权法》

第一百七十二条　设立担保物权，应当依照本法和其他法律的规定订立担保合同。担保合同是主债权债务合同的从合同。主债权债务合同无效，担保合同无效，但法律另有规定的除外。

担保合同被确认无效后，债务人、担保人、债权人有过错的，应当根据其过错各自承担相应的民事责任。

《中华人民共和国担保法》

第五条　担保合同是主合同的从合同，主合同无效，担保合同无效。担保合同另有约定的，按照约定。

担保合同被确认无效后，债务人、担保人、债权人有过错的，应当根据其过错各自承担相应的民事责任。

4. 担保都有哪些方式？民间借贷常用的担保方式都有哪些？

【律师解答】 根据《担保法》的规定，担保包括保证、抵押、质押、留置和定金五种方式。在民间借贷中常用的担保方式，主要有保证、抵押、质押，留置担保不适用民间借贷，定金很少使用。

【特别提醒】 担保法规定的是债权担保，除《担保法》规定的五种担保方式外，目前在实践中，还有一此其他担保方式，如让与担保、押金、以买卖形式进行担保等。在不违法的情况下，这些担保方式也都是有效的。

【法条链接】

《中华人民共和国担保法》

第二条　在借贷、买卖、货物运输、加工承揽等经济活动中，债权人需要以担保方式保障其债权实现的，可以依照本法规定设定担保。

本法规定的担保方式为保证、抵押、质押、留置和定金。

5. 什么是让与担保，其特征有哪些？

【律师解答】 让与担保方式是《担保法》未明文规定的担保方式，是一种非典型担保方式。让与担保存在广义与狭义之说。广义让与担保，包括买卖式担保和让与式担保。所谓买卖式担保，又称卖与担保、买卖的担保、卖渡的担保、卖渡抵当，是指以买卖方式移转标的物的所有权，而以价金名义通融金钱，并约定日后得将该标的物买回的制度。这有点类似我国典权制度，不同的是，典权移转的是标的物的使用收益权，而买卖式担保移转的是标的物之所有权。狭义让与担保，仅指让与式担保，又称为信托让与担保，是指债务人（或第三人）为担保债务清偿，将担保标的物之整体权利（通常是所有权）移转给债权人，在债务履行完毕后，标的物的整体权利又回归于担保人；在债务届时未能得到清偿时，债权人有就担保物优先受偿的权利。

【特别提醒】让与担保在我国民间借贷中有一定的数量，但因国家法律没有明确规定，实践中很容易发生纠纷，发生纠纷时，处理起来也很难。

6. 什么是后让与担保？

【律师解答】后让与担保并未形成一个标准的法律概念，"后让与担保"概念的提出，首见杨立新教授在2013年10月15日在《检察日报》发表的《后让与担保正在形成的习惯法担保物权》一文，当时针对房地产开发商与他人进行融资时所形成的一种新型担保方式。现阶段该担保方式在房地产开发商融资时广泛采用。一般是开发商与他人进行融资时，借用人和出借人订立商品房买卖合同，约定如届时不能清偿债务，即履行商品房买卖合同，交付房屋，抵偿借款。其概念可界定为：债务人或者第三人为担保债权人的债权，与债权人签订不动产买卖合同，约定将不动产买卖合同的标的物作为担保标的物，但权利转让并不实际履行，于债务人不能清偿债务时，须将担保标的物的所有权转让给债权人，债权人据此享有的以担保标的物优先受偿的非典型担保方式。

【特别提醒】后让与担保作为一种非典型担保，其与"让与担保"的重大区别在于设定之初并不移转所有权。也是目前房地产开发商民间借贷融资中的主要担保形式。《最高人民法院关于审理民间借贷案件适用法律若干问题的规定》对其作出了相应的规定。

【法条链接】

《最高人民法院关于审理民间借贷案件适用法律若干问题的规定》

第二十四条第一款　当事人以签订买卖合同作为民间借贷合同的担保，借款到期后借款人不能还款，出借人请求履行买卖合同的，人民法院应当按照民间借贷法律关系审理，并向当事人释明变更诉讼请求。当事人拒绝变更的，人民法院裁定驳回起诉。

7. 哪些情况下为民间借贷合同认定的担保无效？

【律师解答】国家机关和以公益为目的的事业单位、社会团体违反法律规定提供担保的，担保合同无效。董事、经理违反《公司法》第60条的规定，以公司资产为本公司的股东或者其他个人债务提供担保的，担保合同无效。以法律、法规禁止流通的财产或者不可转让的财产设定担保的，担保合同无效。

【特别提醒】担保合同无效，担保人不承担担保责任，但并不等于免除民事责任。如担保人对担保合同无效有过错且导致债权人损失的，则担保人要承担与其过错相应的民事赔偿责任。

【法条链接】

《最高人民法院关于适用〈中华人民共和国担保法〉若干问题的解释》

第三条　国家机关和以公益为目的的事业单位、社会团体违反法律规定提供担保的，担保合同无效。因此给债权人造成损失的，应当根据担保法第五条第二款的规定处理。

第四条　董事、经理违反《中华人民共和国公司法》第六十条①的规定，以公司资产为本公司的股东或者其他个人债务提供担保的，担保合同无效。除债权人知道或者应当知道的外，债务人、担保人应当对债权人的损失承担连带赔偿责任。

第五条　以法律、法规禁止流通的财产或者不可转让的财产设定担保的，担保合同无效。

以法律、法规限制流通的财产设定担保的，在实现债权时，人民法院应当按照有关法律、法规的规定对该财产进行处理。

8. 法人或者其他组织的法定代表人、负责人超越权限订立的担保合同是否有效？

【律师解答】法人或者其他组织的法定代表人、负责人超越权限订立的担保合同，除相对人知道或者应当知道其超越权限的以外，符合表见代理条件的，构成表见代理，该代理行为有效。

【特别提醒】因法人的法定代表人对外代表法人行使职权时，不需法人的特别授权，除非相对人知道或者应当知道其超越权限，否则，相对人有理由相信法定代表人有权代表法人订立担保合同。其他组织的负责人也是如此。

【法条链接】

《最高人民法院关于适用〈中华人民共和国担保法〉若干问题的解释》

第十一条　法人或者其他组织的法定代表人、负责人超越权限订立的担保合同，除相对人知道或者应当知道其超越权限的以外，该代表行为有效。

---

① 本处所指为1999年《公司法》。

9. 因主合同有效，担保合同无效，担保人应承担什么样的责任？

【律师解答】主合同有效，担保合同无效，担保人不承担担保责任，但要根据过错程度承担相应的民事责任。如果对担保合同无效债权人无过错的，担保人与债务人对主合同债权人的经济损失，承担连带赔偿责任；如果对担保合同无效债权人、担保人有过错的，担保人承担民事责任的部分，不应超过债务人不能清偿部分的二分之一。

【特别提醒】主合同有效，担保合同无效，一般担保人都有一定的责任，此时视担保人过错大小，承担相应的责任。

【法条链接】

《最高人民法院关于适用〈中华人民共和国担保法〉若干问题的解释》

第七条 主合同有效而担保合同无效，债权人无过错的，担保人与债务人对主合同债权人的经济损失，承担连带赔偿责任；债权人、担保人有过错的，担保人承担民事责任的部分，不应超过债务人不能清偿部分的二分之一。

《中华人民共和国物权法》

第一百七十二条 设立担保物权，应当依照本法和其他法律的规定订立担保合同。担保合同是主债权债务合同的从合同。主债权债务合同无效，担保合同无效，但法律另有规定的除外。

担保合同被确认无效后，债务人、担保人、债权人有过错的，应当根据其过错各自承担相应的民事责任。

10. 主合同无效并导致担保合同无效时，担保人的责任如何处理？

【律师解答】根据担保合同的从属性，如果主合同无效，担保合同也无效，此时，应当根据担保合同无效原因，由有关当事人承担相应的民事责任。就主合同无效导致担保合同无效的情形而言，如担保人无过错的，担保人不承担民事责任；如担保人有过错的，担保人承担民事责任的部分，不应超过债务人不能清偿部分的三分之一。

【特别提醒】主合同无效并导致担保合同无效，此时造成担保合同无效的原因一般不在于担保人，所以担保人不承担或承担较轻的责任。

【法条链接】

《最高人民法院关于适用〈中华人民共和国担保法〉若干问题的解释》

第八条 主合同无效而导致担保合同无效，担保人无过错的，担保人不承担民事责任；担保人有过错的，担保人承担民事责任的部分，不应超过债务人不能清偿部分的三分之一。

11. 担保合同无效时，担保人需按过错承担相应赔偿责任，其承担赔偿责任大小，是按债务人不能清偿的部分进行计算，什么情况属于债务人"不能清偿"？

【律师解答】"不能清偿"指对债务人的存款、现金、有价证券、成品、半成品、原材料、交通工具等可以执行的动产和其他方便执行的财产执行完毕后，债务仍未能得到全部清偿的状态。

【特别提醒】"不能清偿"应当是穷尽了司法强制执行措施后，仍未全部清偿的情况。

【法条链接】

《最高人民法院关于适用〈中华人民共和国担保法〉若干问题的解释》

第一百三十一条 本解释所称"不能清偿"指对债务人的存款、现金、有价证券、成品、半成品、原材料、交通工具等可以执行的动产和其他方便执行的财产执行完毕后，债务仍未能得到清偿的状态。

12. 担保人因无效担保合同向债权人承担赔偿责任后怎么办？

【律师解答】担保人因无效担保合同向债权人承担赔偿责任后，可以向债务人追偿，或者在承担赔偿责任的范围内，要求有过错的反担保人承担赔偿责任。

【特别提醒】担保人可以根据承担赔偿责任的事实对债务人或者反担保人另行提起诉讼。

【法条链接】

《最高人民法院关于适用〈中华人民共和国担保法〉若干问题的解释》

第九条 担保人因无效担保合同向债权人承担赔偿责任后，可以向债务人追偿，或者在承担赔偿责任的范围内，要求有过错的反担保人承担赔偿责任。

担保人可以根据承担赔偿责任的事实对债务人或者反担保人另行提起诉讼。

13. 民间借贷的担保人以借款人或者出借人的借贷行为涉嫌犯罪或者已经生效的判决认定构成犯罪为由，主张不承担民事责任的，如何处理？

【律师解答】民间借贷的担保人以借款人或者出借人的借贷行为涉嫌犯罪或者已经生效的判决认定构成犯罪为由，主张不承担民事责任的，人民法院应当依据民间借贷合同与担保合同的效力、当事人的过错程度，依法确定担保人的民事责任。

【特别提醒】如果民间借贷合同及其担保合同均有效，则担保人按约定承担担保责任，无约定的，按《担保法》及其司法解释的相关规定办理。如担保合同无效，则按无效担保的处理规则处理，即按过错承担民事赔偿责任。

【法条链接】

《最高人民法院关于审理民间借贷案件适用法律若干问题的规定》

第十三条第二款　担保人以借款人或者出借人的借贷行为涉嫌犯罪或者已经生效的判决认定构成犯罪为由，主张不承担民事责任的，人民法院应当依据民间借贷合同与担保合同的效力、当事人的过错程度，依法确定担保人的民事责任。

第二节　保证担保

1. 什么是保证？

【律师解答】保证是指保证人和债权人约定，当债务人不履行债务时，保证人按照约定履行债务或者承担责任的担保方式。

【特别提醒】保证是以人的信誉进行的担保，按要求保证人应当具有代为履行能力。保证人实际无代为履行能力，亦不能免除其保证责任。

【法条链接】

《中华人民共和国担保法》

第六条　本法所称保证，是指保证人和债权人约定，当债务人不履行债务时，保证人按照约定履行债务或者承担责任的行为。

2. 保证担保有哪些方式？

【律师解答】保证根据担保人承担担保责任方式的不同，可分为一般保证和连带责任保证。

【法条链接】

《中华人民共和国担保法》

第十六条　保证的方式有：

（一）一般保证；

（二）连带责任保证。

3. 什么是一般保证？

【律师解答】当事人在保证合同中约定，债务人不能履行债务时，由保证人承担保证责任的，为一般保证。

【特别提醒】请注意债务人不能履行债务和债务人不履行债务是不同的，一字之差，责任巨大。

【法条链接】

《中华人民共和国担保法》

第十七条 当事人在保证合同中约定，债务人不能履行债务时，由保证人承担保证责任的，为一般保证。

一般保证的保证人在主合同纠纷未经审判或者仲裁，并就债务人财产依法强制执行仍不能履行债务前，对债权人可以拒绝承担保证责任。

有下列情形之一的，保证人不得行使前款规定的权利：

（一）债务人住所变更，致使债权人要求其履行债务发生重大困难的；

（二）人民法院受理债务人破产案件，中止执行程序的；

（三）保证人以书面形式放弃前款规定的权利的。

4. 一般保证人在保证责任承担上享有什么权利？

【律师解答】一般保证人享有先诉抗辩权。即在债务到期后，债务人不履行债务时，只有债权人对债务人提起诉讼并就债务人的财产强制执行后，仍不能偿还债务时，才能向一般保证人主张权利，否则，一般保证人可以以此对抗债权人，要求一般保证人承担保证责任的请求。

【特别提醒】一般保证人享有的先诉抗辩权不是绝对和无限制的，在一般保证中，如存在《担保法》第17条第3款的三种情况时，一般保证的保证人不享有对债权人的先诉抗辩权。

5. 什么是连带保证？

【律师解答】连带保证就是保证人与债权人约定，对债务人与债权人之间的债务，保证人与债务人承担连带偿还责任，债务到期，债务人不偿还，保证人就有责任偿还的一种保证担保方式。

【特别提醒】在连带保证中，保证人与债务人的地位几乎是一样的，在主合同规定的债务履行期届满没有履行债务的，债权人可以要求债务人履行债务，也可以要求保证人在其保证范围内承担保证责任。连带责任保证人不享有一般保证人的先诉抗辩权。

【法条链接】

《中华人民共和国担保法》

第十八条 当事人在保证合同中约定保证人与债务人对债务承担连带责任的，为连带责任保证。

连带责任保证的债务人在主合同规定的债务履行期届满没有履行债务的，债权人可以要求债务人履行债务，也可以要求保证人在其保证范围内承担保证责任。

6. 在民间借贷中，如果保证人对保证方式没有约定或约定不明如何处理？

【律师解答】 在民间借贷案件中，如果保证人与债权人对保证方式没有约定或约定不明的，保证人承担连带保证责任。

【法条链接】

《中华人民共和国担保法》

第十九条 当事人对保证方式没有约定或者约定不明确的，按照连带责任保证承担保证责任。

7. 法律对保证人的资格有什么要求吗？

【律师解答】 保证人是以自己的信誉对债务人履行债务进行担保，虽然法律规定保证人应当具有代为履行能力，但实践中，只要债权人认为或相信保证人在债务人不偿还或不能偿还到期债务，其能替债务人承担偿还责任，且保证人也自愿承担这种责任，保证关系就依法成立。

【特别提醒】 即便保证人没有代为履行能力，或保证责任实际发生时而丧失保证能力，仍应按约定承担保证责任。

【法条链接】

《中华人民共和国担保法》

第七条 具有代为清偿债务能力的法人、其他组织或者公民，可以作保证人。

《最高人民法院关于适用〈中华人民共和国担保法〉若干问题的解释》

第十四条 不具有完全代偿能力的法人、其他组织或者自然人，以保证人身份订立保证合同后，又以自己没有代偿能力要求免除保证责任的，人民法院不予支持。

8. 法律对保证人有什么限制吗？

【律师解答】 经国务院批准为使用外国政府或者国际经济组织贷款进行转贷的除外，国家机关不得为保证人。学校、幼儿园、医院等以公益为目的的事业单位、社会团体不得为保证人。企业法人的职能部门不得为保证人，企业分支机构除企业有明确授权可在授权范围内提供保证外，也不得为保证人。

【特别提醒】 违反法律禁止性规定，不得为保证人提供保证的，保证合同无效，提供保证的保证人虽不承担保证责任，但因过错给债权人造成损失的，需要承担赔偿责任。

【法条链接】

《中华人民共和国担保法》

第八条 国家机关不得为保证人，但经国务院批准为使用外国政府或者国际经济组织贷款进行转贷的除外。

第九条 学校、幼儿园、医院等以公益为目的的事业单位、社会团体不得为保证人。

第十条 企业法人的分支机构、职能部门不得为保证人。

企业法人的分支机构有法人书面授权的，可以在授权范围内提供保证。

《最高人民法院关于适用〈中华人民共和国担保法〉若干问题的解释》

第十七条 企业法人的分支机构未经法人书面授权提供保证的，保证合同无效。因此给债权人造成损失的，应当根据担保法第五条第二款的规定处理。

企业法人的分支机构经法人书面授权提供保证的，如果法人的书面授权范围不明，法人的分支机构应当对保证合同约定的全部债务承担保证责任。

企业法人的分支机构经营管理的财产不足以承担保证责任的，由企业法人承担民事责任。

企业法人的分支机构提供的保证无效后应当承担赔偿责任的，由分支机构经营管理的财产承担。企业法人有过错的，按照担保法第二十九条的规定处理。

第十八条　企业法人的职能部门提供保证的，保证合同无效。债权人知道或者应当知道保证人为企业法人的职能部门的，因此造成的损失由债权人自行承担。

债权人不知保证人为企业法人的职能部门，因此造成的损失，可以参照担保法第五条第二款的规定和第二十九条的规定处理。

9. 从事经营活动的事业单位、社会团体为民间借贷提供保证的是否有效？

【律师解答】从事经营活动的事业单位、社会团体为保证人的，如无其他导致保证合同无效的情况，其所签定的保证合同应当认定为有效。

【法条链接】

《最高人民法院关于适用〈中华人民共和国担保法〉若干问题的解释》

第十六条　从事经营活动的事业单位、社会团体为保证人的，如无其他导致保证合同无效的情况，其所签定的保证合同应当认定为有效。

10. 民间借贷合同或借条中没有保证的条款或保证内容，他人以保证人的身份签字或单独给债权人出具保证内容的意见的，其保证是否成立？

【律师解答】民间借贷合同或借条中，经常没有保证人为债务向债权人提供保证的内容，只在最后落款签字处有"保证人"，这种情况如保证人在借款或借条的"保证人"处签字，抑或是单独给债权人出具为该借款担保保证的书面意见的，保证合同成立。这种情况下的保证人承担的是连带保证责任，保证期间为债务人履行届满之日6个月。

【特别提醒】在借款合同或借条上签字的人，如不是以保证人身份签字，而是以鉴证人、见证人、中间人、证明人等身份签字，则不能成立保证合同关系，也不承担保证责任。

【法条链接】

《最高人民法院关于适用〈中华人民共和国担保法〉若干问题的解释》

第二十二条　第三人单方以书面形式向债权人出具担保书，债权人接受且未提出异议的，保证合同成立。

主合同中虽然没有保证条款，但是，保证人在主合同上以保证人的身份签字或者盖章的，保证合同成立。

11. 他人在借据、收据、欠条等债权凭证或者借款合同上签字或者盖章，但未表明其保证人身份或者承担保证责任，债权人能否请求其承担保证责任？

【律师解答】保证的成立须有保证人向债权人作出对其债务进行保证的意思表示，如在借款合同或其他债权文书中，他人虽有签字，但不能认定签字人是以保证人身份签字或承担保证责任或者通过其他事实不能推定其为保证人的，则不能认定签字人承担保证责任。

【特别提醒】不承担保证责任，不等于不承担民事责任，如可能存在债务加入，作为共同债务人等。

【法条链接】

《最高人民法院关于审理民间借贷案件适用法律若干问题的规定》

第二十一条 他人在借据、收据、欠条等债权凭证或者借款合同上签字或者盖章，但未表明其保证人身份或者承担保证责任，或者通过其他事实不能推定其为保证人，出借人请求其承担保证责任的，人民法院不予支持。

12. 借贷双方通过网络贷款平台形成借贷关系，网络借贷平台的提供者是否承担保证责任？

【律师解答】借贷双方通过网络贷款平台形成借贷关系，网络贷款平台的提供者仅提供媒介服务，则其对通过网络贷款平台形成的借贷关系不承担保证责任。如网络贷款平台的提供者通过网页、广告或者其他媒介明示或者有其他证据证明其为借贷提供担保，则对通过网络贷款平台形成借贷关系承担保证责任。

【特别提醒】是否承担保证责任，关键是看有无对借贷成立提供保证的意思表示，且这种提供保证的意思表示，能用一定的证据加以固定。

【法条链接】

《最高人民法院关于审理民间借贷案件适用法律若干问题的规定》

第二十二条 借贷双方通过网络贷款平台形成借贷关系，网络贷款平台的提供者仅提供媒介服务，当事人请求其承担担保责任的，人民法院不予支持。

网络贷款平台的提供者通过网页、广告或者其他媒介明示或者有其他证据证明其为借贷提供担保，出借人请求网络贷款平台的提供者承担担保责任的，人民法院应予支持。

13. 对一起民间借贷,如果同一债务有两个以上的保证人,如何确定保证人的保证责任?

【律师解答】同一债务有两个以上保证人提供的,如果合同约定按份保证,则保证人应当按照保证合同约定的保证份额,承担保证责任。如果保证合同没有约定保证人之间按份额保证,保证人承担连带责任,债权人可以要求任何一个保证人承担全部保证责任,保证人都负有担保全部债权实现的义务。

【特别提醒】按份保证的保证人,已经承担保证责任的,有权向债务人追偿,承担连带责任保证的保证人承担完保证责任后,有权向债务人追偿,也可以要求承担连带责任的其他保证人清偿其应当承担的份额。

【法条链接】
《中华人民共和国担保法》

第十二条 同一债务有两个以上保证人的,保证人应当按照保证合同约定的保证份额,承担保证责任。没有约定保证份额的,保证人承担连带责任,债权人可以要求任何一个保证人承担全部保证责任,保证人都负有担保全部债权实现的义务。已经承担保证责任的保证人,有权向债务人追偿,或者要求承担连带责任的其他保证人清偿其应当承担的份额。

《最高人民法院关于适用〈中华人民共和国担保法〉若干问题的解释》

第十九条 两个以上保证人对同一债务同时或者分别提供保证时,各保证人与债权人没有约定保证份额的,应当认定为连带共同保证。

连带共同保证的保证人以其相互之间约定各自承担的份额对抗债权人的,人民法院不予支持。

第二十条 连带共同保证的债务人在主合同规定的债务履行期届满没有履行债务的,债权人可以要求债务人履行债务,也可以要求任何一个保证人承担全部保证责任。

连带共同保证的保证人承担保证责任后,向债务人不能追偿的部分,由各连带保证人按其内部约定的比例分担。没有约定的,平均分担。

第二十一条 按份共同保证的保证人按照保证合同约定的保证份额承担保证责任后,在其履行保证责任的范围内对债务人行使追偿权。

14. 保证的范围都包括哪些?

【律师解答】保证的范围也就是在债务到期,债务人不履行或不能履行时，保证人都承担什么责任。一般情况下，保证担保的范围包括主债权及利息、违约金、损害赔偿金和实现债权的费用。

【特别提醒】法律允许债权人与保证人对保证的范围进行约定，如果保证合同另有约定的，按照约定。如无特别约定，则按《担保法》规定的保证范围承担保证责任。

【法条链接】

《中华人民共和国担保法》

第二十一条　保证担保的范围包括主债权及利息、违约金、损害赔偿金和实现债权的费用。保证合同另有约定的，按照约定。

当事人对保证担保的范围没有约定或者约定不明确的，保证人应当对全部债务承担责任。

15. 什么是保证期间？

【律师解答】保证期间是指保证人与债权约定的保证人应当承担保证责任的有效期间。保证期间分为约定的保证期间和法定的保证期间。

【特别提醒】保证期间属于除斥期间，不发生延长、中止、中断，超过保证期间，保证人不再承担保证责任。

【法条链接】

《最高人民法院关于适用〈中华人民共和国担保法〉若干问题的解释》

第三十一条　保证期间不因任何事由发生中断、中止、延长的法律后果。

16. 如何确定民间借贷的保证期间？

【律师解答】法定的保证期间是《担保法》明确规定的保证人承担保证责任的起止时间，在债权人与保证人对保证期间没有约定的情况下或约定的保证期间早于或等于借款期间的情况下适用法定的保证期间，法定的保证期间为6个月。这6个月的保证期间，从债务人应当履行债务时开始计算。

法律也允许债权人与保证人约定保证期间，约定保证期间就是经债权人与保证人协商一致确定的保证人承担保证责任的期间。

【特别提醒】保证期间应当从债务清偿期届满时起算，当事人约定保证期间时不宜将保证期限订得早于或等于债务履行期，否则视为对保证期间无约定。

【法条链接】

《中华人民共和国担保法》

第二十五条 一般保证的保证人与债权人未约定保证期间的,保证期间为主债务履行期届满之日起六个月。

在合同约定的保证期间和前款规定的保证期间,债权人未对债务人提起诉讼或者申请仲裁的,保证人免除保证责任;债权人已提起诉讼或者申请仲裁的,保证期间适用诉讼时效中断的规定。

第二十六条 连带责任保证的保证人与债权人未约定保证期间的,债权人有权自主债务履行期届满之日起六个月内要求保证人承担保证责任。

在合同约定的保证期间和前款规定的保证期间,债权人未要求保证人承担保证责任的,保证人免除保证责任。

《最高人民法院关于适用〈中华人民共和国担保法〉若干问题的解释》

第三十二条第一款 保证合同约定的保证期间早于或者等于主债务履行期限的,视为没有约定,保证期间为主债务履行期届满之日起六个月。

17. 民间借贷合同约定的保证期间不明怎么办?

【律师解答】实践中,民间借贷的保证期间约定得五花八门,有的约定直至借款还清时为止,有的约定债务人全部偿还完借款时止,等等。在对保证人保证期间约定不明或无法确定的情况下,视为约定不明,保证期间为主债务履行期届满之日起二年。

【特别提醒】无保证期间的约定和对保证期间约定不明适用的保证期间是不同的。对保证期间无约定,适用债务履行期届满之日起六个月的规定,而对保证期间约定不明,则适用主债务履行届满之日起二年保证期间的规定。

【法条链接】

《最高人民法院关于适用〈中华人民共和国担保法〉若干问题的解释》

第三十二条第二款 保证合同约定保证人承担保证责任直至主债务本息还清时为止等类似内容的,视为约定不明,保证期间为主债务履行期届满之日起二年。

18. 借条没有约定还款日期,如何确定保证人的保证期间?

【律师解答】保证人对借款的保证责任从债务人应当履行债务时开始计

算，对有保证人的借条或借款合同中没有约定还款日期的，因债权人可以随时要求债务人履行债务，但应为债务人留有适当的宽限期，所以此种情况下保证人的保证期间应当自债权人要求债务人履行义务的宽限期届满之日起计算。

【特别提醒】 实践中对债权人主张权利的时间及宽限期的长短容易发生争议，注意应当收集证据，证明自己的主张或抗辩成立。

【法条链接】

《最高人民法院关于适用〈中华人民共和国担保法〉若干问题的解释》

第三十三条 主合同对主债务履行期限没有约定或者约定不明的，保证期间自债权人要求债务人履行义务的宽限期届满之日起计算。

第三节　抵押担保

1. 什么是民间借贷的抵押？其法律关系如何？

【律师解答】抵押是在民间借贷中，债务人或者第三人不转移财产的占有，将该财产作为债权担保的一种担保方式。在抵押法律关系中，提供担保的财产称为抵押物，提供抵押物的人为抵押人，接受抵押物的人为抵押权人，即借贷关系中的债权人。

【特别提醒】 当债务人不履行债务时，债权人有权依法将该财产折价或者拍卖，并对变卖该财产的价款优先受偿。

【法条链接】

《中华人民共和国担保法》

第三十三条 本法所称抵押，是指债务人或者第三人不转移对本法第三十四条所列财产的占有，将该财产作为债权的担保。债务人不履行债务时，债权人有权依照本法规定以该财产折价或者以拍卖、变卖该财产的价款优先受偿。

前款规定的债务人或者第三人为抵押人，债权人为抵押权人，提供担保的财产为抵押物。

《中华人民共和国物权法》

第一百七十九条 为担保债务的履行，债务人或者第三人不转移财产的占有，将该财产抵押给债权人的，债务人不履行到期债务或者发生当事人约定的实现抵押权的情形，债权人有权就该财产优先受偿。

前款规定的债务人或者第三人为抵押人，债权人为抵押权人，提供担保的财产为抵押财产。

2. 什么是最高额抵押？

【律师解答】最高额抵押，是指抵押人与抵押权人协议，在最高债权额限度内，以抵押物对一定期间内连续发生的债权作担保。民间借贷合同可以附最高额抵押合同。

【特别提醒】除当事人另有约定外，最高额抵押担保的债权确定前，部分债权转让的，最高额抵押权不得转让。

【法条链接】

《中华人民共和国担保法》

第五十九条 本法所称最高额抵押，是指抵押人与抵押权人协议，在最高债权额限度内，以抵押物对一定期间内连续发生的债权作担保。

第六十条 借款合同可以附最高额抵押合同。

债权人与债务人就某项商品在一定期间内连续发生交易而签订的合同，可以附最高额抵押合同。

第六十一条 最高额抵押的主合同债权不得转让。

《中华人民共和国物权法》

第二百零三条 为担保债务的履行，债务人或者第三人对一定期间内将要连续发生的债权提供担保财产的，债务人不履行到期债务或者发生当事人约定的实现抵押权的情形，抵押权人有权在最高债权额限度内就该担保财产优先受偿。

最高额抵押权设立前已经存在的债权，经当事人同意，可以转入最高额抵押担保的债权范围。

第二百零四条 最高额抵押担保的债权确定前，部分债权转让的，最高额抵押权不得转让，但当事人另有约定的除外。

3. 民间借贷用抵押的方式进行担保的，可以用哪些财产进行抵押？

【律师解答】根据《物权法》的规定，债务人或第三人有权处分的下列财产可以抵押：（1）建筑物和其他土地附着物；（2）建设用地使用权；（3）以招标、拍卖、公开协商等方式取得的荒地等土地承包经营权；（4）

生产设备、原材料、半成品、产品；（5）正在建造的建筑物、船舶、航空器；（6）交通运输工具；（7）法律、行政法规未禁止抵押的其他财产。经当事人书面协议，企业、个体工商户、农业生产经营者可以将现有的以及将有的生产设备、原材料、半成品、产品抵押。

【特别提醒】抵押人可以将法律允许抵押的财产一并抵押。单项抵押物的价值超出担保债权的部分，可再次设定抵押。

【法条链接】

《中华人民共和国物权法》

第一百八十条　债务人或者第三人有权处分的下列财产可以抵押：

（一）建筑物和其他土地附着物；

（二）建设用地使用权；

（三）以招标、拍卖、公开协商等方式取得的荒地等土地承包经营权；

（四）生产设备、原材料、半成品、产品；

（五）正在建造的建筑物、船舶、航空器；

（六）交通运输工具；

（七）法律、行政法规未禁止抵押的其他财产。

抵押人可以将前款所列财产一并抵押。

第一百八十一条　经当事人书面协议，企业、个体工商户、农业生产经营者可以将现有的以及将有的生产设备、原材料、半成品、产品抵押，债务人不履行到期债务或者发生当事人约定的实现抵押权的情形，债权人有权就实现抵押权时的动产优先受偿。

4. 抵押的生效有什么特别要求？

【律师解答】抵押人和抵押权人应当以书面形式订立抵押合同。对于法律规定应当进行抵押登记的必须经抵押登记后方生效，对于自愿登记的，则抵押人与抵押权人签订抵押合同双方签字后就生效。

【特别提醒】法律规定应当进行抵押登记的，必须进行抵押登记，否则，抵押无效。而法律规定当事人自愿登记的，不登记不影响抵押合同的效力。但当事人未办理抵押物登记的，不得对抗第三人。经当事人书面协议，企业、个体工商户、农业生产经营者可以将现有的以及将有的生产设备、原材料、半成品、产品抵押，不得对抗正常经营活动中已支付合理价款并取得抵押财产的买受人。

【法条链接】

《中华人民共和国物权法》

第一百八十七条 以本法第一百八十条第一款第一项至第三项规定的财产或者第五项规定的正在建造的建筑物抵押的,应当办理抵押登记。抵押权自登记时设立。

第一百八十八条 以本法第一百八十条第一款第四项、第六项规定的财产或者第五项规定的正在建造的船舶、航空器抵押的,抵押权自抵押合同生效时设立;未经登记,不得对抗善意第三人。

第一百八十九条 企业、个体工商户、农业生产经营者以本法第一百八十一条规定的动产抵押的,应当向抵押人住所地的工商行政管理部门办理登记。抵押权自抵押合同生效时设立;未经登记,不得对抗善意第三人。

依照本法第一百八十一条规定抵押的,不得对抗正常经营活动中已支付合理价款并取得抵押财产的买受人。

《中华人民共和国担保法》

第三十八条 抵押人和抵押权人应当以书面形式订立抵押合同。

第四十三条 当事人以其他财产抵押的,可以自愿办理抵押物登记,抵押合同自签订之日起生效。

当事人未办理抵押物登记的,不得对抗第三人。当事人办理抵押物登记的,登记部门为抵押人所在地的公证部门。

5. 经当事人书面协议,企业、个体工商户、农业生产经营者可以将现有的以及将有的生产设备、原材料、半成品、产品抵押,其抵押财产何时确定?

【律师解答】 企业、个体工商户、农业生产经营者可以用其现有的生产设备、原材料、半成品、产品抵押是《物权法》第181条规定的抵押财产种类和形式,但实际正处于经营当中的这些财产是在不断变化之中,特别是《物权法》在第189条第2款还规定"依照本法第一百八十一条规定抵押的,不得对抗正常经营活动中已支付合理价款并取得抵押财产的买受人"。显然这种抵押财产的范围是不固定的,这对债权人来说也是一种巨大的风险,为降低风险,保障抵押权能够及时实现抵押权,《物权法》规定这种抵押的抵押财产在发生下列情形之一时予以确定。即:(1)债务履行期届满,债权未实现;(2)抵押人被宣告破产或者被撤销;(3)当事人约定的实现抵押权的情形；(4) 严重影响债权实现的其他情形。

【特别提醒】对严重影响债权实现的其他情形是一种兜底性条款，也是立法技术的要求，法律不可能穷尽现实生活的所有情况，在没有明确的司法解释出台前，只能根据个案实际情况加以认定。

【法条链接】

《中华人民共和国物权法》

第一百九十六条　依照本法第一百八十一条规定设定抵押的，抵押财产自下列情形之一发生时确定：

（一）债务履行期届满，债权未实现；

（二）抵押人被宣告破产或者被撤销；

（三）当事人约定的实现抵押权的情形；

（四）严重影响债权实现的其他情形。

6. 哪些财产不得为民间借贷设定抵押？

【律师解答】根据《物权法》第184条规定，下列财产不得抵押：(1) 土地所有权；(2) 耕地、宅基地、自留地、自留山等集体所有的土地使用权，但法律规定可以抵押的除外；(3) 学校、幼儿园、医院等以公益为目的的事业单位、社会团体的教育设施、医疗卫生设施和其他社会公益设施；(4) 所有权、使用权不明或者有争议的财产；(5) 依法被查封、扣押、监管的财产；(6) 法律、行政法规规定不得抵押的其他财产。

【特别提醒】《物权法》规定不得抵押的财产，属于法律禁止性规定，违反法律禁止性规定设定抵押无效。

7. 违法、违章建筑物能否为民间借贷设定抵押？

【律师解答】违法、违章建筑无建筑审批手续，也没有相应的登记档案，也无法进行抵押登记，违法违章建筑物不受法律保护，所以确定属于违法、违章建筑物是不能为民间借贷设定抵押的，其抵押合同无效。

【特别提醒】为了区别无产权证的其他建筑物的抵押，违法、违章建筑物应当经法定程序确认。经法定程序确认为违法、违章的建筑物设定抵押的，其抵押无效。

【法条链接】

《最高人民法院关于适用〈中华人民共和国担保法〉若干问题的解释》

第四十八条 以法定程序确认为违法、违章的建筑物抵押的,抵押无效。

8. 以尚未办理权属证书的财产做抵押的有效吗?

【律师解答】 设定抵押的林木、房屋等都需要提供产权证书,以证明抵押人对提供的抵押财产拥有处分权,在民间借贷抵押的实践中,有的抵押人不能提供房屋的产权证或产权证正在办理过程中,对这种情况下的抵押,其效力的确定限定在第一审法庭辩论终结前,如果能够在第一审法庭辩论终结前提供权利证书或者补登记手续的,可以认定抵押有效。

【特别提醒】 符合在第一审法庭辩论终结前提供权利证书或者补办登记手续的,可以认定抵押有效。但如果当事人未办抵押物登记手续,不得对抗第三人。

【法条链接】

《最高人民法院关于适用〈中华人民共和国担保法〉若干问题的解释》

第四十九条 以尚未办理权属证书的财产抵押的,在第一审法庭辩论终结前能够提供权利证书或者补办登记手续的,可以认定抵押有效。

当事人未办理抵押物登记手续的,不得对抗第三人。

9. 农村居民可以用自住房屋对其借款设定抵押吗?

【律师解答】《物权法》第180条明确耕地、宅基地、自留地、自留山等集体所有的土地使用权不得抵押,虽未明确禁止农民房屋抵押,但因为房屋依附于土地之上,房屋所有权转移,其房屋所依附的土地使用权随之转移。因此农村居民的自住房屋不能设定抵押。

【特别提醒】 农民宅基地是农民集体经济组织给予其集体成员的一种福利待遇,国家对宅基地的审批有严格的条件和限制,其农民在集体宅基地上所建房屋的转让也是有明确限制的,一般只限于同集体经济成员之间可以转让,且转让房屋的村民,不得再申请宅基地。

【法条链接】

《中华人民共和国物权法》

第一百八十二条 以建筑物抵押的,该建筑物占用范围内的建设用地使用权一并抵押。以建设用地使用权抵押的，该土地上的建筑物一并抵押。

抵押人未依照前款规定一并抵押的，未抵押的财产视为一并抵押。

第一百八十三条　乡镇、村企业的建设用地使用权不得单独抵押。以乡镇、村企业的厂房等建筑物抵押的，其占用范围内的建设用地使用权一并抵押。

10. 农民可以用尚未收获的农作物抵押吗？

【律师解答】法律未禁止农作物设定抵押，农民以农作物进行抵押是允许的。

【特别提醒】以农作物设定抵押，不能涉及农作物所依附的土地，如果涉及土地使用权，则涉及农作物所依附的土地使用部分无效。

【法条链接】

《最高人民法院关于适用〈中华人民共和国担保法〉若干问题的解释》

第五十二条　当事人以农作物和与其尚未分离的土地使用权同时抵押的，土地使用权部分的抵押无效。

11. 财产共有人之一能否用共有财产设定抵押？

【律师解答】财产共有分为按份共有和共同共有，如果是按份共有的共有人以其共有财产中所享有的份额设定抵押的，则抵押有效；如果是共同共有，共同共有人之一或部分共同共有人以共同共有财产设定抵押的，则需其他共同共有人同意，其他共同共有人一致同意的，抵押有效，如其他共同共有人不同意或不是全部一致同意，则抵押也是无效的。

【特别提醒】在共同共有的情况下，一个或部分共有人就共同共有财产设定抵押，其他共有人知道或者应当知道而未提出异议的视为同意，抵押有效。

【法条链接】

《最高人民法院关于适用〈中华人民共和国担保法〉若干问题的解释》

第五十四条　按份共有人以其共有财产中享有的份额设定抵押的，抵押有效。

共同共有人以其共有财产设定抵押，未经其他共有人的同意，抵押无效。但是，其他共有人知道或者应当知道而未提出异议的视为同意，抵押有效。

12. 学校或医院能以自己的财产作抵押向自然人借款吗？

【律师解答】 学校、幼儿园、医院等以公益为目的的事业单位、社会团体，其教育设施、医疗卫生设施和其他社会公益设施是《担保法》和《物权法》明令禁止抵押的财产，无论是为他人还是自身债务，均不得设定抵押。但这些以公益为目的的单位，以教育设施、医疗卫生设施和其他社会公益设施以外的财产为自身债务设定抵押的，人民法院可以认定抵押有效。

【特别提醒】 对个人出资设立的学校、幼儿园、医院等机构，其性质是否属于以公益为目的的事业单位，现在还存在争议，各地认定也不一样，如湖南省人民政府以文件的形式确定，民办教育事业属于公益性事业，民办学校是民办事业单位，民办学校与公办学校具有同等的法律地位。而大多数地方都认为这些个人出资的学校、幼儿园、医院等是属于民办非企业单位，在性质上不属于"事业单位"。对此还需慎重对待。

【法条链接】

《最高人民法院关于适用〈中华人民共和国担保法〉若干问题的解释》

第五十三条 学校、幼儿园、医院等以公益为目的的事业单位、社会团体，以其教育设施、医疗卫生设施和其他社会公益设施以外的财产为自身债务设定抵押的，人民法院可以认定抵押有效。

13. 当事人可以约定抵押物的担保期间吗？

【律师解答】 法律没有对担保物权的存续期限进行规定，当事人约定的或者登记部门要求登记的担保期间，对担保物权的存续不具有法律约束力。

【特别提醒】 法律没有规定担保物权的期限，但并不等于担保物权人请求行使担保物权也是无期限的，《担保法司法解释》第12条第2款规定，担保物权所担保的债权的诉讼时效结束后，担保权人在诉讼时效结束后的二年内行使担保物权的，人民法院应当予以支持。但《物权法》却规定抵押权人应当在主债权诉讼时效期间行使抵押权；未行使的，人民法院不予保护。根据立法关于法律效力适用新法优于旧法的原则规定，对此应当按《物权法》的规定执行。

【法条链接】

《最高人民法院关于适用〈中华人民共和国担保法〉若干问题的解释》

第十二条 当事人约定的或者登记部门要求登记的担保期间，对担保物权的存续不具有法律约束力。

担保物权所担保的债权的诉讼时效结束后，担保权人在诉讼时效结束后的二年内行使担保物权的，人民法院应当予以支持。

《中华人民共和国物权法》

第二百零二条　抵押权人应当在主债权诉讼时效期间行使抵押权；未行使的，人民法院不予保护。

第一百七十八条　担保法与本法的规定不一致的，适用本法。

《中华人民共和国立法法》（2015 年修订）

第十三条　第九十二条同一机关制定的法律、行政法规、地方性法规、自治条例和单行条例、规章，特别规定与一般规定不一致的，适用特别规定；新的规定与旧的规定不一致的，适用新的规定。

14. 已经设定抵押的财产可以采取查封、扣押等财产保全或者执行措施吗？

【律师解答】已经设定抵押的财产被人民法院采取查封、扣押等财产保全或者执行措施的，不影响抵押权的效力。

【特别提醒】已经设定抵押的财产被采取查封、扣押等财产保全或者执行措施的，其保全或执行措施只能针对抵押财产所超出担保的债权以外部分所实施，在抵押权人依法实现抵押权后或债务人偿还债务，抵押权消灭后，方能将抵押财产依法用于保全或执行。

【法条链接】

《最高人民法院关于适用〈中华人民共和国担保法〉若干问题的解释》

第五十五条　已经设定抵押的财产被采取查封、扣押等财产保全或者执行措施的，不影响抵押权的效力。

15. 抵押人可以将出租的房屋或车辆设定抵押吗？

【律师解答】承租权是对物的租赁使用权，而抵押权是债务人到期不履行债务时，对抵押物优先受偿的权利。在不影响抵押权人实现抵押权的情况下，出租的财产是可以设定抵押的。

【特别提醒】订立抵押合同前抵押财产已出租的，原租赁关系不受该抵押权的影响。抵押人将已出租的财产抵押的，应当书面告知承租人，原租赁合同继续有效。抵押人将已出租的财产抵押的，抵押权实现后，租赁合同在有效期内对抵押物的受让人继续有效。

【法条链接】

《中华人民共和国担保法》

第四十八条 抵押人将已出租的财产抵押的,应当书面告知承租人,原租赁合同继续有效。

《最高人民法院关于适用〈中华人民共和国担保法〉若干问题的解释》

第六十五条 抵押人将已出租的财产抵押的,抵押权实现后,租赁合同在有效期内对抵押物的受让人继续有效。

《中华人民共和国物权法》

第一百九十条 订立抵押合同前抵押财产已出租的,原租赁关系不受该抵押权的影响。抵押权设立后抵押财产出租的,该租赁关系不得对抗已登记的抵押权。

16. 抵押人可以将已抵押的财产出租吗?

【律师解答】 抵押人将已抵押的财产出租,后成立的租赁关系不能对抗在先设立的已登记的抵押权。抵押权实现后,租赁合同对受让人不具有约束力。

【特别提醒】 抵押人将已抵押的财产出租的,应当书面告知承租人该财产已抵押的事实,如抵押人未书面告知,抵押人对出租抵押物造成承租人的损失承担赔偿责任,如果抵押人已书面告知承租人该财产已抵押的,抵押权实现造成承租人的损失,由承租人自己承担。

【法条链接】

《最高人民法院关于适用〈中华人民共和国担保法〉若干问题的解释》

第六十六条 抵押人将已抵押的财产出租的,抵押权实现后,租赁合同对受让人不具有约束力。

抵押人将已抵押的财产出租时,如果抵押人未书面告知承租人该财产已抵押的,抵押人对出租抵押物造成承租人的损失承担赔偿责任;如果抵押人已书面告知承租人该财产已抵押的,抵押权实现造成承租人的损失,由承租人自己承担。

《中华人民共和国物权法》

第一百九十条 订立抵押合同前抵押财产已出租的,原租赁关系不受该抵押权的影响。抵押权设立后抵押财产出租的,该租赁关系不得对抗已登记的抵押权。

17. 民间借贷设定抵押时，可以约定借款到期不还，抵押物自动归债权人所有吗？

【律师解答】在抵押担保中，抵押人与抵押权人约定债务到期债务人不履行债务，则抵押物归抵押权人所有，这种约定称为流押契约或流质契约，流质契约为许多国家法律所否定。在我国民间借贷采取抵押方式设定担保的，抵押人和抵押权人不得约定借款到期不还，抵押物自动归债权人所有。

【特别提醒】法律虽禁止订立流质契约，但不禁止在借款到期后，抵押权人与抵押人协商用抵押物折抵债务。

【法条链接】

《中华人民共和国担保法》

第四十条 订立抵押合同时，抵押权人和抵押人在合同中不得约定在债务履行期届满抵押权人未受清偿时，抵押物的所有权转移为债权人所有。

《中华人民共和国物权法》

第一百八十六条 抵押权人在债务履行期届满前，不得与抵押人约定债务人不履行到期债务时抵押财产归债权人所有。

18. 办理抵押登记时，应当向登记机关提交哪些材料？

【律师解答】办理抵押登记时，应当向登记机关提交主合同和抵押合同及抵押物的所有权或者使用权证书。

【特别提醒】主合同和抵押合同应当提供原件，在签订时备出抵押登记用的一份，有关抵押物的所有权或使用权证书，应当向登记机关提交原件验看，经验证无误后，再交付复印件。

【法条链接】

《中华人民共和国担保法》

第四十四条 办理抵押物登记，应当向登记部门提供下列文件或者其复印件：

（一）主合同和抵押合同；

（二）抵押物的所有权或者使用权证书。

19. 在抵押期间，抵押物可以被继承或赠与吗？

【律师解答】在抵押期间，如抵押物的所有人去世，抵押物可以被继承，在抵押期间，抵押物也可以赠与，但无论抵押物被继承还是赠与他人，原抵押物上设定的抵押关系不受影响，即抵押权人仍有优先受偿权。

【特别提醒】 抵押物在抵押期间被继承或赠与的，继承人或受赠人可以与抵押权人协商，提前清偿债务而取得抵押物的完全所有权。

【法条链接】

《最高人民法院关于适用〈中华人民共和国担保法〉若干问题的解释》

第六十八条 抵押物依法被继承或者赠与的，抵押权不受影响。

20. 在抵押期间抵押物可以转让吗？

【律师解答】 抵押物在抵押期间不能任意转让，转让应当经抵押权人同意并将转让所得价款提前清偿债务或对价款进行提存。否则，抵押人不能转让抵押物。

【特别提醒】 如受让人代债务人清偿债务，抵押权消灭，此时抵押人可以自由处分抵押物。

【法条链接】

《中华人民共和国担保法》

第四十九条 抵押期间，抵押人转让已办理登记的抵押物的，应当通知抵押权人并告知受让人转让物已经抵押的情况；抵押人未通知抵押权人或者未告知受让人的，转让行为无效。

转让抵押物的价款明显低于其价值的，抵押权人可以要求抵押人提供相应的担保；抵押人不提供的，不得转让抵押物。

抵押人转让抵押物所得的价款，应当向抵押权人提前清偿所担保的债权或者向与抵押权人约定的第三人提存。超过债权数额的部分，归抵押人所有，不足部分由债务人清偿。

《中华人民共和国物权法》

第一百九十一条 抵押期间，抵押人经抵押权人同意转让抵押财产的，应当将转让所得的价款向抵押权人提前清偿债务或者提存。转让的价款超过债权数额的部分归抵押人所有，不足部分由债务人清偿。

抵押期间，抵押人未经抵押权人同意，不得转让抵押财产，但受让人代为清偿债务消灭抵押权的除外。

21. 抵押权可以转让或作为其他债权的担保吗？

【律师解答】 因抵押权与其担保的债权同时存在，债权消灭的，抵押权也消灭，抵押权不得与其所担保的债权分离而单独转让或作为其他债权的担保。

【特别提醒】 法律所禁止的是抵押权不得与其所担保的债权分离单独转让，如果债权转让，抵押权应当同时转让，但法律也未禁止只转让债权而不转让抵押权，但如果只转让债权而不转让抵押权，等于转让债权的债权人放弃抵押权，抵押权消灭。此时债权人所转让的就是没有抵押的普通债权。

【法条链接】

《中华人民共和国担保法》

第五十条　抵押权不得与债权分离而单独转让或者作为其他债权的担保。

第五十二条　抵押权与其担保的债权同时存在，债权消灭的，抵押权也消灭。

《中华人民共和国物权法》

第一百九十二条　抵押权不得与债权分离而单独转让或者作为其他债权的担保。债权转让的，担保该债权的抵押权一并转让，但法律另有规定或者当事人另有约定的除外。

22. 抵押担保的范围如何？

【律师解答】 抵押担保的范围按抵押合同的约定，如抵押合同没有约定，抵押担保的范围包括主债权及利息、违约金、损害赔偿金、保管担保财产和实现抵押权的费用。

【特别提醒】 对于抵押担保的范围，法律允许当事人进行约定，如当事人对抵押担保范围有约定的，则优先适用当事人的约定。

【法条链接】

《中华人民共和国担保法》

第四十六条　抵押担保的范围包括主债权及利息、违约金、损害赔偿金和实现抵押权的费用。抵押合同另有约定的，按照约定。

《中华人民共和国物权法》

第一百七十三条　担保物权的担保范围包括主债权及其利息、违约金、损害赔偿金、保管担保财产和实现担保物权的费用。当事人另有约定的，按照约定。

第四节　质押担保

1. 什么是质押？质押法律关系如何？

【律师解答】质押也称质权，是指债务人或第三人将其动产或权利转移债权人占有，用以担保债权的实现，当债务人不能履行债务时，债权人依法有权就该动产或权利优先得到清偿的担保方式。

提供动产的质押方式，为动产质押；提供权利的质押方式，为权利质押。

在质押法律关系中，债务人或第三人为出质人，接受质押的债权人为质权人，移交给债权人占有用于担保债权的财产或权利为质物。

【特别提醒】抵押与质押都是担保债权的两种主要担保方式，实践中有人也把质押称为抵押，但两者的有关法律规定和适用是不同的，请借贷当事人注意。抵押不转移抵押物的占有，质押需要转移质物于质权人占有，另外，权利可以质押，但不能抵押。不动产能抵押，不能质押。动产既可抵押，也可质押。

【法条链接】

《中华人民共和国物权法》

第二百零八条　为担保债务的履行，债务人或者第三人将其动产出质给债权人占有的，债务人不履行到期债务或者发生当事人约定的实现质权的情形，债权人有权就该动产优先受偿。

前款规定的债务人或者第三人为出质人，债权人为质权人，交付的动产为质押财产。

《中华人民共和国担保法》

第六十三条　本法所称动产质押，是指债务人或者第三人将其动产移交债权人占有，将该动产作为债权的担保。债务人不履行债务时，债权人有权依照本法规定以该动产折价或者以拍卖、变卖该动产的价款优先受偿。

前款规定的债务人或者第三人为出质人，债权人为质权人，移交的动产为质物。

2. 动产质押设立有什么要求？

【律师解答】动产质押的成立，要求出质人和质权人要签订书面的质押合同，质押合同自质物移交于质权人占有时生效。

【特别提醒】由于合同成立和生效不是绝对一致的，当事人就合同主要的权利义务协商一致，合同就成立。而合同的生效，则需合同符合双方当事人约定的生效条件或法律规定的生效条件。质押合同的生效，《担保法》有特别规定，因质押均要求出质人转移质物的占有，只签订质押合同或只承诺质押，质物不移交质权人占有，质押合同不生效，质权不能设立和产生。

【法条链接】

《中华人民共和国物权法》

第二百一十二条　质权自出质人交付质押财产时设立。

《中华人民共和国担保法》

第六十四条　出质人和质权人应当以书面形式订立质押合同。质押合同自质物移交于质权人占有时生效。

3. 质押合同签订后，出质人未按约定移交质物的怎么办？

【律师解答】质押合同签订后，出质人未按约定移交质物的，债权人可以要求出质人移交质物，如出质人拒绝移交质物，质押合同不生效。因未按约定移交质物和拒不移交质物，给债权人造成损失的，需赔偿损失。

【特别提醒】如果出质人未按质押合同约定的时间移交质物和拒不移交质物的，而给质权人造成损失的，出质人应当承担赔偿责任，这种赔偿责任与担保责任是不同的，赔偿责任是按过错进行赔偿，具体赔偿时，根据其过错程度，承担与其过错相应的赔偿责任。

【法条链接】

《最高人民法院关于适用〈中华人民共和国担保法〉若干问题的解释》

第八十六条　债务人或者第三人未按质押合同约定的时间移交质物的，因此给质权人造成损失的，出质人应当根据其过错承担赔偿责任。

4. 出质人与质权人可以约定质物由出质人代为保管吗？

【律师解答】出质人与质权人约定质物由出质人代为保管的，其质押不符合质押生效条件，其质押合同不生效。质物移交质权人占有时质权设立，质权设立后，如果质权人将质物返还于出质人，出现出质人对质物进行处分等情形，质权人再以其享有质权进行抗辩的，法院不予支持。

【特别提醒】如果因不可归责于质权人的事由导致质权人对质物丧失占有的，则质权人可以向不当占有人请求停止侵害、恢复原状、返还质物。

【法条链接】

《最高人民法院关于适用〈中华人民共和国担保法〉若干问题的解释》

第八十七条　出质人代质权人占有质物的，质押合同不生效；质权人将质物返还于出质人后，以其质权对抗第三人的，人民法院不予支持。

因不可归责于质权人的事由而丧失对质物的占有，质权人可以向不当占有人请求停止侵害、恢复原状、返还质物。

5. 民间借贷可以用金钱作质押吗？

【律师解答】金钱是一种特殊的动产，但法律并未禁止其作为质押物，如果民间借贷的出质人能够对金钱采取特定化并移交债权人占有，其质押也是可以的。

【特别提醒】由于民间借贷的标的本身就是金钱，实践中很少采取金钱质押的方式做担保。

【法条链接】

《最高人民法院关于适用〈中华人民共和国担保法〉若干问题的解释》

第八十五条　债务人或者第三人将其金钱以特户、封金、保证金等形式特定化后，移交债权人占有作为债权的担保，债务人不履行债务时，债权人可以以该金钱优先受偿。

6. 质押期间，质权人有什么义务？

【律师解答】由于质押需要出质人转移质物于质押权人占有，所以，占有质物的质押权人，负有妥善保管质物的义务。如因质物保管不善致使质物灭失或毁损的，质权人应当承担民事责任。

【特别提醒】在质权存续期间，质权人不能妥善保管质物可能致使其灭失或者毁损的，出质人可以要求质权人将质物提存，或者要求提前清偿债权而返还质物。如质权人未经出质人同意，擅自使用、出租、处分质物，而致使质物灭失或者毁损的，出质人可以要求质权人承担赔偿责任。

【法条链接】

《中华人民共和国物权法》

第二百一十五条 质权人负有妥善保管质押财产的义务;因保管不善致使质押财产毁损、灭失的,应当承担赔偿责任。

质权人的行为可能使质押财产毁损、灭失的,出质人可以要求质权人将质押财产提存,或者要求提前清偿债务并返还质押财产。

《中华人民共和国担保法》

第六十九条 质权人负有妥善保管质物的义务。因保管不善致使质物灭失或者毁损的,质权人应当承担民事责任。

质权人不能妥善保管质物可能致使其灭失或者毁损的,出质人可以要求质权人将质物提存,或者要求提前清偿债权而返还质物。

《最高人民法院关于适用〈中华人民共和国担保法〉若干问题的解释》

第九十三条 质权人在质权存续期间,未经出质人同意,擅自使用、出租、处分质物,因此给出质人造成损失的,由质权人承担赔偿责任。

7. 债务到期,质物如何处理?

【律师解答】债务履行期届满债务人履行债务的,质权人应当返还质物于出质人。债务履行期届满质权人未受清偿的,质权人可以与出质人协议以质物折价,也可以依法拍卖、变卖质物。质物折价或者拍卖、变卖后,其价款超过债权数额的部分归出质人所有,不足部分由债务人清偿。如债务履行期届满后,质权人不行使质权,出质人可以请求质权人在债务履行期届满后及时行使质权,如质权人不行使质权,出质人可以请求人民法院拍卖、变卖质押财产。以免因质权人怠于行使质权给出质人造成损失。

【特别提醒】债务履行期届满,债权人未受清偿,双方可以协商折价、变卖、拍卖等处理质物以抵债务,但不能约定债务到期时债务人不履行债务,质物就归债权人即质押权人所有。

【法条链接】

《中华人民共和国物权法》

第二百一十九条 债务人履行债务或者出质人提前清偿所担保的债权的,质权人应当返还质押财产。

债务人不履行到期债务或者发生当事人约定的实现质权的情形,质权人可以与出质人协议以质押财产折价,也可以就拍卖、变卖质押财产所得的价款优先受偿。

质押财产折价或者变卖的，应当参照市场价格。

第二百二十条 出质人可以请求质权人在债务履行期届满后及时行使质权；质权人不行使的，出质人可以请求人民法院拍卖、变卖质押财产。

出质人请求质权人及时行使质权，因质权人怠于行使权利造成损害的，由质权人承担赔偿责任。

第二百二十一条 质押财产折价或者拍卖、变卖后，其价款超过债权数额的部分归出质人所有，不足部分由债务人清偿。

《中华人民共和国担保法》

第六十六条 出质人和质权人在合同中不得约定在债务履行期届满质权人未受清偿时，质物的所有权转移为质权人所有。

第七十一条 债务履行期届满债务人履行债务的，或者出质人提前清偿所担保的债权的，质权人应当返还质物。

债务履行期届满质权人未受清偿的，可以与出质人协议以质物折价，也可以依法拍卖、变卖质物。

质物折价或者拍卖、变卖后，其价款超过债权数额的部分归出质人所有，不足部分由债务人清偿。

8. 哪些权利可以质押？

【律师解答】 汇票、支票、本票、债券、存款单、仓单、提单，依法可以转让的基金、股权，可以转让的注册商标专用权、专利权、著作权中的财产权利，应收账款及法律、行政法规规定可以出质的其他财产权利均可以进行质押。

【特别提醒】 股权包括有限责任公司的股份和股份公司的股票，商标包括注册商标和非注册商标，能够质押的限于注册商标专用权，商标权、专利权和著作权包括人身权与财产权，能够质押的只限于财产权部分，商标权、专利权、著作权中的人身部分不能质押。

另外，关于质押财产范围，《担保法》与《物权法》的规定有差别，对此要以《物权法》的规定为准。

【法条链接】

《中华人民共和国物权法》

第二百二十三条 债务人或者第三人有权处分的下列权利可以出质：

（一）汇票、支票、本票；

（二）债券、存款单；

（三）仓单、提单；

（四）可以转让的基金份额、股权；

（五）可以转让的注册商标专用权、专利权、著作权等知识产权中的财产权；

（六）应收账款；

（七）法律、行政法规规定可以出质的其他财产权利。

《中华人民共和国担保法》

第七十五条　下列权利可以质押：

（一）汇票、支票、本票、债券、存款单、仓单、提单；

（二）依法可以转让的股份、股票；

（三）依法可以转让的商标专用权，专利权、著作权中的财产权；

（四）依法可以质押的其他权利。

9. 以三票、三单、一券质押的，其成立和生效有什么要求？

【律师解答】"三票"是指票据法中的汇票、支票、本票。而"三单"则是指金融机构的各种存款单和仓储单位开具的仓储单和海关等提货单。"一券"是指经批准公开发行的银行债券、公司债券、企业债券及国库券等。对三票、三单、一券质押的，要求出质人在合同约定的期间内将权利凭证交付质权人占有，质押合同自权利凭证交付之日起生效。如果没有权利凭证，质权自有关部门办理出质登记时设立。

【特别提醒】担保法虽对三票、三单、一券的质押只要求出质人交付权利凭证即可，不要求到发行或出具部门进行登记，但不同的权利在质押时还是有不同要求的，如"三票"质押时，应当按着《票据法》的要求进行"质押"背书，公司债券出质的，也应当对债券进行质押背书。

另外，以票据、债券、存款单、仓单、提单出质的，质权人不得再转让或者质押，否则其再转让或质押的行为无效。

【法条链接】

《中华人民共和国物权法》

第二百二十四条　以汇票、支票、本票、债券、存款单、仓单、提单出质的，当事人应当订立书面合同。质权自权利凭证交付质权人时设立；没有权利凭证的，质权自有关部门办理出质登记时设立。

《中华人民共和国担保法》

第七十六条 以汇票、支票、本票、债券、存款单、仓单、提单出质的，应当在合同约定的期限内将权利凭证交付质权人。质押合同自权利凭证交付之日起生效。

《最高人民法院关于适用〈中华人民共和国担保法〉若干问题的解释》

第九十八条 以汇票、支票、本票出质，出质人与质权人没有背书记载"质押"字样，以票据出质对抗善意第三人的，人民法院不予支持。

第九十九条 以公司债券出质的，出质人与质权人没有背书记载"质押"字样，以债券出质对抗公司和第三人的，人民法院不予支持。

第一百零一条 以票据、债券、存款单、仓单、提单出质的，质权人再转让或者质押的无效。

10. 以三票、三单、一券质押的，其兑现或提货的日期先于债务履行期的怎么办？

【律师解答】以载明兑现或提货日期的三票、三单、一券出质的，如三票、三单、一券的兑现或者提货日期先于债务履行期的，则质权人可以在债务履行期届满前兑现或者提货。质权人在债务履行期届满前兑现或提货的，应当与出质人协议将兑现的价款或者提取的货物用于提前清偿所担保的债权或者向与出质人约定的第三人提存。

【特别提醒】如出质的三票、三单、一券的兑现或者提货日期后于债务履行期的，质权人只能在兑现或者提货日期届满时兑现款项或者提取货物。

【法条链接】

《中华人民共和国物权法》

第二百二十五条 汇票、支票、本票、债券、存款单、仓单、提单的兑现日期或者提货日期先于主债权到期的，质权人可以兑现或者提货，并与出质人协议将兑现的价款或者提取的货物提前清偿债务或者提存。

《中华人民共和国担保法》

第七十七条 以载明兑现或者提货日期的汇票、支票、本票、债券、存款单、仓单、提单出质的，汇票、支票、本票、债券、存款单、仓单、提单兑现或者提货日期先于债务履行期的，质权人可以在债务履行期届满前兑现或者提货，并与出质人协议将兑现的价款或者提取的货物用于提前清偿所担保的债权或者向与出质人约定的第三人提存。

《最高人民法院关于适用〈中华人民共和国担保法〉若干问题的解释》

第一百零二条　以载明兑现或者提货日期的汇票、支票、本票、债券、存款单、仓单、提单出质的，其兑现或者提货日期后于债务履行期的，质权人只能在兑现或者提货日期届满时兑现款项或者提取货物。

11. 以基金份额、股权出质的，都有哪些要求？

【律师解答】以基金份额、股权出质的，当事人应当订立书面合同。如果出质的基金份额、证券已在登记结算机构登记的，则质权自证券登记结算机构办理出质登记时设立；以其他股权出质的，如有限责任公司股份或股份公司的股票等，需向工商行政管理机关办理出质登记，质权自工商行政管理部门办理出质登记时设立。

【特别提醒】基金份额、股权出质后，不经质权人同意不得转让，经质权人同意出质人转让基金份额、股权所得的价款，应当向质权人提前清偿债务或者提存。

【法条链接】

《中华人民共和国物权法》

第二百二十六条　以基金份额、股权出质的，当事人应当订立书面合同。以基金份额、证券登记结算机构登记的股权出质的，质权自证券登记结算机构办理出质登记时设立；以其他股权出质的，质权自工商行政管理部门办理出质登记时设立。

基金份额、股权出质后，不得转让，但经出质人与质权人协商同意的除外。出质人转让基金份额、股权所得的价款，应当向质权人提前清偿债务或者提存。

12. 以依法可以转让的注册商标专用权、专利权、著作权中的财产权出质的，都有哪些要求？

【律师解答】以依法可以转让的商标专用权、专利权、著作权中的财产权出质的，出质人与质权人应当订立书面合同，并向其管理部门办理出质登记。质押合同自登记之日起设立。以依法可以转让的注册商标专用权、专利权、著作权中的财产权利出质后，出质人不得转让或者许可他人使用。

【特别提醒】依法可以转让的注册商标专用权、专利权、著作权中的财产权利出质后，出质人未经质权人同意而转让或者许可他人使用已出质权利的，应当认定为无效。因此给质权人或者第三人造成损失的，由出质人承担民事责任。如经出质人与质权人协商同意的也可以转让或者许可他人使用。不过出质人所得的转让费、许可费应当向质权人提前清偿所担保的债权或者向与质权人约定的第三人提存。

【法条链接】
《中华人民共和国物权法》

第二百二十七条　以注册商标专用权、专利权、著作权等知识产权中的财产权出质的，当事人应当订立书面合同。质权自有关主管部门办理出质登记时设立。

知识产权中的财产权出质后，出质人不得转让或者许可他人使用，但经出质人与质权人协商同意的除外。出质人转让或者许可他人使用出质的知识产权中的财产权所得的价款，应当向质权人提前清偿债务或者提存。

13. 以应收账款设立质押有什么要求？

【律师解答】 以应收账款出质的，当事人应当协商一致并订立书面的质押合同，同时要向信贷征信机构办理出质登记，质权自办理出质登记时设立。

【特别提醒】 应收账款出质后，不经质权人同意，不得转让。经出质人与质权人协商同意转让应收账款的，则出质人转让应收账款所得价款，应当向质权人提前清偿债务或约定的第三人提存。

【法条链接】
《中华人民共和国物权法》

第二百二十八条以应收账款出质的，当事人应当订立书面合同。质权自信贷征信机构办理出质登记时设立。

应收账款出质后，不得转让，但经出质人与质权人协商同意的除外。出质人转让应收账款所得的价款，应当向质权人提前清偿债务或者提存。

第五节　民间借贷担保的专项指导

1. 对保证合同订立的指导

保证是民间借贷最常用的担保方式，实践中也最容易在保证担保上发生争议与纠纷，为减少纠纷的发生，首先要从保证合同的订立着手，民间借贷在订立保证担保时要注意以下问题：

（1）保证担保应当以书面形式进行约定。因为保证是以人的信誉做担保，在没有书面文字证明的情况下，难以认定。

（2）除了法律明确禁止不得作保证人的以外，具有代为履行能力的自然人、法人、其他组织等均可以作保证人。实际上保证人是否有代为履行能力没有统一标准，只要债权人认可，保证人同意并以保证人身份签字确认就可以。

（3）保证合同以保证人在保证合同、借款合同、借条等借款文书上以保证人的身份签字后就生效。

（4）完整的保证合同应当包括以下内容：

①被保证的主债权种类、数额；

②债务人履行债务的期限；

③保证的方式；

④保证担保的范围；

⑤双方认为需要约定的其他事项；

⑥保证的期间。

保证合同不完全具备前款规定内容的，可以补正。

（5）要明确保证人的保证方式，如无约定，则推定为连带责任保证。

（6）要明确约定保证期间，如无约定，则保证期间为债务履行期届满之日起6个月，约定保证期间早于或等于债务履行期的，则视为无约定，适用债务履行期届满之日起6个月的规定。约定保证期间直至借款本息还清为止等，属于保证期间约定不明，适用债务履行期届满之日起2年。

（7）保证担保的范围包括主债权及利息、违约金、损害赔偿金和实现债权的费用。保证合同另有约定的，按照约定。当事人对保证担保的范围没有约定或者约定不明确的，保证人应当对全部债务承担责任。

（8）企业法人的分支机构提供保证的，应当出具企业法人的书面授权，企业法人的分支机构应当在授权范围内提供保证，超出授权部分的保证无效。

2. 对保证责任承担的指导

保证担保责任方式分为一般保证和连带责任保证，债权人与保证人除明确约定保证人承担一般保证责任或债务人不能履行债务时,由保证人承担保证责任的,为一般保证。除此以外,保证方式均应为连带责任保证。

对于保证责任的范围,保证合同有约定的,以约定为准,如当事人对保证担保的范围没有约定或者约定不明确的,保证人应当对全部债务承担责任。此时,保证担保的范围包括主债权及利息、违约金、损害赔偿金和实现债权的费用。

一般保证,保证人承担的其实是一种补充责任,也就是主合同纠纷未经审判或者仲裁,并就债务人财产依法强制执行仍不能履行债务的情况下,才由保证人承担保证责任。也就是一般保证人所享有的先诉抗辩权。但要注意这种先诉抗辩权的行使,也会受到《担保法》第17条第3款规定的三种情况的限制。这三种情况不能行使先诉抗辩权的情况,在解答部分有所说明和解答。

一般保证的保证人在主债权履行期间届满后,向债权人提供了债务人可供执行财产的真实情况的,债权人放弃或者怠于行使权利致使该财产不能被执行,保证人可以请求人民法院在其提供可供执行财产的实际价值范围内免除保证责任。

连带责任保证是一种严格保证责任,在主合同规定的债务履行期届满没有履行债务的,债权人可以要求债务人履行债务,也可以要求保证人在其保证范围内承担保证责任。由此可以看出,连带责任保证人的责任几乎与债务人的责任一样重。

几个保证人可以为一个债权提供共同保证,共同保证人之间可以与债权人约定按份承担保证责任,在没有明确约定保证人之间承担按份保证责任,则共同保证人之间互负连带保证责任。连带共同保证的债务人在主合同规定的债务履行期届满没有履行债务的,债权人可以要求债务人履行债务,也可以要求任何一个保证人承担全部保证责任。连带共同保证的保证人承担保证责任后,向债务人不能追偿的部分,由各连带保证人按其内部约定的比例分担。没有约定的,平均分担。

保证期间,债权人依法将主债权转让给第三人的,保证债权同时转让,保证人在原保证担保的范围内对受让人承担保证责任。但是保证人与债权人事先约定仅对特定的债权人承担保证责任或者禁止债权转让的,保证人不再承担保证责任。保证期间,债权人许可债务人转让部分债务未经保证人书面同意的，保证人对未经其同意转让部分的债务，不再承担保证责任。但是，保证人仍应当对未转让部分的债务承担保证责任。

保证期间，债权人与债务人对主合同数量、价款、币种、利率等内容作了变动，未经保证人同意的，如果减轻债务人债务的，保证人仍应当承担保证责任；债权人与债务人对主合同履行期限作了变动，未经保证人书面同意的，保证期间为原合同约定的或者法律规定的期间；债权人与债务人协议变动主合同内容，但并未实际履行的，保证人仍应当对变更后的合同承担保证责任；如果加重债务人的债务的，保证人对加重的部分不承担保证责任。

同一债权既有保证又有第三人提供物的担保的，债权人可以请求保证人或者物的担保人承担担保责任。当事人对保证担保的范围或者物的担保的范围没有约定或者约定不明的，承担了担保责任的担保人，可以向债务人追偿，也可以要求其他担保人清偿其应当分担的份额。

同一债权既有保证又有物的担保的，物的担保合同被确认无效或者被撤销，或者担保物因不可抗力的原因灭失而没有代位物的，保证人仍应当按合同的约定或者法律的规定承担保证责任。债权人在主合同履行期届满后怠于行使担保物权，致使担保物的价值减少或者毁损、灭失的，视为债权人放弃部分或者全部物的担保。保证人在债权人放弃权利的范围内减轻或者免除保证责任。

在合同约定的保证期间和法定的保证期间，债权人未要求保证人承担保证责任的，保证人免除保证责任。请注意：保证期间不因任何事由发生中断、中止、延长的法律后果。

主合同无效，保证合同无效，此时保证人不承担保证责任。主合同当事人双方串通，骗取保证人提供保证的，保证人不承担保证责任；主合同债权人采取欺诈、胁迫等手段，使保证人在违背真实意思的情况下提供保证的，保证人不承担保证责任。

3. 保证合同无效处理的指导

保证合同可能由于保证人资格而导致其无效，如国家机关、以公益为目的的教育、医院等单位提供的保证。也可能由于主合同无效，而导致担保合同无效。保证合同无效，不承担保证责任，但并不等于无责任，根据担保无效的原因保证人仍需承担相应的民事责任。

担保合同被确认无效后，债务人、担保人、债权人有过错的，应当根据其过错各自承担相应的民事责任。

主合同有效而担保合同无效，债权人无过错的，担保人与债务人对主合同债权人的经济损失，承担连带赔偿责任；债权人、担保人有过错的，担保人承担民事责任的部分，不应超过债务人不能清偿部分的二分之一。

企业法人的分支机构未经法人书面授权或者超出授权范围与债权人订立保证合同的，该合同无效或者超出授权范围的部分无效，因此给债权人造成损失的，债权人和企业法人有过错的，应当根据其过错各自承担相应的民事责任；债权人无过错的，由企业法人承担民事责任。

企业法人的分支机构经法人书面授权提供保证的，如果法人的书面授权范围不明，法人的分支机构应当对保证合同约定的全部债务承担保证责任。企业法人的分支机构提供的保证无效后应当承担赔偿责任的，由分支机构经营管理的财产承担。企业法人的分支机构经营管理的财产不足以承担保证责任的，由企业法人承担民事责任。企业法人有过错的，应当根据其过错各自承担相应的民事责任。债权人无过错的，由企业法人承担民事责任。

主合同无效而导致担保合同无效，担保人无过错的，担保人不承担民事责任；担保人有过错的，担保人承担民事责任的部分，不应超过债务人不能清偿部分的三分之一。

担保人因无效担保合同向债权人承担赔偿责任后，可以向债务人追偿，或者在承担赔偿责任的范围内，要求有过错的反担保人承担赔偿责任。担保人可以根据承担赔偿责任的事实对债务人或者反担保人另行提起诉讼。

主合同当事人双方串通，骗取保证人提供保证的以及主合同债权人采取欺诈、胁迫等手段，使保证人在违背真实意思的情况下提供保证的，保证人不承担民事责任。

4. 对抵押合同订立的指导

抵押是民间借贷经常采用的一种担保方式，依据《担保法》和《物权法》的规定，抵押人和抵押权人应当以书面形式订立抵押合同。完整的抵押合同应当包括：

（1）被担保的主债权种类、数额；

（2）债务人履行债务的期限；

（3）抵押物的名称、数量、质量、状况、所在地、所有权权属或者使用权权属；

（4）抵押担保的范围；

（5）当事人认为需要约定的其他事项。

抵押合同不完全具备前款规定内容的，当事人可以补正。

订立抵押合同时需要注意：

（1）抵押人所担保的债权不得超出其抵押物的价值，如果抵押人所担保的债权超出其抵押物价值的，超出的部分不具有优先受偿的效力。对于可以抵押的财产，抵押人可以一并抵押，抵押物超出所担保的债权部分，还可以再次抵押。

（2）《担保法》第37条和《物权法》第184条规定了不得抵押的财产范围，当事人违反法律规定，以禁止设定抵押的财产进行抵押，其抵押合同无效。

（3）订立抵押合同时，抵押权人和抵押人在合同中不得约定在债务履行期届满抵押权人未受清偿时，抵押物的所有权转移为债权人所有。

（4）以建筑物和其他土地附着物、建设用地使用权、以招标、拍卖、公开协商等方式取得的荒地等土地承包经营权、正在建造的建筑物抵押的，根据《物权法》第187条的规定，需要进行抵押登记，当事人只有到规定的部门办理抵押登记抵押才生效，否则，抵押合同不生效。

（5）以生产设备、原材料、半成品、产品和交通运输工具及正在建造的建筑物、船舶、航空器抵押的，抵押权自抵押合同生效时设立；未经登记，不得对抗善意第三人。

（6）以建筑物抵押的，该建筑物占用范围内的建设用地使用权一并抵押。以建设用地使用权抵押的，该土地上的建筑物一并抵押。如果抵押人未依照法律规定一并抵押的，未抵押的财产视为一并抵押。乡镇、村企业的建设用地使用权不得单独抵押。以乡镇、村企业的厂房等建筑物抵押的，其占用范围内的建设用地使用权一并抵押。

5. 对抵押权实现的指导

债务人不履行到期债务或者发生当事人约定的实现抵押权的情形，抵押权人可以与抵押人协议以抵押财产折价或者以拍卖、变卖该抵押财产所得的价款优先受偿。如果抵押人与抵押权人通过协议实现抵押权时损害其他债权人利益的，其他债权人可以在知道或者应当知道撤销事由之日起一年内请求人民法院撤销该协议。

抵押财产折价或者变卖的,应当参照市场价格。抵押权人与抵押人未就抵押权实现方式达成协议的,抵押权人可以请求人民法院拍卖、变卖抵押财产。抵押物折价或者拍卖、变卖该抵押物的价款低于抵押权设定时约定价值的,应当按照抵押物实现的价值进行清偿。抵押物折价或者拍卖、变卖后,其价款超过债权数额的部分归抵押人所有,不足部分由债务人清偿。

债务人不履行到期债务或者发生当事人约定的实现抵押权的情形,致使抵押财产被人民法院依法扣押的,自扣押之日起抵押权人有权收取该抵押财产的天然孳息或者法定孳息,但抵押权人未通知应当清偿法定孳息的义务人的除外。抵押权人收取的由抵押物分离的天然孳息和法定孳息,按照下列顺序清偿:(1)收取孳息的费用;(2)主债权的利息;(3)主债权。

抵押权人实现抵押权时应注意:

(1)同一财产向两个以上债权人抵押的,拍卖、变卖抵押物所得的价款按照以下规定清偿:

①抵押权已登记的,按照登记的先后顺序清偿;顺序相同的,按照债权比例清偿;当事人同一天在不同的法定登记部门办理抵押物登记的,视为顺序相同。

②抵押权已登记的先于未登记的受偿。

③抵押权未登记的,按照债权比例清偿。

(2)抵押物登记记载的内容与抵押合同约定的内容不一致的,以登记记载的内容为准。

(3)建设用地使用权抵押后,该土地上新增的建筑物不属于抵押财产。该建设用地使用权实现抵押权时,应当将该土地上新增的建筑物与建设用地使用权一并处分,但新增建筑物所得的价款,抵押权人无权优先受偿。

(4)依照《担保法》和《物权法》的规定,以土地承包经营权抵押的,或者以乡镇、村企业的厂房等建筑物占用范围内的建设用地使用权一并抵押的,实现抵押权后,未经法定程序,不得改变土地所有权的性质和土地用途。

(5)拍卖划拨的国有土地使用权所得的价款,在依法缴纳相当于应缴纳的土地使用权出让金的款额后,抵押权人有优先受偿权。

(6)主债权未受全部清偿的,抵押权人可以就抵押物的全部行使其抵押权。抵押物依法被继承或者赠与的,抵押权不受影响。

（7）担保期间，担保财产毁损、灭失或者被征收等，担保物权人可以就获得的保险金、赔偿金或者补偿金等优先受偿。被担保债权的履行期未届满的，也可以提存该保险金、赔偿金或者补偿金等。

（8）抵押权人应当在主债权诉讼时效期间行使抵押权。

（9）债权人在实现抵押权时，如同一财产抵押权与留置权并存时，留置权人优先于抵押权人受偿。如同一财产法定登记的抵押权与质权并存时，抵押权人优先于质权人受偿。

（10）被担保的债权既有物的担保又有人的担保的，债务人不履行到期债务或者发生当事人约定的实现担保物权的情形，债权人应当按照约定实现债权；没有约定或者约定不明确，债务人自己提供物的担保的，债权人应当先就该物的担保实现债权；第三人提供物的担保的，债权人可以就物的担保实现债权，也可以要求保证人承担保证责任。提供担保的第三人承担担保责任后，有权向债务人追偿。

6. 对民间借贷动产质押的指导

动产质押是民间借贷常用的担保方式，动产出质人和质权人应当以书面形式订立质押合同。质押合同自质物移交于质权人占有时生效。动产质押合同应当包括以下内容：

（1）被担保的主债权种类、数额；

（2）债务人履行债务的期限；

（3）质物的名称、数量、质量、状况；

（4）质押担保的范围；

（5）质物移交的时间；

（6）当事人认为需要约定的其他事项。

质押合同不完全具备前款规定内容的，可以补正。

当事人以动产质押的方式对民间借贷进行担保时应当注意：

（1）质物须转移于债权人即质权人占有，质权自出质人交付质押财产时设立。如质押合同中对质押的财产约定不明，或者约定的出质财产与实际移交的财产不一致的，则以实际交付占有的财产为准。如质物移交质权人占有后，质权人又将质物返还于出质人的，质权人不得以质权对第三人进行抗辩。

（2）质权人在债务履行期届满前，不得与出质人约定债务人不履行到期债务时质押财产归债权人所有。

（3）出质人应当对出质的财产拥有所有权或处分权，出质人以不具有所有权但合法占有的动产出质的，不知出质人无处分权的质权人行使质权后，因此给动产所有人造成损失的，由出质人承担赔偿责任。

（4）质权人负有妥善保管质押财产的义务。因保管不善致使质押财产灭失或者毁损的，质权人应当承担民事责任。质权人的行为可能使质押财产毁损、灭失的，出质人可以要求质权人将质押财产提存，或者要求提前清偿债务并返还质押财产。

（5）质权人可以放弃质权。债务人以自己的财产出质，质权人放弃该质权的，其他担保人在质权人丧失优先受偿权益的范围内免除担保责任，但其他担保人承诺仍然提供担保的除外。

（6）质权人在质权存续期间，为担保自己的债务，经出质人同意，可以其所占有的质物为第三人设定质权，但质权人以质物出质，应当在原质权所担保的债权范围之内，超过的部分不具有优先受偿的效力。转质权的效力优于原质权。质权人在质权存续期间，未经出质人同意转质，造成质押财产毁损、灭失的，应当向出质人承担赔偿责任。

（7）在质权存续期间，因不能归责于质权人的事由可能使质押财产毁损或者价值明显减少，足以危害质权人权利的，质权人有权要求出质人提供相应的担保；出质人不提供的，质权人可以拍卖、变卖质押财产，并与出质人通过协议将拍卖、变卖所得的价款提前清偿债务或者提存。

（8）债务履行期届满债务人履行债务的，或者出质人提前清偿所担保的债权的，质权人应当返还质物。债务履行期届满质权人未受清偿的，可以与出质人协议以质物折价，也可以依法拍卖、变卖质物。质物折价或者拍卖、变卖后，其价款超过债权数额的部分归出质人所有，不足部分由债务人清偿。

7. 对民间借贷权利质押的指导

在民间借贷中，以权利进行质押借款的并不是很多，权利质押根据出质权利的不同，有的要签订合同并作出质登记，有的交付就可以，但需背书"质押"等。

以权利对民间借贷进行质押时要注意：

（1）以汇票、支票、本票、债券、存款单、仓单、提单出质的，当事人应当订立书面合同。质权自权利凭证交付质权人时设立；没有权利凭证的，质权自有关部门办理出质登记时设立。

（2）以汇票、支票、本票出质的，应当按《票据法》的规定和要求进行背书"质押"，否则，质权人不能对抗善意第三人。

（3）以存款单出质的，签发银行核押后又受理挂失并造成存款流失的，应当承担民事责任。

（4）以票据、债券、存款单、仓单、提单出质的，质权人再转让或者质押的无效。

（5）以基金份额、股权出质的，当事人应当订立书面合同。以基金份额、证券登记结算机构登记的股权出质的，质权自证券登记结算机构办理出质登记时设立；以其他股权出质的，质权自工商行政管理部门办理出质登记时设立。

（6）以注册商标专用权、专利权、著作权等知识产权中的财产权出质的，当事人应当订立书面合同。质权自有关主管部门办理出质登记时设立。知识产权中的财产权出质后，出质人不得转让或者许可他人使用，但经出质人与质权人协商同意的除外。出质人转让或者许可他人使用出质的知识产权中的财产权所得的价款，应当向质权人提前清偿债务或者提存。

（7）以应收账款出质的，当事人应当订立书面合同。质权自信贷征信机构办理出质登记时设立。应收账款出质后，不得转让，但经出质人与质权人协商同意的除外。出质人转让应收账款所得的价款，应当向质权人提前清偿债务或者提存。

（8）债务履行期届满债务人履行债务的，或者出质人提前清偿所担保的债权的，质权人应当返还质物。债务履行期届满质权人未受清偿的，可以与出质人协议以质物折价，也可以依法拍卖、变卖质物。质物折价或者拍卖、变卖后，其价款超过债权数额的部分归出质人所有，不足部分由债务人清偿。

（9）以载明兑现或者提货日期的汇票、支票、本票、债券、存款单、仓单、提单出质的，汇票、支票、本票、债券、存款单、仓单、提单兑现或者提货日期先于债务履行期的，质权人可以在债务履行期届满前兑现或者提货，并与出质人协议将兑现的价款或者提取的货物用于提前清偿所担保的债权或者向与出质人约定的第三人提存。以载明兑现或者提货日期的汇票、支票、本票、债券、存款单、仓单、提单出质的,其兑现或者提货日期后于债务履行期的,质权人只能在兑现或者提货日期届满时兑现款项或者提取货物。

(10) 质权人向出质人、出质债权的债务人行使质权时,出质人、出质债权的债务人拒绝的,质权人可以起诉出质人和出质债权的债务人,也可以单独起诉出质债权的债务人。

8. 对婚姻存续期间一方经手产生的民间借贷责任承担的指导

在婚姻存续期间,夫妻一方向他人举债,在诉讼或离婚时,另一方对该债务表示不知情或不予认可的情况非常普遍,这也是人民法院近年来处理离婚案件涉及对外债务时经常遇到和涉及的问题。正确处理夫妻债务,事关夫妻双方和债权人合法权益的保护,事关婚姻家庭稳定和市场交易安全的维护,事关和谐健康诚信经济社会建设的推进。对此,在司法实践中,各地法院的认识和判决并不一致,故对此问题予以说明。

在实际社会生活中,一方举债的情形非常复杂,不仅存在夫妻一方以个人名义在婚姻关系存续期间举债给其配偶造成损害的情况;也存在夫妻合谋以离婚为手段,将共同财产分配给一方,而将债务分配给另一方,借以达到逃避债务、损害债权人利益目的的情形。

从理论上来说,夫妻共同债务构成的依据主要有"用途论"和"时间论"两种学说理论。"用途论"主要以《婚姻法》第41条为司法依据,即:"离婚时,原为夫妻共同生活所负的债务,应当共同偿还。共同财产不足清偿的,或财产归各自所有的,由双方协议清偿;协议不成时,由人民法院判决。""用途论"是指用于夫妻共同生活的债务构成夫妻共同债务,是我国离婚债务清偿制度的核心与内涵;"时间论"指在婚姻关系存续期间形成的债务推定构成夫妻共同债务,是原《最高人民法院关于适用〈中华人民共和国婚姻法〉若干问题的解释(二)》(以下简称《婚姻法解释(二)》)第24条的规定,其但书部分明确规定了除外情形。即:"债权人就婚姻关系存续期间夫妻一方以个人名义所负债务主张权利的,应当按夫妻共同债务处理。但夫妻一方能够证明债权人与债务人明确约定为个人债务,或者能够证明属于婚姻法第十九条第三款规定情形的除外。""时间论"对债权人的保护建立在可能侵害举债人配偶权利的基础上,从而可能会使婚姻诚信受到威胁,使人们对婚姻产生恐惧,不利于婚姻家庭作为社会细胞的健康稳定;"用途论"的目的在于维护婚姻共同生活关系,《婚姻法解释(二)》第24

条普遍存在采取身份推定标准的形式主义理解，即只要发生在夫妻婚姻关系存续期间的债务就推定为夫妻共同债务，这导致当事人之间利益衡量显失公平。

从制定《婚姻法解释（二）》的背景情况看，2003年在制定《婚姻法解释（二）》时，当时出现一个情况，就是夫妻双方联合对付债权人，以作假的方式通过离婚将财产转移到一方，借以逃避债务。这种现象在沿海经济发达地区比较突出，欠发达地区也有所反映。根据这个情况当时最高法反复讨论，《婚姻法解释（二）》第24条在把握的程度上争论了很长时间。确定第24条的表述之后，夫妻双方恶意对付债权人的现象得到遏制。但是近几年来，夫妻一方与案外人恶意串通伪造债务损害另一方合法权益的情况开始增多。有人为此对《婚姻法解释（二）》第24条提出异议。最高人民法院责成专门人员进行研究后认为，从现有的婚姻法规定来看，《婚姻法解释（二）》第24条是符合婚姻法立法精神的。《婚姻法解释（二）》第24条与《婚姻法》第41条的规定并不矛盾。《婚姻法》第41条是离婚时夫妻债务的判断标准，解决的是夫妻内部法律关系，而《婚姻法解释（二）》第24条是针对夫妻债务的外部法律关系所作的规定，符合现代民法保护交易安全的理念。

对于夫妻共同债务的认定问题，2015年《全国民事审判工作会议纪要》明确规定：在不涉及他人的离婚案件中，由以个人名义举债的配偶一方负责举证证明所借债务用于夫妻共同生活，如证据不足，则其配偶一方不承担偿还责任。在债权人以夫妻一方为被告起诉的债务纠纷案件中，对于案涉债务是否属于夫妻共同债务，应当按照《最高人民法院关于适用〈中华人民共和国婚姻法〉若干问题的解释（二）》第24条规定认定。如果举债人的配偶举证证明所借债务并非用于夫妻共同生活，则其不承担偿还责任。

对夫妻关系存续期间的债务处理，强调要区分不同的法律关系，分别适用《婚姻法》第41条和《婚姻法解释（二）》第24条予以解决。在涉及夫妻债务的内部法律关系时，按照《婚姻法》第41条的规定进行认定，即在夫妻离婚时，由作为配偶一方的债务人举证证明，其所借债务是否基于夫妻双方合意或者是否用于夫妻共同生活；如举证证明不能，配偶另一方不承担债务偿还份额。在涉及夫妻债务的外部法律关系时，按照《婚姻法解释（二）》第24条的规定进行认定，同时明确，在该条但书规定的两种情形外，如果配偶一方举证证明所借债务没有用于夫妻共同生活的，配偶一方不承担偿还责任。

2017年2月28日，最高人民法院公布了修正的《最高人民法院关于适用〈中华人民共和国婚姻法〉若干问题的解释（二）》。最高人民法院审判委员会第1710次会议讨论通过《最高人民法院关于适用〈中华人民共和国婚姻法〉若干问题的解释（二）的补充规定》，对该司法解释第24条增加规定了第2款和第3款。其内容为："夫妻一方与第三人串通，虚构债务，第三人主张权利的，人民法院不予支持。""夫妻一方在从事赌博、吸毒等违法犯罪活动中所负债务，第三人主张权利的，人民法院不予支持。"其实就是在坚持原《婚姻法解释（二）》第24条基础上，明确了夫妻一方与第三人串通，虚构债务，夫妻一方在从事赌博、吸毒等违法犯罪活动中所负债务不予保护。

2018年1月8日，最高人民法院审判委员会第1731次会议通过了《最高人民法院关于审理涉及夫妻债务纠纷案件适用法律有关问题的解释》，该解释自2018年1月18日起施行。关于夫妻共同债务规定：

（1）夫妻双方共同签字或者夫妻一方事后追认等共同意思表示所负的债务，应当认定为夫妻共同债务。

（2）夫妻一方在婚姻关系存续期间以个人名义为家庭日常生活需要所负的债务，债权人以属于夫妻共同债务为由主张权利的，人民法院应予支持。

（3）夫妻一方在婚姻关系存续期间以个人名义超出家庭日常生活需要所负的债务，债权人以属于夫妻共同债务为由主张权利的，人民法院不予支持，但债权人能够证明该债务用于夫妻共同生活、共同生产经营或者基于夫妻双方共同意思表示的除外。

第六节　案例裁判与评析

1. 债权人未在担保期限内主张权利，担保人应免责

【案情】

某年5月8日，山东省日照市东港区农村信用合作联社与张某、郭某签

订借款合同及担保合同各一份，约定该信用社为贷款人，张某为借款人，郭某为保证人，借款金额为 5 万元，期限为 6 个月，自 5 月 8 日起至 11 月 8 日，月利率为 9.6‰，如逾期不付，按日万分之四计付，保证方式为连带责任保证，保证期间自借款之日起至借款到期后二年。张某、郭某分别在借款合同及保证合同上签字捺印。当日，该信用社将 5 万元借款借给张某。借款到期后，张某未能偿付贷款，郭某亦未履行保证义务。该信用社于两年后的 11 月 20 日向法院起诉，要求判决张某偿付借款本金 5 万元及相应利息，郭某负连带清偿责任。

【审理】

法院经审理认为：根据信用社的起诉及借款人张某的答辩，本案借款合同已实际履行，签约三方主体适格，意思表示真实。合同效力应予确认，由此形成的借贷法律关系应予保护。张某、郭某未按合同约定履行，均已构成违约。在本案审理中，张某未提出时效抗辩，应视为放弃了时效利益，故信用社要求张某偿付借款本金 50000 元及利息的诉讼请求应予支持。在借款合同约定的保证期间内，信用社未提供向保证人郭某主张过权利的证据，根据《担保法》第 26 条第 2 款规定，在合同约定的保证期间和前款规定的保证期间，债权人未要求保证人承担保证责任的，保证人免除保证责任。故本案保证人应予免责。法院遂作出判令张某七日内付清欠原告信用社借款本金 50000 元及利息，驳回原告要求被告郭某承担连带责任的诉讼请求的判决。

【评析】①

本案中，人民法院对诉讼时效是否已过未主动审查，而对保证期间是否届满主动进行了审查，这也正是处理本案时的分歧之所在。笔者认为：

1. 根据《民法通则》的规定，时效制度属于强制性规定，体现的是国家基于公共利益和社会秩序的要求对于私领域的强制性干预。诉讼时效制度对于债务人来说，隐含着一种时效利益。在诉讼中，债务人对已超过诉讼时效的债务，未提出时效抗辩的，应视为债务人放弃该时效利益，法院不应主动审查诉讼时效是否已过，否则，即违反了私法自治原则，有干预债务人行使处分权之嫌。本案中，借款合同约定的借款到期日为 11 月 8 日，故应从次日起即 11 月 9 日起开始计算二年的诉讼时效，诉讼时效届满之日应为两

---

① 本案例裁判时，《中华人民共和国民法总则》还没有公布和施行，《中华人民共和国民法总则》自 2017 年 10 月 1 日起施行，其中诉讼时效改为 3 年。

年后的 11 月 8 日，至信用社起诉之日，本案已超诉讼时效，但在债务人张某放弃对诉讼时效抗辩权的情况下，其对债权人的债权应负有履行义务。

2. 债权人未在保证期间内要求保证人承担保证责任，保证人的保证责任应予免除。本案在合议时曾有观点认为保证人郭某既未到庭参加诉讼，又未提出答辩，是对诉讼抗辩权的放弃，由此引起的不利后果应由其自负，因此保证人仍应负连带责任。但笔者认为，《最高人民法院关于适用〈中华人民共和国担保法〉若干问题的解释》第 31 条规定：保证期间不因任何事由而发生中断、中止、延长的法律后果。第 34 条第 2 款规定：连带责任保证的债权人在保证期间届满前要求保证人承担保证责任的，从债权人要求保证人承担保证责任之日起开始计算保证合同的诉讼时效。结合《担保法》第 26 条第 2 款的规定，应认为保证期间是保证人对已确定的主债务承担保证责任的期间，属于除斥期间。债权人只能在此期间内向保证人行使请求权，保证人也只在此期间内承担保证责任。如果在保证期间内，债权人依法向连带责任保证人请求承担保证责任，保证人不得无故拒绝，此为保证期间效力的积极方面。如果债权人的请求是在此期间外，则保证人不再承担保证责任，这是保证期间的消极效力。本案中，尽管被告郭某未提出保证期间已届满的抗辩，但本案原告未在合同约定的保证期间内向保证人主张过权利，故根据《担保法》的上述规定，应当判决保证人免责。

2. 民间借贷纠纷中担保责任的认定

【案情】

2009 年 12 月 14 日，被告孙某向原告王某借款 3 万元，承诺借期 30 天，并出具借条一份。借条载明逾期还款条款：如有逾期或未能一次性归还全部借款，逾期部分借款人自借款期之日起自愿另行按每日千分之三支付逾期滞纳金，直至还清全部借款，且承担与此相关所发生的一切费用（诉讼、保全、执行及律师费等）。借条还明确担保人负有不可撤销的无限连带责任，担保期限直至借款人还清借款本息、滞纳金及相关费用。被告陈某在借条上担保人栏处签名捺印。两被告还在其居民身份证复印件上签注"以上确认"并签名捺印后交原告收执。原告为本案诉讼支出律师代理费 2000 元。

在审理中，原告王某根据上述案情请求判令两被告立即归还原告借款 3 万元、支付借款利息 2522.25 元、承担律师费 2000 元，诉讼费由两被告承担。审理中原告明确利息计算方式为：借期内利息按银行贷款利率的四倍计算一个月为531元，逾期利息按照银行同期贷款利率计算十五个月为1991.25元。

被告孙某辩称，其与原告之间有借款事实，原告实际给了24000元，预先扣除了一个月利息6000元，故不同意归还原告3万元。被告孙某对其抗辩主张未提交证据。

被告陈某辩称：一、他在签保证借款字据时年龄只有17周岁，没有参加任何工作，是不具备完全民事行为能力的人，也没有担保的偿付能力，所以担保无法律效力；二、借款协议是格式协议，他不清楚担保具体内容，请求免除保证责任；三、借款时原告实际交付被告孙某的是24000元，已经预先扣除了6000元利息，要求按照实际交付的货币金额来确定借款的本金金额。被告陈某未提出证据证明预先扣息的事实。

【审理】

本案争议焦点是：被告陈某是否应负担担保责任？

首先，陈某应负担担保责任。根据当事人的自认，可以认定陈某提供担保时年满十六周岁，并以自己的劳动取得收入，保证条款具有法律效力。

诉讼中，被告陈某先行向法庭明确承认其自2008年下半年开始工作并有收入。但庭审中，被告陈某又作了相反的事实主张，提出签保证借款字据时其不具备完全民事行为能力，担保无法律效力。为此被告陈某提交了其所在的社区居民委员会证明和某公司证明，反映其自2008年4月从学校退学后没有经济来源，2010年3月至6月在某公司工作。

法院认为：诉讼过程中被告陈某陈述自2008年下半年开始工作并有收入，构成自认，依诚实信用原则该项自认具有拘束力。庭审中被告陈某反悔并提出了相反证据证明两份。但该两项证明对于本案争议的要证事实即2009年12月借款时被告陈某是否具有劳动收入并不具有证明性，尚不足以推翻自认，不予采信。因此保证条款具有法律效力。

其次，本案中约定"担保期限直至借款人还清借款本息、滞纳金及相关费用"，视为约定不明，保证期间为主债务履行期届满之日起二年，被告陈某仍应承担连带清偿责任。

综合本案案情，被告孙某向原告借款3万元，有原告举证的借据为凭，应予以认定。被告孙某作为借款人应按约定归还借款，其未履行还款义务，构成违约，应偿还借款并支付利息；原告主张利息2522.25元，符合法律规定，应予准许。原告主张律师费，于法无据，不予支持。被告陈某提供担保时年满十六周岁，并以自己的劳动取得收入，保证条款具有法律效力。被告关于预先扣息的抗辩意见，未有证据证明，不予支持。

法院据此判决被告孙某归还原告王某借款人民币3万元、支付利息2522.25元，被告陈某对上述债务承担连带清偿责任。当事人在收到判决书后在法定期间内均未上诉，目前该判决已生效。

【评析】

《担保法》第7条规定：具有代为清偿能力的法人、其他组织或者公民，可以作保证人。因此，保证人作为保证合同的一方当事人，首先必须具备相应的民事行为能力。这是保证合同有效成立的必要条件。就自然人而言，只有具有完全民事行为能力者才可担任保证人。因为保证合同是单务合同，保证人是仅负担保义务而不享有权利。因而无民事行为能力和限制行为能力的人不享有订立保证合同的资格。

但是《民法通则》第11条第2款又规定："十六周岁以上不满十八周岁的公民，以自己的劳动收入为主要生活来源的，视为完全民事行为能力人。"

在本案中，陈某提供担保时年满十六周岁，并以自己的劳动取得收入，因此保证条款具有法律效力。

《担保法司法解释》第32条："保证合同约定的保证期间早于或者等于主债务履行期限的，视为没有约定，保证期间为主债务履行期届满之日起六个月。保证合同约定保证人承担保证责任直至主债务本息还清时为止等类似内容的，视为约定不明，保证期间为主债务履行期届满之日起二年。"

在本案中，约定"担保期限直至借款人还清借款本息、滞纳金及相关费用"，视为约定不明，保证期间为主债务履行期届满之日起二年，因此被告陈某仍应承担连带清偿责任。

《担保法》第18条："当事人在保证合同中约定保证人与债务人对债务承担连带责任的，为连带责任保证。连带责任保证的债务人在主合同规定的债务履行期届满没有履行债务的，债权人可以要求债务人履行债务，也可以要求保证人在其保证范围内承担保证责任。"

因此在本案中，被告孙某应归还原告王某借款，同时被告陈某对上述债务承担连带清偿责任。

3. 张桌玮诉怡豪公司商品房销售合同纠纷案——名为房屋买卖实为借款担保的认定

【裁判要旨】

名为房屋买卖实为借款担保的认定，应根据房屋买卖合同约定的标的物特征、权利义务是否对等、履行方式是否有违常理等多方面综合考虑。如果实为借款担保，应认定房屋买卖合同无效，并驳回出借人要求履行房屋买卖合同的诉讼请求。

【案情】

2010年11月11日，原告张桌玮与被告重庆怡豪房地产开发有限公司（以下简称怡豪公司）签订《商品房买卖合同》及《补充协议》，约定张桌玮以3000万元购买怡豪公司所有的怡豪国际大酒店1、2、3层房屋，2010年11月12日交房。超过6个月未交付房屋的，上述合同自动解除，出卖人每月向购房人支付违约金114万元，直至退还全部房款为止。后张桌玮按约支付3000万元，怡豪公司未交房，每月支付违约金。

2011年8月16日，双方再次签订协议约定：若2011年9月11日出卖人仍未交房或者退还全部购房款的，除支付违约金外，出卖人应于2011年9月12日前交付房屋并办理房产证。怡豪公司未按约履行义务。

2011年12月，张桌玮诉至法院，要求怡豪公司交付房屋并办理房产证等。怡豪公司答辩称：双方签订的房屋买卖合同真实意思不是买房，实质是为借款担保，请求驳回原告的诉讼请求。张桌玮自认从2010年11月至2011年10月怡豪公司先后共计支付违约金1248万元。怡豪公司于2012年9月、10月通过银行转账3500万元给张桌玮。

【裁判要旨】

重庆市第五中级人民法院经审理认为：本案双方形式上虽签订了商品房买卖合同，但房屋已在双方签约前于2010年10月29日作为酒店正式开业经营。张桌玮购买的房屋第1层为临街独立门面、酒店大厅、精品店及大堂吧，第2层为酒店中餐厅和西餐厅，第3层为酒店宴会厅、会议室，怡豪公司将用于酒店经营所必需的重要功能区域房屋单独分解出售，有违常理。此外，房屋为现房，卖方已具备交付条件，但双方在合同约定的交房期限到期后，并未有交接房屋的意思表示，卖方反而从合同签订的当月开始向买方支付逾期交房违约金，还约定由卖方负责人及关联公司对合同履行提供担保，此系列行为明显不符合房屋买卖的一般交易习惯，故认定双方合同名为房屋买卖实为借款担保，判决驳回张桌玮的诉讼请求。

2013年12月20日法院作出一审判决后，原、被告双方均未上诉。

【评析】

1. 名为房屋买卖合同实为借款担保合同的判断标准。

目前，在民间借贷纠纷中，以房屋买卖合同担保借款的情形越来越普遍。此类法律关系中，实际上的出借人为保证债权的实现，利用借款人急需用款的心理，与借款人签订房屋买卖合同，当借款人未能按期偿还借款本息时，出借人则会在多次催收无果的情况下，要求判令"卖房人"履行交付房屋义务，并协助办理产权过户手续。要辨析是房屋买卖还是借款担保，需从房屋买卖合同的特征判断。

（1）合同标的物是否有违常理。案涉房屋已被作为酒店营业使用，却单独将第1层的酒店大厅、大堂，第2层的中餐厅、西餐厅，第3层的宴会厅、会议室等单独出售，有违常理。

（2）合同权利义务是否对等。案涉房屋建筑面积为8151.78平方米，总金额为3000万元，单价仅3680元/平方米，明显低于市场价；双方还约定房屋买卖的所有税费均由出卖方承担，并由卖方负责人及其关联公司提供担保，该约定亦与交易习惯不符；此外，合同约定买方逾期付款违约金每月9000元，而卖方逾期交房违约金为每月114万元，明显不对等。

（3）从履行方式上看，房屋买卖合同约定的房屋为现房，卖方已具备交付条件，但双方在合同签订后长达两年的时间内，均未要求交付房屋，反而是卖方从签订合同之月起就按月固定支付大额违约金给买方，此亦违背房屋买卖的正常交易习惯。

因此，法院根据上述特征认定双方并非真实的房屋买卖关系，而是借款担保关系。

2. 两种观点两种态度。

对名义上为房屋买卖合同实为借款担保合同的性质认定，理论界和实务界有两种立场：一种观点认为，应在房屋买卖合同的外观下找寻合同双方真实的意思表示，并以真实的意思来进行认定。如果实质是借款担保合同，因此约定属于出借人与借款人在债务履行期届满前，变相约定将担保财产归出借人所有，符合流质契约的要件，应认定为无效合同，不应支持出借人要求履行房屋买卖合同并过户等诉求。另一种观点认为以房屋买卖作为借款合同的担保，是一种正在形成的习惯法担保物权，应当被命名为后让与担保，并得到承认。它与让与担保的区别在于，让与担保是指债务人或者第三人为担保债务人的债务，将担保标的物的所有权等权利转移于担保权人，而担保权人于债务清偿后，担保标的物应返还于债务人或者第三人，债务不履行时，担保权人得就该标的物优先受偿的非典型担保物权；而后让与担保是债务人为担保债权人的债权实现，用房屋买卖合同的方式，约定若债务人不履行合同时，将房屋买卖合同约定的房产转让给债权人，担保权人得就该买卖标的物优先受清偿，实现自己的债权。二者均系担保物权，只是一个是先转移所有权，一个是后转移所有权，其余基本相同，故均应得到认可并规范。

笔者认为，后一种观点突破了物权法定原则，且以房担保本来就有抵押权可以实现此种权能，却另外创设一种担保物权，既破坏了法律体系的完整性，亦因此种担保没有公示制度，易侵害案外真实买房人的权利，故不宜支持此种担保形式。

4. 借贷关系中签订房屋买卖合同并备案登记属于非典型担保

【裁判要旨】在当事人一方主张系房屋买卖关系、另一方主张系借贷关系，且双方证据均有缺陷的情况下，应结合双方当事人提交的证据，探究合同签订时双方当事人的真实意思，判断法律关系的性质。在借贷关系成立的前提下，签订商品房买卖合同并办理备案登记的行为，足以构成一种非典型担保。

【案情】

2007年6月27日，杨伟鹏与嘉美公司签订商品房买卖合同，约定杨伟鹏向嘉美公司购买商铺53间，价款340万元。买受人应于当日交纳全部房款，出卖人应于2007年8月30日前将商铺验收合格交付使用，并在交付使用后360日内，将办理权属登记需由出卖人提供的资料报产权登记机关备案。买受人不得擅自改变商铺的建筑主体结构、承重结构和用途。签订合同当日，杨伟鹏向嘉美公司支付了340万元，嘉美公司向杨伟鹏开具了销售不动产统一发票，但发票原件由嘉美公司持有。签订合同第二日，双方对案涉商铺进行了备案登记，并由房产管理局出具了商品房备案证明。

2010年4月9日，杨伟鹏以嘉美公司为被告向广西壮族自治区来宾市中级人民法院提起诉讼，请求判令：1. 确认商品房买卖合同有效；2. 嘉美公司交付涉案商铺，并支付违约金 37.23 万元（计算到 2009 年 9 月 1 日）；
3. 嘉美公司承担本案诉讼费用。

二审法院另查明：杨伟鹏支付的 340 万元，系依嘉美公司指示汇入严欣等 5 名嘉美公司债权人的账户。2007 年 6 月 28 日至 12 月 28 日，嘉美公司分 9 次向杨伟鹏汇款总计 61.1 万元。

最高人民法院再审查明：2007 年 2 月至 5 月，嘉美公司分别与严欣等 5 人签订三份借款合同，借款金额共计 340 万元，利率 2.3%，并就案涉商铺以销售方式办理了备案登记。嘉美公司与杨伟鹏签订合同当日将严欣等 5 人的备案登记撤销，并于次日将杨伟鹏作为购房者登记备案。嘉美公司已于 2008 年 1 月 8 日将销售不动产统一发票原件在税务机关缴销。

【审判】

广西壮族自治区来宾市中级人民法院经审理认为，商品房买卖合同、销售不动产统一发票以及商品房备案证明均系直接证据，足以证明双方之间系商品房买卖关系。嘉美公司虽辩称系借贷关系，商品房买卖合同系对借贷的担保，但未能提供借款合同这一直接证据，商品房买卖合同的内容及办理商品房备案登记手续，亦不具有担保的意思，故此辩称欠缺事实和法律依据。鉴于双方之间系商品房买卖关系，商品房买卖合同合法有效，杨伟鹏要求嘉美公司依约交付涉案 53 间商铺的诉讼请求，应予支持。因杨伟鹏未提供证据证明曾向嘉美公司主张过权利，且其地址不明致嘉美公司无法送达交房通知书，故对其要求嘉美公司给付违约金的诉讼请求，不予支持。

广西壮族自治区来宾市中级人民法院经审判委员会讨论决定，作出（2010）来民一初字第 6 号民事判决书：一、杨伟鹏与嘉美公司签订的商品房买卖合同有效；二、嘉美公司应于本判决生效之日起 10 日内，将案涉 53 间商铺交付给杨伟鹏；三、驳回杨伟鹏的其他诉讼请求。

嘉美公司不服一审判决，向广西壮族自治区高级人民法院提起上诉。

广西壮族自治区高级人民法院经审理认为，商品房买卖合同合法有效，该合同与商品房备案证明、杨伟鹏支付约定价款以及嘉美公司开具的发票等证据形成了完整证据链，证明双方之间存在房产交易行为，并已完成约定对价的给付，故对杨伟鹏要求嘉美公司交付商铺的诉讼请求，予以支持。嘉美公司虽抗辩称双方的真实意思是借贷，杨伟鹏已收取相应利息，并提供作废销售不动产统一发票、嘉美公司向杨伟鹏账户汇入 60 多万元的凭证等予以证明，但缺失借款合同这一直接证据。在杨伟鹏不予认可的情况下，对借款数额、期限、利率等借贷关系的基础事实无从查实。嘉美公司九笔汇款性质亦不明，无法确认系借款利息，故对嘉美公司主张的借款事实无法认定。

广西壮族自治区高级人民法院经审判委员会讨论决定，作出（2011）桂民一终字第18号民事判决书：驳回上诉，维持原判。

嘉美公司不服二审判决，依据《民事诉讼法》第200条第（2）项、第（5）项、第（6）项的规定向最高人民法院申请再审。

最高人民法院再审审理认为，嘉美公司与严欣等5人的在先交易表明，嘉美公司正是因不愿以340万元出售涉案商铺，才向杨伟鹏借款，采取借新债还旧债的方式达到保住商铺所有权的目的，故可认定嘉美公司的真实意思是向杨伟鹏借款而非出售商铺。杨伟鹏将340万元直接打给严欣等5人，且以该5人出具的《关于申请撤销商品房备案登记的报告》作为办理备案登记手续的必备文件等事实可推知，其应知晓嘉美公司的真实意思。且其提交的仅是发票复印件，尚不能认定商品房买卖关系。其亦始终未说明收取嘉美公司61.1万元的原因和性质，考虑到民间借贷支付利息的一般做法，综合全案事实，在其未能证明双方存在其他经济往来的情况下，认定该61.1万元系借款利息更具可信度。综上，双方之间成立借贷关系，签订商品房买卖合同并办理商品房备案登记的行为，则系一种非典型担保。杨伟鹏作为债权人，请求直接取得商铺所有权的主张，违反了禁止流质原则，不予支持。

最高人民法院作出（2013）民提字第135号民事判决书：

一、撤销一审和二审判决；

二、驳回杨伟鹏的诉讼请求。

5. 按揭房买卖不以抵押权人同意为生效要件

【裁判要旨】

我国物权法对按揭制度没有明确规定，按揭房屋买卖在我国不是一种典型的法律关系。按揭房买卖只要是双方当事人的真实意思表示，符合《合同法》第52条的规定就是合法有效的，无须经过抵押权人的同意。

【案情】

2003年7月19日，赵某某购买房屋一套，房款合计145305元，首付31295元，赵某某以该房屋提供抵押担保向乌鲁木齐市住房公积金中心贷款116000元，贷款期限30年。2003年12月1日，赵某某与王某某签订合同，约定赵将该房屋以原价款转让给被告，被告向原告支付已付款38900元，并承担公积金贷款的还款义务。2006年，因王某某多次逾期还款，致赵某某在住房公积金管理中心存在不良信用记录，影响了其所在单位其他职工的公积金贷款事项。赵某某后来经了解认为，按照《担保法》的相关规定，该转让行为无效。便诉至乌鲁木齐市新市区人民法院，请求法院判令其与被告王某某签订的房屋买卖合同无效，由被告返还房屋。

新市区人民法院经审理查明，原、被告双方签订转让按揭房的合同约定，原告有义务在被告支付完总房款的情况下，无偿为被告办理过户手续。如被告不能支付按揭房款达4个月后，原告有权终止合同。在合同履行中，被告王某某每月交款均是足额交纳的，但根据中国建设银行住房公积金贷款对账单显示，2006年存在未足额划款的情况。

【裁判要旨】

新市区人民法院经审理认为，当事人之间订立有关设立、变更、转让、消灭不动产物权的合同，除法律另有规定或合同另有约定外，自合同成立时生效；未办理物权登记的，不影响合同效力。本案原、被告签订的房屋买卖合同是对以按揭形式购买的商品房的转让，该转让合同是双方真实意思表示，合法有效。双方约定被告王某某以赵某某的名义交纳按揭款，在交清按揭款后原告赵某某为王某某办理过户手续。故双方的合同并未涉及该按揭房抵押权人银行的利益，合同未违反相关法律规定，系合法有效合同。法院依照《中华人民共和国合同法》第52条、《中华人民共和国物权法》第15条之规定，判决如下：驳回原告赵某某对被告王某某的诉讼请求。

赵某某上诉称，根据物权法的相关规定，抵押期间，抵押人未经抵押权人同意，不得转让抵押财产，但受让人代为清偿债务，消灭抵押权的除外。本案上诉人与被上诉人签订的合同未征得住房公积金管理中心的同意，该合同应属无效。另，房地产物权的变动以登记为成立要件，而双方并未办理过户登记。本案转让的房屋是上诉人使用住房公积金贷款购买的，根据《住房公积金管理条例》，住房公积金属于个人所有，公积金贷款买房只能为职工个人买房，不能用于投资、增值或其他商业目的的住房支出。而本案被告王某某以原告赵某某的名义还款，且不按期还款，严重损害了上诉人的信用记录及上诉人单位其他职工的住房贷款事项。故，赵某某要求推翻原判。

乌鲁木齐市中级人民法院经审理认为：当事人行使权利、履行义务应当遵循诚实信用原则。上诉人与被上诉人签订的合同已实际履行了5年，合同系双方真实意思表示，内容并不违反相关法律规定，当事人应当按照合同约定的权利和义务全面履行。本案被上诉人正是按照双方的协议约定而占有、使用、受益该房屋，且被上诉人按照上诉人的名义交纳房屋按揭款，并没有损害特定抵押权人的利益。故上诉人认为合同无效，无法律依据。至于上诉人认为其利用公积金贷款购买房屋，又将房屋转让与被上诉人的行为违反了国家关于住房公积金管理制度的规定，不属于确认合同无效的禁止性法律规定。故原审判决认定事实清楚，适用法律正确，应予以维持。

2008年12月10日，乌鲁木齐市中级人民法院依据《中华人民共和国民事诉讼法》第153条第1款第1项之规定，判决如下：驳回上诉，维持原判。

【评析】

本案争议的问题主要是房屋按揭的性质及买卖按揭房屋是否需经抵押权人银行或公积金管理中心的同意。

1. 对房屋按揭的性质在实践中有两种认识，一种观点认为房屋按揭属于不动产抵押，另一种观点认为商品房按揭是一种让与担保。从实践中看，按揭必须以转让房地产的权益给按揭人即银行或公积金管理中心为必要条件，在按揭合同中，按揭人必须将《房产买卖合同》和房地产证的正本交付银行或公积金管理中心执管，故按揭房的性质不完全符合不动产抵押的特征，有让与担保的法律特征。

2. 对买卖按揭房屋是否必须经银行或公积金管理中心的同意。原告认为买卖按揭房屋必须经银行同意，否则合同无效。其法律依据是我国《担保法》第49条关于抵押物转让中未通知抵押权人或者未告知受让人的转让行为无效的规定，及《物权法》第191条抵押期间抵押人未经抵押权人同意不得转让抵押财产的规定。但是，因为对法律的理解应从总体上把握，法律适用的结果应符合法律的基本原则和立法目的。

第一，从合同法角度讲，只要双方的买卖合同符合合同法的生效要件，合同即为有效。

第二，从《担保法》的角度讲，《最高人民法院关于〈中华人民共和国担保法〉若干问题的解释》第67条规定，担保法的目的在于保证抵押物的流转，同时为能更好地保护各方利益，赋予抵押权以追及效力及受让人以涤除权。所以《担保法》第49条抵押物转让中未通知抵押权人则转让行为无效的意思，应为受让第三人不能应价款的支付而使抵押物免责，抵押权人得追及抵押物行使抵押权，即转让行为只是对抵押权人不生效，而在抵押人和受让人之间仍然是有效的。故本案原告与被告签订的按揭房买卖在抵押人之间是有效的，对抵押权人不发生效力。

第三，从物权法的角度讲，当事人之间订立有关设立、变更、转让、消灭不动产物权的合同，除法律另有规定或合同另有约定外，自合同成立时生效；未办理物权登记的，不影响合同效力。这是债权与物权相区分原则。故原、被告双方的按揭房转让合同是有效的，至于物权是否变动根据实际情况予以确定。

第四，如果认定合同无效，无视买受人的合法利益，使出卖人通过不合理的反悔得到利益，违反了诚实信用原则。

第五，本案认定合同有效对公积金管理中心抵押权的实现并无影响，因为被告按合同约定一直替原告履行还款义务，对公积金管理中心的利益并无实质性的影响。在合同有效的情况下，银行或公积金管理中心可通过下列三种方式实现抵押权：受让人行使涤除权，代为清偿债务，消灭抵押权；出卖人将转让房屋所得的价款向公积金管理中心提前清偿债务或提存；公积金管理中心通过行使抵押权实现其利益。

综上，商品房按揭制度不是完全意义上的不动产抵押，在适用法律上不能完全适用不动产抵押制度。按揭商品房的买卖只要符合《合同法》第52条的生效条件，合同就是有效的，不需要以抵押权人的同意为生效必要条件。

第三章

民间借贷的起诉与答辩

第一节 起 诉

1. 通常情况下,民间借贷案件应当向哪个法院起诉?

【律师解答】根据《民事诉讼法》的规定,对公民提起的诉讼,应由被告住所地人民法院管辖,对法人或者其他组织提起的诉讼,由被告住所地人民法院管辖。即按着原告就被告的原则,原告起诉应当向被告住所地或被告经常居住地人民法院起诉。这是《民事诉讼法》规定的民事诉讼起诉的一般管辖原则。民间借贷案件也适用这一原则,原告起诉应向被告住所地或经常居住地法院提起诉讼。

【特别提醒】如果民间借贷诉讼有几个被告,且这几个被告的住所地、经常居住地在两个以上人民法院辖区的,各该人民法院都有管辖权。此时可由原告选择向其中一个有管辖权的人民法院起诉。

【法条链接】

《中华人民共和国民事诉讼法》

第二十一条 对公民提起的民事诉讼,由被告住所地人民法院管辖;被告住所地与经常居住地不一致的,由经常居住地人民法院管辖。

对法人或者其他组织提起的民事诉讼,由被告住所地人民法院管辖。

同一诉讼的几个被告住所地、经常居住地在两个以上人民法院辖区的,各该人民法院都有管辖权。

2. 什么是公民的住所地?

【律师解答】公民的住所地是指公民的户籍所在地。

【特别提醒】一般以公民的身份证所记载的或户籍登记信息中的地址为准。

【法条链接】

《最高人民法院关于适用〈中华人民共和国民事诉讼法〉的解释》

第三条第一款 公民的住所地是指公民的户籍所在地,法人或者其他组织的住所地是指法人或者其他组织的主要办事机构所在地。

3. 什么是公民的经常居住地?

【律师解答】公民的经常居住地是指公民离开住所地至起诉时已连续居住一年以上的地方。但公民住院就医的地方除外。

【特别提醒】向经常居住地法院起诉,需提供被告在该地连续居住一年以上的证据材料,如暂住证、居委会或村委会证明、租房合同、工商营业执照等。

【法条链接】

《最高人民法院关于适用〈中华人民共和国民事诉讼法〉的解释》

第四条 公民的经常居住地是指公民离开住所地至起诉时已连续居住一年以上的地方,但公民住院就医的地方除外。

4. 民间借贷案件,除按原告就被告原则起诉外,还有其他确定诉讼管辖的规定吗?

【律师解答】民间借贷属于借款合同,受《合同法》的调整,双方发生纠纷,可依合同的管辖规定确定起诉管辖法院。即由被告住所地或合同履行地法院管辖。其中合同履行地点没有约定或者约定不明确,争议标的为给付货币的,接收货币一方所在地为合同履行地。

【特别提醒】民间借贷案件争议的标的基本上都涉及给付货币,自《最高人民法院关于适用〈中华人民共和国民事诉讼法〉的解释》施行后,原告均可向接收货币一方所在地法院起诉。实践中对于民间借贷案件,争议中接受货币一方多是原告,这样民间借贷案件基本可以在原告一方所在地法院提起诉讼。

【法条链接】

《中华人民共和国民事诉讼法》

第二十三条 因合同纠纷提起的诉讼,由被告住所地或者合同履行地人民法院管辖。

《最高人民法院关于适用〈中华人民共和国民事诉讼法〉的解释》

第十八条 合同约定履行地点的,以约定的履行地点为合同履行地。

合同对履行地点没有约定或者约定不明确,争议标的为给付货币的,接收货币一方所在地为合同履行地;交付不动产的,不动产所在地为合同履行地;其他标的,履行义务一方所在地为合同履行地。即时结清的合同,交易行为地为合同履行地。

合同没有实际履行，当事人双方住所地都不在合同约定的履行地的，由被告住所地人民法院管辖。

《最高人民法院关于审理民间借贷案件适用法律若干问题的规定》

第三条　借贷双方就合同履行地未约定或者约定不明确，事后未达成补充协议，按照合同有关条款或者交易习惯仍不能确定的，以接受货币一方所在地为合同履行地。

5. 民间借贷案件的债务人下落不明时，债权人应向哪个人民法院提起诉讼？

【律师解答】最高人民法院1991年8月13日发布的《关于人民法院审理借贷案件的若干意见》曾明确规定，民间借贷案件，债权人起诉时，如债务人下落不明，由债务人住所地法院管辖。但该意见已被最高人民法院发布的《最高人民法院关于审理民间借贷案件适用法律若干问题的规定》明令废止。这样民间借贷案件，债权人起诉时，债务人下落不明的，可依原告就被告原则向被告住所地法院起诉，也可以依借贷合同向约定的履行地法院提起诉讼，如借贷合同没有约定履行地，则可向接受货币一方所在地法院起诉。

【特别提醒】民间借贷案件的债务人下落不明时，正常送达无法进行，无论向哪一方法院起诉，均需采取公告方式送达起诉书、开庭传票、判决书等。

6. 民间借贷有担保人时，如何确定被告？

【律师解答】民间借贷连带责任保证的债权人可以将债务人或者保证人作为被告提起诉讼，即单独起诉债务人或保证人，也可以将债务人和保证人作为共同被告提起诉讼。一般保证的债权人向债务人和保证人一并提起诉讼的，人民法院可以将债务人和保证人列为共同被告参加诉讼。债权人向人民法院请求行使担保物权时，债务人和担保人应当作为共同被告参加诉讼。债务人对债权人提起诉讼，债权人提起反诉的，保证人可以作为第三人参加诉讼。

【特别提醒】对于一般保证，因保证人对债权人享有对债务人的先诉抗辩权，如债权人对债务人和一般保证人一并提起诉讼，法院判决时，应当在判决书中明确在对债务人财产依法强制执行后仍不能履行债务时，由保证人承担保证责任。

【法条链接】

《最高人民法院关于适用〈中华人民共和国担保法〉若干问题的解释》

第一百二十五条 一般保证的债权人向债务人和保证人一并提起诉讼的,人民法院可以将债务人和保证人列为共同被告参加诉讼。但是,应当在判决书中明确在对债务人财产依法强制执行后仍不能履行债务时,由保证人承担保证责任。

第一百二十六条 连带责任保证的债权人可以将债务人或者保证人作为被告提起诉讼,也可以将债务人和保证人作为共同被告提起诉讼。

第一百二十七条 债务人对债权人提起诉讼,债权人提起反诉的,保证人可以作为第三人参加诉讼。

第一百二十八条 债权人向人民法院请求行使担保物权时,债务人和担保人应当作为共同被告参加诉讼。

同一债权既有保证又有物的担保的,当事人发生纠纷提起诉讼的,债务人与保证人、抵押人或者出质人可以作为共同被告参加诉讼。

7. 民间借贷有保证人的情况下,出借人只起诉借款人或只起诉保证人可以吗?

【律师解答】 民间借贷的保证分为连带责任保证和一般保证,一般保证的情况下,出借人可以同时起诉借款人和保证人,也可以只起诉借款人,如出借人只起诉保证人的,应当追加借款人为共同被告。如出借人只起诉债务人的,人民法院可以不追加保证人为共同被告。对保证人为借款人提供连带责任保证时,均可单独起诉借款人或连带责任保证人,出借人只起借款人的,人民法院可以不追加保证人为共同被告;出借人仅起诉保证人的,人民法院可以追加借款人为共同被告。

【特别提醒】 只有一般保证时,出借人只起诉保证人的,法院应当追加借款人为共同被告,除此以外,均可追加或不追加。可以追加或可以不追加时,法院可自行决定。而应当追加时,则必须追加。

【法条链接】

《最高人民法院关于审理民间借贷案件适用法律若干问题的规定》

第四条 保证人为借款人提供连带责任保证,出借人仅起诉借款人的,人民法院可以不追加保证人为共同被告;出借人仅起诉保证人的,人民法院可以追加借款人为共同被告。

保证人为借款人提供一般保证，出借人仅起诉保证人的，人民法院应当追加借款人为共同被告；出借人仅起诉借款人的，人民法院可以不追加保证人为共同被告。

8. 民间借贷案件有担保时，如何确定案件管辖？

【律师解答】民间借贷合同和担保合同发生纠纷提起诉讼的，因担保合同是民间借贷合同的从合同，借贷合同为主合同，担保合同是从合同，此时应当根据主合同即民间借贷合同确定案件管辖。担保人承担连带责任的担保合同发生纠纷，债权人单独起诉担保人的，应当由担保人住所地的法院或债权人住所地法院管辖。

【特别提醒】如果存在协议管辖的情况，民间借贷合同和担保合同选择管辖的法院不一致的，应当根据民间借贷合同确定案件管辖。

特别注意的是借贷合同的履行标的为货币，根据《合同法》及《民事诉讼法》及相应司法解释，原告可以向接受货币一方（合同履行地）所在地法院起诉。

【法条链接】

《最高人民法院关于适用〈中华人民共和国担保法〉若干问题的解释》

第一百二十九条 主合同和担保合同发生纠纷提起诉讼的，应当根据主合同确定案件管辖。担保人承担连带责任的担保合同发生纠纷，债权人向担保人主张权利的，应当由担保人住所地的法院管辖。

主合同和担保合同选择管辖的法院不一致的，应当根据主合同确定案件管辖。

9. 民间借贷案件能否协议确定管辖法院？

【律师解答】可以。根据《民事诉讼法》的规定，民事诉讼案件可以协议选择法院管辖的案件，只限于合同或者其他财产权益纠纷案件，而且选择管辖法院时，不得违反民事诉讼法关于专属管辖与级别管辖的规定。民间借贷案件属于借款合同纠纷诉讼，可以由双方协议确定法院管辖。

【特别提醒】协议管辖应当以书面形式作出，如无书面形式，则发生纠纷，双方各执一词时，难以确定协议管辖的事实及所选择的法院。实践中民间借贷约定诉讼管辖法院并不多。如在借款合同中对管辖法院有约定，在不违反级别管辖和专属管辖的情况下，应尊重当事人的约定。

【法条链接】

《中华人民共和国民事诉讼法》

第三十四条　合同或者其他财产权益纠纷的当事人可以书面协议选择被告住所地、合同履行地、合同签订地、原告住所地、标的物所在地等与争议有实际联系的地点的人民法院管辖，但不得违反本法对级别管辖和专属管辖的规定。

10. 借款人涉嫌犯罪或者生效判决认定其有罪，出借人可以起诉担保人吗？

【律师解答】民间借贷的借款人涉嫌犯罪或者生效判决认定其有罪，出借人向借款人主张权利出现一定的困难与障碍，此时出借人可以向人民法院起诉担保人，要求担保人承担民事责任。

【特别提醒】在借款人涉嫌犯罪或被追究刑事责任的情况下，借款合同及其担保有可能有效，也可能无效。担保人在担保有效时承担担保责任，如担保无效，则承担过错民事赔偿责任。

【法条链接】

《最高人民法院关于审理民间借贷案件适用法律若干问题的规定》

第八条　借款人涉嫌犯罪或者生效判决认定其有罪，出借人起诉请求担保人承担民事责任的，人民法院应予受理。

11. 提起民间借贷诉讼应当提交哪些起诉材料？

【律师解答】提起民间借贷诉讼，原告应当向法院提交：（1）起诉状及其副本；（2）证明双方存在民间借贷关系的材料，如借款合同、借条、欠条、收到借款的收条等；（3）还应当提供原告身份的证明材料，如身份证、户口本、公安机关的人口登记材料等。其他证据材料可以在起诉后，在法院确定的举证期限内提供。

【特别提醒】起诉状副本应当按被告人数提供，现阶段各级人民法院基本不受理口头起诉的民间借贷案件。

【法条链接】

《中华人民共和国民事诉讼法》

第一百二十条　起诉应当向人民法院递交起诉状，并按照被告人数提出副本。

书写起诉状确有困难的，可以口头起诉，由人民法院记入笔录，并告知对方当事人。

12. 对提起民间借贷案件诉讼的起诉状有什么要求？

【律师解答】起诉状应当记明下列事项：

（1）原告的姓名、性别、年龄、民族、职业、工作单位、住所、联系方式，法人或者其他组织的名称、住所和法定代表人或者主要负责人的姓名、职务、联系方式；

（2）被告的姓名、性别、工作单位、住所等信息，法人或者其他组织的名称、住所等信息；

（3）诉讼请求和所根据的事实与理由；

（4）证据和证据来源，证人姓名和住所。

【特别提醒】正常情况下，诉状只是起提起诉讼的作用，但如果在诉讼主体及诉讼请求等方面存在缺陷，则可能被驳回起诉，对此需原告特别注意。

【法条链接】

《中华人民共和国民事诉讼法》

第一百二十一条 起诉状应当记明下列事项：

（一）原告的姓名、性别、年龄、民族、职业、工作单位、住所、联系方式，法人或者其他组织的名称、住所和法定代表人或者主要负责人的姓名、职务、联系方式；

（二）被告的姓名、性别、工作单位、住所等信息，法人或者其他组织的名称、住所等信息；

（三）诉讼请求和所根据的事实与理由；

（四）证据和证据来源，证人姓名和住所。

13. 书写起诉状有困难，能否口头起诉？

【律师解答】起诉应当向人民法院递交起诉状，并按照被告人数提出副本。书写起诉状确有困难的，可以口头起诉，由人民法院记入笔录，并告知对方当事人。

【特别提醒】《民事诉讼法》虽然规定了可以口头起诉，但目前司法实践中基本上都要求民间借贷诉讼的原告在起诉时提交起诉状及相关的起诉材料。另外，口头起诉的只限适用简易程序的民间借贷案件。

【法条链接】

《中华人民共和国民事诉讼法》

第一百二十条 起诉应当向人民法院递交起诉状，并按照被告人数提出副本。

书写起诉状确有困难的，可以口头起诉，由人民法院记入笔录，并告知对方当事人。

14. 自己不能亲自向法院提起民间借贷诉讼，能否委托代理人向法院提起诉讼？

【律师解答】民间借贷诉讼也是民事诉讼的一种，根据《民事诉讼法》的规定，进行民事诉讼的当事人或法定代理人有权委托一至二人作为代理人参加诉讼。起诉属于民事诉讼的启动阶段，自己不能亲自向法院提起民间借贷诉讼时，有权委托代理人向法院提起诉讼。

【特别提醒】2012年修改后的《民事诉讼法》对当事人委托代理人的范围进行了限制，民间借贷案件当事人的代理人除企业可以委托其工作人员外，一般自然人的诉讼委托代理人的，代理人只限于律师、法律工作者和近亲属。根据《民事诉讼法》的规定，当事人所在社区、单位以及有关社会团体推荐的公民也可以作为民事诉讼的代理人，但实践中，很少被采用。

【法条链接】

《中华人民共和国民事诉讼法》

第五十八条 当事人、法定代理人可以委托一至二人作为诉讼代理人。

下列人员可以被委托为诉讼代理人：

（一）律师、基层法律服务工作者；

（二）当事人的近亲属或者工作人员；

（三）当事人所在社区、单位以及有关社会团体推荐的公民。

15. 民间借贷的诉讼可以委托近亲属作为代理人，法律对作为代理人的近亲属有什么要求？其近亲属都包括哪些人？

【律师解答】近亲属作为代理人参加诉讼，必须是完全行为能力人，无民事行为能力人、限制民事行为能力人以及其他依法不能作为诉讼代理人的，当事人不得委托其作为诉讼代理人。对于近亲属的范围主要是指与当事人有夫妻、直系血亲、三代以内旁系血亲、近姻亲关系以及其他有抚养、赡养关系的亲属。

【特别提醒】民间借贷案件委托近亲属代理参加诉讼的，要提交亲属关系证明。

【法条链接】

《最高人民法院关于适用〈中华人民共和国民事诉讼法〉的解释》

第八十四条 无民事行为能力人、限制民事行为能力人以及其他依法不能作为诉讼代理人的，当事人不得委托其作为诉讼代理人。

第八十五条 根据民事诉讼法第五十八条第二款第二项规定，与当事人有夫妻、直系血亲、三代以内旁系血亲、近姻亲关系以及其他有抚养、赡养关系的亲属，可以当事人近亲属的名义作为诉讼代理人。

16. 一方向法院提起民间借贷起诉，法院是否当时就受理并立案？

【律师解答】民事诉讼实行的是"不告不理"的原则，但也不等于原告"告"，人民法院就"立"和"理"。自2015年5月1日起，人民法院民事、行政、再审及国家赔偿等案件的立案由原来的立案"审查制"变更为"登记审查制"，一般的民间借贷案件，起诉民间借贷的当事人符合起诉条件，法院一律接收诉状，当场登记立案。对当场不能判定是否符合法律规定的，应当在法律规定的七日期限内决定是否立案。起诉材料不符合形式要件的，应当及时释明，以书面形式一次性全面告知应当补正的材料和期限。在指定期限内经补正符合法律规定条件的，人民法院应当登记立案。

【特别提醒】对不符合法律规定的起诉，应当依法裁决不予受理或者不予立案，并载明理由。当事人不服的，可以提起上诉或者申请复议。禁止不收材料、不予答复、不出具法律文书。

【法条链接】

《中华人民共和国民事诉讼法》

第一百二十三条 人民法院应当保障当事人依照法律规定享有的起诉权利。对符合本法第一百一十九条的起诉，必须受理。符合起诉条件的，应当在七日内立案，并通知当事人；不符合起诉条件的，应当在七日内作出裁定书，不予受理；原告对裁定不服的，可以提起上诉。

《最高人民法院关于适用〈中华人民共和国民事诉讼法〉的解释》

第二百零八条 人民法院接到当事人提交的民事起诉状时,对符合民事诉讼法第一百一十九条的规定,且不属于第一百二十四条规定情形的,应当登记立案;对当场不能判定是否符合起诉条件的,应当接收起诉材料,并出具注明收到日期的书面凭证。

需要补充必要相关材料的,人民法院应当及时告知当事人。在补齐相关材料后,应当在七日内决定是否立案。

立案后发现不符合起诉条件或者属于民事诉讼法第一百二十四条规定情形的,裁定驳回起诉。

《最高人民法院关于人民法院推行立案登记制改革的意见》

二、登记立案范围

有下列情形之一的,应当登记立案:

(一)与本案有直接利害关系的公民、法人和其他组织提起的民事诉讼,有明确的被告、具体的诉讼请求和事实依据,属于人民法院主管和受诉人民法院管辖的;

……

三、登记立案程序

(一)实行当场登记立案。对符合法律规定的起诉、自诉和申请,一律接收诉状,当场登记立案。对当场不能判定是否符合法律规定的,应当在法律规定的期限内决定是否立案。

(二)实行一次性全面告知和补正。起诉、自诉和申请材料不符合形式要件的,应当及时释明,以书面形式一次性全面告知应当补正的材料和期限。在指定期限内经补正符合法律规定条件的,人民法院应当登记立案。

(三)不符合法律规定的起诉、自诉和申请的处理。对不符合法律规定的起诉、自诉和申请,应当依法裁决不予受理或者不予立案,并载明理由。当事人不服的,可以提起上诉或者申请复议。禁止不收材料、不予答复、不出具法律文书。

(四)严格执行立案标准。禁止在法律规定之外设定受理条件,全面清理和废止不符合法律规定的立案"土政策"。

17. 如果原告起诉时持有债务人所打欠条或借条,其中没有债权人的姓名,怎么办?

【律师解答】起诉人持有的借据、借条、欠条等债权凭证中,没有载明债权人，一般推定该债权归持有人所有，人民法院应当受理其民间借贷起诉。至于原告是否为真正的债权人，则需要案件审理过程中审查确定。

【特别提醒】在案件审理过程中，如被告对原告的债权人资格提出有事实依据的抗辩，人民法院经审理认为原告不具有债权人资格的，裁定驳回起诉。

【法条链接】

《最高人民法院关于审理民间借贷案件适用法律若干问题的规定》

第二条第二款　当事人持有的借据、收据、欠条等债权凭证没有载明债权人，持有债权凭证的当事人提起民间借贷诉讼的，人民法院应予受理。被告对原告的债权人资格提出有事实依据的抗辩，人民法院经审理认为原告不具有债权人资格的，裁定驳回起诉。

18. 民间借贷案件双方可以选择仲裁吗？

【律师解答】可以，民间借贷属于平等主体的公民、法人和其他组织之间发生的合同纠纷，根据《仲裁法》第2条的规定，可以仲裁。

【特别提醒】仲裁委员会受理民间借贷仲裁，以双方存在仲裁协议为前提，无仲裁协议，一方申请仲裁的，仲裁委员会不予受理。

【法条链接】

《中华人民共和国仲裁法》

第二条　平等主体的公民、法人和其他组织之间发生的合同纠纷和其他财产权益纠纷，可以仲裁。

第四条　当事人采用仲裁方式解决纠纷，应当双方自愿，达成仲裁协议。没有仲裁协议，一方申请仲裁的，仲裁委员会不予受理。

19. 双方订有仲裁协议的民间借贷，发生纠纷后，还可以向人民法院起诉吗？

【律师解答】民间借贷双方订有仲裁协议或在借款协议中订有仲裁条款，当事人不能向人民法院起诉，一方向法院起诉的，人民法院不予受理。

【特别提醒】如果仲裁协议或仲裁条款无效，双方或一方均可以向人民法院提起诉讼。

【法条链接】

《中华人民共和国仲裁法》

第五条　当事人达成仲裁协议，一方向人民法院起诉的，人民法院不予受理，但仲裁协议无效的除外。

20. 申请仲裁时，应当向哪个仲裁机构提出申请？

【律师解答】仲裁委员会没有地域管辖，也不实行级别管辖，在协议仲裁时，必须明确选择存在的确定的仲裁委员会。申请仲裁时，申请人应当向仲裁协议或仲裁条款约定的仲裁机构申请仲裁。

【特别提醒】如果民间借贷的当事人协议选择的仲裁委员会不存在或无法确定，当事人也可以向人民法院提起诉讼。

【法条链接】

《中华人民共和国仲裁法》

第六条　仲裁委员会应当由当事人协议选定。

仲裁不实行级别管辖和地域管辖。

21. 民间借贷案件申请仲裁的，裁决作出后，一方不服，可以再申请仲裁或向人民法院提起诉讼吗？

【律师解答】《仲裁法》实施后，我国解决平等主体之间财产纠纷的方式确定为"或裁或审"，对民间借贷案件而言，当事人协商选择仲裁的，不能再向人民法院起诉。没有合法有效的仲裁协议或仲裁条款，则当事人方可向人民法院起诉。根据《仲裁法》的规定，仲裁实行一裁终局的制度，裁决作出后，当事人就同一纠纷再申请仲裁或者向人民法院起诉的，仲裁委员会或者人民法院不予受理。

【特别提醒】仲裁委员会受理仲裁申请，以合法有效的仲裁协议或仲裁条款为前提，且其争议事项属于该仲裁委员会的受案范围。虽有仲裁协议或仲裁条款，但其仲裁协议或仲裁条款无效的，当事人仍可向法院起诉。或仲裁裁决被人民法院依法撤销的，双方未达成新的仲裁协议或仲裁条款，则当事人也可向人民法院起诉。

【法条链接】

《中华人民共和国仲裁法》

第九条　仲裁实行一裁终局的制度。裁决作出后，当事人就同一纠纷再申请仲裁或者向人民法院起诉的，仲裁委员会或者人民法院不予受理。

裁决被人民法院依法裁定撤销或者不予执行的，当事人就该纠纷可以根据双方重新达成的仲裁协议申请仲裁，也可以向人民法院起诉。

第二节 诉讼时效

1. 什么是诉讼时效？

【律师解答】诉讼时效是指民事权利受到侵害的权利人在法定的时效期间内不行使权利，当时效期间届满时，权利人将失去胜诉权利，即胜诉权利归于消灭的法律制度。在法律规定的诉讼时效期间内，权利人提出请求的，人民法院就强制义务人履行所承担的义务。而在法定的诉讼时效期间届满之后，权利人行使请求权的，人民法院就不再予以保护。

【特别提醒】值得注意的是，诉讼时效届满后，义务人虽可拒绝履行其义务，权利人请求权的行使仅发生障碍，权利本身及请求权并不消灭。当事人超过诉讼时效后起诉的，人民法院应当受理。受理后，如另一方当事人提出诉讼时效抗辩且查明无中止、中断、延长事由的，判决驳回其诉讼请求。如果另一方当事人未提出诉讼时效抗辩，则视为其自动放弃该权利，法院不得依照职权主动适用诉讼时效，应当受理支持其诉讼请求。另外，超过诉讼时效期间，当事人自愿履行的，不受诉讼时效限制。

【法条链接】

《中华人民共和国民法总则》

第一百八十八条第一款 向人民法院请求保护民事权利的诉讼时效期间为三年。法律另有规定的，依照其规定。

第一百九十二条 诉讼时效期间届满的，义务人可以提出不履行义务的抗辩。

诉讼时效期间届满后，义务人同意履行的，不得以诉讼时效期间届满为由抗辩；义务人已自愿履行的，不得请求返还。

第一百九十三条 人民法院不得主动适用诉讼时效的规定。

《最高人民法院关于审理民事案件适用诉讼时效制度若干问题的规定》

第三条 当事人未提出诉讼时效抗辩，人民法院不应对诉讼时效问题进行释明及主动适用诉讼时效的规定进行裁判。

2. 民间借贷的诉讼时效期间是多长？如何计算？

【律师解答】民间借贷的诉讼时效适用一般诉讼时效三年的规定。民间借贷的诉讼时效期间从权利人知道或应当知道权利受到侵害时起计算。也就是从债务人应当还款或承诺还款而没有还款的日期开始计算。如果借贷双方约定同一债务分期履行的，诉讼时效期间从最后一期履行期限届满之日起计算。

【特别提醒】民间借贷没有约定还款日期的，依照《合同法》第61条、第62条的规定，可以确定履行期限的，诉讼时效期间从履行期限届满之日起计算；不能确定履行期限的，诉讼时效期间从债权人要求债务人履行义务的宽限期届满之日起计算，但债务人在债权人第一次向其主张权利之时明确表示不履行义务的，诉讼时效期间从债务人明确表示不履行义务之日起计算。

【法条链接】
《最高人民法院关于审理民事案件适用诉讼时效制度若干问题的规定》

第五条　当事人约定同一债务分期履行的，诉讼时效期间从最后一期履行期限届满之日起计算。

第六条　未约定履行期限的合同，依照合同法第六十一条、第六十二条的规定，可以确定履行期限的，诉讼时效期间从履行期限届满之日起计算；不能确定履行期限的，诉讼时效期间从债权人要求债务人履行义务的宽限期届满之日起计算，但债务人在债权人第一次向其主张权利之时明确表示不履行义务的，诉讼时效期间从债务人明确表示不履行义务之日起计算。

《中华人民共和国民法总则》

第一百八十八条　向人民法院请求保护民事权利的诉讼时效期间为三年。法律另有规定的，依照其规定。

诉讼时效期间自权利人知道或者应当知道权利受到损害以及义务人之日起计算。法律另有规定的，依照其规定。但是自权利受到损害之日起超过二十年的，人民法院不予保护；有特殊情况的，人民法院可以根据权利人的申请决定延长。

第一百八十九条　当事人约定同一债务分期履行的，诉讼时效期间自最后一期履行期限届满之日起计算。

3. 有保证的民间借贷，保证合同的诉讼时效如何开始计算？

【律师解答】民间借贷的保证分为一般保证和连带责任保证，因保证方式的不同，其计算保证合同的诉讼时效的开始时间也不一样。民间借贷一般保证的债权人在保证期间届满前对债务人提起诉讼或者申请仲裁的,从判决或者仲裁裁决生效之日起,开始计算保证合同的诉讼时效。民间借贷连带责任保证的债权人在保证期间届满前要求保证人承担保证责任的,从债权人要求保证人承担保证责任之日起,开始计算保证合同的诉讼时效。

【特别提醒】民间借贷保证合同诉讼时效计算开始时间的差异,主要是因为一般保证的保证人对债权人享有先诉抗辩权,在债权人未对债务人提起诉讼并就其财产强制执行仍未受清偿前,一般保证的保证人是不承担保证责任的。而连带责任保证,其保证人不享有先诉抗辩权,债务履行期届满,保证人与债务人处于同等责任状态,只要是在保证期间内,债权人要求保证人承担保证责任,则开始计算保证合同的诉讼时效。

【法条链接】

《最高人民法院关于适用〈中华人民共和国担保法〉若干问题的解释》

第三十四条 一般保证的债权人在保证期间届满前对债务人提起诉讼或者申请仲裁的,从判决或者仲裁裁决生效之日起,开始计算保证合同的诉讼时效。

连带责任保证的债权人在保证期间届满前要求保证人承担保证责任的,从债权人要求保证人承担保证责任之日起,开始计算保证合同的诉讼时效。

4. 什么是诉讼时效的中断?

【律师解答】诉讼时效的中断是指在诉讼时效期间进行中,因发生一定的法定事由,致使已经经过的时效期间统归无效,待时效中断的事由消除后,诉讼时效期间重新起算。

【特别提醒】诉讼时效中断的法律后果是发生诉讼时效期间重新计算的效力。即应当适用的诉讼时效期间无论是一年、二年、三年抑或是二十年,均从头开始计算。

【法条链接】

《中华人民共和国民法总则》

第一百九十五条 有下列情形之一的,诉讼时效中断,从中断、有关程序终结时起,诉讼时效期间重新计算:

(一)权利人向义务人提出履行请求;

(二)义务人同意履行义务;

(三)权利人提起诉讼或者申请仲裁;

（四）与提起诉讼或者申请仲裁具有同等效力的其他情形。

5. 民间借贷的诉讼时效在什么情况下发生中断？

【律师解答】根据《民法总则》第195条的规定，诉讼时效因提起诉讼、当事人一方提出要求或者同意履行义务而中断。债权人向有管辖权法院提起诉讼，在提起诉讼时即原告提交起诉状或口头起诉之日起诉讼时效中断。债权人向债务人当面要求还款或以信函的方式或律师函的形式向债务人提出偿还借贷要求，诉讼时效也中断。债务人同意履行还款义务，诉讼时效也中断。民间借贷案件在实践中有许多情况都会发生诉讼时效中断的后果。如申请仲裁、申请支付令、申请破产、申报破产债权、为主张权利而申请宣告义务人失踪或死亡、申请诉前财产保全、诉前临时禁令等诉前措施、权利人向人民调解委员会以及其他依法有权解决相关民事纠纷的国家机关、事业单位、社会团体等社会组织提出保护相应民事权利的请求等均发生诉讼时效中断。

【特别提醒】对于连带债权人中的一人发生诉讼时效中断效力的事由，应当认定对其他连带债权人也发生诉讼时效中断的效力。对于连带债务人中的一人发生诉讼时效中断效力的事由，应当认定对其他连带债务人也发生诉讼时效中断的效力。

【法条链接】

《最高人民法院关于审理民事案件适用诉讼时效制度若干问题的规定》

第十一条　权利人对同一债权中的部分债权主张权利，诉讼时效中断的效力及于剩余债权，但权利人明确表示放弃剩余债权的情形除外。

第十二条　当事人一方向人民法院提交起诉状或者口头起诉的，诉讼时效从提交起诉状或者口头起诉之日起中断。

第十三条　下列事项之一，人民法院应当认定与提起诉讼具有同等诉讼时效中断的效力：

（一）申请仲裁；

（二）申请支付令；

（三）申请破产、申报破产债权；

（四）为主张权利而申请宣告义务人失踪或死亡；

（五）申请诉前财产保全、诉前临时禁令等诉前措施；

（六）申请强制执行；

（七）申请追加当事人或者被通知参加诉讼；

（八）在诉讼中主张抵销；

（九）其他与提起诉讼具有同等诉讼时效中断效力的事项。

第十四条　权利人向人民调解委员会以及其他依法有权解决相关民事纠纷的国家机关、事业单位、社会团体等社会组织提出保护相应民事权利的请求，诉讼时效从提出请求之日起中断。

第十七条　对于连带债权人中的一人发生诉讼时效中断效力的事由，应当认定对其他连带债权人也发生诉讼时效中断的效力。

对于连带债务人中的一人发生诉讼时效中断效力的事由，应当认定对其他连带债务人也发生诉讼时效中断的效力。

第十八条　债权人提起代位权诉讼的，应当认定对债权人的债权和债务人的债权均发生诉讼时效中断的效力。

第十九条　债权转让的，应当认定诉讼时效从债权转让通知到达债务人之日起中断。

债务承担情形下，构成原债务人对债务承认的，应当认定诉讼时效从债务承担意思表示到达债权人之日起中断。

6. 民间借贷的债务人"同意履行义务"是指什么情况？

【律师解答】 债务人同意履行义务是导致诉讼时效中断的法定事由，债务人"同意履行义务"是指借款人同意偿还借款。同意偿还借款可以是借款人作出分期履行、部分履行、提供担保、请求延期履行、制定清偿债务计划等承诺或者行为。

【特别提醒】 债务人同意偿还借款、分期履行、部分履行、提供担保、请求延期、订立还款计划等，如果口头作出，需在诉讼中债务人承认，否则，需债权人举证证明债务人同意履行还款义务。故最好还是以书面形式作出。

【法条链接】

《最高人民法院关于审理民事案件适用诉讼时效制度若干问题的规定》

第十六条　义务人作出分期履行、部分履行、提供担保、请求延期履行、制定清偿债务计划等承诺或者行为的，应当认定为民法通则第一百四十条规定的当事人一方"同意履行义务"。

7. 如何理解"权利人向义务人提出履行请求"发生诉讼时效中断的事由?

【律师解答】对于民间借贷而言,当事人一方提出要求,一般是指债权人向债务人主张债权,其表现形式可以是口头形式,也可以是书面形式,抑或是发送信件或数据电文方式等。

【特别提醒】债务人对债权人口头向其主张权利的自认,也成立并发生诉讼时效中断,其他方式最好还是形成书面材料,以便于将来在诉讼中举证证明向债务人主张权利并导致诉讼时效中断。

【法条链接】

《最高人民法院关于审理民事案件适用诉讼时效制度若干问题的规定》

第十条 具有下列情形之一的,应当认定为民法通则第一百四十条规定的"当事人一方提出要求",产生诉讼时效中断的效力:

(一)当事人一方直接向对方当事人送交主张权利文书,对方当事人在文书上签字、盖章或者虽未签字、盖章但能够以其他方式证明该文书到达对方当事人的;

(二)当事人一方以发送信件或者数据电文方式主张权利,信件或者数据电文到达或者应当到达对方当事人的;

(三)当事人一方为金融机构,依照法律规定或者当事人约定从对方当事人账户中扣收欠款本息的;

(四)当事人一方下落不明,对方当事人在国家级或者下落不明的当事人一方住所地的省级有影响的媒体上刊登具有主张权利内容的公告的,但法律和司法解释另有特别规定的,适用其规定。

前款第(一)项情形中,对方当事人为法人或者其他组织的,签收人可以是其法定代表人、主要负责人、负责收发信件的部门或者被授权主体;对方当事人为自然人的,签收人可以是自然人本人、同住的具有完全行为能力的亲属或者被授权主体。

8. 债务人下落不明时,其债权已临近诉讼时效期满了,怎么办?

【律师解答】对于债务已到偿还期,而债务人却下落不明的,向其主张权利出现困难与障碍,此时无法与债务人取得联系,特别是其诉讼时效临近届满,仍无法与债务人联系,此时一是及时向法院起诉,二是在媒体上向债务人发出催收债权公告。

【特别提醒】在媒体上向债务人发出债权催收公告，对发布公告的媒体是有要求的，在法律和司法解释无特别规定的情况下，应当向国家级或者下落不明的债务人一方住所地的省级有影响的媒体上刊登具有主张权利内容的公告。

9. 民间借贷的债权人向司法机关报案或控告债务人的，其诉讼时效如何计算？

【律师解答】实践中有的借款人借款到期后无力还款或下落不明，以致出借人到司法机关进行报案或控告，只要债权人要求司法机关保护其民事权利的，就应当认定诉讼时效从报案或控告之日起中断。

【特别提醒】如果受理报案、控告的机关决定不立案、撤销案件、不起诉的，诉讼时效期间从权利人知道或者应当知道不立案、撤销案件或者不起诉之日起重新计算；刑事案件进入审理阶段，诉讼时效期间从刑事裁判文书生效之日起重新计算。

【法条链接】

《最高人民法院关于审理民事案件适用诉讼时效制度若干问题的规定》

第十五条　权利人向公安机关、人民检察院、人民法院报案或者控告，请求保护其民事权利的，诉讼时效从其报案或者控告之日起中断。

上述机关决定不立案、撤销案件、不起诉的，诉讼时效期间从权利人知道或者应当知道不立案、撤销案件或者不起诉之日起重新计算；刑事案件进入审理阶段，诉讼时效期间从刑事裁判文书生效之日起重新计算。

10. 什么是诉讼时效的中止？

【律师解答】诉讼时效中止，是指在诉讼时效进行中，因一定的法定事由产生而使权利人无法行使请求权，暂停计算诉讼时效期间。

【特别提醒】诉讼时效的中止要求中止的事由发生在诉讼时效期间的最后六个月内，中止事由必须是不可抗力或其他障碍导致的不能行使请求权。诉讼时效中止的原因消除后，诉讼时效期间继续计算。

【法条链接】

《中华人民共和国民法总则》

第一百九十四条　在诉讼时效期间的最后六个月内，因下列障碍，不能行使请求权的，诉讼时效中止：

（一）不可抗力；

（二）无民事行为能力人或者限制民事行为能力人没有法定代理人，或者法定代理人死亡、丧失民事行为能力、丧失代理权；

（三）继承开始后未确定继承人或者遗产管理人；

（四）权利人被义务人或者其他人控制；

（五）其他导致权利人不能行使请求权的障碍。

自中止时效的原因消除之日起满六个月，诉讼时效期间届满。

11. 除不可抗力外，引起诉讼时效中止的"其他障碍"都有哪些？

【律师解答】引起诉讼时效中止的事由有不可抗力和其他障碍不能行使请求权的情况，具体其他障碍法律没有明确规定和说明。最高人民法院在《关于审理民事案件适用诉讼时效制度若干问题的规定》中规定的情况包括：（1）权利被侵害的无民事行为能力人、限制民事行为能力人没有法定代理人，或者法定代理人死亡、丧失代理权、丧失行为能力；（2）继承开始后未确定继承人或者遗产管理人；（3）权利人被义务人或者其他人控制无法主张权利；（4）其他导致权利人不能主张权利的客观情形。

【特别提醒】立法很难穷尽生活中的所有情况，司法解释也只是对个别情况进行确认，并采用了"其他导致权利人不能主张权利的客观情形"，实际上这也是引起诉讼时效中止情况的判断标准，即凡是能导致权利人不能主张权利的客观情形，均可导致诉讼时效中止。

【法条链接】

《最高人民法院关于审理民事案件适用诉讼时效制度若干问题的规定》

第二十条 有下列情形之一的，应当认定为民法通则第一百三十九条规定的"其他障碍"，诉讼时效中止：

（一）权利被侵害的无民事行为能力人、限制民事行为能力人没有法定代理人，或者法定代理人死亡、丧失代理权、丧失行为能力；

（二）继承开始后未确定继承人或者遗产管理人；

（三）权利人被义务人或者其他人控制无法主张权利；

（四）其他导致权利人不能主张权利的客观情形。

12. 民间借贷超过诉讼时效期间，债务人重新给债权人出具借条或欠条的，其诉讼时效怎么计算？

【律师解答】民间借贷超过诉讼时效期间，如果债务人重新给债权人出具借条或欠条的，则视为双方对已过诉讼时效期间的债务的重新确认，可以作为新的债权债务对待，其诉讼时效期间，从债务人出具新的借条、欠条时起计算诉讼时效。

【特别提醒】如在诉讼时效期间内，债务人给债权人重新出具借条或欠条，则发生诉讼时效中断。

【法条链接】

《最高人民法院关于审理民事案件适用诉讼时效制度若干问题的规定》

第二十二条 诉讼时效期间届满，当事人一方向对方当事人作出同意履行义务的意思表示或者自愿履行义务后，又以诉讼时效期间届满为由进行抗辩的，人民法院不予支持。

13. 民间借贷主债务的诉讼时效中断、中止，保证债务的诉讼时效也中断、中止吗？

【律师解答】民间借贷主债务的诉讼时效中断、中止，保证债务的诉讼时效不必然随之中断、中止。保证债务的诉讼时效要因保证方式的不同而有所区别。一般保证中，主债务诉讼时效中断，保证债务诉讼时效中断；连带责任保证中，主债务诉讼时效中断，保证债务诉讼时效不中断；一般保证和连带责任保证中，主债务诉讼时效中止的，保证债务的诉讼时效同时中止。

【特别提醒】保证人对已经超过诉讼时效期间的债务承担保证责任或提供保证的，不能以超过诉讼时效为由进行抗辩。

【法条链接】

《最高人民法院关于适用〈中华人民共和国担保法〉若干问题的解释》

第三十五条 保证人对已经超过诉讼时效期间的债务承担保证责任或者提供保证的，又以超过诉讼时效为由抗辩的，人民法院不予支持。

第三十六条 一般保证中，主债务诉讼时效中断，保证债务诉讼时效中断；连带责任保证中，主债务诉讼时效中断，保证债务诉讼时效不中断。

一般保证和连带责任保证中，主债务诉讼时效中止的，保证债务的诉讼时效同时中止。

14. 民间借贷有保证人提供保证的，保证期间适用诉讼时效的规定吗？

【律师解答】《担保法》规定的或当事人约定的民间借贷的保证期间属于法律上的除斥期间，除斥期间是不变期间，不会像诉讼时效会发生中断、中止及延长。

【特别提醒】对涉及期间的，一定要先弄清楚这种期间在法律上的性质，否则，就有可能因此丧失重要的权利和重大的利益。

【法条链接】

《最高人民法院关于适用〈中华人民共和国担保法〉若干问题的解释》

第三十一条　保证期间不因任何事由发生中断、中止、延长的法律后果。

《最高人民法院关于审理民事案件适用诉讼时效制度若干问题的规定》

第二十一条　主债务诉讼时效期间届满，保证人享有主债务人的诉讼时效抗辩权。

保证人未主张前述诉讼时效抗辩权，承担保证责任后向主债务人行使追偿权的，人民法院不予支持，但主债务人同意给付的情形除外。

15. 保证人承担保证责任或赔偿责任后，对债务人行使追偿权的诉讼时效，从何时开始计算？

【律师解答】无论是一般保证的保证人，还是连带责任保证的保证人，保证人承担保证责任或赔偿责任后，均享有对债务人的追偿权，如债权人同时对债务人和保证提起诉讼，判决保证人承担保证责任的，则应当明确保证人承担保证责任后向债务人的追偿权。保证人对债务人行使追偿权也适用普通三年时效的规定，其追偿权诉讼时效从保证人向债权人承担责任之日起开始计算。

【特别提醒】保证人追偿权产生的事实是对债权人实际承担了保证责任或赔偿责任，并不是法院判决承担保证人保证责任或赔偿责任就产生追偿权。

【法条链接】

《最高人民法院关于适用〈中华人民共和国担保法〉若干问题的解释》

第四十二条　人民法院判决保证人承担保证责任或者赔偿责任的，应当在判决书主文中明确保证人享有担保法第三十一条规定的权利。判决书中未予明确追偿权的，保证人只能按照承担责任的事实，另行提起诉讼。

保证人对债务人行使追偿权的诉讼时效，自保证人向债权人承担责任之日起开始计算。

16. 民间借贷的抵押权人实现其抵押权有时间限制吗？

【律师解答】对民间借贷设定抵押担保的，由于抵押物仍由抵押人占有和管控，所以在主债务履行期届满后，如债务人未履行债务，抵押权人应当及时要求抵押人承担担保责任，以实现抵押权。抵押权人行使抵押权也是有期限的，即抵押权人应当在主债权诉讼时效期间行使抵押权，否则，逾期行使的，人民法院不予保护。

【特别提醒】《担保法》及其司法解释均没有对抵押权实现规定诉讼时效期间，因为抵押权属于担保物权，属于物权范围，物权不适用诉讼时效。因《物权法》对此作出了"应当在主债权诉讼时效期间行使抵押权"的规定，抵押权人应当按此规定执行，但这只是法律规定抵押权人实现抵押权的时间范围，这个时间范围是属于诉讼时效，可以随主债权的诉讼时效发生中断、中止、延长，还是属于除斥期间，不发生中断、中止、延长，期间固定不变，对此有待立法及司法机关作出解释和说明。

【法条链接】

《中华人民共和国物权法》

第二百零二条　抵押权人应当在主债权诉讼时效期间行使抵押权；未行使的，人民法院不予保护。

17. 超过诉讼时效期间的民间借贷还可以向法院起诉吗？

【律师解答】超过诉讼时效期间的民间借贷，仍可以向法院提起诉讼，一方面，超过诉讼时效期间，债权人丧失的是法院对其债权强制要求债务人履行的权利，即丧失的是胜诉权，胜诉权是实体权利，而起诉权是当事人向人民法院提起诉讼的权利，是一种程序性的权利。另一方面，民事案件的立案，已实行"立案登记制"，只要起诉的当事人符合《民事诉讼法》规定的起诉条件，人民法院就应当受理并登记。因此超过诉讼时效期间的民间借贷仍可以向法院起诉。

【特别提醒】诉讼时效的抗辩权属于当事人所享有的一项权利，人民法院在审理民间借贷案件中，不得以职权加以适用或向当事人进行释明。

【法条链接】

《中华人民共和国民事诉讼法》

第一百一十九条　起诉必须符合下列条件：

（一）原告是与本案有直接利害关系的公民、法人和其他组织；

（二）有明确的被告；

（三）有具体的诉讼请求和事实、理由；

（四）属于人民法院受理民事诉讼的范围和受诉人民法院管辖。

第一百二十三条　人民法院应当保障当事人依照法律规定享有的起诉权利。对符合本法第一百一十九条的起诉，必须受理。符合起诉条件的，应当在七日内立案，并通知当事人；不符合起诉条件的，应当在七日内作出裁定书，不予受理；原告对裁定不服的，可以提起上诉。

《最高人民法院关于适用〈中华人民共和国民事诉讼法〉的解释》

第二百一十九条　当事人超过诉讼时效期间起诉的，人民法院应予受理。受理后对方当事人提出诉讼时效抗辩，人民法院经审理认为抗辩事由成立的，判决驳回原告的诉讼请求。

《最高人民法院关于审理民事案件适用诉讼时效制度若干问题的规定》

第三条　当事人未提出诉讼时效抗辩，人民法院不应对诉讼时效问题进行释明及主动适用诉讼时效的规定进行裁判。

《中华人民共和国民法总则》

第一百九十三条　人民法院不得主动适用诉讼时效的规定。

第三节　诉讼费用

1. 诉讼费用都包括什么内容？

【律师解答】根据国务院《诉讼费用交纳办法》的规定，诉讼费用包括：（一）案件受理费；（二）申请费；（三）证人、鉴定人、翻译人员、理算人员在人民法院指定日期出庭发生的交通费、住宿费、生活费和误工补贴。

【特别提醒】诉讼费主要是案件受理费，除不交、免交、缓交外，该费用在起诉时交纳。其他费用，在确定发生时交纳或预交。

【法条链接】

《诉讼费用交纳办法》

第二条 当事人进行民事诉讼、行政诉讼，应当依照本办法交纳诉讼费用。

本办法规定可以不交纳或者免予交纳诉讼费用的除外。

第六条 当事人应当向人民法院交纳的诉讼费用包括：

（一）案件受理费；

（二）申请费；

（三）证人、鉴定人、翻译人员、理算人员在人民法院指定日期出庭发生的交通费、住宿费、生活费和误工补贴。

2. 民间借贷案件按什么标准交纳诉讼费？

【律师解答】 民间借贷案件的受理费按财产案件分段按比例累计交纳。具体标准如下：

1. 不超过 1 万元的，每件交纳 50 元；
2. 超过 1 万元至 10 万元的部分，按照 2.5% 交纳；
3. 超过 10 万元至 20 万元的部分，按照 2% 交纳；
4. 超过 20 万元至 50 万元的部分，按照 1.5% 交纳；
5. 超过 50 万元至 100 万元的部分，按照 1% 交纳；
6. 超过 100 万元至 200 万元的部分，按照 0.9% 交纳；
7. 超过 200 万元至 500 万元的部分，按照 0.8% 交纳；
8. 超过 500 万元至 1000 万元的部分，按照 0.7% 交纳；
9. 超过 1000 万元至 2000 万元的部分，按照 0.6% 交纳；
10. 超过 2000 万元的部分，按照 0.5% 交纳。

立案时按简易程序减半收取的，由简易程序转为普通程序，则通知原告补交诉讼费用。

证人因履行出庭做证义务而支出的交通、住宿、就餐等必要费用，按照机关事业单位工作人员差旅费用和补贴标准计算；误工损失按照国家上年度职工日平均工资标准计算。

【特别提醒】 民间借贷案件按简易程序审理的、调解结案的、撤诉的均减半收取案件受理费。

【法条链接】

《诉讼费用交纳办法》

第十三条　案件受理费分别按照下列标准交纳：

（一）财产案件根据诉讼请求的金额或者价额，按照下列比例分段累计交纳：

1. 不超过1万元的，每件交纳50元；

2. 超过1万元至10万元的部分，按照2.5%交纳；

3. 超过10万元至20万元的部分，按照2%交纳；

4. 超过20万元至50万元的部分，按照1.5%交纳；

5. 超过50万元至100万元的部分，按照1%交纳；

6. 超过100万元至200万元的部分，按照0.9%交纳；

7. 超过200万元至500万元的部分，按照0.8%交纳；

8. 超过500万元至1000万元的部分，按照0.7%交纳；

9. 超过1000万元至2000万元的部分，按照0.6%交纳；

10. 超过2000万元的部分，按照0.5%交纳。

……

第十五条　以调解方式结案或者当事人申请撤诉的，减半交纳案件受理费。

第十六条　适用简易程序审理的案件减半交纳案件受理费。

《最高人民法院关于适用〈中华人民共和国民事诉讼法〉的解释》

第一百一十八条　民事诉讼法第七十四条规定的证人因履行出庭作证义务而支出的交通、住宿、就餐等必要费用，按照机关事业单位工作人员差旅费用和补贴标准计算；误工损失按照国家上年度职工日平均工资标准计算。

人民法院准许证人出庭作证申请的，应当通知申请人预缴证人出庭作证费用。

3. 诉讼费的交纳有无期限限制？

【律师解答】向法院提起诉讼的原告应当向法院预交案件受理费或诉讼费用，其一般在提起诉讼、提出反诉、提出上诉的7日内交纳。诉讼中的申请费由申请人在提出申请时或者在人民法院指定的期限内预交。

【特别提醒】原告应当预交而未预交案件受理费，人民法院应当通知其预交，通知后仍不预交或者申请减、缓、免交未获人民法院批准而仍不预交的，裁定按自动撤诉处理。

【法条链接】

《诉讼费用交纳办法》

第二十二条　原告自接到人民法院交纳诉讼费用通知次日起7日内交纳案件受理费；反诉案件由提起反诉的当事人自提起反诉次日起7日内交纳案件受理费。

上诉案件的案件受理费由上诉人向人民法院提交上诉状时预交。双方当事人都提起上诉的，分别预交。上诉人在上诉期内未预交诉讼费用的，人民法院应当通知其在7日内预交。

申请费由申请人在提出申请时或者在人民法院指定的期限内预交。

当事人逾期不交纳诉讼费用又未提出司法救助申请，或者申请司法救助未获批准，在人民法院指定期限内仍未交纳诉讼费用的，由人民法院依照有关规定处理。

4. 对特别困难的当事人交不起诉讼费怎么办？

【律师解答】对特别困难的当事人交不起诉讼费用的，有困难的当事人应当持困难证明（孤寡老人、未成年人、残疾证、低保证、村委会或居委会证明等）向法院申请减交、缓交、免交诉讼费用，经法院审查符合减、缓、免交诉讼费用条件的，可以在起诉时减、缓、免交诉讼费用。

【特别提醒】免交诉讼费用只适用于自然人，减交或缓交则既适用于自然人，也适用于法人或其他组织等当事人。

【法条链接】

《诉讼费用交纳办法》

第四条　国家对交纳诉讼费用确有困难的当事人提供司法救助，保障其依法行使诉讼权利，维护其合法权益。

第四十四条　当事人交纳诉讼费用确有困难的，可以依照本办法向人民法院申请缓交、减交或者免交诉讼费用的司法救助。

诉讼费用的免交只适用于自然人。

5. 什么情况下可以免交诉讼费用？

【律师解答】可以免交诉讼费用的当事人必须是属于绝对贫困的人，是无力交纳。具体条件和范围可参见国务院《诉讼费用交纳办法》第45条的规定。

【特别提醒】申请免交诉讼费用必须提交相应的证据,如低保证、民政困难证明等。

【法条链接】

《诉讼费用交纳办法》

第四十五条 当事人申请司法救助,符合下列情形之一的,人民法院应当准予免交诉讼费用:

(一)残疾人无固定生活来源的;

(二)追索赡养费、扶养费、抚育费、抚恤金的;

(三)最低生活保障对象、农村特困定期救济对象、农村五保供养对象或者领取失业保险金人员,无其他收入的;

(四)因见义勇为或者为保护社会公共利益致使自身合法权益受到损害,本人或者其近亲属请求赔偿或者补偿的;

(五)确实需要免交的其他情形。

6. 什么情况下可以减交诉讼费用?

【律师解答】可以减交诉讼费用的人,是属于相对困难的人群,本人虽贫困,但能交纳部分诉讼费用。其条件和范围可参见国务院《诉讼费用交纳办法》第46条的规定。

【法条链接】

《诉讼费用交纳办法》

第四十六条 当事人申请司法救助,符合下列情形之一的,人民法院应当准予减交诉讼费用:

(一)因自然灾害等不可抗力造成生活困难,正在接受社会救济,或者家庭生产经营难以为继的;

(二)属于国家规定的优抚、安置对象的;

(三)社会福利机构和救助管理站;

(四)确实需要减交的其他情形。

人民法院准予减交诉讼费用的,减交比例不得低于30%。

7. 什么情况下可以缓交诉讼费用?

【律师解答】当事人因暂时经济困难,不能立即交纳诉讼费,此时,可向法院申请缓交诉讼费用。具体可以缓交诉讼费用的情况,可参见国务院

《诉讼费用交纳办法》第47条的规定。

【法条链接】

《诉讼费用交纳办法》

第四十七条 当事人申请司法救助，符合下列情形之一的，人民法院应当准予缓交诉讼费用：

（一）追索社会保险金、经济补偿金的；

（二）海上事故、交通事故、医疗事故、工伤事故、产品质量事故或者其他人身伤害事故的受害人请求赔偿的；

（三）正在接受有关部门法律援助的；

（四）确实需要缓交的其他情形。

8. 诉讼费用如何承担？

【律师解答】诉讼费用由败诉方负担，胜诉方自愿承担的除外。部分胜诉、部分败诉的，人民法院根据案件的具体情况决定当事人各自负担的诉讼费用数额。共同诉讼当事人败诉的，人民法院根据其对诉讼标的的利害关系，决定当事人各自负担的诉讼费用数额。

【特别提醒】经人民法院调解达成协议的案件，诉讼费用的负担由双方当事人协商解决；协商不成的，由人民法院决定。除依法免交、缓交诉讼费用外，案件受理费均由原告起诉时先行交纳，判决后由败诉方承担。

【法条链接】

《诉讼费用交纳办法》

第二十条第一款 案件受理费由原告、有独立请求权的第三人、上诉人预交。被告提起反诉，依照本办法规定需要交纳案件受理费的，由被告预交。追索劳动报酬的案件可以不预交案件受理费。

第二十九条 诉讼费用由败诉方负担，胜诉方自愿承担的除外。

部分胜诉、部分败诉的，人民法院根据案件的具体情况决定当事人各自负担的诉讼费用数额。

共同诉讼当事人败诉的，人民法院根据其对诉讼标的的利害关系，决定当事人各自负担的诉讼费用数额。

第三十一条 经人民法院调解达成协议的案件，诉讼费用的负担由双方当事人协商解决；协商不成的，由人民法院决定。

第四节　送达与答辩

1. 什么是送达？送达有无时间限制？

【律师解答】送达就是人民法院受理原告的起诉后，将原告的起诉状及诉讼权利义务告知书、诉讼风险提示书、举证通知书等诉讼材料送给被告，或者法院将传票、判决书、裁定书等送给案件当事人的行为。根据《民事诉讼法》第 125 条："人民法院应当在立案之日起五日内将起诉状副本发送被告，被告应当在收到之日起十五日内提出答辩状。……人民法院应当在收到答辩状之日起五日内将答辩状副本发送原告。"第 128 条："合议庭组成人员确定后，应当在三日内告知当事人。"第 136 条："人民法院审理民事案件，应当在开庭三日前通知当事人和其他诉讼参与人。公开审理的，应当公告当事人姓名、案由和开庭的时间、地点。"第 159 条："基层人民法院和它派出的法庭审理简单的民事案件，可以用简便方式传唤当事人和证人、送达诉讼文书、审理案件，但应当保障当事人陈述意见的权利。"

【特别提醒】送达是民事诉讼的必经环节，起诉状对被告不送达，被告就不能应诉，判决书对当事人不送达，判决书就对其无约束力。

2. 送达都可以采取哪些方式？

【律师解答】送达的方式有直接送达、留置送达、委托送达、邮寄送达、电子送达、公告送达等方式。

3. 什么是直接送达？直接送达有什么要求？其送达日期如何确定？

【律师解答】直接送达就是人民法院将起诉状、答辩状、开庭传票、判决书、裁定书等法律文件直接送给受送达人本人的送达方式。直接送达是民事诉讼送达方式中主要和首选的方式，诉讼中能采用直接送达方式送达的，不应选择其他方式送达。

送达民间借贷等诉讼文书，应当直接交送受送达人。受送达人是公民的，本人不在则交他的同住成年家属签收；受送达人有诉讼代理人的，可以送交其代理人签收；受送达人已向人民法院指定代收人的，送交代收人签收。受送达人及与其同住成年家属、诉讼代理人或者代收人在送达回证上签收的日期为送达日期。

【特别提醒】 实践中还有一种情况，就是立案后，法院的送达人员给当事人打电话，让当事人到法院指定的场所来取送达的诉讼文书，或者说是在法院将诉讼文书直接送达给当事人，《民事诉讼法》对此没有作出明确规定，也未禁止，但《最高人民法院关于适用〈中华人民共和国民事诉讼法〉的解释》确认了这种送达方式，同时还规定，当事人到达人民法院，拒绝签署送达回证的，视为送达。审判人员、书记员应当在送达回证上注明送达情况并签名。

【法条链接】

《中华人民共和国民事诉讼法》

第八十四条 送达诉讼文书必须有送达回证，由受送达人在送达回证上记明收到日期，签名或者盖章。

受送达人在送达回证上的签收日期为送达日期。

第八十五条 送达诉讼文书，应当直接送交受送达人。受送达人是公民的，本人不在交他的同住成年家属签收；受送达人是法人或者其他组织的，应当由法人的法定代表人、其他组织的主要负责人或者该法人、组织负责收件的人签收；受送达人有诉讼代理人的，可以送交其代理人签收；受送达人已向人民法院指定代收人的，送交代收人签收。

受送达人的同住成年家属，法人或者其他组织的负责收件的人，诉讼代理人或者代收人在送达回证上签收的日期为送达日期。

《最高人民法院关于适用〈中华人民共和国民事诉讼法〉的解释》

第一百三十条 向法人或者其他组织送达诉讼文书，应当由法人的法定代表人、该组织的主要负责人或者办公室、收发室、值班室等负责收件的人签收或者盖章，拒绝签收或者盖章的，适用留置送达。

民事诉讼法第八十六条规定的有关基层组织和所在单位的代表，可以是受送达人住所地的居民委员会、村民委员会的工作人员以及受送达人所在单位的工作人员。

第一百三十一条第一款 人民法院直接送达诉讼文书的，可以通知当事人到人民法院领取。当事人到达人民法院，拒绝签署送达回证的，视为送达。审判人员、书记员应当在送达回证上注明送达情况并签名。

第一百三十二条 受送达人有诉讼代理人的，人民法院既可以向受送达人送达，也可以向其诉讼代理人送达。受送达人指定诉讼代理人为代收人的，向诉讼代理人送达时，适用留置送达。

4. 法院可以在当事人住所地以外向当事人送达诉讼文书吗？当事人拒绝怎么办？

【律师解答】人民法院可以在当事人住所地以外向当事人直接送达诉讼文书。当事人拒绝签署送达回证的，采用拍照、录像等方式记录送达过程即视为送达。审判人员、书记员应当在送达回证上注明送达情况并签名。

【特别提醒】法院在当事人住所地以外向其送达诉讼文书与当事人到法院领取诉讼文书时，当事人拒绝签署送达回证时的要求是不一样的。当事人到法院领取诉讼文书，拒绝签署送达回证，视为送达，其要求审判人员、书记员应当在送达回证上注明送达情况并签名。而法院在当事人住所地以外向其送达诉讼文书，当事人拒绝签署送达回证的，需采用拍照、录像等方式记录送达过程即视为送达。审判人员、书记员应当在送达回证上注明送达情况并签名。显然在当事人住所地以外的地方对当事人进行送达比当事人到法院领取诉讼文书的要求多了一个采用拍照、录像等方式记录送达过程。

【法条链接】

《最高人民法院关于适用〈中华人民共和国民事诉讼法〉的解释》

第一百三十一条第二款 人民法院可以在当事人住所地以外向当事人直接送达诉讼文书。当事人拒绝签署送达回证的，采用拍照、录像等方式记录送达过程即视为送达。审判人员、书记员应当在送达回证上注明送达情况并签名。

5. 民间借贷案件中在什么情况下采取留置方式送达？留置送达有什么要求？

【律师解答】留置送达是受送达人或者同住的成年家属拒绝接收送达的诉讼文书，人民法院将送达的诉讼文书留在受送达人住所即视为送达的一种送达方式。留置送达时，由于受送达人或者他的同住成年家属拒绝接收诉讼文书，此时，送达人可以邀请有关基层组织或者所在单位的代表到场，说明情况，在送达回证上记明拒收事由和日期，由送达人、见证人签名或者盖章，把诉讼文书留在受送达人的住所；也可以把诉讼文书留在受送达人的住所，并采用拍照、录像等方式记录送达过程，即视为送达。

【特别提醒】留置送达适用于受送达人及其同住成年亲属以及向法人及其他组织送达，受送达人指定诉讼代理人为代收人的，向诉讼代理人送达时，适用留置送达。实践中有的被告外出，其同住成年家属也与其无法联系，或被告出走下落不明等，则不能对原与受送达人同住的成年家属适用留置送达。

【法条链接】
《中华人民共和国民事诉讼法》

第八十六条 受送达人或者他的同住成年家属拒绝接收诉讼文书的，送达人可以邀请有关基层组织或者所在单位的代表到场，说明情况，在送达回证上记明拒收事由和日期，由送达人、见证人签名或者盖章，把诉讼文书留在受送达人的住所；也可以把诉讼文书留在受送达人的住所，并采用拍照、录像等方式记录送达过程，即视为送达。

《最高人民法院关于适用〈中华人民共和国民事诉讼法〉的解释》

第一百三十条第二款 民事诉讼法第八十六条规定的有关基层组织和所在单位的代表，可以是受送达人住所地的居民委员会、村民委员会的工作人员以及受送达人所在单位的工作人员。

6. 民事诉讼所有的法律文书都可以采用留置的方式进行送达吗？

【律师解答】不是，调解书应当直接送达当事人本人，不适用留置送达。当事人本人因故不能签收的，可由其指定的代收人签收。

【法条链接】
《最高人民法院关于适用〈中华人民共和国民事诉讼法〉的解释》

第一百三十三条 调解书应当直接送达当事人本人，不适用留置送达。当事人本人因故不能签收的，可由其指定的代收人签收。

7. 什么是委托送达？委托送达有什么要求？其送达日期如何确定？

【律师解答】委托送达是受理案件的人民法院将送达的诉讼文书委托其他人民法院对受送达人进行送达的一种送达方式。

依照《民事诉讼法》第88条规定，直接送达诉讼文书有困难的，可以委托其他人民法院代为送达。委托其他人民法院代为送达的，委托法院应当出具委托函，并附需要送达的诉讼文书和送达回证，以受送达人在送达回证上签收的日期为送达日期。

【特别提醒】委托送达的,受委托人民法院应当自收到委托函及相关诉讼文书之日起十日内代为送达。

【法条链接】

《中华人民共和国民事诉讼法》

第八十八条　直接送达诉讼文书有困难的,可以委托其他人民法院代为送达,或者邮寄送达。邮寄送达的,以回执上注明的收件日期为送达日期。

《最高人民法院关于适用〈中华人民共和国民事诉讼法〉的解释》

第一百三十四条　依照民事诉讼法第八十八条规定,委托其他人民法院代为送达的,委托法院应当出具委托函,并附需要送达的诉讼文书和送达回证,以受送达人在送达回证上签收的日期为送达日期。

委托送达的,受委托人民法院应当自收到委托函及相关诉讼文书之日起十日内代为送达。

8. 民间借贷案件中在什么情况下采取邮寄方式送达?邮寄送达有什么要求?其送达日期如何确定?

【律师解答】邮寄送达是将诉讼文书用邮件的方式邮寄给受送达人的送达方式。邮寄送达和委托送达都是在直接送达有困难时所采用的一种送达方式,邮寄送达的,要由受送达人或其同住成年家属签收并注明收到日期。邮寄送达,应当附有送达回证。挂号信回执上注明的收件日期与送达回证上注明的收件日期不一致的,或者送达回证没有寄回的,以挂号信回执上注明的收件日期为送达日期。

【特别提醒】司法实践中,有的法院不采用直接送达方式,而是立案庭负责送达,送达都采用特快专递的形式,由快递公司工作人员将法律文书以快递件的方式送给受送达人或其同住成年家属签收。

【法条链接】

《中华人民共和国民事诉讼法》

第八十八条　直接送达诉讼文书有困难的,可以委托其他人民法院代为送达,或者邮寄送达。邮寄送达的,以回执上注明的收件日期为送达日期。

《最高人民法院关于以法院专递方式邮寄送达民事诉讼文书的若干规定》

为保障和方便双方当事人依法行使诉讼权利,根据《中华人民共和国民事诉讼法》的有关规定,结合民事审判经验和各地的实际情况,制定本规定。

第一条　人民法院直接送达诉讼文书有困难的，可以交由国家邮政机构（以下简称邮政机构）以法院专递方式邮寄送达，但有下列情形之一的除外：

（一）受送达人或者其诉讼代理人、受送达人指定的代收人同意在指定的期间内到人民法院接受送达的；

（二）受送达人下落不明的；

（三）法律规定或者我国缔结或者参加的国际条约中约定有特别送达方式的。

第二条　以法院专递方式邮寄送达民事诉讼文书的，其送达与人民法院送达具有同等法律效力。

第三条　当事人起诉或者答辩时应当向人民法院提供或者确认自己准确的送达地址，并填写送达地址确认书。当事人拒绝提供的，人民法院应当告知其拒不提供送达地址的不利后果，并记入笔录。

第四条　送达地址确认书的内容应当包括送达地址的邮政编码、详细地址以及受送达人的联系电话等内容。

当事人要求对送达地址确认书中的内容保密的，人民法院应当为其保密。

当事人在第一审、第二审和执行终结前变更送达地址的，应当及时以书面方式告知人民法院。

第五条　当事人拒绝提供自己的送达地址，经人民法院告知后仍不提供的，自然人以其户籍登记中的住所地或者经常居住地为送达地址；法人或者其他组织以其工商登记或者其他依法登记、备案中的住所地为送达地址。

第六条　邮政机构按照当事人提供或者确认的送达地址送达的，应当在规定的日期内将回执退回人民法院。

邮政机构按照当事人提供或确认的送达地址在五日内投送三次以上未能送达，通过电话或者其他联系方式又无法告知受送达人的，应当将邮件在规定的日期内退回人民法院，并说明退回的理由。

第七条　受送达人指定代收人的，指定代收人的签收视为受送达人本人签收。

邮政机构在受送达人提供或确认的送达地址未能见到受送达人的，可以将邮件交给与受送达人同住的成年家属代收，但代收人是同一案件中另一方当事人的除外。

第八条 受送达人及其代收人应当在邮件回执上签名、盖章或者捺印。

受送达人及其代收人在签收时应当出示其有效身份证件并在回执上填写该证件的号码；受送达人及其代收人拒绝签收的，由邮政机构的投递员记明情况后将邮件退回人民法院。

第九条 有下列情形之一的，即为送达：

（一）受送达人在邮件回执上签名、盖章或者捺印的；

（二）受送达人是无民事行为能力或者限制民事行为能力的自然人，其法定代理人签收的；

（三）受送达人是法人或者其他组织，其法人的法定代表人、该组织的主要负责人或者办公室、收发室、值班室的工作人员签收的；

（四）受送达人的诉讼代理人签收的；

（五）受送达人指定的代收人签收的；

（六）受送达人的同住成年家属签收的。

第十条 签收人是受送达人本人或者是受送达人的法定代表人、主要负责人、法定代理人、诉讼代理人的，签收人应当当场核对邮件内容。签收人发现邮件内容与回执上的文书名称不一致的，应当当场向邮政机构的投递员提出，由投递员在回执上记明情况后将邮件退回人民法院。

签收人是受送达人办公室、收发室和值班室的工作人员或者是与受送达人同住成年家属，受送达人发现邮件内容与回执上的文书名称不一致的，应当在收到邮件后的三日内将该邮件退回人民法院，并以书面方式说明退回的理由。

第十一条 因受送达人自己提供或者确认的送达地址不准确、拒不提供送达地址、送达地址变更未及时告知人民法院、受送达人本人或者受送达人指定的代收人拒绝签收，导致诉讼文书未能被受送达人实际接收的，文书退回之日视为送达之日。

受送达人能够证明自己在诉讼文书送达的过程中没有过错的，不适用前款规定。

第十二条 本规定自2005年1月1日起实施。

我院以前的司法解释与本规定不一致的，以本规定为准。

9. 对军人以及被监禁的人如何送达?

【律师解答】民间借贷案件中如受送达人是军人的,可通过其所在部队团以上单位的政治机关转交。受送达人是被监禁的,通过其所在监所转交。

【特别提醒】民间借贷的债务人或保证人在债务履行期届满时,可能由于涉嫌犯罪而被监禁,如已被判刑并入监狱服刑,则按法律规定通过所在监所转交,法律也不禁止通过会见直接送达。如在看守所羁押,则一般需在法院刑事判决生效后,才能对其送达民事诉讼文书。

【法条链接】

《中华人民共和国民事诉讼法》

第八十九条 受送达人是军人的,通过其所在部队团以上单位的政治机关转交。

第九十条 受送达人被监禁的,通过其所在监所转交。

受送达人被采取强制性教育措施的,通过其所在强制性教育机构转交。

10. 诉讼文书交有关单位转交的,如何确定送达日期?

【律师解答】诉讼文书交有关单位转交的,代为转交的机关、单位收到诉讼文书后,必须立即交受送达人签收,以在送达回证上的签收日期为送达日期。

【特别提醒】诉讼文书由有关单位转交,一般应当时就转交受送达人,并由受达人在送达回证上签字。

【法条链接】

《中华人民共和国民事诉讼法》

第九十一条 代为转交的机关、单位收到诉讼文书后,必须立即交受送达人签收,以在送达回证上的签收日期,为送达日期。

11. 民间借贷案件人民法院可以采用传真、电子邮件等电子方式送达吗?其送达日期如何确定?

【律师解答】人民法院在民间借贷诉讼中可以采用传真、电子邮件等电子方式送达诉讼文书。电子送达是 2012 年《民事诉讼法》修改后确定的一种新的送达形式。即经受送达人同意,人民法院可以采用传真、电子邮件等能够确认其收悉的方式送达除判决书、裁定书、调解书以外的诉讼文书。

采用传真、电子邮件、移动通信等能够确认其收悉的方式送达的,以传真、电子邮件、移动通信等到达受送达人特定系统的日期为送达日期。这里"到达受送达人特定系统的日期"为人民法院对应系统显示发送成功的日期，但受送达人证明到达其特定系统的日期与人民法院对应系统显示发送成功的日期不一致的，以受送达人证明到达其特定系统的日期为准。

【特别提醒】采用传真、电子邮件、移动通信等能够确认其收悉的方式送达诉讼文书是有前提的，即："经受送达人同意"，而且对判决书、裁定书、调解书的送达，即便受送达人同意，也不能采用这种方式送达。受送达人同意采用电子方式送达的，应当在送达地址确认书中予以确认。

【法条链接】

《中华人民共和国民事诉讼法》

第八十七条　经受送达人同意，人民法院可以采用传真、电子邮件等能够确认其收悉的方式送达诉讼文书，但判决书、裁定书、调解书除外。

采用前款方式送达的，以传真、电子邮件等到达受送达人特定系统的日期为送达日期。

《最高人民法院关于适用〈中华人民共和国民事诉讼法〉的解释》

第一百三十五条　电子送达可以采用传真、电子邮件、移动通信等即时收悉的特定系统作为送达媒介。

民事诉讼法第八十七条第二款规定的到达受送达人特定系统的日期，为人民法院对应系统显示发送成功的日期，但受送达人证明到达其特定系统的日期与人民法院对应系统显示发送成功的日期不一致的，以受送达人证明到达其特定系统的日期为准。

第一百三十六条　受送达人同意采用电子方式送达的，应当在送达地址确认书中予以确认。

12. 在什么情况下采取公告送达方式，其送达日期如何确定？它有什么要求？

【律师解答】在民间借贷诉讼中，如受送达人下落不明，或者用法律规定的其他方式无法送达的，可采用公告方式送达。公告方式送达的，自发出公告之日起，经过六十日，无论受送达人是否看到公告，即视为送达。

公告送达可以在法院的公告栏和受送达人住所地张贴公告，也可以在报纸、信息网络等媒体上刊登公告，发出公告日期以最后张贴或者刊登的日期为准。对公告送达方式有特殊要求的，应当按要求的方式进行。公告期满，即视为送达。

公告送达应当说明公告送达的原因；公告送达起诉状或者上诉状副本的，应当说明起诉或者上诉要点，受送达人答辩期限及逾期不答辩的法律后果；公告送达传票，应当说明出庭的时间和地点及逾期不出庭的法律后果；公告送达判决书、裁定书的，应当说明裁判主要内容，当事人有权上诉的，还应当说明上诉权利、上诉期限和上诉的人民法院。

【特别提醒】 必须是受送达人下落不明，穷尽其他方式无法送达的情况下，才可以采用公告送达方式。公告送达，应当在案卷中记明原因和经过。特别是人民法院在受送达人住所地张贴公告的，应当采取拍照、录像等方式记录张贴过程。民间借贷案件，基层人民法院对其适用简易程序的比较多，适用简易程序的案件，不适用公告送达。

【法条链接】

《中华人民共和国民事诉讼法》

第九十二条 受送达人下落不明，或者用本节规定的其他方式无法送达的，公告送达。自发出公告之日起，经过六十日，即视为送达。

公告送达，应当在案卷中记明原因和经过。

《最高人民法院关于适用〈中华人民共和国民事诉讼法〉的解释》

第一百三十八条 公告送达可以在法院的公告栏和受送达人住所地张贴公告，也可以在报纸、信息网络等媒体上刊登公告，发出公告日期以最后张贴或者刊登的日期为准。对公告送达方式有特殊要求的，应当按要求的方式进行。公告期满，即视为送达。

人民法院在受送达人住所地张贴公告的，应当采取拍照、录像等方式记录张贴过程。

第一百三十九条 公告送达应当说明公告送达的原因；公告送达起诉状或者上诉状副本的，应当说明起诉或者上诉要点，受送达人答辩期限及逾期不答辩的法律后果；公告送达传票，应当说明出庭的时间和地点及逾期不出庭的法律后果；公告送达判决书、裁定书的，应当说明裁判主要内容，当事人有权上诉的，还应当说明上诉权利、上诉期限和上诉的人民法院。

第一百四十条 适用简易程序的案件，不适用公告送达。

13. 人民法院依据原告起诉时所提供的被告住址无法直接送达或者留置送达怎么办？

【律师解答】人民法院依据原告起诉时所提供的被告住址无法直接送达或者留置送达，应当要求原告补充材料。原告因客观原因不能补充或者依据原告补充的材料仍不能确定被告住址的，人民法院应当依法向被告公告送达诉讼文书。

【特别提醒】根据最高人民法院法释（2004）17号批复，人民法院不得仅以原告不能提供真实、准确的被告住址为由裁定驳回起诉或者裁定终结诉讼。

【法条链接】

《最高人民法院关于依据原告起诉时提供的被告住址无法送达应如何处理问题的批复》法释〔2004〕17号

近来，一些高级人民法院就人民法院依据民事案件的原告起诉时提供的被告住址无法送达应如何处理问题请示我院。为了正确适用法律，保障当事人行使诉讼权利，根据《中华人民共和国民事诉讼法》的有关规定，批复如下：

人民法院依据原告起诉时所提供的被告住址无法直接送达或者留置送达，应当要求原告补充材料。原告因客观原因不能补充或者依据原告补充的材料仍不能确定被告住址的，人民法院应当依法向被告公告送达诉讼文书。人民法院不得仅以原告不能提供真实、准确的被告住址为由裁定驳回起诉或者裁定终结诉讼。

因有关部门不准许当事人自行查询其他当事人的住址信息，原告向人民法院申请查询的，人民法院应当依原告的申请予以查询。

14. 因有关部门不准许当事人自行查询其他当事人的住址信息，无法确定其他当事人住址信息，怎么办？

【律师解答】因有关部门不准许当事人自行查询其他当事人的住址信息，原告可向人民法院申请查询，原告向人民法院申请查询的，人民法院应当依原告的申请予以查询。

【特别提醒】有的民间借贷，借款人就在借款合同上签了个名，甚至名字都不正确，债权人根本不了解或掌握借款的真实情况，等到收不回借款，人找不到时，才知道着急，所以民间借贷的出借人向外借款时，一定要将借款人、保证人身份证复印件附在借款合同上备查。以免诉讼时无法找到借款人或保证人，严重时，确定不了明确的被告及其住址，可能导致无法起诉。

15. 什么是答辩？

【律师解答】答辩是民事诉讼中的一项程序，是基于民事权利平等原则的要求，在原告起诉或上诉人上诉后，在法律的期限内或人民法院在征得被告同意的基础上，合理确定答辩期间内，针对原告起诉或上诉所作的答复、对抗与论辩。对被起诉或被上诉的当事人来说，答辩是一项权利，被告或被上诉人的答辩权也可称为抗辩权，是与原告的起诉权及上诉人的上诉权相对应的权利，是我国民事诉讼以辩论权为基础确立的辩论原则所赋予被告和被上诉人的权利，是被告或被上诉人所享有的辩论权中最重要的权利之一。即被告有权针对原告的起诉或上诉人的上诉，提出自己对原告所主张的事实、诉讼请求、证据、适用法律或上诉主张、上诉请求、一审认定的事实和适用法律等提出自己的意见和要求的权利。对法院来讲，被告或被上诉人答辩也是一项诉讼义务，被原告起诉的被告也有义务向法院说明与案件有关的事实及其对本案的意见与要求等。一般受理案件的法院，在向被告送达起诉状等法律文书时，在有关权利义务告知书中会明确告知被告在接到起诉书后多少时间内提交答辩状。

【特别提醒】答辩是民间借贷诉讼中被告或被上诉人的一种民事诉讼行为，它基于被告或被上诉人所享有的辩论权而产生的，答辩的目的和作用主要是被告或被上诉人通过提出各种事实、主张、理由包括证据和法律规定来反驳原告的请求或上诉人的上诉请求以维护自己的合法权益。

16. 提出答辩状有明确期限限制吗？

【律师解答】关于当事人进行民事诉讼中的有关期限，有的是法律有明确规定的，属于法定期限。而有些期限，法律授权法院根据案件情况指定，即通常我们所讲的指定期限，也属于法定期限，受案法院是不能随意指定和变更的。《民事诉讼法》对被告提交答辩是有明确期限的，《民事诉讼法》第125条规定，人民法院应当在立案之日起五日内将起诉状副本发送被告，被告应当在收到之日起十五日内提出答辩状。所以被告提出答辩的期限属于法定期限，当事人和法院不得随意变更或另行指定。

【特别提醒】民事简易程序没有确定的答辩期，被告要求书面答辩的，人民法院可在征得其同意的基础上，合理确定答辩期间。当事人双方均表示不需要举证期限、答辩期间的，人民法院可以立即开庭审理或者确定开庭日期。

【法条链接】

《中华人民共和国民事诉讼法》

第一百二十五条　人民法院应当在立案之日起五日内将起诉状副本发送被告，被告应当在收到之日起十五日内提出答辩状。答辩状应当记明被告的姓名、性别、年龄、民族、职业、工作单位、住所、联系方式；法人或者其他组织的名称、住所和法定代表人或者主要负责人的姓名、职务、联系方式。人民法院应当在收到答辩状之日起五日内将答辩状副本发送原告。

被告不提出答辩状的，不影响人民法院审理。

第一百六十七条　原审人民法院收到上诉状，应当在五日内将上诉状副本送达对方当事人，对方当事人在收到之日起十五日内提出答辩状。人民法院应当在收到答辩状之日起五日内将副本送达上诉人。对方当事人不提出答辩状的，不影响人民法院审理。

原审人民法院收到上诉状、答辩状，应当在五日内连同全部案卷和证据，报送第二审人民法院。

《最高人民法院关于适用〈中华人民共和国民事诉讼法〉的解释》

第二百六十六条　适用简易程序案件的举证期限由人民法院确定，也可以由当事人协商一致并经人民法院准许，但不得超过十五日。被告要求书面答辩的，人民法院可在征得其同意的基础上，合理确定答辩期间。

人民法院应当将举证期限和开庭日期告知双方当事人，并向当事人说明逾期举证以及拒不到庭的法律后果，由双方当事人在笔录和开庭传票的送达回证上签名或者捺印。

当事人双方均表示不需要举证期限、答辩期间的，人民法院可以立即开庭审理或者确定开庭日期。

17. 被告在接到起诉状等诉讼材料后，不在十五日内提出答辩，怎么办？

【律师解答】 答辩是被告享有的一种对原告诉请进行抗辩的诉讼权利，这种权利是否行使，由权利人自行决定，针对原告起诉进行答辩的权利可以放弃，被告不提出答辩状的，不影响人民法院对案件的审理。

第五节　管辖权异议

1. 什么是管辖权异议？

【律师解答】管辖权异议是指被告认为受理案件的法院对案件没有管辖权，从而向受理案件的法院对管辖权提出异议的行为。

2. 对起诉或已受理的民间借贷案件，人民法院发现不属于本院管辖的，应当怎么办？

【律师解答】在原告起诉民间借贷时，法院受理案件的部门如发现案件不属于该人民法院管辖，则告知当事人向有管辖的人民法院起诉，如当事人坚持起诉的，可先行登记，经审查，确实不属于该院管辖的，可裁定不予受理。如法院受理民间借贷案件后，发现该案不属于本案管辖的，受案法院应将案件移送有管辖权的人民法院审理。

【特别提醒】如受移送的人民法院认为受移送的案件依照规定不属于本院管辖的，应当报请上级人民法院指定管辖，不得再自行移送。

【法条链接】

《中华人民共和国民事诉讼法》

第一百二十四条　人民法院对下列起诉，分别情形，予以处理：

……

（四）对不属于本院管辖的案件，告知原告向有管辖权的人民法院起诉；

……

《最高人民法院关于适用〈中华人民共和国民事诉讼法〉的解释》

第二百一十一条　对本院没有管辖权的案件，告知原告向有管辖权的人民法院起诉；原告坚持起诉的，裁定不予受理；立案后发现本院没有管辖权的，应当将案件移送有管辖权的人民法院。

3. 民间借贷案件被告人如何提出管辖权异议？

【律师解答】人民法院受理案件后，当事人对管辖权有异议的，应当在提交答辩状期间提出。提出管辖权异议时，异议人应当提供相应的证据材料,证明受案法院对已受理的民间借贷案件没有管辖权。被告可以提供其在受案法院管辖以外地区连续居住一年以上的证明,如劳动合同书、暂住证、居委会或当地派出所居住证明、单位工作证明等。

【特别提醒】实践中许多被告并不是按这个时间提交答辩的,多数是在开庭时才提交,甚至不提交书面的答辩状。如果不涉及提出管辖权异议还可以,如果对管辖权有异议,则需注意,一定要在答辩期间内向受案法院提出管辖权异议。

【法条链接】

《中华人民共和国民事诉讼法》

第一百二十七条第一款 人民法院受理案件后,当事人对管辖权有异议的,应当在提交答辩状期间提出。人民法院对当事人提出的异议,应当审查。异议成立的,裁定将案件移送有管辖权的人民法院;异议不成立的,裁定驳回。

4. 被告在提交答辩状期间即提出管辖权异议,又针对起诉状的内容进行答辩的如何对待和处理?

【律师解答】在答辩期间提出管辖权异议是被告的一项法定权利,程序的公正是实体公正的保证,在民事诉讼中,首先要保障程序的公正,既然法律赋予了被告在答辩期间有权对管辖权提出异议。被告也在答辩期间提出了管辖权异议,那么受理案件的法院就有义务对被告的管辖权异议进行审查并作出裁定。所以被告在提交答辩期间即提出管辖权异议,同时又针对起诉状的内容进行答辩的,应当先审查其管辖权异议是否成立,只有在前一个程序性问题得到解决后,才能进入下一个程序。

【法条链接】

《最高人民法院关于适用〈中华人民共和国民事诉讼法〉的解释》

第二百二十三条第一款 当事人在提交答辩状期间提出管辖异议,又针对起诉状的内容进行答辩的,人民法院应当依照民事诉讼法第一百二十七条第一款的规定,对管辖异议进行审查。

5. 民间借贷案件虽不属于受案人民法院管辖,但被告没有提出管辖权异议并应诉答辩的,如何处理?

【律师解答】根据《民事诉讼法》规定,案件虽不属于受案人民法院管辖，当事人未提出管辖权异议，并应诉答辩的，视为受诉人民法院有管辖权，案件由受诉人民法院继续审理。但受案法院对案件的受理违反级别管辖和专属管辖规定的除外。就民间借贷案件而言，基本都是由基层人民法院来管辖，而且民间借贷案件不存在专属管辖的问题，所以民间借贷案件一方起诉时，虽案件不属该人民法院管辖，但该人民法院已受理，被告在答辩期间没有提出管辖权异议，且实际进行了应诉，即明确表示同意民间借贷纠纷由受案法院管辖。此时可视为受案法院对争议的民间借贷案件有管辖权。

【特别提醒】这里"应诉答辩"是指：当事人未提出管辖权异议，就案件实体内容进行答辩、陈述或者反诉的。如对是否存在民间借贷事实、数额、期限、利率、诉讼时效提出意见和要求等。

【法条链接】

《中华人民共和国民事诉讼法》

第一百二十七条第二款　当事人未提出管辖异议，并应诉答辩的，视为受诉人民法院有管辖权，但违反级别管辖和专属管辖规定的除外。

《最高人民法院关于适用〈中华人民共和国民事诉讼法〉的解释》

第二百二十三条第二款　当事人未提出管辖异议，就案件实体内容进行答辩、陈述或者反诉的，可以认定为民事诉讼法第一百二十七条第二款规定的应诉答辩。

6. 法院对当事人提出的管辖权异议经审查认为成立的，应当怎么办？

【律师解答】原告起诉后，被告接到起诉状及应诉通知书和诉讼告知书等材料后，对受理本案的法院提出异议，受案法院应当进行审查，如被告提出的管辖权异议成立，法院应当裁定管辖权异议成立，将案件移送有管辖权的人民法院。

【特别提醒】管辖权异议成立，决定将案件移送有管辖权的人民法院时，应立即裁定移送，裁定应向双方当事人送达，以便于到移送后的法院查询和诉讼。

7. 法院经审查认为被告提出的管辖权异议成立，原告能否向法院提出撤回起诉？

【律师解答】可以。撤诉，是原告在诉讼过程中所享有的一种诉讼权利。这种权利的行使不违反法律的禁止性规定和不损害对方及他人权利，法院应当予以准许和保障。司法实践中，受案法院经审查，认为被告提出的管辖权异议成立的，往往先向原告说明，并动员原告撤诉，指导和告知原告去有管辖权的法院另行起诉，如原告坚持不撤诉，则法院再作出管辖权异议成立并移送有管辖权法院的裁定。

【特别提醒】撤诉虽是原告所享有的一种诉讼权利，但这种权利的行使需经受案法院审查，如同意，则应裁定准予撤诉。如不同意，则可以不准撤诉。

【法条链接】

《中华人民共和国民事诉讼法》

第一百四十五条　宣判前，原告申请撤诉的，是否准许，由人民法院裁定。

人民法院裁定不准许撤诉的，原告经传票传唤，无正当理由拒不到庭的，可以缺席判决。

《最高人民法院关于适用〈中华人民共和国民事诉讼法〉的解释》

第二百三十八条　当事人申请撤诉或者依法可以按撤诉处理的案件，如果当事人有违反法律的行为需要依法处理的，人民法院可以不准许撤诉或者不按撤诉处理。

法庭辩论终结后原告申请撤诉，被告不同意的，人民法院可以不予准许。

8. 提出管辖权异议后，法院经审查认为异议不成立，裁定驳回怎么办？

【律师解答】受案法院对管辖权异议经审查认为异议不成立的，则需用裁定的形式告知当事人（一般是被告）管辖权异议不成立，依法驳回管辖权异议申请。提出异议的当事人对驳回管辖权异议裁定不服，可以在接到裁定书的十日内，向上级人民法院提出上诉，要求上一级法院对本案管辖权异议进行审查。

【特别提醒】民间借贷案件，原告依合同履行地向自己一方法院起诉，原来争议较大，各地法院判决不一，自《最高人民法院关于适用〈中华人民共和国民事诉讼法〉的解释》实施后，民间借贷以接受货币一方所有地为合同履行地，许多民间借贷的当事人都可以在自己一方所在地法院起诉，当然向被告一方法院起诉也是符合法律规定的。

【法条链接】

《中华人民共和国民事诉讼法》

第一百五十四条　裁定适用于下列范围：

……

（二）对管辖权有异议的；

……

对前款第一项至第三项裁定，可以上诉。

……

第一百六十四条第二款　当事人不服地方人民法院第一审裁定的，有权在裁定书送达之日起十日内向上一级人民法院提起上诉。

第六节　保全制度

1. 什么是保全？保全分为哪些种类？

【解答】保全是人民法院根据申请人的申请对被申请的财产进行查封、冻结、扣押等强制措施或对被申请人作出责令被申请人作出某种行为或禁止作出某种行为的一种民事法律制度。

保全根据申请保全的对象，分为财产保全、行为保全、证据保全；根据保全的阶段，分为诉前保全、诉讼保全、执行保全。这样在民事诉讼中，就形成了诉前财产保全、诉前行为保全、诉前证据保全、诉讼财产保全、诉讼行为保全、诉讼证据保全、执行财产保全、执行行为保全等保全方式。

2. 民间借贷起诉前或起诉时发现一方企图隐匿、转移财产，应该怎么办？

【律师解答】民间借贷案件，债权人起诉或准备起诉时，发现债务人或保证人所有和掌控的财产如不动产、车辆、银行存款、股份等有隐匿、转移的可能，为避免诉讼结束时法院判决无法执行，此时最好的办法就是在起诉前或起诉时向法院提出诉前财产保全或诉前行为保全申请，申请法院对债务人或保证人的财产采取保全措施。如果债务人或保证人的行为危及未来的判决执行，也可以申请法院作出责令债务人或保证人作出某种行为或禁止作出某种行为。

【特别提醒】诉前保全，是在人民法院未立案的情况下，依申请人的申请对被申请人的财产或行为作出一定的限制，因此无论是诉前财产保全还是诉前行为保全，申请人必须提供担保，否则，申请将会被驳回。

【法条链接】

《中华人民共和国民事诉讼法》

第一百零一条　利害关系人因情况紧急，不立即申请保全将会使其合法权益受到难以弥补的损害的，可以在提起诉讼或者申请仲裁前向被保全财产所在地、被申请人住所地或者对案件有管辖权的人民法院申请采取保全措施。申请人应当提供担保，不提供担保的，裁定驳回申请。

人民法院接受申请后，必须在四十八小时内作出裁定；裁定采取保全措施的，应当立即开始执行。

申请人在人民法院采取保全措施后三十日内不依法提起诉讼或者申请仲裁的，人民法院应当解除保全。

3. 怎样向法院提出诉前财产保全申请？

【律师解答】根据《民事诉讼法》第101条规定，利害关系人因情况紧急，不立即申请保全将会使其合法权益受到难以弥补的损害的，可以在提起诉讼或者申请仲裁前向被保全财产所在地、被申请人住所地或者对案件有管辖权的人民法院申请采取保全措施。

对于民间借贷案件，申请诉前财产保全的人只能是准备提起诉讼的债权人一方，提出诉前保全申请的时间应当是在起诉前。保全申请应当向被保全财产所在地、被申请人住所地或者对案件有管辖权的人民法院提出。同时对申请诉前财产保全提供担保。

【特别提醒】采取保全措施后，申请人要在30日内提起诉讼，否则，人民法院将会解除保全。

4. 申请人在人民法院采取诉前保全措施后，迟迟不起诉可以吗？

【律师解答】不可以。由于诉前保全是法院在没有立案的情况下，对他人财产或行为采取的限制性措施，如果长时间不立案，仍对被申请人的财产和行为采取限制性措施，不利于对被申请人财产权益和人身权的保护。为此，要求申请人必须在人民法院采取保全措施后30日内提起诉讼，逾期不起诉的，人民法院应当解除保全。

【特别提醒】申请人民法院采取诉前保全措施,法院裁定诉前保全的,一定要在30天内起诉,否则,法院会解除其保全。

【法条链接】

《中华人民共和国民事诉讼法》

第一百零一条第三款 申请人在人民法院采取保全措施后三十日内不依法提起诉讼或者申请仲裁的,人民法院应当解除保全。

5. 申请诉前财产保全后,申请人应当向哪个法院起诉?

【律师解答】在人民法院采取诉前财产保全后,申请人应当在30日内起诉,而采取诉前财产保全的法院包括被申请人住所地法院、保全财产所在地法院、对案件有管辖权的法院,对案件有管辖权的法院可能与被申请人住所地和保全财产所在地法院相一致,也可能不一致。如果申请人起诉的,应当向对民间借贷案件有管辖权的人民法院提起诉讼。

【特别说明】最高人民法院于1992年7月14日发布的《最高人民法院关于适用〈中华人民共和国民事诉讼法〉若干问题的意见》第31条第2款规定:在人民法院采取诉前财产保全后,申请人起诉的,可以向采取诉前财产保全的人民法院或者其他有管辖权的人民法院提起。1998年4月2日最高人民法院审判委员会第970次会议通过,自1998年4月25日起施行的法释〔1998〕5号即"最高人民法院关于如何理解《最高人民法院关于适用〈中华人民共和国民事诉讼法〉若干问题的意见》第31条第1款的批复"进一步明确:"在人民法院采取诉前财产保全后,申请人起诉的,应当向有管辖权的人民法院提起。采取诉前财产保全的人民法院对该案有管辖权的,应当依法受理;没有管辖权的,应当及时将采取诉前财产保全的全部材料移送有管辖权的受诉人民法院。"2015年2月3日,最高人民法院发布了《最高人民法院关于适用〈中华人民共和国民事诉讼法〉的解释》,该解释从2015年2月4日起实施,该解释对采取诉前保全措施后当事人的起诉的规定并没有保留。司法实践中,采取诉前财产保全的法院与民间借贷案件的管辖法院可能并不是一致的,在不一致的情况下,向民间借贷案件有管辖权的法院起诉是有明确法律依据的,根据新的《最高人民法院关于适用〈中华人民共和国民事诉讼法〉的解释》第160条的规定,也可以得出当事人可以向采取诉前保全措施以外的其他有管辖权的人民法院起诉。但案件最终要归有管辖权的法院审理。

【法条链接】

《最高人民法院关于适用〈中华人民共和国民事诉讼法〉的解释》

第一百六十条 当事人向采取诉前保全措施以外的其他有管辖权的人民法院起诉的，采取诉前保全措施的人民法院应当将保全手续移送受理案件的人民法院。诉前保全的裁定视为受移送人民法院作出的裁定。

6. 向法院提出诉前财产保全申请，法院受理后应当怎样做？

【律师解答】 人民法院接受申请后，必须在 48 小时内作出裁定；裁定采取财产保全措施的，应当立即开始执行。人民法院冻结财产后，应当立即通知被冻结财产的人。如被申请人提供担保，人民法院应当解除财产保全。

【特别提醒】 法院采取财产保全的范围"限于请求的范围，或者与本案有关的财物"。

【法条链接】

《中华人民共和国民事诉讼法》

第一百零一条第二款 人民法院接受申请后，必须在四十八小时内作出裁定；裁定采取保全措施的，应当立即开始执行。

第一百零一条第三款 申请人在人民法院采取保全措施后三十日内不依法提起诉讼或者申请仲裁的，人民法院应当解除保全。

《最高人民法院关于适用〈中华人民共和国民事诉讼法〉的解释》

第一百五十三条 人民法院对季节性商品、鲜活、易腐烂变质以及其他不宜长期保存的物品采取保全措施时，可以责令当事人及时处理，由人民法院保存价款；必要时，人民法院可予以变卖，保存价款。

第一百五十四条 人民法院在财产保全中采取查封、扣押、冻结财产措施时，应当妥善保管被查封、扣押、冻结的财产。不宜由人民法院保管的，人民法院可以指定被保全人负责保管；不宜由被保全人保管的，可以委托他人或者申请保全人保管。

查封、扣押、冻结担保物权人占有的担保财产，一般由担保物权人保管；由人民法院保管的，质权、留置权不因采取保全措施而消灭。

第一百五十五条 由人民法院指定被保全人保管的财产，如果继续使用对该财产的价值无重大影响，可以允许被保全人继续使用；由人民法院保管或者委托他人、申请保全人保管的财产，人民法院和其他保管人不得使用。

《最高人民法院关于人民法院办理财产保全案件若干问题的规定》

第四条　人民法院接受财产保全申请后，应当在五日内作出裁定；需要提供担保的，应当在提供担保后五日内作出裁定；裁定采取保全措施的，应当在五日内开始执行。对情况紧急的，必须在四十八小时内作出裁定；裁定采取保全措施的，应当立即开始执行。

7. 如果申请诉前保全有错误，给被申请人造成损失怎么办？

【律师解答】 保全是依申请人申请而采取的强制性限制措施，这种对财产的强制性限制措施或限制他人行为的措施，客观上可能会给被申请人造成一定的财产损失，对于法院因对被申请人财产或行为采取强制限制性措施给被申请人造成的损失，如申请人申请保全错误，则无须赔偿或补偿，如法院采取保全有错误，申请人应当赔偿被申请人因保全所遭受的损失。这也是法律规定申请人向法院申请诉前保全必须提供担保的原因和理由。

【特别提醒】 保全和对保全提供担保均属于预防性措施，在实施保全时，法院也会考虑财产性质和状态，采取适当的保全措施，如车辆可以运营，但禁止买卖过户交易等。因保全错误给被申请人造成损失的，在实践中很少。

【法条链接】

《中华人民共和国民事诉讼法》

第一百零五条　申请有错误的，申请人应当赔偿被申请人因保全所遭受的损失。

8. 什么是诉讼保全？诉讼财产保全都有哪些方式？

【律师解答】 诉讼保全是立案后，在诉讼过程中，可能因当事人一方的行为或者其他原因，使判决难以执行或造成当事人其他损害，人民法院可以根据对方当事人的申请或依职权作出财产保全、责令作出一定行为或者禁止其作出一定行为的裁定。在民间借贷案件中，债务人或保证人为逃避民事责任，对其财产进行转移、隐匿等时有发生，债权人为保证判决能顺利执行，可以依《民事诉讼法》第100条的规定向法院申请财产保全或行为保全。

【特别提醒】 保全限于请求的范围，或者与本案有关的财物或侵害、危及债权人利益行为。人民法院保全财产后，应当立即通知被保全财产的人。财产已被查封、冻结的，不得重复查封、冻结。

【法条链接】

《中华人民共和国民事诉讼法》

第一百条 人民法院对于可能因当事人一方的行为或者其他原因,使判决难以执行或者造成当事人其他损害的案件,根据对方当事人的申请,可以裁定对其财产进行保全、责令其作出一定行为或者禁止其作出一定行为;当事人没有提出申请的,人民法院在必要时也可以裁定采取保全措施。

人民法院采取保全措施,可以责令申请人提供担保,申请人不提供担保的,裁定驳回申请。

人民法院接受申请后,对情况紧急的,必须在四十八小时内作出裁定;裁定采取保全措施的,应当立即开始执行。

第一百零二条 保全限于请求的范围,或者与本案有关的财物。

第一百零三条 财产保全采取查封、扣押、冻结或者法律规定的其他方法。人民法院保全财产后,应当立即通知被保全财产的人。

财产已被查封、冻结的,不得重复查封、冻结。

9. 申请保全是否必须提供担保?对担保数额有什么要求?

【律师解答】 人民法院采取诉讼保全措施,可以责令申请人提供担保,人民法院责令申请保全人提供财产保全担保的,担保数额不超过请求保全数额的30%;申请保全的财产系争议标的的,担保数额不超过争议标的价值的30%。申请诉前财产保全的,应当提供相当于请求保全数额的担保;情况特殊的,人民法院可以酌情处理。申请诉前行为保全的,担保的数额由人民法院根据案件的具体情况决定。

【特别提醒】 人民法院在采取诉前保全、诉讼保全措施时,责令利害关系人或者当事人提供担保的,应当书面通知。当事人申请诉前保全,应当提供担保,而诉讼保全,则是可以责令申请人提供担保。具体是否责令申请人提供担保,由法院根据情况而定,但司法实践中,少有不要求申请人提供担保的。

【法条链接】

《中华人民共和国民事诉讼法》

第一百条第二款 人民法院采取保全措施,可以责令申请人提供担保,申请人不提供担保的,裁定驳回申请。

《最高人民法院关于适用〈中华人民共和国民事诉讼法〉的解释》

第一百五十二条 人民法院依照民事诉讼法第一百条、第一百零一条规定，在采取诉前保全、诉讼保全措施时，责令利害关系人或者当事人提供担保的，应当书面通知。

利害关系人申请诉前保全的，应当提供担保。申请诉前财产保全的，应当提供相当于请求保全数额的担保；情况特殊的，人民法院可以酌情处理。申请诉前行为保全的，担保的数额由人民法院根据案件的具体情况决定。

在诉讼中，人民法院依申请或者依职权采取保全措施的，应当根据案件的具体情况，决定当事人是否应当提供担保以及担保的数额。

《最高人民法院关于人民法院办理财产保全案件若干问题的规定》

第五条 人民法院依照民事诉讼法第一百条规定责令申请保全人提供财产保全担保的，担保数额不超过请求保全数额的百分之三十；申请保全的财产系争议标的的，担保数额不超过争议标的价值的百分之三十。

利害关系人申请诉前财产保全的，应当提供相当于请求保全数额的担保；情况特殊的，人民法院可以酌情处理。

财产保全期间，申请保全人提供的担保不足以赔偿可能给被保全人造成的损失的，人民法院可以责令其追加相应的担保；拒不追加的，可以裁定解除或者部分解除保全。

10. 什么情况下，法院可以不要求申请人对保全申请提供担保？

【律师解答】是否要求保全的申请提供担保要依案件事实和案件类型由法院决定，根据《最高人民法院关于人民法院办理财产保全案件若干问题的规定》第9条的规定，下面几种情况法院可以不要求申请人对其保全申请提供担保，包括：

（一）追索赡养费、扶养费、抚育费、抚恤金、医疗费用、劳动报酬、工伤赔偿、交通事故人身损害赔偿的；

（二）婚姻家庭纠纷案件中遭遇家庭暴力且经济困难的；

（三）人民检察院提起的公益诉讼涉及损害赔偿的；

（四）因见义勇为遭受侵害请求损害赔偿的；

（五）案件事实清楚、权利义务关系明确，发生保全错误可能性较小的；

（六）申请保全人为商业银行、保险公司等由金融监管部门批准设立的具有独立偿付债务能力的金融机构及其分支机构的。

法律文书生效后，进入执行程序前，债权人申请财产保全的，人民法院可以不要求提供担保。

【特别提醒】以上可以不要求申请人对其保全提供担保的情况只限于财产保全申请，且只有"案件事实清楚、权利义务关系明确，发生保全错误可能性较小的"和"法律文书生效后，进入执行程序前，债权人申请财产保全的"这两种情况适合民间借贷案件。

11. 当事人、利害关系人不能向法院提供明确的被保全财产信息，但提供了具体财产线索，人民法院可以裁定采取财产保全措施吗？

【律师解答】在民事诉讼或民间借贷诉讼中，当事人、利害关系人申请财产保全，应当向人民法院提供明确的被保全财产信息。如确因客观原因不能提供明确的被保全财产信息，但提供了具体财产线索的，人民法院可以依法裁定采取财产保全措施。在该裁定执行过程中，申请保全人可以向已经建立网络执行查控系统的执行法院，书面申请通过该系统查询被保全人的财产。申请保全人提出查询申请的，执行法院可以利用网络执行查控系统，对裁定保全的财产或者保全数额范围内的财产进行查询，并采取相应的查封、扣押、冻结措施。人民法院利用网络执行查控系统未查询到可供保全财产的，应当书面告知申请保全人。

【特别提醒】人民法院对查询到的被保全人财产信息，应当依法保密。除依法保全的财产外，不得泄露被保全人其他财产信息，也不得在财产保全、强制执行以外使用相关信息。

【法条链接】

《最高人民法院关于人民法院办理财产保全案件若干问题的规定》

第十条　当事人、利害关系人申请财产保全，应当向人民法院提供明确的被保全财产信息。

当事人在诉讼中申请财产保全，确因客观原因不能提供明确的被保全财产信息，但提供了具体财产线索的，人民法院可以依法裁定采取财产保全措施。

第十一条　人民法院依照本规定第十条第二款规定作出保全裁定的，在该裁定执行过程中，申请保全人可以向已经建立网络执行查控系统的执行法院，书面申请通过该系统查询被保全人的财产。

申请保全人提出查询申请的，执行法院可以利用网络执行查控系统，对裁定保全的财产或者保全数额范围内的财产进行查询，并采取相应的查封、扣押、冻结措施。

人民法院利用网络执行查控系统未查询到可供保全财产的，应当书面告知申请保全人。

第十二条　人民法院对查询到的被保全人财产信息，应当依法保密。除依法保全的财产外，不得泄露被保全人其他财产信息，也不得在财产保全、强制执行以外使用相关信息。

12. 财产保全期间，被保全人可以对被保全财产自行处分吗？

【律师解答】财产保全期间，被保全人一般不能对被保全财产进行处分，如被保全人申请对被保全财产自行处分，需经人民法院审查，经审查认为不损害申请保全人和其他执行债权人合法权益的，可以准许。准许被保全人自行处理被保全财产的，准许的人民法院应当监督被保全人按照合理价格在指定期限内处分并控制相应价款。

【特别提醒】被保全人请求对作为争议标的的被保全财产自行处分的，须经申请保全人同意。

【法条链接】
《最高人民法院关于人民法院办理财产保全案件若干问题的规定》

第二十条　财产保全期间，被保全人请求对被保全财产自行处分，人民法院经审查，认为不损害申请保全人和其他执行债权人合法权益的，可以准许，但应当监督被保全人按照合理价格在指定期限内处分，并控制相应价款。

被保全人请求对作为争议标的的被保全财产自行处分的，须经申请保全人同意。

人民法院准许被保全人自行处分被保全财产的，应当通知申请保全人；申请保全人不同意的，可以依照民事诉讼法第二百二十五条规定提出异议。

13. 人民法院准许被保全人自行处分被保全财产，保全申请人怎么办？

【律师解答】人民法院准许被保全人自行处分被保全财产，应当通知申请保全人；申请保全人不同意的，可以向准许被保全人自行处分被保全财产的人民法院提出异议。异议能否成立，需法院审查确定。人民法院应当自收到书面异议之日起 15 日内审查，理由成立的，裁定撤销或者改正；理由不成立的，裁定驳回。

【特别提醒】当事人、利害关系人对裁定不服的，可以自裁定送达之日起十日内向上一级人民法院申请复议。

【法条链接】
《中华人民共和国民事诉讼法》

第二百二十五条　当事人、利害关系人认为执行行为违反法律规定的，可以向负责执行的人民法院提出书面异议。当事人、利害关系人提出书面异议的，人民法院应当自收到书面异议之日起十五日内审查，理由成立的，裁定撤销或者改正；理由不成立的，裁定驳回。当事人、利害关系人对裁定不服的，可以自裁定送达之日起十日内向上一级人民法院申请复议。

14. 人民法院采取保全措施后，什么情况下申请人应当及时申请解除保全？

【律师解答】人民法院根据申请人的申请采取保全措施后，如果出现以下情况，原申请保全的申请人应当及时向法院申请解除保全，具体包括：（1）采取诉前财产保全措施后 30 日内不依法提起诉讼或者申请仲裁的；（2）仲裁机构不予受理仲裁申请、准许撤回仲裁申请或者按撤回仲裁申请处理的；（3）仲裁申请或者请求被仲裁裁决驳回的；（4）其他人民法院对起诉不予受理、准许撤诉或者按撤诉处理的；（5）起诉或者诉讼请求被其他人民法院生效裁判驳回的；（6）申请保全人应当申请解除保全的其他情形。人民法院收到解除保全申请后，应当在 5 日内裁定解除保全；对情况紧急的，必须在 48 小时内裁定解除保全。

【特别提醒】申请保全人未及时申请人民法院解除保全，应当赔偿被保全人因财产保全所遭受的损失。此外，被保全人向法院申请解除保全，经法院审查，其请求符合法律规定，法院也可解除保全。

【法条链接】
《最高人民法院关于人民法院办理财产保全案件若干问题的规定》

第二十三条　人民法院采取财产保全措施后，有下列情形之一的，申请保全人应当及时申请解除保全：

（一）采取诉前财产保全措施后三十日内不依法提起诉讼或者申请仲裁的；

（二）仲裁机构不予受理仲裁申请、准许撤回仲裁申请或者按撤回仲裁申请处理的；

（三）仲裁申请或者请求被仲裁裁决驳回的；

（四）其他人民法院对起诉不予受理、准许撤诉或者按撤诉处理的；

（五）起诉或者诉讼请求被其他人民法院生效裁判驳回的；

（六）申请保全人应当申请解除保全的其他情形。

人民法院收到解除保全申请后，应当在五日内裁定解除保全；对情况紧急的，必须在四十八小时内裁定解除保全。

申请保全人未及时申请人民法院解除保全，应当赔偿被保全人因财产保全所遭受的损失。

被保全人申请解除保全，人民法院经审查认为符合法律规定的，应当在本条第二款规定的期间内裁定解除保全。

15. 申请保全人或第三人如何为财产保全提供担保？

【律师解答】申请保全人或第三人为财产保全提供财产担保的，应当向人民法院出具担保书并附相关证据材料。担保书要求载明担保人自然情况、担保方式、担保范围、担保财产及其价值、担保责任承担等内容。

如是第三人为财产保全提供保证担保的，应当向人民法院提交保证书并附相关证据材料。保证书应当载明保证人自然情况、保证方式、保证范围、保证责任承担等内容。

【特别提醒】对财产保全担保，须经人民法院经审查同意，如法院认为其提供的担保违反物权法、担保法、公司法等有关法律禁止性规定的，应当责令申请保全人在指定期限内提供其他担保；逾期未提供的，裁定驳回申请。

【法条链接】

《最高人民法院关于人民法院办理财产保全案件若干问题的规定》

第六条　申请保全人或第三人为财产保全提供财产担保的，应当向人民法院出具担保书。担保书应当载明担保人、担保方式、担保范围、担保财产及其价值、担保责任承担等内容，并附相关证据材料。

第三人为财产保全提供保证担保的，应当向人民法院提交保证书。保证书应当载明保证人、保证方式、保证范围、保证责任承担等内容，并附相关证据材料。

对财产保全担保，人民法院经审查，认为违反物权法、担保法、公司法等有关法律禁止性规定的，应当责令申请保全人在指定期限内提供其他担保；逾期未提供的，裁定驳回申请。

16. 保险公司可以为财产保全提供担保吗？其要求如何？

【律师解答】依法设立的保险机构和金融监管部门批准设立的金融机构可以为财产保全申请人提供担保。保险机构为财产保险提供担保的，要求保险人以其与申请保全人签订财产保全责任险合同，同时保险人应当向人民法院出具担保书并附相关证据材料。担保书应当载明，因申请财产保全错误，由保险人赔偿被保全人因保全所遭受的损失等内容。

【特别提醒】除保险机构外，金融监管部门批准设立的金融机构以独立保函形式为财产保全提供担保的，人民法院应当依法准许。

【法条链接】

《最高人民法院关于人民法院办理财产保全案件若干问题的规定》

第七条 保险人以其与申请保全人签订财产保全责任险合同的方式为财产保全提供担保的，应当向人民法院出具担保书。

担保书应当载明，因申请财产保全错误，由保险人赔偿被保全人因保全所遭受的损失等内容，并附相关证据材料。

第八条 金融监管部门批准设立的金融机构以独立保函形式为财产保全提供担保的，人民法院应当依法准许。

17. 法院采取财产保全措施后，能否解除？

【律师解答】人民法院裁定采取保全措施后，除作出保全裁定的人民法院自行解除或者其上级人民法院决定解除外，在保全期限内，任何单位不得解除保全措施。根据《民事诉讼法》第104条规定，财产纠纷案件，被保全人或第三人提供充分有效担保请求解除保全，人民法院应当裁定准许。《最高人民法院关于适用〈中华人民共和国民事诉讼法〉的解释》第166条规定了四种可以作出解除保全裁定的情况，除此以外，法院采取保全措施后是不能裁定解除的。

【特别提醒】财产纠纷案件，被保全人请求对作为争议标的的财产解除保全的，须经申请保全人同意。

【法条链接】

《中华人民共和国民事诉讼法》

第一百零四条 财产纠纷案件,被申请人提供担保的,人民法院应当裁定解除保全。

《最高人民法院关于适用〈中华人民共和国民事诉讼法〉的解释》

第一百六十五条 人民法院裁定采取保全措施后,除作出保全裁定的人民法院自行解除或者其上级人民法院决定解除外,在保全期限内,任何单位不得解除保全措施。

第一百六十六条 裁定采取保全措施后,有下列情形之一的,人民法院应当作出解除保全裁定:

(一)保全错误的;

(二)申请人撤回保全申请的;

(三)申请人的起诉或者诉讼请求被生效裁判驳回的;

(四)人民法院认为应当解除保全的其他情形。

解除以登记方式实施的保全措施的,应当向登记机关发出协助执行通知书。

第一百六十七条 财产保全的被保全人提供其他等值担保财产且有利于执行的,人民法院可以裁定变更保全标的物为被保全人提供的担保财产。

《最高人民法院关于人民法院办理财产保全案件若干问题的规定》

第二十二条 财产纠纷案件,被保全人或第三人提供充分有效担保请求解除保全,人民法院应当裁定准许。被保全人请求对作为争议标的的财产解除保全的,须经申请保全人同意。

18. 当事人对保全裁定不服的怎么办?

【律师解答】 无论诉前保全,还是诉讼中的财产保全,法院决定采取保全措施的,应当向申请人与被申请人送达保全裁定书,当事人特别是被申请人对保全裁定不服的,可以自收到裁定书之日起 5 日内向作出裁定的人民法院申请复议。人民法院应当在收到复议申请后 10 日内审查。裁定正确的,驳回当事人的申请;裁定不当的,变更或者撤销原裁定。

【特别提醒】 如果案外利害关系人对保全不服,也可以向法院提出复议,但复议只限一次,且复议期间不停止裁定的执行。

【法条链接】

《中华人民共和国民事诉讼法》

第一百零八条 当事人对保全或者先予执行的裁定不服的,可以申请复议一次。复议期间不停止裁定的执行。

《最高人民法院关于适用〈中华人民共和国民事诉讼法〉的解释》

第一百七十一条 当事人对保全或者先予执行裁定不服的,可以自收到裁定书之日起五日内向作出裁定的人民法院申请复议。人民法院应当在收到复议申请后十日内审查。裁定正确的,驳回当事人的申请;裁定不当的,变更或者撤销原裁定。

第一百七十二条 利害关系人对保全或者先予执行的裁定不服申请复议的,由作出裁定的人民法院依照民事诉讼法第一百零八条规定处理。

《最高人民法院关于人民法院办理财产保全案件若干问题的规定》

第二十五条 申请保全人、被保全人对保全裁定或者驳回申请裁定不服的,可以自裁定书送达之日起五日内向作出裁定的人民法院申请复议一次。人民法院应当自收到复议申请后十日内审查。

对保全裁定不服申请复议的,人民法院经审查,理由成立的,裁定撤销或变更;理由不成立的,裁定驳回。

对驳回申请裁定不服申请复议的,人民法院经审查,理由成立的,裁定撤销,并采取保全措施;理由不成立的,裁定驳回。

19. 民间借贷的利害关系人或案外人对财产保全裁定提出异议如何处理?

【律师解答】民间借贷案件的利害关系人认为保全裁定实施过程中的执行行为违反法律规定提出异议的,应当书面向人民法院提出,人民法院应当依照《民事诉讼法》第225条规定审查处理。

人民法院对诉讼争议标的进行保全的,案外人提出异议,应当以第三人身份申请参加诉讼,如人民法院对争议标的以外的财产进行保全,案外人对保全裁定或者保全裁定实施过程中的执行行为不服,基于实体权利对被保全财产提出书面异议的,人民法院应当依照《民事诉讼法》第227条规定审查处理并作出裁定。

【特别提醒】案外人、申请保全人对裁定不服的,可以自裁定送达之日起15日内向人民法院提起执行异议之诉。

【法条链接】

《最高人民法院关于人民法院办理财产保全案件若干问题的规定》

第二十六条　申请保全人、被保全人、利害关系人认为保全裁定实施过程中的执行行为违反法律规定提出书面异议的，人民法院应当依照民事诉讼法第二百二十五条规定审查处理。

第二十七条　人民法院对诉讼争议标的以外的财产进行保全，案外人对保全裁定或者保全裁定实施过程中的执行行为不服，基于实体权利对被保全财产提出书面异议的，人民法院应当依照民事诉讼法第二百二十七条规定审查处理并作出裁定。案外人、申请保全人对该裁定不服的，可以自裁定送达之日起十五日内向人民法院提起执行异议之诉。

人民法院裁定案外人异议成立后，申请保全人在法律规定的期间内未提起执行异议之诉的，人民法院应当自起诉期限届满之日起七日内对该被保全财产解除保全。

20. 民间借贷的当事人向法院申请采取保全措施的，如何交纳费用？

【律师解答】 无论向法院申请诉前财产保全还是诉讼中的保全，申请人均应根据国务院《诉讼费用交纳办法》向法院交纳费用，国务院《诉讼费用交纳办法》第14条规定：申请费分别按照下列标准交纳：……（二）申请保全措施的，根据实际保全的财产数额按照下列标准交纳：财产数额不超过1000元或者不涉及财产数额的，每件交纳30元；超过1000元至10万元的部分，按照1%交纳；超过10万元的部分，按照0.5%交纳。但是，当事人申请保全措施交纳的费用最多不超过5000元……

第七节　回避制度

1. 什么是回避？回避有哪些方式？

【律师解答】 回避是民事诉讼中的一项重要制度，其目的是保证民事案件、经济纠纷案件获得公正的审判。回避制度在诉讼中不是针对当事人而规定的。它是要求审判人员、书记员、翻译人员、鉴定人，因有法律规定的不得参与案件的审理或执行有关的任务的情形，不得参加对有关案件的审理或免除有关任务的执行的制度。审判人员是案件的审理者，代表人民法院对案件行使审判权，因此回避主要是针对审判人员规定的。当审判人员与案件有法律规定应当回避的关系时，应当自行回避，不参与对案件的审理，如果审判人员没有自行回避时，当事人有权申请其回避。以要求法院保证对案件的公正审理，维护自己的合法权益。书记员、翻译人员参与的审理工作，鉴定人受人民法院和有关单位的指派完成鉴定任务，他们与本案的审理有直接关系。因此，遇有法律规定的情形时，也和审判人员一样，应当自行回避。

回避有三种方式，第一种是自行回避，即审判人员、书记员、翻译人员、鉴定人，遇有《民事诉讼法》第44条规定的情形之一时，主动不参加对案件的审理或任务的执行。第二种是申请回避，即当事人认为审判人员、书记员、翻译人员、鉴定人，存在《民事诉讼法》第44条规定的某种情形时，提出申请，要求他们回避。第三种是决定回避，它是审判人员有应当回避的情形，没有自行回避，当事人也没有申请其回避的，由院长或者审判委员会决定其回避。

【特别提醒】 决定回避是2015年2月4日实施的《最高人民法院关于适用〈中华人民共和国民事诉讼法〉的解释》规定的回避方式，它是法院依职权作出的回避，这样使我国民事审判的回避制度更加完善和合理，从而更好地保障诉讼的公正、公平。

【法条链接】

《中华人民共和国民事诉讼法》

第四十四条 审判人员有下列情形之一的，应当自行回避，当事人有权用口头或者书面方式申请他们回避：

（一）是本案当事人或者当事人、诉讼代理人近亲属的；

（二）与本案有利害关系的；

（三）与本案当事人、诉讼代理人有其他关系，可能影响对案件公正审理的。

审判人员接受当事人、诉讼代理人请客送礼，或者违反规定会见当事人、诉讼代理人的，当事人有权要求他们回避。

审判人员有前款规定的行为的，应当依法追究法律责任。

前三款规定，适用书记员、翻译人员、鉴定人、勘验人。

《最高人民法院关于适用〈中华人民共和国民事诉讼法〉的解释》

第四十六条 审判人员有应当回避的情形，没有自行回避，当事人也没有申请其回避的，由院长或者审判委员会决定其回避。

2. 民事诉讼中，哪些情况审判人员应当自行回避？

【律师解答】自行回避是承办案件的法官及有关人员发现自己有符合法律规定应当回避的情况时，自行提出退出所办理或参与的案件，根据《最高人民法院关于适用〈中华人民共和国民事诉讼法〉的解释》第43条的规定，审判人员有下列情形之一的，应当自行回避，当事人有权申请其回避：

（1）是本案当事人或者当事人近亲属的；

（2）本人或者其近亲属与本案有利害关系的；

（3）担任过本案的证人、鉴定人、辩护人、诉讼代理人、翻译人员的；

（4）是本案诉讼代理人近亲属的；

（5）本人或者其近亲属持有本案非上市公司当事人的股份或者股权的；

（6）与本案当事人或者诉讼代理人有其他利害关系，可能影响公正审理的。

3. 民事诉讼中哪些情况当事人可以申请回避？

【律师解答】当事人不能随意要求审判人员回避，只能在出现了《民事诉讼法》第44条规定必须回避的情形，而且审判人员又没有自行回避的情况下，才可以提出回避申请。根据《最高人民法院关于适用〈中华人民共和国民事诉讼法〉的解释》第44条的规定，审判人员有下列情形之一的，当事人有权申请其回避：

（1）接受本案当事人及其受托人宴请，或者参加由其支付费用的活动的；

（2）索取、接受本案当事人及其受托人财物或者其他利益的；

（3）违反规定会见本案当事人、诉讼代理人的；

（4）为本案当事人推荐、介绍诉讼代理人，或者为律师、其他人员介绍代理本案的；

（5）向本案当事人及其受托人借用款物的；

（6）有其他不正当行为，可能影响公正审理的。

【特别提醒】实践中，由当事人申请回避的，请注意要收集和提交相关证据，仅有判断或事实是难以得到支持的，证明判断的正确或事实的客观真实存在是需要证据加以固定的。

4. 诉讼中的回避适用于哪些人员?

【律师解答】民事诉讼中的回避适用于审判员、书记员、翻译人员、鉴定人、勘验人。

【法条链接】

《中华人民共和国民事诉讼法》

第四十四条 审判人员有下列情形之一的,应当自行回避,当事人有权用口头或者书面方式申请他们回避:

(一)是本案当事人或者当事人、诉讼代理人近亲属的;

(二)与本案有利害关系的;

(三)与本案当事人、诉讼代理人有其他关系,可能影响对案件公正审理的。

审判人员接受当事人、诉讼代理人请客送礼,或者违反规定会见当事人、诉讼代理人的,当事人有权要求他们回避。

审判人员有前款规定的行为的,应当依法追究法律责任。

前三款规定,适用于书记员、翻译人员、鉴定人、勘验人。

5. 涉及回避的审判人员都包括哪些人?

【律师解答】《民事诉讼法》第44条所称的审判人员,包括参与本案审理的人民法院院长、副院长、审判委员会委员、庭长、副庭长、审判员、助理审判员和人民陪审员。

【特别提醒】书记员和执行员适用审判人员回避的有关规定。

【法条链接】

《最高人民法院关于适用〈中华人民共和国民事诉讼法〉的解释》

第四十八条 民事诉讼法第四十四条所称的审判人员,包括参与本案审理的人民法院院长、副院长、审判委员会委员、庭长、副庭长、审判员、助理审判员和人民陪审员。

第四十九条 书记员和执行员适用审判人员回避的有关规定。

6. 当事人如何申请回避?被申请回避的人员怎么办?

【律师解答】当事人如果认为审判员、书记员、翻译人员、鉴定人有法律规定必须回避的情形,应当回避的人员没有自行回避,应当在案件开始审理时提出回避申请,请求更换审判人员。申请可以用口头或书面方式提出,申请时必须根据法律规定，说明要求他们回避的理由，法律规定当事人在案件开始审理之后，法庭辩论终结之前，发现可以申请回避的事实和理由，仍然可以提出回避申请。

被申请回避的人员在人民法院作出是否回避的决定前，应当暂停参与本案的工作，但案件需要采取紧急措施的除外。

【特别提醒】如果当事人在案件开始审理时，已经知道审判人员及其他人员应行回避的事实和理由，只是在法庭辩论结束之后，认为自己可能要败诉，才提出回避申请，其申请有可能不被接受。

【法条链接】

《中华人民共和国民事诉讼法》

第四十五条　当事人提出回避申请，应当说明理由，在案件开始审理时提出；回避事由在案件开始审理后知道的，也可以在法庭辩论终结前提出。

被申请回避的人员在人民法院作出是否回避的决定前，应当暂停参与本案的工作，但案件需要采取紧急措施的除外。

7. 提出回避申请后，由谁来批准被申请人员的回避？

【解答】对当事人提出的回避申请，因被申请回避的人不同而由不同的人作出批准决定。院长担任审判长时的回避，由审判委员会决定；审判人员的回避，由院长决定；其他人员的回避，由审判长决定。

【法条链接】

《中华人民共和国民事诉讼法》

第四十六条　院长担任审判长时的回避，由审判委员会决定；审判人员的回避，由院长决定；其他人员的回避，由审判长决定。

8. 法院在多长时间内决定有关人员是否回避？申请人不服怎么办？

【律师解答】人民法院对当事人提出的回避申请，应当在申请提出的三日内，以口头或者书面形式作出决定。申请人对决定不服的，可以在接到决定时申请复议一次。复议期间，被申请回避的人员，不停止参与本案的工作。人民法院对复议申请，应当在三日内作出复议决定，并通知复议申请人。

【法条链接】

《中华人民共和国民事诉讼法》

第四十七条　人民法院对当事人提出的回避申请，应当在申请提出的三日内，以口头或者书面形式作出决定。申请人对决定不服的，可以在接到决定时申请复议一次。复议期间，被申请回避的人员，不停止参与本案的工作。人民法院对复议申请，应当在三日内作出复议决定，并通知复议申请人。

第八节 专项指导

1. 对民间借贷起诉的指导

民间借贷的起诉是指在民间借贷中，认为对方没有按约定履行义务，自己的权利受损害的一方（多是债权人），向有管辖权的人民法院提起诉讼的行为。民间借贷纠纷中，起诉的绝大多数都是债权人，原告在提起诉讼时要考虑以下问题：

（1）告谁。也就是民间借贷纠纷诉讼的主体问题。一般来说，民间借贷纠纷的原告多是债权人，也就是出借人，而被告则是债务人，也就是借款人，同时还包括担保人，如保证人、抵押人、出质人等。

（2）上哪里去告。也就是民间借贷案件的管辖问题。民间借贷案件按民事诉讼普通的"原告就被告"原则起诉，即原告向被告住所地或经常居住地法院起诉。另外，民间借贷也可按借款合同，向合同履行地法院提起诉讼，民间借贷的合同履行地合同有约定的，按约定，无约定的，则以接收货币一方所在地为合同履行地。这样民间借贷案件，债权人起诉归还借款的都可以在自己住所地或经常居住地法院起诉。

民间借贷作为合同的一种，对争议提起诉讼的管辖权，法律允许当事人双方对纠纷管辖法院进行约定，在不违反民诉法关于级别管辖和专属管辖的规定的情况下，双方可以书面协议选择被告住所地、合同履行地、合同签订地、原告住所地、标的物所在地等与争议有实际联系的地点的人民法院管辖，如果民间借贷合同双方对争议解决的法院有约定，则应当向约定管辖的法院提起诉讼。

（3）告什么。也就是提起诉讼时，诉讼请求是什么，即原告起诉时要求法院做什么。民间借贷案件的诉讼请求一般包括：请求被告立即给付借款本金人民币×××元；给付借款利息×××元；由被告承担违约金×××元；由保证人承担保证责任，或连带偿还借款及利息、违约金等；由被告承担诉讼费用。

（4）在什么时候告。也就是诉讼时效问题。民间借贷的诉讼时效是3年，自债务人应当偿还借款时开始计算。如在债务人履行债务期限届满并开始计算诉讼时效期间，债权人一定要在诉讼时效届满前采取使诉讼时效中断的手段对诉讼时效期间加以延长，具体导致民间借贷诉讼时效中断的事由和措施，详见本节"4. 对延长到期债务诉讼时效的指导"。

如果民间借贷有担保的，债权人提起诉讼时，一定要注意保证期间和实现抵押权的期间。无论是一般保证，还是连带责任保证，双方约定保证期间的，一定在保证期间内向保证人主张权利。对保证方式没有约定或约定不明的，推定承担连带责任保证。对保证期间没有约定，适用法定6个月的保证期。债权人实现抵押权的要在主债务的诉讼期间内进行。

（5）凭什么告。也就是起诉的证据问题。民间借贷起诉时，一定要提供原告主体身份的证据和民间借贷成立的证据材料。一般要提交原告身份证、营业执照、借款合同、借条、欠条、收条等。起诉只需提交符合起诉条件的证据即可，其他证据，可以在立案后法院指定的期间提交。

2. 对撰写民间借贷案件起诉状的指导

民间借贷纠纷也是民事纠纷的一种，原告提起诉讼时，应当向法院提交起诉状，起诉状虽起提起诉讼的作用，但也需符合法律的基本要求，民间借贷的起诉状对原告实现其诉讼请求十分重要。

民间借贷的起诉状包括：

（1）原告的姓名、性别、年龄、民族、职业、工作单位、住所、联系方式，法人或者其他组织的名称、住所和法定代表人或者主要负责人的姓名、职务、联系方式；

（2）被告的姓名、性别、工作单位、住所等信息，法人或者其他组织的名称、住所等信息；

（3）诉讼请求和所根据的事实与理由；

（4）证据和证据来源，证人姓名和住所。

民间借贷的起诉状的诉讼请求要完整、明确，不能缺少必要的项目和基本要求，诉讼请求是原告起诉要求法院解决什么事，按民事诉讼"不告不理"的基本原则，法院审理民事案件，主要是围绕着原告的诉讼请求进行的，法院不能超出原告的诉讼请求之外对案件进行审理并作出裁判。

对案件事实的部分要简明扼要，尤其案件事实可能涉及自认事宜，故需谨慎而合理陈述。一般民间借贷的事实包括：双方关系、借贷原因、时间、数额、期限、利率、担保、到期后情况等。

对于民间借贷的证据，在起诉时，需要提交原告身份证明材料，如身份证、营业执照、企业代码证等，同时还应当提供双方存在民间借贷的材料，如借条、借款合同、欠条、收据、存划款凭证、保证书、还款计划、承诺书等。

3. 对民间借贷保全的指导

采取财产保全和行为保全，可以是诉前，也可以是诉讼中，它的主要作用是防止对方恶意转移、隐匿财产或进行危害债权人债权的行为，保障将来判决的顺利执行，维护自己一方的财产权益。

向法院申请保全，要向法院提出书面申请，申请书应当载明：（1）申请保全人与被保全人的身份、送达地址、联系方式；（2）请求事项和所根据的事实与理由；（3）请求保全数额或者争议标的；（4）明确的被保全财产信息或者具体的被保全财产线索；（5）为财产保全提供担保的财产信息或资信证明，或者不需要提供担保的理由；（6）其他需要载明的事项。

无论是诉前还是诉中的保全，除《最高人民法院关于人民法院办理财产保全案件若干问题的规定》第9条规定可以不提供担保的几种情况外，基本上都需申请人提供担保，提供担保时，可以是金钱，也可以是车辆、房屋等实物。人民法院依法责令申请保全人提供财产保全担保的，担保数额不超过请求保全数额的30%；申请保全的财产系争议标的的，担保数额不超过争议标的价值的30%；利害关系人申请诉前保全的，应当提供相当于请求保全数额的担保；情况特殊的，人民法院可以酌情处理；申请诉前行为保全的，担保的数额由人民法院根据案件的具体情况决定。

申请保全人或第三人为财产保全提供财产担保的，应当向人民法院出具担保书。担保书应当载明担保人、担保方式、担保范围、担保财产及其价值、担保责任承担等内容，并附相关证据材料。第三人为财产保全提供保证担保的，应当向人民法院提交保证书。保证书应当载明保证人、保证方式、保证范围、保证责任承担等内容，并附相关证据材料。对财产保全担保，人民法院经审查，认为违反《物权法》《担保法》《公司法》等有关法律禁止性规定的，应当责令申请保全人在指定期限内提供其他担保；逾期未提供的，裁定驳回申请。

人民法院进行财产保全，由立案、审判机构作出裁定，一般应当移送执行机构实施。人民法院接受财产保全申请后，应当在五日内作出裁定；需要提供担保的，应当在提供担保后五日内作出裁定；裁定采取保全措施的，应当在五日内开始执行；对情况紧急的，必须在四十八小时内作出裁定；裁定采取保全措施的，应当立即开始执行。

被保全人有多项财产可供保全的，在能够实现保全目的的情况下，人民法院应当选择对其生产经营活动影响较小的财产进行保全。人民法院对厂房、机器设备等生产经营性财产进行保全时，指定被保全人保管的，应当允许其继续使用。被保全财产系机动车、航空器等特殊动产的，除被保全人下落不明的以外，人民法院应当责令被保全人书面报告该动产的权属和占有、使用等情况，并予以核实。

人民法院在财产保全中采取查封、扣押、冻结措施，需要有关单位协助办理登记手续的，有关单位应当在裁定书和协助执行通知书送达后立即办理。针对同一财产有多个裁定书和协助执行通知书的，应当按照送达的时间先后办理登记手续。

利害关系人申请诉前财产保全，在人民法院采取保全措施后30日内依法提起诉讼或者申请仲裁的，诉前财产保全措施自动转为诉讼或仲裁中的保全措施；进入执行程序后，保全措施自动转为执行中的查封、扣押、冻结措施；自动转为诉讼、仲裁中的保全措施或者执行中的查封、扣押、冻结措施的，期限连续计算，人民法院无须重新制作裁定书。

人民法院进行财产保全时，应当书面告知申请保全人明确的保全期限届满日以及前款有关申请续行保全的事项。

申请保全人申请续行财产保全的，应当在保全期限届满七日前向人民法院提出；逾期申请或者不申请的，自行承担不能续行保全的法律后果。

4. 对延长到期债务诉讼时效的指导

我国《民法总则》第188条规定："向人民法院请求保护民事权利的诉讼时效期间为三年。法律另有规定的，依照其规定。"民间借贷的诉讼时效，法律无另外规定，正常情况下，债权人不能超过此期间再起诉。但由于种种原因，债权人可能不能在正常诉讼时效期间内对债务人提起诉讼，债权人的债权就面临超过诉讼时效期间，此时，最好的办法就是采取《民法总则》第195条规定的四种情形，能够使债权诉讼时效中断，从中断、有关程序终结时起，诉讼时效期间重新计算，从而使其债权的诉讼时效重新计算。具体可以从以下几方面入手，变被动为主动，最终达到债权诉讼时效中断的效果，保护好自己的债权。

（1）要求债务人写出还款计划

与债务人协商，制定还款计划或协议。这样民间借贷的诉讼时效从还款计划的履行期限届满时起再开始计算。

（2）债权人与债务人对账并签章确认

民间借贷在诉讼时效期间届满前，债权人与债务人进行对账，既便于诉讼又能延续诉讼时效，诉讼时效从对账之日起再开始计算。记住对账要双方签字或盖章，包括对账的过程（邮件来往等）。

（3）起草与债务人清欠会谈纪要

对于一时还不上债的债务人，采用这种方法，既不伤和气，又能掌握清欠的主动权，也能引起诉讼时效重新计算。

（4）要求债务人找担保人担保

要求债务人找担保人追加担保，并保证在一定期限内还款，逾期不还，由担保人偿还。这种情况下，民间借贷的诉讼时效从担保债务还债期限届满之日起重新计算。

（5）找第三方证明在诉讼时效期间内曾催讨债务

找第三方证明债权人在诉讼时效期间内曾向债务人主张过权利，诉讼时效从主张权利之日起重新计算。该证据并非直接证据，故建议和其他证据结合使用。

（6）保留在诉讼时效期间内对债务催讨债务的各种证据

如请求清偿债务时出行的车票、住宿发票、信函、电报等，证明一直在主张权利。

（7）每次清欠，尽量要求债务人支付路费

支付的路费从欠款中扣除，并形成书面材料，这样也可使债权人的诉讼时效得到延长。

（8）向法院提起诉讼或向法院申请支付令

向有管辖权的法院起诉，原诉讼时效中断。

（9）让债务人同意履行并形成书面材料

债务人对债权表示承认、请求延期履行、提供担保、支付利息等都被视为同意履行义务。要求债务人立字据、签订清偿债务的协议或制备忘录。债务人不愿立字据的，可邀请无利害关系的第三方或有关单位见证，保存债务人同意履行的电话记录、录音磁带、信件、电报和电传等。未经对方允许的偷录证据，亦可作为有效证据。

（10）通过非诉讼方式主张权利

根据《最高人民法院关于审理民事案件适用诉讼时效制度若干问题的规定》第14条规定：权利人向人民调解委员会以及其他依法有权解决相关民事纠纷的国家机关、事业单位、社会团体等社会组织提出保护相应民事权利的请求，诉讼时效从提出请求之日起中断。

5. 对申请回避的指导

民事诉讼中的回避制度，主要是为保障民事诉讼的公平而设定的，在诉讼过程中，由于一方当事人与案件承办有法院领导或承办人及书记员、鉴定人员、翻译等存在特殊关系，为保障公平审判，维护司法权威和公正，法律赋予参加诉讼的当事人所享有的一种权利。对于回避，法律规定了自行回避、申请回避和决定回避，与当事人关系密切的还是申请回避。

申请回避是当事人认为审判员、书记员、翻译人员、鉴定人有法律规定必须回避的情形，应当回避的人员没有自行回避，由当事人向法院申请有关人员回避的一种方式。

申请回避适用的人员范围包括：审判员、书记员、翻译人员、鉴定人员。当然还包括承办案件的法院领导，如院长、主管副院长、庭长等。

申请回避时间：如果回避的事实和理由在起诉时就知道，可以要求调换承办法庭。如果在起诉后知道，则应当在案件开始审理时提出回避。如果申请回避的事由在开始审理之后法庭辩论终结前才发现，可在法庭辩论终结前提出。

提出回避申请的方式：可以在庭审中口头提出，也可以用书面形式，但都须说明法律根据与回避理由。

可以提出回避的理由：申请回避是诉讼当事人的一种权利，这种权利的行使必须依照法律规定，权利不得滥用。具体可申请回避的理由包括但不限于以下情况。

（1）是本案当事人或者当事人近亲属的；

（2）本人或者其近亲属与本案有利害关系的；

（3）担任过本案的证人、鉴定人、辩护人、诉讼代理人、翻译人员的；

（4）是本案诉讼代理人近亲属的；

（5）本人或者其近亲属持有本案非上市公司当事人的股份或者股权的；

（6）与本案当事人或者诉讼代理人有其他利害关系，可能影响公正审理的；

（7）接受本案当事人及其受托人宴请，或者参加由其支付费用的活动的；

（8）索取、接受本案当事人及其受托人财物或者其他利益的；

（9）违反规定会见本案当事人、诉讼代理人的；

（10）为本案当事人推荐、介绍诉讼代理人，或者为律师、其他人员介绍代理本案的；

（11）向本案当事人及其受托人借用款物的；

（12）有其他不正当行为，可能影响公正审理的。

是否回避的决定：对当事人提出的回避申请，因被申请回避的人不同而由不同的人作出批准决定。如院长担任审判长时的回避，由审判委员会决定；审判人员的回避，由院长决定；其他人员的回避，由审判长决定。

决定后的处理：人民法院对当事人提出的回避申请，应当在申请提出的3日内，以口头或者书面形式作出决定。申请人对决定不服的，可以在接到决定时申请复议一次。复议期间，被申请回避的人员，不停止参与本案的工作。人民法院对复议申请，应当在3日内作出复议决定，并通知复议申请人。

第九节　案例裁判与评析

1. 以借贷为名，实际上系因"婚外情"引发的债务纠纷的处理

【案例简介】

杭州市萧山区人民法院审理查明：2008年5月19日，刘某与张某订立《双方协议》约定：刘某借给张某100万元，用于购买杭州市某房产，张某用其所有的房产作抵押，并承诺终生不嫁他人，一生做刘某的情人。如果张某（女）违反协议，则应当返还借款，如果刘某（男）提出解除情人关系，则张某有权不归还借款，将该笔借款充抵作精神赔偿款和生活补助款。同年11月27日，刘某与张某再次订立《补充协议》约定：刘某已经出资70万

元，以张某名义购买杭州市的某房产，该房产的按揭余款由刘某支付。张某自愿做刘某的情人，如果张某违反承诺，则应退还刘某已经支付的70万元及按揭款，如果刘某提出解除与张某的情人关系，则张某有权不退还刘某已经支付的70万元以及按揭款。在双方以情人关系相聚期间，在没有专属双方生儿育女协议之前，张某不得生育。

2009年2月9日，刘某因双方关系不融洽诉至杭州市萧山区人民法院，请求确认双方之间的协议无效，要求张某归还借款70万元，并承担案件的诉讼费用。

【审判】

一审法院认为：刘某与张某之间订立的协议违反了法律规定和公序良俗，损害了社会公德，破坏了公共秩序，应属无效行为。刘某要求确认该协议无效的理由成立。民事行为无效，所得的财产应返还，故刘某要求张某返还已支付给张某的70万元的诉讼请求符合法律规定。法院判决张某在判决生效后30日内返还刘某人民币70万元。

宣判后，张某不服提起上诉称：协议无效双方均有过错，应当各自承担相应的责任，一审判决将责任全部归于上诉人，有违合理，显失公平；一审鉴定程序不合理，不予准许上诉人要求重新鉴定申请依据不足；上诉人提供的一些间接证据印证了上诉人支付被上诉人款项的事实等。请求二审改判驳回被上诉人的诉讼请求。

被上诉人刘某辩称：双方签订的协议因违反国家法律和社会公德无效；上诉人要求重新鉴定的理由不符合事实；上诉人的行为不符合法律规定，且在道德层面也存在瑕疵。二审应维持原判。

二审法院认为：刘某与张某无视我国的婚姻家庭制度，企图用金钱去维系不正当的情人关系，其行为违背了社会公德，损害了社会的公序良俗。双方所订立的两份协议的内容，法律均不予保护。本案不属于人民法院受理民事诉讼的范围。裁定撤销一审判决，驳回刘某的起诉。

【评析】

本案以民间借贷为案由起诉至法院，但实质上系因"婚外情"引发的债务纠纷。对本案的处理不仅涉及法律效果与社会效果的统一，也体现了民法、婚姻法和民事诉讼法之间的冲突和协调，具有一定的典型意义。

一、本案所涉协议性质分析

本案所涉协议的性质是妥善处置本案的关键。从该协议文本分析，既有借贷协议内容，也有附解除条件赠与协议体现。从协议内容来看，确实协议中使用了借款字样，甚至设定了房产担保条款，有借款的形式；协议还约定只要双方之间维持情人关系或刘某提出解除情人关系，张某就不用返还借款，也体现赠与之意。但探究协议本义，该协议系建立在"婚外情"这一特定条件下，其目的具有不正当性。尽管法律并无明确规定该行为是否违法，但其违背了社会公德。《民法通则》第7条中规定，民事活动应当尊重社会公德，不得损害社会公共利益，实际上吸纳了法理和大陆法系立法体例中"公序良俗"的内容。公序良俗是公共秩序与善良风俗的简称，民法中公序良俗原则是一项具有授权性的基本原则，即通过对公共利益的强调，将契约自由和个人自治限制在社会的一般利益和一般的道德观念框架内。刘某与张某之间订立的协议在表面上是附条件的赠与协议，系对私人财产权的处分。但其约定以保持情人关系作为赠与的条件，且情人关系存续与否直接影响款项是否返还。因此，该协议从立约目的上违背了公序良俗，影响了社会秩序，违反了社会公德和婚姻伦理秩序，在效力上应予以否定。

二、本案各种处理思路的分析

围绕本案的处理，一、二审法院存有几种不同思路。一审法院以该协议违反公序良俗为由，判决张某将钱款返还给刘某。从表面上看，引用公序良俗原则否定协议的效力，再按照合同无效的处理原则判决返还符合《合同法》的一般思路，但该意见存在较大缺陷：首先，返还财产并非合同被认定为无效后的唯一处理方式，此外结合民法理论中不法原因给付不得请求返还等原理，本案单纯运用无效后返还的思路处理并非很妥。其次，从社会效果上分析，按这种思路判决可能造成事实上允许包养情妇者行使撤销权，客观上造成"人财两得"的后果，形成不良舆论导向。

二审法院在审理过程中，也存在不同的意见。一种意见认为应驳回刘某的诉讼请求，主要考虑到协议为双方真实意思表示以及张某的实际付出，同时根据《浙江省高院民间借贷指导意见》第35条（即对当事人主张的有损社会公序良俗的转化借贷不予支持），但这种意见存在以下问题：（1）既然认定双方违背公序良俗，又判决驳回诉请，则张某取得70万元并无依据，可能会有矛盾之处。（2）浙江省高院民间借贷指导意见第35条的本意应该是指对未给付的有损社会公序良俗的情感债务转化的借贷要求给付的应驳回诉请，而本案的情况是已给付，不应直接适用。（3）从社会效果上分析，如驳回刘某的诉讼请求，可能会造成法院支持所谓"二奶"等问题，产生不良导向。

二审法院的另外一种思路认为应驳回诉讼请求并收缴该70万元归国家所有。这种意见主要依据在于我国《民法通则》第134条第3款规定，即人民法院审理民事案件可收缴进行非法活动的财物和非法所得。但这种思路有以下的问题：首先，从收缴的思路来看，立法本意应该是收缴非法活动的财物和非法所得，一般是指法律禁止且有惩戒性后果的行为，如赌博、违法经营等，将包养情妇行为认定为这种意义的非法行为过于严格。其次，收缴并非民事责任承担形式，而是一种惩罚手段。《民法通则》属民事法律规范，其规定类似收缴等带有公权力色彩的惩罚措施只是指引性的条款，一般而言需要下位法的支撑，否则直接运用《民法通则》采取收缴手段，会有公权力对民事领域干预过多之嫌。从立法体例上看，民事法律中收缴的立法模式一般都系以苏联为代表的社会主义国家立法体例，并非各国通例。再次，70万元可能涉及夫妻共同财产等问题，如直接收缴国家，会使其配偶丧失了救济权。最后，纵观整部《婚姻法》，除了重婚、遗弃和虐待这三种具有比较大的社会危害性的行为有相关刑法条文规制外，其他规定均未设立相应的罚则。有配偶者与他人同居，违反夫妻之间互相忠实、互相尊重的义务也只有在夫妻双方离婚认定过错时，才具有民事诉讼上的意义。在一定意义上而言，《婚姻法》的一些规定可更多地理解为一种倡导性规范。

驳回刘某起诉的观点是最终裁判结果，它体现了司法的谦抑性和有限性，为法院处理民事纠纷设定了必要界限。本案中的两份协议名为借贷协议，实为包养协议，双方当事人是企图用金钱去维系不正当的情人关系。本案虽然涉及财产关系，但是这种财产关系依附于包养关系。从这一意义而言，刘某起诉的要求保护的财产权并非正常的民事权益，不受法律保护，也不能纳入通过民事诉讼保护的民事权益的范畴。

三、对审理类似借贷案件的启示

在司法实践中，经常会遇到法院受理的借贷类纠纷并非简单的借贷法律关系引发，其背后隐藏着方方面面的原因，甚至包括一些有违社会公德的债务。此时，借贷法律关系只是一种表象。因此，有必要对债务发生的原因进行审查，对合法的因买卖、承揽、股权转让等其他法律关系产生的债务可结合基础法律关系进行审理，对一些有违社会公序良俗而产生的债务，应进一步审查其请求权基础的正当合法性。如当事人主张的权利不宜列入合法民事权益保护范畴的，应以不属法院受案范畴为由驳回起诉。法院并非简单的诉讼技巧竞技场，司法的价值导向和人文关怀始终是法院在案件审理中应当体现和考量的重要因素。对于违背社会公德而形成的债务，比如本案涉及的因"婚外情"引发的债务纠纷案件，即使当事人双方事先约定作为借款处理，但因其行为有伤风化，有损社会公序良俗，不属于合法的民事权益，也不属法院受案范围。

2. 胁迫被告写借条，起诉还款被驳回

【案情】

王某持一张借条到法院起诉称，2012年其向罗某借款50万元，但罗某至今未还。罗某一审未出庭应诉，一审法院判决罗某偿还借款50万元。罗某不服一审法院判决，上诉称其并未向王某借款50万元，借条是在其被王某胁迫的情况下书写的。罗某曾经就此事向公安局报案。

【裁判要旨】

二审法官经询问，发现王某对借款发生及交付经过的陈述存在诸多疑点，并依据罗某的申请，调取了公安局的询问笔录。在公安局对王某的询问笔录中，王某承认并未借给罗某50万元，并且陈述了胁迫罗某书写借条的全部经过。据此，二审法院撤销了一审判决，改判驳回王某的诉讼请求。

【评析】

本案是一起涉及民间借贷的虚假诉讼。2015年9月1日实施的《最高人民法院关于审理民间借贷案件适用法律若干问题的规定》（以下简称《规定》）对于民间借贷纠纷涉及虚假诉讼的行为作出了具体的规定。

本案涉及民间借贷虚假诉讼的问题。

民间借贷的虚假诉讼一般有两种类型：一种是原、被告相互串通，出于分家析产、拆迁补助、逃避债务等不正当目的进行诉讼；另一种是原告虚构借款事实以骗取法院的判决从而获取不正当利益。

本案属于后一种情况。

《规定》第19条与第20条详细规定了虚假诉讼的审查要素与虚假诉讼的处理与处罚。

对于当事人主张系虚假诉讼的，应当向法庭积极、全面陈述事情经过，

提交相关证据予以证明。本案例中的被告主张借条是在被胁迫的状态下书写的，并提供了公安局报警信息与询问笔录，二审法院在查清楚上述事实的情况下改判驳回原告诉讼请求，及时保护了被告方的合法权益。

人民法院一旦发现案件可能涉及虚假诉讼或者当事人主张案件系虚假诉讼的，法院将严格审查借贷发生的原因、时间、地点、款项来源、交付方式、款项流向以及借贷双方的关系、经济状况等事实。

经查明属于虚假民间借贷诉讼，原告申请撤诉的，人民法院不予准许。

诉讼参与人或者其他人恶意制造、参与虚假诉讼，人民法院依法予以罚款、拘留；构成犯罪的，应当移送有管辖权的司法机关追究刑事责任。

单位恶意制造、参与虚假诉讼的，人民法院应当对该单位进行罚款，并可以对其主要负责人或者直接责任人员予以罚款、拘留；构成犯罪的，应当移送有管辖权的司法机关追究刑事责任。

3. 民间借贷纠纷向法院起诉，不能超过诉讼时效期间

现实生活中，许多民间借贷是发生在熟人、朋友之间，借款到期后，即便是催还欠款也没有留下证据。等到最后不得以"对簿公堂"时，却发现已经过了诉讼时效期，借出去的钱很难再用法律武器讨回。

【案情】

2005年7月10日，王某与某陶瓷商贸公司签订了《借款协议》，王某借给该陶瓷商贸公司50万元，借款期限为一年，月息2%，利息按季支付，期满归还借款本金。2006年7月5日，双方签订补充协议，借款期限延长至2007年7月10日。该陶瓷公司自2007年4月10日后未再支付利息，借款期满后也未归还借款本金。2009年11月10日，王某向法院提起诉讼，要求陶瓷商贸公司还本付息，并支付逾期还款利息。陶瓷公司答辩称：欠款未还是事实，但王某起诉已经超出法律规定的两年诉讼时效。①

【裁判要旨】

法院经审理，王某未举出证据证明，其起诉在两年的诉讼时效期间内，也没有举出证据证明本案诉讼时效发生中断的事实，最终法院采纳了被告的抗辩意见，驳回了王某的诉讼请求。

---

① 注：本案发生在《中华人民共和国民法总则》颁布实施以前，其判决和评析均按原《民法通则》关于诉讼时效的规定所书写。

【评析】

根据我国《民法通则》确定的诉讼时效制度，包括普通诉讼时效和特殊诉讼时效制度，诉讼时效以当事人知道或者应当知道自己的权益受侵害开始计算，一般诉讼时效制度为两年，特殊诉讼时效为一年。最长期限不得超过二十年（即便不知道自己的权益受到侵害）。民间借款纠纷适用两年的普通时效制度，当借贷合同期限届满之次日起两年内为有效的诉讼时效期间。借款中，如果发现拖欠借款行为，应该及时诉讼，或者有效催款，如果超过了诉讼时效，债权就得不到法律的保障。

根据《民法通则》第140条之规定，诉讼时效因提起诉讼、当事人一方提出要求或者同意履行义务而中断。从中断时起，诉讼时效期间重新计算。因此，防止债权超出诉讼时效的办法就是使诉讼时效中断，并且要保存好出现诉讼时效中断事由的证据。"在这起案件中，尽管王某分别于2007年9月12日、2007年12月22日、2008年10月1日、2009年2月2日及2009年8月10日到该陶瓷商贸公司财务室催促还款，但遗憾的是没有留下任何证据。法院经审理后认为，王某提出其多次到该陶瓷商贸公司催促还款，但没有提出相应证据予以证实，不予采信。"

哪些证据可以被法院视为诉讼时效中断的有效证据？首先，在订立借款合同时，要求借款人在合同上留下详细的通信地址，并在合同中约定按照约定的地址送达通知、函件即视为送达借款人，在借款时未按时还款的情况下，邮寄书面通知催促借款人还款；其次，上门催促还款时，要求对方出具书面还款计划或者还款承诺。"本案中，王某虽然提出其多次到某陶瓷公司催促还款，但没有提出相应证据予以证实，不能证明存在诉讼时效中断的情形，因此，该陶瓷商贸公司的抗辩理由成立，法院作出判决驳回王某的诉讼请求是符合法律规定的。"

第四章
民间借贷的证据

第一节　证据常识

1. 什么是民事诉讼证据？其特征有哪些？

【律师解答】 民事诉讼证据是指能够证明民事案件真实情况的客观事实材料。

民事诉讼证据有三个最基本的特征，即客观真实性、关联性和合法性。

所谓民事证据的客观性，是指证据必须客观存在的事实，即具有客观性。客观性要求民事诉讼证据本身是客观的、真实的，而不是想象的、虚构的、捏造的。

所谓关联性，是指证据与证明对象之间具有的某种内在的联系。

所谓合法性，是指证据必须符合法律的要求，不为法律禁止，即具有合法性。

【特别提醒】 民事诉讼证据的客观性、关联性与合法性是任何一件民事证据必须同时具备的属性，三者缺一不可。

2. 证据都有哪些表现形式？

【律师解答】 以《民事诉讼法》第63条规定的民事诉讼证据的表现形式为标准，我国民事诉讼证据的表现形式可以分为：（一）当事人的陈述；（二）书证；（三）物证；（四）视听资料；（五）电子数据；（六）证人证言；（七）鉴定意见；（八）勘验笔录。

【特别提醒】 同一案件可能有多种证据，每种证据的要求又不一样，无论哪种证据必须经法庭查证属实，才能作为认定案件事实的证据。

【法条链接】

《中华人民共和国民事诉讼法》

第六十三条　证据包括：

（一）当事人的陈述；

（二）书证；

（三）物证；

（四）视听资料；

（五）电子数据；

（六）证人证言；

（七）鉴定意见；

（八）勘验笔录。

证据必须查证属实，才能作为认定事实的根据。

3. 什么是当事人陈述？

【律师解答】 当事人陈述作为证据的一个种类是我国民事诉讼证据种类划分中的特色。当事人的陈述，是指当事人在诉讼中就本案的事实向法院所作的陈述。当事人在诉讼中向法院所作的陈述中涉及多方面的内容，如关于诉讼请求的陈述、关于诉讼请求根据的陈述、反驳诉讼请求的陈述、反驳对方证据的陈述、关于其他程序事项的陈述等。而作为证据的当事人陈述是指当事人在诉讼中就与本案有关能够证明案件的事实，向法院所作的陈述。当事人是民事诉讼法律关系的主体，由于与诉讼结果有着直接的利害关系，决定了当事人陈述具有真实与虚假并存的特点。基于趋利避害的特性，当事人的陈述与其他证据比较，易夹带虚假的成分，为了追求胜诉，当事人可能向法院作一些不真实的陈述，这是当事人陈述的特点。

【特别提醒】 对于当事人的陈述应结合本案的其他证据进行审查核实，以确定作为认定案件事实的根据。当事人对自己的主张，只有本人陈述而不能提出其他相关证据的，其主张不予支持。但对方当事人认可的除外。

4. 什么是自认？在法律上对自认有什么要求？

【律师解答】 自认是民事诉讼在举证方面的一种制度，简言之，自认是指一方当事人对于不利于自己的陈述或主张，予以承认或在一定条件下不予否认，从而使对方当事人的举证责任得以免除的行为。

（1）自认的构成要件及识别。自认制度是当事人主义诉讼模式的必然要求和产物，具有诉讼经济与效率的价值，有利于社会诚信和公平正义。自认的主要对象限于事实范畴，是特定当事人之间对未经证据证实的案件事实的协议确认，包括诉讼中和诉讼外自认两种形式。我国民诉立法仅规定了前者，即诉讼中一方对另一方当事人陈述事实的承认。从各国立法和理论来看，将自认客体定位于不利于己的事实，更符合自认的本质属性。诉讼中的自认须满足以下要件：主体是案件当事人，包括诉讼代理人；客体是不利于己的案件事实；有外化的表达形式；在本案诉讼时段内向法庭作出；主观意思表示真实。诉讼外自认的区别主要在于场合不同，是本案诉讼程序以外的私下承认或他案中的自认。

（2）自认的效力范围。诉讼中自认的效力包括对自认方、自认相对方及法院的拘束力。作为一种民事法律行为，诉讼中的自认一经作出就不得随意撤销，对一、二审及再审均有效力，并免除自认相对方的举证责任。除涉及身份关系、国家利益、社会公共利益或他人合法权益的事实不受自认的约束外，自认可以成为法院确认案件事实的依据，相应的调查和辩论不再进行。当自认指向的事实涉及自认方和自认相对方以外的第三方当事人，且与其存在利益冲突时，除非经第三方认可，否则对其无拘束力。换言之，自认事实作为特定当事人之间就未经证据证实的案件事实的协议确认，仅存在于自认方与自认相对方之间，原则上对其他诉讼相关人不产生法律效力。一般认为，诉讼外自认仅为一种证据材料，并无诉讼中自认的效力，即便与他方主张的事实相符，也只能作为法院依自由心证认定案件事实的资料，由法官判断其证明力，他方不得援引此项自认免除其举证责任。

【特别提醒】关于在诉讼中的自认，不适用涉及身份关系、国家利益、社会公共利益等应当由人民法院依职权调查的事实。如果当事人为达成调解协议或者和解的目的作出妥协所涉及的对案件事实的认可，没有达成调解协议或和解的，不得在其后的诉讼中作为对其不利的证据。自认的事实与查明的事实不符的，人民法院不予确认。

【法条链接】
《最高人民法院关于适用〈中华人民共和国民事诉讼法〉的解释》
第九十二条 一方当事人在法庭审理中，或者在起诉状、答辩状、代理词等书面材料中，对于己不利的事实明确表示承认的，另一方当事人无需举证证明。

对于涉及身份关系、国家利益、社会公共利益等应当由人民法院依职权调查的事实，不适用前款自认的规定。

自认的事实与查明的事实不符的，人民法院不予确认。

《最高人民法院关于民事诉讼证据的若干规定》
第八条 诉讼过程中，一方当事人对另一方当事人陈述的案件事实明确表示承认的，另一方当事人无需举证。但涉及身份关系的案件除外。

对一方当事人陈述的事实，另一方当事人既未表示承认也未否认，经审判人员充分说明并询问后，其仍不明确表示肯定或者否定的，视为对该项事实的承认。

当事人委托代理人参加诉讼的，代理人的承认视为当事人的承认。但未经特别授权的代理人对事实的承认直接导致承认对方诉讼请求的除外；当事人在场但对其代理人的承认不作否认表示的，视为当事人的承认。

当事人在法庭辩论终结前撤回承认并经对方当事人同意，或者有充分证据证明其承认行为是在受胁迫或者重大误解情况下作出且与事实不符的，不能免除对方当事人的举证责任。

第七十四条 诉讼过程中，当事人在起诉状、答辩状、陈述及其委托代理人的代理词中承认的对己方不利的事实和认可的证据，人民法院应当予以确认，但当事人反悔并有相反证据足以推翻的除外。

5. 什么是书证？

【律师解答】 书证是指以文字、符号、图形等所记载的内容或表达的思想来证明案件真实性的证据。这种物品之所以称为书证，不仅因它的外观呈书面形式，更重要的是它记载或表示的内容能够证明案件事实。从司法实践来看，书证的表现形式是多种多样的，从书证的表达方式上来看，有书写的、打印的，也有刻制的，等等；从书证的载体上来看，有纸张、竹木、布料以及石块等。而具体的表现形式上，常见的有合同、文书、票据、商标图案等。因此，书证主要的表现形式是各种书面文件，但有时也表现为各种物品。

【特别提醒】 在民间借贷案件中，书证是最主要的证据，如借款合同、借条、欠条、收据等均属于书证。

6. 什么是物证？

【律师解答】 物证是指以其存在的形状、质量、规格、特征等来证明案件事实的证据。物证是通过其外部特征和自身所体现的属性来证明案件的真实情况，它不受人们主观因素的影响和制约。因此，物证是民事诉讼中重要的证据之一。

7. 物证与书证有什么区别？

【律师解答】 物证与书证之间有着明显的区别，其主要区别在于：

（1）物证以其存在、外形等外部特征和物质属性证明案件真实情况；

书证则以文书或物品所记载的内容证明案件事实。

（2）法律对物证无特殊的形式上的特定要求，只要能以其存在、外形、特征证明案件事实，就可以作为物证；对书证则不同，法律有时规定必须具备特定形式或履行了特定的程序后，才具有证据效力。

（3）物证是一种客观存在，不反映人的主观意志；而书证是一定主体制作的，反映了人的主观意志。

8. 什么是视听资料证据？

【律师解答】 视听资料证据，是指利用录音、录像等来证明案件事实的一种证据。它包括录像带、录音片、传真资料、电影胶卷、微型胶卷、电话录音、雷达扫描资料等。外国民事诉讼法一般都没有将视听资料作为一种独立的证据类型对待，仅将其归入书证和物证的种类中，我国民事诉讼法鉴于其具有独立的特点，将其归为一类独立的证据加以使用。

【特别提醒】 视听资料是通过图像、音响等来再现案件事实的，其特征具有生动逼真、便于使用、易于保管等特点。具体而言，首先，视听资料具有较强的生动性和真实性。由于视听资料是采用现代科学技术手段记录下的有关案件的原始材料，并且通过对该资料的回放能够再现当事人的声音、图像等，它同物证一样不受主观因素的影响，所以能够比较客观地反映案件的事实。其次，视听资料还具有体积小、重量轻等优点，从而易于保管和使用。随着科学技术的发展，录音机、录像机、电脑、传真机等日渐普及，在人们的日常生活中，视听资料的来源和应用都具有了更多的广泛性。作为证据种类不仅在民间借贷诉讼中可以应用，而且在仲裁活动和非讼案件中也得以广泛的应用。并越来越受欢迎，它为人民法院的审判活动以及当事人和其他诉讼参与人的诉讼活动提供了更多的方便。

9. 什么是电子数据证据？其特点有哪些？

【律师解答】 电子数据证据是以数字化信息编码的形式出现的，能准确地储存并反映有关案件的情况，是对案件具有较强证明力的独立的证据。从证据形式上看，电子数据证据介于物证与书证之间，如电子合同等。根据现行法律规定，我国以前并未将电子数据证据单列为一种独立的证据，人们通常将其归到视听资料这种新型证据中。2012年8月31日，第十一届全国人民代表大会常务委员会第二十八次会议《关于修改〈中华人民共和国民事诉讼法〉的决定》首次将"电子数据"证据列为我国民事诉讼证据的一种。电子数据证据主要具有以下几个方面的特点：

1. 电子数据证据具有特殊的物质载体。作为电子数据证据的数据和信息是以电讯代码的形式存储在计算机各级存储介质中的，输出的文件资料中的数据和信息都是以不可直接读取的形式出现的。而且，审查、鉴定电子数据证据的真伪，也要靠专门的电子仪器、设备和特定的程序才能进行。

如果没有相关的审查、鉴定设备，无论多么形象、真实可靠的内容，也只能停留在计算机各级存储介质中，而不能被人们所感知，也不会直接出现在法庭上供法官作为证据使用。这种对电子化物质载体的依赖性是电子数据证据的一个重要特点。

2. 电子数据证据信息大、内容丰富。这主要表现在以下三个方面：

一是电子数据证据具有动态连续性。其他各种物证包括物品、文书、痕迹大多是以静态的方式来反映案件情况的，而电子数据证据是现代高科技的产物，它能够再现与案件有关的文字、图像、数据和信息，生动形象地展现案件事实，所反映的案件情况是一个动态的过程。

二是电子数据证据具有高度的直观性和生动形象性。它可以将与案件有关的图像、声音、符号等信息，直观地再现在司法人员面前。

三是电子数据证据的科技含量高，蕴藏的信息量极为丰富。

3. 电子数据证据具有便利、高效性。作为电子数据证据，只要保存好各级存储介质，就可以反复再现，作为证据也易于使用，审查核实时便于操作。特别是若干年后仍可重现当时的真实情况，具有较长时间的稳定性。

【特别提醒】在民间借贷中，电子数据证据被广泛地应用，特别是P2P网络借贷的发展，很多证据都是在电子网络平台上来完成的，这样一旦发生纠纷并诉讼，电子数据就成为不可或缺的证据。

【法条链接】
《最高人民法院关于适用〈中华人民共和国民事诉讼法〉的解释》

第一百一十六条　视听资料包括录音资料和影像资料。

电子数据是指通过电子邮件、电子数据交换、网上聊天记录、博客、微博客、手机短信、电子签名、域名等形成或者存储在电子介质中的信息。

存储在电子介质中的录音资料和影像资料，适用电子数据的规定。

10. 什么是证人证言？对证人都有哪些要求？

【律师解答】 证人是指知晓案件事实并应当事人的要求和法院的传唤到法庭作证的人，证人就案件事实向法院所作的陈述称为证人证言。

根据我国《民事诉讼法》第 72 条第 1 款规定："凡是知道案件情况的单位和个人，都有义务出庭作证。有关单位的负责人应当支持证人作证。"我国《民事诉讼法》规定的证人，包括单位和个人两大类。即凡是知道案件情况的单位和个人都有义务出庭作证。《民事诉讼法》第 72 条第 2 款规定，不能正确表达意思的人，不能作证。这一条是关于证人的能力方面的规定，在我国自然人作为证人，除必须了解案件的事实外，还须能够正确表达自己的意志。《最高人民法院关于民事诉讼证据的若干规定》第 55 条也进一步明确了不能正确表达意志的人不能作为证人。无民事行为能力和限制民事行为能力的人当待证事实与其年龄状况相适应的可以作为证人。因此，根据我国法律和司法解释，自然人虽然是无民事行为能力或限制民事行为能力的人，仍然能够作为证人对与自己年龄和智力状况相适应的待证事实作证。

【特别提醒】 除无民事行为能力人和限制民事行为能力人，证人出庭作证，应当签署保证书，证人拒绝签署保证书的，不得作证，并自行承担相关费用。

【法条链接】

《中华人民共和国民事诉讼法》

第七十二条　凡是知道案件情况的单位和个人，都有义务出庭作证。有关单位的负责人应当支持证人作证。

不能正确表达意思的人，不能作证。

《最高人民法院关于适用〈中华人民共和国民事诉讼法〉的解释》

第一百一十九条　人民法院在证人出庭作证前应当告知其如实作证的义务以及作伪证的法律后果，并责令其签署保证书，但无民事行为能力人和限制民事行为能力人除外。

证人签署保证书适用本解释关于当事人签署保证书的规定。

第一百二十条　证人拒绝签署保证书的，不得作证，并自行承担相关费用。

《最高人民法院关于民事诉讼证据的若干规定》

第五十三条　不能正确表达意志的人，不能作为证人。

待证事实与其年龄、智力状况或者精神健康状况相适应的无民事行为能力人和限制民事行为能力人，可以作为证人。

第五十五条 证人应当出庭作证，接受当事人的质询。

证人在人民法院组织双方当事人交换证据时出席陈述证言的，可视为出庭作证。

11. 证人证言的特征有哪些？

【律师解答】证人证言具有三个方面的特征：第一，证人证言是了解案件事实的人提供证明。也就是说，证人必须是知道案件情况的，只有知道案情的人才能作证，知道案件情况的人并不一定都是亲眼所见，如盲人可以就其听到的事实进行作证。作证的人也并非一定要用言词形式作证才有效力，如聋哑人可以就自己亲眼所见，用哑语表达加以作证。第二，证人证言只包括能够正确表达意志的人就案件事实所作的陈述。例如，精神病人或年幼不能辨别是非，不能正确表达意志的人，所作的证人证言是无效的。第三，证人证言的真实性、可靠性受到多种因素的影响。证人作为自然人，对于案件事实的感知要受到主观和客观各种因素的制约和限制。因此，证人证言可能有真有假，审判人员应尽可能地结合其他证据对其进行印证，印证后无误的，才可以作为认定案件事实的根据。

12. 证人证言有哪些形式？

【律师解答】证人证言有四种形式：一是口头形式，二是书面形式，三是视听传输技术，四是视听资料。

口头形式，是指证人就所了解的案件事实向法庭所作的陈述。该形式是证人作证的基本形式。在审判实践中证人大多是以口头形式向法院陈述的，证人作证以到庭接受口头询问为主，主要是便于当庭质证和确认。

书面形式，是指以文字形式向人民法院陈述已知的案件事实。

视听传输，也称为利用双向视听传输技术作证，"双向视听传输技术手段"包括现场的双向传输电话系统和双向可视电视传输技术，利用互联网和多媒体，证人不必到法庭，通过双向视频传输，法庭上，证人作证时的表情、动作等身体语言与口头陈述均可显现，同时法官和当事人及其代理人等也能与证人对话等互动的一种作证方式。

视听资料，是指证人事先已通过录音、录像的方式将证言录制完毕，在开庭时当庭播放证人作证的录音、录像的一种作证形式。

【特别提醒】证人作证以到庭接受口头询问为原则，符合不出庭作证条件，需经人民法院许可，证人可以提交书面证言。书面证言应当庭宣读，听取当事人的意见。但应注意的是，书面证言、视听资料和视听传输方式作证，不应认为是"书证"，而是"证人证言"的一种表现形式。

13. 证人是否必须出庭？

【律师解答】《民事诉讼法》第72条第1款规定："凡是知道案件情况的单位和个人，都有义务出庭作证。有关单位的负责人应当支持证人作证。"第73条规定："经人民法院通知，证人应当出庭作证。有下列情形之一的，经人民法院许可，可以通过书面证言、视听传输技术或者视听资料等方式作证：（一）因健康原因不能出庭的；（二）因路途遥远，交通不便不能出庭的；（三）因自然灾害等不可抗力不能出庭的；（四）其他有正当理由不能出庭的。"

【特别提醒】关于证人不出庭作证的条件，《最高人民法院关于民事诉讼证据的若干规定》的规定与《中华人民共和国民事诉讼法》的规定不完全一致，由于现行的《民事诉讼法》是2012年修订的，而《最高人民法院关于民事诉讼证据的若干规定》发布在民事诉讼法修订以前，特别是《最高人民法院关于民事诉讼证据的若干规定》属于司法解释，故应当以现行的《民事诉讼法》的规定为准。

【法条链接】

《中华人民共和国民事诉讼法》

第七十二条　凡是知道案件情况的单位和个人，都有义务出庭作证。有关单位的负责人应当支持证人作证。

不能正确表达意思的人，不能作证。

第七十三条　经人民法院通知，证人应当出庭作证。有下列情形之一的，经人民法院许可，可以通过书面证言、视听传输技术或者视听资料等方式作证：

（一）因健康原因不能出庭的；

（二）因路途遥远，交通不便不能出庭的；

（三）因自然灾害等不可抗力不能出庭的；

（四）其他有正当理由不能出庭的。

14. 什么是鉴定人？

【律师解答】鉴定人是指那些接受聘请或指派，凭借自己的专门知识对案件中的疑难问题进行科学研究并作出具有法律效力结论的人。我国民事诉讼理论中普遍认为鉴定人是诉讼参与人。在国外一般是将鉴定人纳入证人范畴，称为专家证人。

15. 鉴定人与证人有哪些不同之处？

【律师解答】鉴定人与证人的不同之处在于：（1）法律对他们知识结构的要求不同。法律要求鉴定人必须具备某种专门知识，且能够解决案件中的专门性问题。证人则不一样，法律并未要求他们具备专门知识，只要他们了解案情即使是文盲也可出庭作证。（2）知悉案件的时间不同。证人是在案件发生的过程中凭其五官感知案件的；而鉴定人是案件发生后通过阅卷和访问等途径了解案件情况的。（3）主体的特定性不同。鉴定人是用专门知识对某些专门性问题进行分析判断的人，只要具有所需的专门知识和技术条件，并且不存在法定回避事由的人，均可以被指定为鉴定人。因此，鉴定人具有可替代性；但证人不同。根据我国法律的规定，无论证人有无专门知识，也无论证人是否存在回避事由，证人始终是证人。是证人就必须到庭作证。任何理由的推托都是不允许的。与鉴定人相比，证人具有不可代替性。

16. 什么是鉴定意见？

【律师解答】鉴定人运用专业知识、专门技术对案件中的专门性问题进行分析、鉴别、判断后作出的结论，称为鉴定意见。

【特别提醒】鉴定意见是鉴定人员对案件涉及的专门性问题运用其专业知识和技能所作出的一种分析和判断，鉴定意见对于外行人很难发现问题或推翻，但并不是没有问题和不能推翻，为此法律规定了"专家辅助诉讼制度"和鉴定人出庭接受质询，以平衡当事人对专门知识的欠缺与不足。

17. 什么是专家辅助人？其在诉讼中的作用是什么？

【律师解答】专家辅助人是指受当事人或者其法定代理人的聘请，在诉讼过程中帮助其审查判断案件事实中所涉及的专门性问题或者参与鉴定结论质证的，在科学、技术以及其他方面具有专门知识或者经验的专门人员。在民间借贷案件中，涉及鉴定等专业性问题时，当事人可以申请人民法院通知有专门知识的人出庭，就鉴定人作出的鉴定意见或者专业问题提出意见。这就是法律规定的"专家辅助人制度",允许当事人申请有专门知识的人出庭,协助一方对鉴定意见或专业性问题提出意见,帮助一方当事人解决案件审理中涉及的专门问题,弥补当事人专业知识的不足。

【特别提醒】专家辅助人代表当事人参与诉讼,仅限于诉讼中涉及的鉴定意见或特别专业性的问题。不得参与专业问题之外的法庭审理活动。具有专门知识的人在法庭上就专业问题提出的意见,视为当事人的陈述。

【法条链接】

《中华人民共和国民事诉讼法》

第七十九条 当事人可以申请人民法院通知有专门知识的人出庭,就鉴定人作出的鉴定意见或者专业问题提出意见。

《最高人民法院关于适用〈中华人民共和国民事诉讼法〉的解释》

第一百二十二条 当事人可以依照民事诉讼法第七十九条的规定,在举证期限届满前申请一至二名具有专门知识的人出庭,代表当事人对鉴定意见进行质证,或者对案件事实所涉及的专业问题提出意见。

具有专门知识的人在法庭上就专业问题提出的意见,视为当事人的陈述。

人民法院准许当事人申请的,相关费用由提出申请的当事人负担。

18. 什么是勘验笔录?对勘验有何要求?

【律师解答】所谓勘验,是指人民法院审判人员,在诉讼过程中,为了查明一定的事实,对与案件争议有关的现场、物品或物体亲自进行或指定有关人员进行查验、拍照、测量的行为。对于查验的情况与结果制成的笔录叫勘验笔录。勘验笔录是一种独立的证据,也是一种固定和保全证据的方法。

在勘验物证或者现场时,勘验人员必须出示人民法院的证件,邀请当地基层组织或者当事人所在单位派人参加,当事人或者他们的成年家属应当到场;拒不到场的,不影响勘验的进行。有关单位和个人根据人民法院的通知,有义务保护现场、协助勘验工作的进行。人民法院勘验物证或者现场时,应当制作笔录记录勘验的时间、地点、勘验人、在场人、勘验的经过、结果,由勘验人、在场人签名或者盖章。对于绘制的现场图应当注明绘制的时间、方位、测绘人姓名、身份等内容。勘验笔录应把物证或者现场上一切与案件有关的客观情况,详细、如实地记录。在开庭审理时,审判人员应当庭宣读或出示勘验笔录、照片和绘制的图表,使当事人都能了解勘验的事实情况，并听取他们的意见。当事人要求重新勘验的，可以重新勘验。

【特别提醒】勘验是人民法院在民事诉讼过程中所享有的一种权力，它可以由法院依职权或当事人申请而进行，勘验可能要进入现场、住所等，在勘验过程中如涉及他人的隐私和尊严，法院应当予以保护和尊重。在勘验过程中，人民法院可以要求鉴定人参与勘验。必要时，可以要求鉴定人在勘验中进行鉴定。民间借贷案件基本不涉及以勘验形式对案件事实进行求证或证明这一环节。

【法条链接】

《中华人民共和国民事诉讼法》

第八十条　勘验物证或者现场，勘验人必须出示人民法院的证件，并邀请当地基层组织或者当事人所在单位派人参加。当事人或者当事人的成年家属应当到场，拒不到场的，不影响勘验的进行。

有关单位和个人根据人民法院的通知，有义务保护现场，协助勘验工作。

勘验人应当将勘验情况和结果制作笔录，由勘验人、当事人和被邀参加人签名或者盖章。

《最高人民法院关于适用〈中华人民共和国民事诉讼法〉的解释》

第一百二十四条　人民法院认为有必要的，可以根据当事人的申请或者依职权对物证或者现场进行勘验。勘验时应当保护他人的隐私和尊严。

人民法院可以要求鉴定人参与勘验。必要时，可以要求鉴定人在勘验中进行鉴定。

19. 什么是举证？如何举证？

【律师解答】所谓举证就是当事人及其代理人在法院指定或双方当事人协商确定并经法院同意的举证期间内向法院提交证据材料。

举证要在法院指定或双方当事人协商并经法院同意的期间内完成。当事人应当对其提交的证据材料逐一分类编号，对证据材料的来源、证明对象和内容作简要说明、签名盖章、注明提交日期，并依照对方当事人人数提出副本。如法院开庭前组织证据交换，则在交换证据时提交。

【特别提醒】除法院组织庭前交换证据外，对当事人提供的证据，人民法院应当根据《民事诉讼法》第66条的规定，向提交证据材料的当事人出具收据，写明证据名称、页数、份数、原件或者复印件以及收到时间等，并由经办人员签名或者盖章。

【法条链接】

《中华人民共和国民事诉讼法》

第六十五条第一款　当事人对自己提出的主张应当及时提供证据。

第六十六条　人民法院收到当事人提交的证据材料，应当出具收据，写明证据名称、页数、份数、原件或者复印件以及收到时间等，并由经办人员签名或者盖章。

20. 什么是举证证明责任？举证证明责任是如何分配的？

【律师解答】 举证证明责任是诉讼当事人对其主张的事实，提出证据予以证明以及证明不了时可能承担败诉风险的一种法律责任。

由谁提供证据，即举证证明责任如何分担的问题。我国《民事诉讼法》第64条第1款明确规定："当事人对自己提出的主张，有责任提供证据。"即"谁主张，谁举证"，如果当事人只有权利的主张，而又提供不出证据来证明和支持这种权利主张的成立，那么，就要承担不利于自己的法律后果，就可能败诉。除法律另有规定外，当事人对自己提出的诉讼请求所依据的事实或者反驳对方诉讼请求所依据的事实，应当提供证据加以证明，即主张法律关系存在的当事人，应当对产生该法律关系的基本事实承担举证证明责任；主张法律关系变更、消灭或者权利受到妨害的当事人，应当对该法律关系变更、消灭或者权利受到妨害的基本事实承担举证证明责任。在法院作出判决前，负有举证证明责任的当事人未能提供证据或者提供的证据不足以证明其事实主张的，由负有举证证明责任的当事人承担不利的后果。

【特别提醒】 当事人举证不能的期限并不是举证期限届满，而是在法院作出判决前。这样看来，当事人的举证最晚可以是法院作出判决前。

【法条链接】

《中华人民共和国民事诉讼法》

第六十四条第一款　当事人对自己提出的主张，有责任提供证据。

《最高人民法院关于适用〈中华人民共和国民事诉讼法〉的解释》

第九十条　当事人对自己提出的诉讼请求所依据的事实或者反驳对方诉讼请求所依据的事实，应当提供证据加以证明，但法律另有规定的除外。

在作出判决前，当事人未能提供证据或者证据不足以证明其事实主张的，由负有举证证明责任的当事人承担不利的后果。

第九十一条　人民法院应当依照下列原则确定举证证明责任的承担，但法律另有规定的除外：

（一）主张法律关系存在的当事人，应当对产生该法律关系的基本事实承担举证证明责任；

（二）主张法律关系变更、消灭或者权利受到妨害的当事人，应当对该法律关系变更、消灭或者权利受到妨害的基本事实承担举证证明责任。

《最高人民法院关于民事诉讼证据的若干规定》

第一条　原告向人民法院起诉或者被告提出反诉，应当附有符合起诉条件的相应的证据材料。

第二条　当事人对自己提出的诉讼请求所依据的事实或者反驳对方诉讼请求所依据的事实有责任提供证据加以证明。

没有证据或者证据不足以证明当事人的事实主张的，由负有举证责任的当事人承担不利后果。

21. 哪些事实，不需要当事人举证？

【律师解答】下列事实，当事人无须举证：（1）自然规律以及定理、定律；（2）众所周知的事实；（3）根据法律规定推定的事实；（4）根据已知的事实和日常生活经验法则推定出的另一事实；（5）已为人民法院发生法律效力的裁判所确认的事实；（6）已为仲裁机构生效裁决所确认的事实；（7）已为有效公证文书所证明的事实。

【特别提醒】上述无须举证的范围并不是绝对的，（2）、（3）、（4）当事人有相反证据足以反驳的，（5）、（6）、（7）当事人有相反证据足以推翻的，仍需负有举证责任方进行举证。

【法条链接】

《最高人民法院关于适用〈中华人民共和国民事诉讼法〉的解释》

第九十三条　下列事实，当事人无须举证证明：

（一）自然规律以及定理、定律；

（二）众所周知的事实；

（三）根据法律规定推定的事实；

（四）根据已知的事实和日常生活经验法则推定出的另一事实；

（五）已为人民法院发生法律效力的裁判所确认的事实；

（六）已为仲裁机构生效裁决所确认的事实；

（七）已为有效公证文书所证明的事实。

前款第二项至第四项规定的事实，当事人有相反证据足以反驳的除外；第五项至第七项规定的事实，当事人有相反证据足以推翻的除外。

22. 什么是举证期限？举证期限如何确定？

【律师解答】举证期限是在诉讼过程中，人民法院确定的或由当事人协商一致，并经人民法院认可的，当事人向法院提交证据材料的期间。

人民法院应当在审理前的准备阶段确定当事人的举证期限。举证期限可由当事人协商一致，并经人民法院准许。人民法院确定举证期限，第一审普通程序案件不得少于 15 日，当事人提供新的证据的第二审案件不得少于 10 日。举证期限届满后，当事人对已经提供的证据，申请提供反驳证据或者对证据来源、形式等方面的瑕疵进行补正的，人民法院可以酌情再次确定举证期限，该期限不受前述 15 天和 10 天规定的限制。适用简易程序案件的举证期限由人民法院确定，也可以由当事人协商一致并经人民法院准许，但不得超过 15 日。

【特别提醒】一般民间借贷案件大多采取简易程序，举证期限届满大多确定在开庭当天或开庭的前一天。适用简易程序审理的民间借贷案件，当事人双方均表示不需要举证期限、答辩期间的，人民法院可以立即开庭审理或者确定开庭日期。

【法条链接】

《中华人民共和国民事诉讼法》

第六十五条第二款　人民法院根据当事人的主张和案件审理情况，确定当事人应当提供的证据及其期限。当事人在该期限内提供证据确有困难的，可以向人民法院申请延长期限，人民法院根据当事人的申请适当延长。当事人逾期提供证据的，人民法院应当责令其说明理由；拒不说明理由或者理由不成立的，人民法院根据不同情形可以不予采纳该证据，或者采纳该证据但予以训诫、罚款。

《最高人民法院关于适用〈中华人民共和国民事诉讼法〉的解释》

第九十九条　人民法院应当在审理前的准备阶段确定当事人的举证期限。举证期限可以由当事人协商，并经人民法院准许。

人民法院确定举证期限，第一审普通程序案件不得少于十五日，当事人提供新的证据的第二审案件不得少于十日。

举证期限届满后，当事人对已经提供的证据，申请提供反驳证据或者对证据来源、形式等方面的瑕疵进行补正的，人民法院可以酌情再次确定举证期限，该期限不受前款规定的限制。

第二百六十六条　适用简易程序案件的举证期限由人民法院确定，也可以由当事人协商一致并经人民法院准许，但不得超过十五日。被告要求书面答辩的，人民法院可在征得其同意的基础上，合理确定答辩期间。

人民法院应当将举证期限和开庭日期告知双方当事人，并向当事人说明逾期举证以及拒不到庭的法律后果，由双方当事人在笔录和开庭传票的送达回证上签名或者捺印。

当事人双方均表示不需要举证期限、答辩期间的，人民法院可以立即开庭审理或者确定开庭日期。

23. 举证期限能否延长？如何延长？

【律师解答】当事人在举证期限内提供证据确有困难的，可以向人民法院申请延长期限，人民法院根据当事人的申请适当延长。当事人申请延长举证期限的，应当在举证期限届满前向人民法院提出书面申请。申请理由成立的，人民法院应当准许，适当延长举证期限，并通知其他当事人。延长的举证期限适用于其他当事人。申请理由不成立的，人民法院不予准许，并通知申请人。

【法条链接】

《最高人民法院关于适用〈中华人民共和国民事诉讼法〉的解释》

第一百条　当事人申请延长举证期限的，应当在举证期限届满前向人民法院提出书面申请。

申请理由成立的，人民法院应当准许，适当延长举证期限，并通知其他当事人。延长的举证期限适用于其他当事人。

申请理由不成立的，人民法院不予准许，并通知申请人。

24. 什么是逾期提交证据？当事人逾期提交证据怎么办？

【律师解答】逾期提交证据就是当事人超过法院确定或双方协商确定并经法院同意的举证期限向法院提交案件证据材料的行为。

当事人逾期提交证据的，人民法院应当责令其说明理由，必要时可以要求其提交相应的证据。对当事人逾期提交证据的，分不同情况加以处理。

（1）当事人因客观原因逾期提交证据，或者对方当事人对逾期提交证据未提出异议的，视为未逾期。

（2）当事人非因故意或者重大过失逾期提交的证据，人民法院应当采纳，并对当事人予以训诫。

（3）当事人因故意或者重大过失逾期提交的证据，人民法院不予采纳。但该证据与案件基本事实有关的，人民法院应当采纳，并依照《民事诉讼法》第65条、第115条第1款的规定予以训诫、罚款。

【特别提醒】当事人一方因逾期提交证据致使对方增加交通、住宿、就餐、误工、证人出庭作证等必要费用的，对方要求逾期提交证据一方赔偿的，人民法院可予支持。

【法条链接】

《最高人民法院关于适用〈中华人民共和国民事诉讼法〉的解释》

第一百零一条 当事人逾期提供证据的，人民法院应当责令其说明理由，必要时可以要求其提供相应的证据。

当事人因客观原因逾期提供证据，或者对方当事人对逾期提供证据未提出异议的，视为未逾期。

第一百零二条 当事人因故意或者重大过失逾期提供的证据，人民法院不予采纳。但该证据与案件基本事实有关的，人民法院应当采纳，并依照民事诉讼法第六十五条、第一百一十五条第一款的规定予以训诫、罚款。

当事人非因故意或者重大过失逾期提供的证据，人民法院应当采纳，并对当事人予以训诫。

当事人一方要求另一方赔偿因逾期提供证据致使其增加的交通、住宿、就餐、误工、证人出庭作证等必要费用的，人民法院可予支持。

25. 什么是证据的证明标准？我国民事证据的证明标准是什么？

【律师解答】证据的证明标准，又称证明任务、证明要求，是指根据法律的规定，负有证明责任的一方当事人提供的证据所能证明的事实得以作为法官裁断案件的基础所要达到的最低限度或者最低标准。当证据的证明力达到了证明标准，我们就认为待证事实的真实性得到了证明，负有证明责任的当事人证明了待证事实，法官应当以该事实的存在作为裁判的依据；反之，法官则应认为待证事实未被证明为真实或者仍处于真伪不明状态，则负有证明责任的当事人要承担败诉的不利后果。

对于民事诉讼的证据证明标准，英美法系国家基本上使用"盖然性"占优势证明标准，大陆法系国家的民事诉讼一般坚持""高度盖然性"证明标准，而我国民事诉讼曾经实行的是"客观真实"的证明标准。所谓客观真实，是指法院在裁判中认定的事实，应当与发生在诉讼前的案件事实完全吻合。但实践证明采用"客观真实"的证明标准存在明显的缺陷与不足，在长期理论探索和司法实践经验的基础上，最高人民法院也认识到了传统的证明标准理论的局限性，于是2002年4月1日开始施行的《最高人民法院关于民事诉讼证据的若干规定》里明确将"高度盖然性"作为民事诉讼的证明标准，其中第74条规定是："双方当事人对同一事实分别举出相反的证据，但都没有足够的依据否定对方的证据的，人民法院应当结合案件情况，判断一方提供证据的证明力是否明显大于另一方提供证据予以确认。因证据的证明力无法判断，导致争议事实难以认定的，人民法院应当依据举证责任分配的规则做出裁判。"该条规定弥补了我国民事诉讼长期以来没有明确的证明标准的缺陷。

2015年2月4日，最高人民法院又实施了《最高人民法院关于适用〈中华人民共和国民事诉讼法〉的解释》，在该解释中，对证据的证明责任标准一般案件采用了"高度盖然性"标准，即认定所主张的事实存在，需证据达到待证事实的存在具有高度可能性。也就是说，负有举证证明责任的当事人提供的证据，人民法院经审查并结合相关事实，确信待证事实的存在具有高度可能性的，应当认定该事实存在；对反驳方的举证证明标准只需达到待证事实真伪不明即可。即为反驳负有举证证明责任的当事人所主张事实而提供的证据，人民法院经审查并结合相关事实，认为待证事实真伪不明的，应当认定该事实不存在。在一般案件中对举证责任方和反驳方采用"高度盖然性"证明标准的同时，又提出了对特殊案件采取"排除合理怀疑"的证明标准，即当事人对欺诈、胁迫、恶意串通事实的证明，以及对口头遗嘱或者赠与事实的证明，人民法院确信该待证事实存在的可能性能够排除合理怀疑的，应当认定该事实存在。这样，我国民事诉讼证据的证明标准就形成了由一般案件的"高度盖然性"证明标准和特殊案件的"排除合理怀疑"证明标准所组成的证据证明标准体系。

【法条链接】

《最高人民法院关于适用〈中华人民共和国民事诉讼法〉的解释》

第一百零八条 对负有举证证明责任的当事人提供的证据,人民法院经审查并结合相关事实,确信待证事实的存在具有高度可能性的,应当认定该事实存在。

对一方当事人为反驳负有举证证明责任的当事人所主张事实而提供的证据,人民法院经审查并结合相关事实,认为待证事实真伪不明的,应当认定该事实不存在。

法律对于待证事实所应达到的证明标准另有规定的,从其规定。

第一百零九条 当事人对欺诈、胁迫、恶意串通事实的证明,以及对口头遗嘱或者赠与事实的证明,人民法院确信该待证事实存在的可能性能够排除合理怀疑的,应当认定该事实存在。

26. 什么是证据保全?如何进行证据保全?

【律师解答】证据保全,是指法院在利害关系人起诉前或在对证据进行调查前,依据申请人、当事人的请求,或依职权对可能灭失或今后难以取得的证据,予以调查收集和固定保存的行为。无论诉前还是诉中,当事人均可向法院申请对证据的保全,当事人申请保全证据的,人民法院可以要求其提供相应的担保。在诉讼中人民法院也可依职权进行证据保全的,可以根据具体情况,采取查封、扣押、拍照、录音、录像、复制、鉴定、勘验、制作笔录等方法。

【特别提醒】当事人向人民法院申请保全证据,可以在举证期限届满前提出,提出保全证据须以书面形式向法院提出。人民法院进行证据保全,可以要求当事人或者诉讼代理人到场。

【法条链接】

《中华人民共和国民事诉讼法》

第八十一条 在证据可能灭失或者以后难以取得的情况下,当事人可以在诉讼过程中向人民法院申请保全证据,人民法院也可以主动采取保全措施。

因情况紧急,在证据可能灭失或者以后难以取得的情况下,利害关系人可以在提起诉讼或者申请仲裁前向证据所在地、被申请人住所地或者对案件有管辖权的人民法院申请保全证据。

证据保全的其他程序，参照适用本法第九章保全的有关规定。

《最高人民法院关于适用〈中华人民共和国民事诉讼法〉的解释》

第九十八条　当事人根据民事诉讼法第八十一条第一款规定申请证据保全的，可以在举证期限届满前书面提出。

证据保全可能对他人造成损失的，人民法院应当责令申请人提供相应的担保。

《最高人民法院关于民事诉讼证据的若干规定》

第二十四条　人民法院进行证据保全，可以根据具体情况，采取查封、扣押、拍照、录音、录像、复制、鉴定、勘验、制作笔录等方法。

人民法院进行证据保全，可以要求当事人或者诉讼代理人到场。

第二节　民间借贷证据

1. 民间借贷纠纷中常见的都有哪些证据？

【律师解答】民间借贷纠纷中，常见的证据包括书证、当事人陈述、视听资料、电子数据、证人证言、鉴定意见等，物证与勘验笔录很少使用。

2. 民间借贷的书证都有哪些？

【律师解答】民间借贷纠纷中，常见的书证包括借款合同书、担保书、借条、欠条、收条、汇款凭证、存款凭证、转账凭证、承诺书、还款计划、催款单等。

3. 民间借贷起诉时，应当向法院提交哪些证据？

【律师解答】民间借贷纠纷向法院起诉时，应提交证明原告主体资格、借贷关系存在以及债务履行期届满、受案法院有管辖权等证据。如原告的身份证、营业执照、企业代码证、借条、借款合同、还款承诺书、还款计划书等。至于被告的主体资格，不必须提供，只要有明确的被告及住址和联系方式即可，一般不作实质审查。

【特别提醒】由于民事诉讼的立案实行登记制，故原告只需提供起诉主体资格与所主张的民间借贷法律关系成立和存在及债权已到期的证据即可。

【法条链接】
《最高人民法院关于审理民间借贷案件适用法律若干问题的规定》
第二条第一款　出借人向人民法院起诉时,应当提供借据、收据、欠条等债权凭证以及其他能够证明借贷法律关系存在的证据。

4. 亲属可以为民间借贷作证吗?

【律师解答】 可以。凡是知道案件情况的人都有出庭作证的义务,法律并未禁止亲属作证,亲属如果知道案件情况,也可以作证。

【特别提醒】 如同一案件对同一事实存在数个证人时,证人提供的对与其有亲属或者其他密切关系的当事人有利的证言,其证明力一般小于其他证人证言。

【法条链接】
《中华人民共和国民事诉讼法》
第七十二条　凡是知道案件情况的单位和个人,都有义务出庭作证。有关单位的负责人应当支持证人作证。
不能正确表达意思的人,不能作证。

《最高人民法院关于民事诉讼证据的若干规定》
第五十三条　不能正确表达意志的人,不能作为证人。
待证事实与其年龄、智力状况或者精神健康状况相适应的无民事行为能力人和限制民事行为能力人,可以作为证人。

5. 未成年人能否成为民间借贷的证人?

【律师解答】 可以。不能正确表达意思的人,不能作为证人。待证事实与其年龄、智力状况或者精神健康状况相适应的无民事行为能力人和限制民事行为能力人,可以作为证人。

6. 民间借贷案件中,申请证人出庭作证应当在什么时候提出?

【律师解答】 一般的民间借贷案件,法院受理原告的起诉后,要向对方当事人送达起诉书副本、应诉通知书、举证通知书、诉讼权利义务告知书等有关诉讼材料,其中举证通知书中明确告知本案举证届满日期,无论是简易程序还是普通程序,申请证人出庭作证,应当在举证期限届满前向法院提出。

【特别提醒】 民间借贷诉讼中除双方当事人同意并经人民法院准许的以外,未经人民法院通知,证人不得出庭作证。

【法条链接】

《最高人民法院关于适用〈中华人民共和国民事诉讼法〉的解释》

第一百一十七条 当事人申请证人出庭作证的,应当在举证期限届满前提出。

符合本解释第九十六条第一款规定情形的,人民法院可以依职权通知证人出庭作证。

未经人民法院通知,证人不得出庭作证,但双方当事人同意并经人民法院准许的除外。

7. 民间借贷诉讼中,法院可以依职权通知证人出庭作证吗?

【律师解答】 在民间借贷案件的审理中,如人民法院认为审理的案件需要证人出庭作证的,可以通知证人出庭作证。这主要是《最高人民法院关于适用〈中华人民共和国民事诉讼法〉的解释》第96条规定的五种情况,除此之外,法院是不能依职权通知证人出庭作证的。对民间借贷案件可能存在的情况只有:(1)涉及可能损害国家利益、社会公共利益的;(2)当事人有恶意串通损害他人合法权益可能的;(3)涉及依职权中止诉讼、终结诉讼、回避等程序性事项的。

【特别提醒】 除法律及司法解释规定法院可依职权通知证人出庭作证外,证人出庭作证,均需当事人申请并经法院审查同意。

【法条链接】

《最高人民法院关于适用〈中华人民共和国民事诉讼法〉的解释》

第九十六条 民事诉讼法第六十四条第二款规定的人民法院认为审理案件需要的证据包括:

(一)涉及可能损害国家利益、社会公共利益的;

(二)涉及身份关系的;

(三)涉及民事诉讼法第五十五条规定诉讼的;

(四)当事人有恶意串通损害他人合法权益可能的;

(五)涉及依职权追加当事人、中止诉讼、终结诉讼、回避等程序性事项的。

除前款规定外,人民法院调查收集证据,应当依照当事人的申请进行。

第一百一十七条第二款 符合本解释第九十六条第一款规定情形的,人民法院可以依职权通知证人出庭作证。

8. 民间借贷案件的证人出庭作证产生的费用和支出由谁承担？其标准是什么？

【律师解答】证人因履行出庭作证义务而支出的交通、住宿、就餐等必要费用以及误工损失，由败诉一方当事人负担。证人因履行出庭作证义务而支出的交通、住宿、就餐等必要费用，按照机关事业单位工作人员差旅费用和补贴标准计算；误工损失按照国家上年度职工日平均工资标准计算。

【特别提醒】对证人出庭作证费用，人民法院准许证人出庭作证申请的，应当通知申请人预缴证人出庭作证费用。

【法条链接】

《中华人民共和国民事诉讼法》

第七十四条　证人因履行出庭作证义务而支出的交通、住宿、就餐等必要费用以及误工损失，由败诉一方当事人负担。当事人申请证人作证的，由该当事人先行垫付；当事人没有申请，人民法院通知证人作证的，由人民法院先行垫付。

《最高人民法院关于适用〈中华人民共和国民事诉讼法〉的解释》

第一百一十八条　民事诉讼法第七十四条规定的证人因履行出庭作证义务而支出的交通、住宿、就餐等必要费用，按照机关事业单位工作人员差旅费用和补贴标准计算；误工损失按照国家上年度职工日平均工资标准计算。

人民法院准许证人出庭作证申请的，应当通知申请人预缴证人出庭作证费用。

9. 民间借贷诉讼中常见的鉴定有哪些？

【律师解答】在民间借贷诉讼中常见的鉴定有：签名鉴定、是否为某人书写鉴定、书写时间鉴定、涂改鉴定、是否为原件鉴定、音像是否为原件及剪辑鉴定、电子数据鉴定等。

10. 民间借贷的鉴定在什么时候提出？不提出有什么后果？

【律师解答】民间借贷当事人申请鉴定，除申请重新鉴定外，应当在举证期限届满前提出。对需要鉴定的事项负有举证责任的当事人，在人民法院指定的期限内无正当理由不提出鉴定申请或者不预缴鉴定费用或者拒不提供相关材料，致使对案件争议的事实无法通过鉴定意见予以认定的，应对该事实承担举证不能的法律后果。

【特别提醒】除以职权决定鉴定外,鉴定程序以当事人的申请而启动,具体应当由谁提出鉴定申请,应当依举证责任分配的规则,由负有举证责任的一方提出鉴定申请。在民间借贷诉讼过程中,也绝不是当事人提出鉴定申请就进行鉴定,申请鉴定的事项必须与待证事实存在关联性,如申请鉴定的事项与待证事实无关联,或者对证明待证事实无意义的,人民法院不予准许。

【法条链接】

《最高人民法院关于适用〈中华人民共和国民事诉讼法〉的解释》

第一百二十一条第一款 当事人申请鉴定,可以在举证期限届满前提出。申请鉴定的事项与待证事实无关联,或者对证明待证事实无意义的,人民法院不予准许。

11. 法院准许鉴定时,如何确定鉴定人?

【律师解答】当事人提出申请鉴定,经人民法院同意后,由双方当事人协商选择鉴定机构和鉴定人;如果协商不成由人民法院指定。符合依职权调查收集证据条件的,人民法院应当依职权委托鉴定,在询问当事人的意见后,指定具备相应资格的鉴定人。

【特别提醒】无论是双方协商确定的鉴定机构,还是人民法院指定的鉴定机构,均应当选择或指定经司法行政部门登记和公告的有鉴定资质的鉴定机构。具体确定时,可采用摇号方式确定。

【法条链接】

《中华人民共和国民事诉讼法》

第七十六条 当事人可以就查明事实的专门性问题向人民法院申请鉴定。当事人申请鉴定的,由双方当事人协商确定具备资格的鉴定人;协商不成的,由人民法院指定。

当事人未申请鉴定,人民法院对专门性问题认为需要鉴定的,应当委托具备资格的鉴定人进行鉴定。

《最高人民法院关于适用〈中华人民共和国民事诉讼法〉的解释》

第一百二十一条第二、三款 人民法院准许当事人鉴定申请的,应当组织双方当事人协商确定具备相应资格的鉴定人。当事人协商不成的,由人民法院指定。

符合依职权调查收集证据条件的,人民法院应当依职权委托鉴定,在询问当事人的意见后,指定具备相应资格的鉴定人。

12. 民间借贷的鉴定人是否应当出庭？不出庭有什么后果？

【律师解答】 当事人对鉴定意见有异议或者人民法院认为鉴定人有必要出庭的，鉴定人应当出庭作证。鉴定人有责任在法庭上回答审判人员、当事人及其诉讼代理人提出的有关鉴定方面的问题。鉴定人应当出庭接受当事人质询。鉴定人确因特殊原因无法出庭的，经人民法院准许，可以书面答复当事人的质询。在法庭上进行的比较简单的鉴定，鉴定人也可用口头向法院提出鉴定意见，由书记员记入笔录，并由鉴定人在笔录上签名或盖章。不论以书面方式还是口头方式提出鉴定意见，如有必要，当事人及其诉讼代理人都可以要求鉴定人对鉴定意见作补充说明或解释，这些说明和解释，也应记入法庭笔录，如果数个鉴定人的鉴定意见互相抵触，或鉴定人未能提出肯定的意见，或者人民法院对鉴定意见有怀疑时，除可要求鉴定人进行补充说明或补充鉴定外，还可以另行指定鉴定人再行鉴定。经人民法院通知，鉴定人拒不出庭作证的，鉴定意见不得作为认定事实的根据；支付鉴定费用的当事人可以要求返还鉴定费用。

【特别提醒】 鉴定人出庭，以"当事人对鉴定意见有异议或者人民法院认为鉴定人有必要出庭"为条件，在民间借贷案件诉讼过程中，如出现这两种情况之一的，鉴定人应当出庭。

【法条链接】

《中华人民共和国民事诉讼法》

第七十八条　当事人对鉴定意见有异议或者人民法院认为鉴定人有必要出庭的，鉴定人应当出庭作证。经人民法院通知，鉴定人拒不出庭作证的，鉴定意见不得作为认定事实的根据；支付鉴定费用的当事人可以要求返还鉴定费用。

13. 在什么情况下可以申请重新鉴定？

【律师解答】 当事人对人民法院委托的鉴定部门作出的鉴定意见有异议申请重新鉴定的，人民法院应当进行审查，如果鉴定存在以下情形，应当准许申请重新鉴定：①鉴定机构或者鉴定人员不具备相关的鉴定资格的；②鉴定程序严重违法的；③鉴定意见明显依据不足的；④经过质证认定不能作为证据使用的其他情形。另外，一方当事人自行委托的部门作出鉴定的，另一方当事人有证据足以反驳并申请重新鉴定的，人民法院应予准许。

【特别提醒】 对有缺陷的鉴定意见，可以通过补充鉴定、重新质证或者补充质证等方法解决的，不必然进行重新鉴定。

【法条链接】

《最高人民法院关于民事诉讼证据的若干规定》

第二十七条　当事人对人民法院委托的鉴定部门作出的鉴定结论有异议申请重新鉴定，提出证据证明存在下列情形之一的，人民法院应予准许：

（一）鉴定机构或者鉴定人员不具备相关的鉴定资格的；

（二）鉴定程序严重违法的；

（三）鉴定结论明显依据不足的；

（四）经过质证认定不能作为证据使用的其他情形。

对有缺陷的鉴定结论，可以通过补充鉴定、重新质证或者补充质证等方法解决的，不予重新鉴定。

第二十八条　一方当事人自行委托有关部门作出的鉴定结论，另一方当事人有证据足以反驳并申请重新鉴定的，人民法院应予准许。

14. 民间借贷诉讼中，申请专家辅助人参加诉讼，应当在什么时候提出？

【律师解答】 民间借贷案件涉及申请专家辅助人参加诉讼，代表当事人对鉴定意见进行质证，或者对案件事实所涉及的专业问题提出意见。申请专家辅助的当事人应当在举证期限届满前向法院提出申请。

【特别提醒】 可申请具有专门知识的人出庭，其人数为一至二名，人民法院准许当事人申请的，相关费用由提出申请的当事人负担。

【法条链接】

《最高人民法院关于适用〈中华人民共和国民事诉讼法〉的解释》

第一百二十二条　当事人可以依照民事诉讼法第七十九条的规定，在举证期限届满前申请一至二名具有专门知识的人出庭，代表当事人对鉴定意见进行质证，或者对案件事实所涉及的专业问题提出意见。

具有专门知识的人在法庭上就专业问题提出的意见，视为当事人的陈述。

人民法院准许当事人申请的，相关费用由提出申请的当事人负担。

15. 民间借贷诉讼中，当事人聘请的具有专门知识的人在法庭上都可以做些什么？

【律师解答】 民间借贷诉讼中，当事人聘请的具有专门知识的人的主要职责是代表当事人对鉴定意见进行质证，或者对案件事实所涉及的专业问题提出意见。人民法院可以对出庭的具有专门知识的人进行询问。经法庭准许，当事人可以对出庭的具有专门知识的人进行询问，当事人各自申请的具有专门知识的人可以就案件中的有关问题进行对质。

【特别提醒】当事人聘请的具有专门知识的人出庭主要是围绕着对鉴定意见进行质证或者案件事实所涉及的专业问题提出意见而展开，包括法庭和当事人的询问，以及当事人各自申请的具有专门知识的人可以就案件中的有关问题进行对质等，除此之外，具有专门知识的人不得参与专业问题之外的法庭审理活动。

【法条链接】

《最高人民法院关于适用〈中华人民共和国民事诉讼法〉的解释》

第一百二十三条　人民法院可以对出庭的具有专门知识的人进行询问。经法庭准许，当事人可以对出庭的具有专门知识的人进行询问，当事人各自申请的具有专门知识的人可以就案件中的有关问题进行对质。

具有专门知识的人不得参与专业问题之外的法庭审理活动。

16. 如果在民间借贷案件中，债务人拒绝陈述怎么办？

【律师解答】在民间借贷诉讼中，当事人拒绝陈述的，特别是针对一方的举证，另一方拒绝表态，此时，当事人的拒绝陈述不影响人民法院根据证据认定案件事实。

【特别提醒】案件事实是法院经过开庭审理，根据查证属实的证据加以认定的。

【法条链接】

《中华人民共和国民事诉讼法》

第七十五条　人民法院对当事人的陈述，应当结合本案的其他证据，审查确定能否作为认定事实的根据。

当事人拒绝陈述的，不影响人民法院根据证据认定案件事实。

17. 在民间借贷诉讼中一方需要的证据可能灭失或以后难以取得怎么办？

【律师解答】因情况紧急，在证据可能灭失或者以后难以取得的情况下，债权人等利害关系人可以在提起诉讼前向证据所在地、被申请人住所地或者对案件有管辖权的人民法院申请保全证据。在诉讼中一方需要的证据可能灭失或以后难以取得，当事人可以向案件承办的法院申请证据保全。当然，人民法院也可以主动采取保全措施。

【特别提醒】在民间借贷诉讼中当事人申请证据保全的，可以在举证期限届满前书面提出。证据保全可能对他人造成损失的，人民法院应当责令申请人提供相应的担保。

【法条链接】

《中华人民共和国民事诉讼法》

第八十一条 在证据可能灭失或者以后难以取得的情况下，当事人可以在诉讼过程中向人民法院申请保全证据，人民法院也可以主动采取保全措施。

因情况紧急，在证据可能灭失或者以后难以取得的情况下，利害关系人可以在提起诉讼或者申请仲裁前向证据所在地、被申请人住所地或者对案件有管辖权的人民法院申请保全证据。

证据保全的其他程序，参照适用本法第九章保全的有关规定。

《最高人民法院关于适用〈中华人民共和国民事诉讼法〉的解释》

第九十八条 当事人根据民事诉讼法第八十一条第一款规定申请证据保全的，可以在举证期限届满前书面提出。

证据保全可能对他人造成损失的，人民法院应当责令申请人提供相应的担保。

18. 民间借贷诉讼中，当事人不能在举证期限内提交证据材料怎么办？

【律师解答】根据《民事诉讼法》第65条的规定，当事人在双方协商并经法院同意或法院指定的举证期限内提供证据确有困难的，可以向人民法院申请延长期限，人民法院根据当事人的申请适当延长。

【特别提醒】民间借贷案件的当事人在举证期限内不能提供证据，一定要及时申请延期举证，如在民间借贷诉讼中，对银行存款、住房公积金等不能提供证据的，则可向申请法院调取。

【法条链接】

《中华人民共和国民事诉讼法》

第六十五条 当事人对自己提出的主张应当及时提供证据。

人民法院根据当事人的主张和案件审理情况，确定当事人应当提供的证据及其期限。当事人在该期限内提供证据确有困难的，可以向人民法院申请延长期限，人民法院根据当事人的申请适当延长。当事人逾期提供证据的，人民法院应当责令其说明理由；拒不说明理由或者理由不成立的，人民法院根据不同情形可以不予采纳该证据，或者采纳该证据但予以训诫、罚款。

《最高人民法院关于适用〈中华人民共和国民事诉讼法〉的解释》

第九十九条第三款　举证期限届满后，当事人对已经提供的证据，申请提供反驳证据或者对证据来源、形式等方面的瑕疵进行补正的，人民法院可以酌情再次确定举证期限，该期限不受前款规定的限制。

第一百条　当事人申请延长举证期限的，应当在举证期限届满前向人民法院提出书面申请。

申请理由成立的，人民法院应当准许，适当延长举证期限，并通知其他当事人。延长的举证期限适用于其他当事人。

申请理由不成立的，人民法院不予准许，并通知申请人。

19. 民间借贷案件已经开完庭了，还可以再提供证据吗？

【律师解答】民间借贷的证据应当在举证期限内提交，民间借贷案件开完庭后，一般情况下是不能再提交证据。但如果是新的证据，则可以在开庭后及时提交，但应限于判决前。

【特别提醒】举证期限届满后，当事人对已经提供的证据，申请提供反驳证据或者对证据来源、形式等方面的瑕疵进行补正的，人民法院可以酌情再次确定举证期限。

【法条链接】

《最高人民法院关于适用〈中华人民共和国民事诉讼法〉的解释》

第九十条第二款　在作出判决前，当事人未能提供证据或者证据不足以证明其事实主张的，由负有举证证明责任的当事人承担不利的后果。

20. 民间借贷诉讼中，当事人向法院提供证据是否一定提供原件？

【律师解答】民间借贷案件的当事人向人民法院提供证据，应当提供原件或者原物。如需自己保存证据原件、原物或者提供原件、原物确有困难的，可以提供经人民法院核对无异的复制件或者复制品。在民间借贷案件中，如房产证、银行存单、营业执照等书证均应经法庭核对无误或当庭核对后提供复印件。

【特别提醒】 民间借贷案件当事人提供的书证符合《最高人民法院关于适用〈中华人民共和国民事诉讼法〉的解释》第111条规定的情形之一的，可以提交复制品，但人民法院应当结合其他证据和案件具体情况，审查判断书证复制品等能否作为认定案件事实的根据。

【法条链接】

《中华人民共和国民事诉讼法》

第七十条　书证应当提交原件。物证应当提交原物。提交原件或者原物确有困难的，可以提交复制品、照片、副本、节录本。

提交外文书证，必须附有中文译本。

《最高人民法院关于适用〈中华人民共和国民事诉讼法〉的解释》

第一百一十一条　民事诉讼法第七十条规定的提交书证原件确有困难，包括下列情形：

（一）书证原件遗失、灭失或者毁损的；

（二）原件在对方当事人控制之下，经合法通知提交而拒不提交的；

（三）原件在他人控制之下，而其有权不提交的；

（四）原件因篇幅或者体积过大而不便提交的；

（五）承担举证证明责任的当事人通过申请人民法院调查收集或者其他方式无法获得书证原件的。

前款规定情形，人民法院应当结合其他证据和案件具体情况，审查判断书证复制品等能否作为认定案件事实的根据。

21. 民间借贷诉讼中，一方想提交的证据在对方当事人的控制下，对方拒不提供怎么办？

【律师解答】 民间借贷诉讼中，一方持有证据拒不提供是常有的事，此时承担举证责任的一方，可以在举证期限届满前书面申请人民法院责令对方当事人提交。经法院审查，申请理由成立的，人民法院应当责令对方当事人提交，对方当事人无正当理由拒不提交的，人民法院可以认定申请人所主张的书证内容为真实。

【特别提醒】 必须限于书证，且需要有证据证明或能确定一方持有书证而拒不提供。另外，因提交书证所产生的费用，由申请人负担。

【法条链接】

《最高人民法院关于适用〈中华人民共和国民事诉讼法〉的解释》

第一百一十二条 书证在对方当事人控制之下的,承担举证证明责任的当事人可以在举证期限届满前书面申请人民法院责令对方当事人提交。

申请理由成立的,人民法院应当责令对方当事人提交,因提交书证所产生的费用,由申请人负担。对方当事人无正当理由拒不提交的,人民法院可以认定申请人所主张的书证内容为真实。

22. 在民间借贷诉讼中,什么情况下法院可以直接决定调查取证?

【律师解答】在民间借贷诉讼过程中,当事人及其诉讼代理人因客观原因不能自行收集的证据,或者人民法院认为审理案件需要的证据,人民法院应当调查收集。所以人民法院调查收集证据,一种情况是依当事人的申请而进行,另一种情况是依职权直接决定而进行。"人民法院认为审理案件需要的证据",是指:(1)涉及可能有损国家利益、社会公共利益或者他人合法权益的事实;(2)涉及身份关系的;(3)涉及《民事诉讼法》第55条规定的污染环境、侵害众多消费者合法权益等损害社会公益诉讼;(4)当事人有恶意串通损害他人合法权益可能的;(5)涉及依职权追加当事人、中止诉讼、终结诉讼、回避等程序性事项的。

【特别提醒】除前述情形以外,人民法院调查收集证据应当依当事人申请而进行,否则,法院自行决定收集证据没有法律依据,属于违法收集证据,是程序违法行为。特别说明的是:关于人民法院依职权决定调查取证的条件是确定的和有限制的,并没有其他情况,这主要是为防止法院滥用职权调查取证,从制度上保障公平、公正。

【法条链接】

《中华人民共和国民事诉讼法》

第六十四条 当事人对自己提出的主张,有责任提供证据。

当事人及其诉讼代理人因客观原因不能自行收集的证据,或者人民法院认为审理案件需要的证据,人民法院应当调查收集。

人民法院应当按照法定程序,全面地、客观地审查核实证据。

《最高人民法院关于适用〈中华人民共和国民事诉讼法〉的解释》

第九十六条 民事诉讼法第六十四条第二款规定的人民法院认为审理案件需要的证据包括:

（一）涉及可能损害国家利益、社会公共利益的；

（二）涉及身份关系的；

（三）涉及民事诉讼法第五十五条规定诉讼的；

（四）当事人有恶意串通损害他人合法权益可能的；

（五）涉及依职权追加当事人、中止诉讼、终结诉讼、回避等程序性事项的。

除前款规定外，人民法院调查收集证据，应当依照当事人的申请进行。

23. 属于民间借贷的证据如银行转款或网络借贷资料等，当事人无法到银行等查阅和调取该证据，怎么办？

【律师解答】在民间借贷诉讼中，记载出借人转款、汇款及网络借贷有关资料和划款资料等不在自己手中，持有一方拒不承认和提交，而自己又无法查证和提交的，此时可向承办案件的法院申请，由人民法院进行调查取证。

【特别提醒】申请人民法院调查取证，要向法院提交书面申请，特别注意申请法院调查取证可以在该案的举证期限届满前提出。

【法条链接】

《中华人民共和国民事诉讼法》

第六十四条　当事人对自己提出的主张，有责任提供证据。

当事人及其诉讼代理人因客观原因不能自行收集的证据，或者人民法院认为审理案件需要的证据，人民法院应当调查收集。

人民法院应当按照法定程序，全面地、客观地审查核实证据。

《最高人民法院关于适用〈中华人民共和国民事诉讼法〉的解释》

第九十四条　民事诉讼法第六十四条第二款规定的当事人及其诉讼代理人因客观原因不能自行收集的证据包括：

（一）证据由国家有关部门保存，当事人及其诉讼代理人无权查阅调取的；

（二）涉及国家秘密、商业秘密或者个人隐私的；

（三）当事人及其诉讼代理人因客观原因不能自行收集的其他证据。

当事人及其诉讼代理人因客观原因不能自行收集的证据，可以在举证期限届满前书面申请人民法院调查收集。

24. 在民间借贷庭审中对对方提交的证据如何进行质证？

【律师解答】证据应当在法庭上出示，由当事人互相质证。未经质证的证据，不能作为认定案件事实的依据。在民间借贷案件庭审中对对方提交和出示的证据材料应当围绕证据的真实性、关联性、合法性、证明力有无以及证明力大小，进行质疑、说明与辩驳。能够反映案件真实情况、与待证事实相关联、来源和形式符合法律规定的证据，应当作为认定案件事实的根据。

【特别提醒】涉及国家秘密、商业秘密和个人隐私或者法律规定的其他应当保密的证据，不得在开庭时公开质证。

【法条链接】

《最高人民法院关于适用〈中华人民共和国民事诉讼法〉的解释》

第一百零三条　证据应当在法庭上出示，由当事人互相质证。未经当事人质证的证据，不得作为认定案件事实的根据。

当事人在审理前的准备阶段认可的证据，经审判人员在庭审中说明后，视为质证过的证据。

涉及国家秘密、商业秘密、个人隐私或者法律规定应当保密的证据，不得公开质证。

第一百零四条　人民法院应当组织当事人围绕证据的真实性、合法性以及与待证事实的关联性进行质证，并针对证据有无证明力和证明力大小进行说明和辩论。

能够反映案件真实情况、与待证事实相关联、来源和形式符合法律规定的证据，应当作为认定案件事实的根据。

25. 债权人以借据、欠条等提起民间借贷诉讼，被告辩称已经还款的，怎么办？

【律师解答】原告以其持有的借据、欠条、借条等债权凭证起诉的，如被告辩称借款已还，则应当由被告提供还款证据证明借款已清偿。被告提供相应证据证明其主张后，原告仍应就借贷关系的成立承担举证证明责任。

【特别提醒】原告举证证明其借贷关系成立，被告不否认借贷关系，而以偿还借贷为抗辩，则举证责任转至被告，被告对其主张完成举证责任，从而否定了原告的证明，因此原告须补充证明其借贷关系成立，否则，原告承担借贷关系不成立的法律后果。

【法条链接】

《中华人民共和国民事诉讼法》

第六十五条第一款 当事人对自己提出的主张应当及时提供证据。

《最高人民法院关于适用〈中华人民共和国民事诉讼法〉的解释》

第九十条 当事人对自己提出的诉讼请求所依据的事实或者反驳对方诉讼请求所依据的事实,应当提供证据加以证明,但法律另有规定的除外。

在作出判决前,当事人未能提供证据或者证据不足以证明其事实主张的,由负有举证证明责任的当事人承担不利的后果。

《最高人民法院关于审理民间借贷案件适用法律若干问题的规定》

第十六条第一款 原告仅依据借据、收据、欠条等债权凭证提起民间借贷诉讼,被告抗辩已经偿还借款,被告应当对其主张提供证据证明。被告提供相应证据证明其主张后,原告仍应就借贷关系的成立承担举证证明责任。

26. 原告仅依据金融机构的转账凭证提起民间借贷诉讼,被告抗辩转账系偿还双方之前借款或其他债务,此时如何分配双方的举证证明责任?

【律师解答】实践中有的民间借贷双方之间没有订立借款合同等书面证明材料,出借人是通过银行将借款转给或存到借款人指定的账户中。当债权人以银行转账或汇款、存款等凭证起诉债务人时,债务人却称该转账或汇款、存款系原告偿还以前欠债务人的款项。出现这种情况,被告应当对其主张提供证据证明。

【特别提醒】如果被告提供相应证据证明其主张成立,则原告仍应就借贷关系的成立承担举证证明责任。

【法条链接】

《最高人民法院关于审理民间借贷案件适用法律若干问题的规定》

第十七条 原告仅依据金融机构的转账凭证提起民间借贷诉讼,被告抗辩转账系偿还双方之前借款或其他债务,被告应当对其主张提供证据证明。被告提供相应证据证明其主张后,原告仍应就借贷关系的成立承担举证证明责任。

27. 对必须到庭方能查清案件事实的民间借贷案件,如果负有举证证明责任的原告无正当理由拒不到庭,如何处理?

【律师解答】对必须到庭方能查清案件事实的民间借贷案件,如果负有举证证明责任的原告无正当理由拒不到庭，经审查现有证据无法确认借贷行为、借贷金额、支付方式等案件主要事实，人民法院对其主张的事实不予认定。

【特别提醒】人民法院对必须到庭才能查清案件基本事实的民间借贷的原告，如经两次传票传唤，无正当理由拒不到庭的，可以拘传。

【法条链接】

《最高人民法院关于审理民间借贷案件适用法律若干问题的规定》

第十八条 根据《关于适用〈中华人民共和国民事诉讼法〉的解释》第一百七十四条第二款之规定，负有举证证明责任的原告无正当理由拒不到庭，经审查现有证据无法确认借贷行为、借贷金额、支付方式等案件主要事实，人民法院对其主张的事实不予认定。

《最高人民法院关于适用〈中华人民共和国民事诉讼法〉的解释》

第一百七十四条 民事诉讼法第一百零九条规定的必须到庭的被告，是指负有赡养、抚育、扶养义务和不到庭就无法查清案情的被告。

人民法院对必须到庭才能查清案件基本事实的原告，经两次传票传唤，无正当理由拒不到庭的，可以拘传。

28. 在民间借贷案件中，一方为了防止对方起诉民间借贷，而将借条、欠条等债权凭证烧毁、吞吃等，对此怎么办？

【律师解答】如果一方以侵吞对方债权为目的而销毁借条、欠条等有关民间借贷债权凭证的，债权人应当立即向公安机关报案，由公安机关对债务人侵吞债权凭证的事实进行调查确认，对证据丧失进行补救。从妨碍诉讼的角度上讲，毁灭债权凭证，以致债权人不能主张债权的，人民法院可以依照《民事诉讼法》第111条规定，对其处以罚款、拘留。

【特别提醒】毁灭债权凭证严重的可能构成犯罪，可对其追究刑事责任。从妨碍民事诉讼的角度，对个人销毁证据的罚款金额，为人民币10万元以下。拘留的期限，为15日以下。罚款、拘留必须经院长批准。

【法条链接】

《中华人民共和国民事诉讼法》

第一百一十一条 诉讼参与人或者其他人有下列行为之一的，人民法院可以根据情节轻重予以罚款、拘留；构成犯罪的，依法追究刑事责任：

（一）伪造、毁灭重要证据，妨碍人民法院审理案件的；

（二）以暴力、威胁、贿买方法阻止证人作证或者指使、贿买、胁迫他人作伪证的；

（三）隐藏、转移、变卖、毁损已被查封、扣押的财产，或者已被清点并责令其保管的财产，转移已被冻结的财产的；

（四）对司法工作人员、诉讼参加人、证人、翻译人员、鉴定人、勘验人、协助执行的人，进行侮辱、诽谤、诬陷、殴打或者打击报复的；

（五）以暴力、威胁或者其他方法阻碍司法工作人员执行职务的；

（六）拒不履行人民法院已经发生法律效力的判决、裁定的。

人民法院对有前款规定的行为之一的单位，可以对其主要负责人或者直接责任人员予以罚款、拘留；构成犯罪的，依法追究刑事责任。

第一百一十五条　对个人的罚款金额，为人民币十万元以下。对单位的罚款金额，为人民币五万元以上一百万元以下。

拘留的期限，为十五日以下。

被拘留的人，由人民法院交公安机关看管。在拘留期间，被拘留人承认并改正错误的，人民法院可以决定提前解除拘留。

第一百一十六条第一款　拘传、罚款、拘留必须经院长批准。

《最高人民法院关于适用〈中华人民共和国民事诉讼法〉的解释》

第一百一十三条　持有书证的当事人以妨碍对方当事人使用为目的，毁灭有关书证或者实施其他致使书证不能使用行为的，人民法院可以依照民事诉讼法第一百一十一条规定，对其处以罚款、拘留。

第三节　证据的审查认定

1. 民间借贷案件中如何审查认定证据？

【律师解答】人民法院办理民间借贷案件，首先是要认定双方借贷成立和存在的事实，这其中包括借款时间、数额、期限、利率、有无担保，同时也包括借款是否到期、偿还与否、如何偿还、是否违约等，这些事实除当事人双方一致认可没有争议的以外，认定案件事实是需要证据加以支持的，在民间借贷诉讼中，可能一方或双方为达到某种目的，分别提供了许多不同证据，面对纷繁复杂的证据材料，需要采用一定的办法进行取舍，法官通过审查认定证据，通过采信和认定的证据确定查明的案件事实。在民间借贷案件中的证据审查中，审判人员对案件的全部证据，应当从各证据与案件事实的关联程度、各证据之间的联系等方面进行综合审查判断。依照法定程序全面、客观地审核证据，依据法律的规定，遵循法官职业道德，运用逻辑推理和日常生活经验，对证据有无证明力和证明力大小独立进行判断，并公开判断的理由和结果。

【法条链接】

《最高人民法院关于适用〈中华人民共和国民事诉讼法〉的解释》

第一百零五条　人民法院应当按照法定程序，全面、客观地审核证据，依照法律规定，运用逻辑推理和日常生活经验法则，对证据有无证明力和证明力大小进行判断，并公开判断的理由和结果。

2. 对当事人陈述，法院如何认定？

【律师解答】由于案件的裁判结果与当事人有直接的利害关系，人民法院对当事人的陈述，应当结合本案的其他证据，审查确定能否作为认定事实的根据。没有其他证据相佐证或对方认可，不能对民间借贷一方当事人的陈述作出认定。

【法条链接】

《最高人民法院关于民事诉讼证据的若干规定》

第七十六条　当事人对自己的主张，只有本人陈述而不能提出其他相关证据的，其主张不予支持。但对方当事人认可的除外。

《中华人民共和国民事诉讼法》

第七十五条　人民法院对当事人的陈述，应当结合本案的其他证据，审查确定能否作为认定事实的根据。

当事人拒绝陈述的，不影响人民法院根据证据认定案件事实。

3. 如何审查视听资料和电子数据证据？

【律师解答】录音录像资料，是指用现代科技的手段将声音、图像如实地加以记录，通过该记录的重放来证明案件事实的一种证据；计算机储存资料是指通过计算机中储存的数据和信息，来证明案件事实的证据；电视监视资料是指对特定人或物通过电视监视手段所获得的图像和声音，并用于证明案件事实的一种证据。

视听资料虽然具有生动逼真、便于使用、易于保管等特点，但也不能由此认为其是绝对可靠的证据，原因在于视听资料是可以通过剪切和拼接等编辑手段伪造变换的。因此，对视听资料须进行全面审查，具体分析。调查人员调查收集计算机数据或者录音、录像等视听资料的应当要求被调查人提供有关资料的原始载体。提供原始载体确有困难的可以提供复制件。提供复制件的，调查人员应当在调查笔录中说明其来源和制作经过。人民法院在审查视听资料时，应查明该项视听资料的来源、录制的时间、地点、录制的内容、目的、参与录制的人、录制的形象和声音是否真实，以及该项视听资料的保管、储存情况等。凡窃听、偷录、剪接、篡改、内容失真的视听资料，都不能作为诉讼证据。

【法条链接】

《最高人民法院关于民事诉讼证据的若干规定》

第二十二条 调查人员调查收集计算机数据或者录音、录像等视听资料的，应当要求被调查人提供有关资料的原始载体。提供原始载体确有困难的，可以提供复制件。提供复制件的，调查人员应当在调查笔录中说明其来源和制作经过。

4. 民间借贷的当事人未经对方同意录制的录音，能否当作证据使用？

【律师解答】 首先，1991年9月1日生效的《民事诉讼法》第69条规定："人民法院对视听资料，应当辨别真伪，并结合本案的其他证据，审查确定能否作为认定事实的根据。"1995年3月6日实施的《最高人民法院关于未经对方当事人同意私自录音取得的资料能否作为证据使用问题的批复》确定："未经对方当事人同意私自录制其谈话，系不合法行为，以这种手段取得的录音资料，不能作为证据使用。"从此，录音证据在民事诉讼中的作用几乎被忽略。当事人提供录音证据往往是在穷尽其他所有取证方式而不能的情况下，唯一的证据来源。在此情况下，要求取证一方既明确告知对方要录下谈话内容，又希望对方能讲出实情，无异于与虎谋皮。1998年7月11日起施行的《最高人民法院关于民事经济审判方式改革问题的若干规定》对上述批复似有更正，却又未予明确，其中第28条第3项规定，"没有其他证据印证并有疑点的视听资料不能单独作为认定案件事实的依据"。依该规定，虽没有其他证据印证，但没有疑点的视听资料可以单独作为认定案件事实的依据。但又没有明确未经对方当事人同意私自录制其谈话，该录音证据的合法性。

2002年4月1日，最高人民法院出台《最高人民法院关于民事诉讼证据的规定》（以下简称《证据规定》）第68条规定了非法证据排除规则，除以侵害他人合法权益（如违反社会公共利益和社会公德侵犯他人隐私）或违反法律禁止性规定的方法（如擅自将录音装置安装到他人住处窃听）取得的证据外，其他情形不得视为非法证据。因此，未经对方当事人同意私自录制与其谈话内容，该录音证据的合法性予以确认。该《证据规定》第69条规定，存有疑点的视听资料不能单独作为认定案件事实的依据，以此作相反解释，无疑点的视听资料可以单独作为认定案件事实的依据。当然，在取得录音证据的同时，尽可能有其他证据相佐证，以充实其证明力。

2012年8月31日，第十一届全国人民代表大会常务委员会第二十八次会议通过了《全国人民代表大会常务委员会关于修改〈中华人民共和国民事诉讼法〉的决定》（第二次修正），修改后的《民事诉讼法》明确将"视听资料"作为民事诉讼证据的一种，录音作为"视听资料"的一种，取得了作为诉讼证据的合法身份与地位。

在《民事诉讼法》赋予录音作为民事诉讼证据的基础上，2014年2月4日，最高人民法院发布实施了《最高人民法院关于适用〈中华人民共和国民事诉讼法〉的解释》，该解释近一步规定了非法证据排除规则，这样只要不是以严重侵害他人合法权益、违反法律禁止性规定或者严重违背公序良俗的方法形成或者获取的录音就可以作为民间借贷诉讼时的证据。

【特别提醒】对于录音等视听资料作为证据，人民法院应当辨别真伪，并结合本案的其他证据，审查确定能否作为认定事实的根据。

【法条链接】

《中华人民共和国民事诉讼法》

第六十三条 证据包括：

……

（四）视听资料；

……

第七十一条 人民法院对视听资料，应当辨别真伪，并结合本案的其他证据，审查确定能否作为认定事实的根据。

《最高人民法院关于适用〈中华人民共和国民事诉讼法〉的解释》

第一百零六条 对以严重侵害他人合法权益、违反法律禁止性规定或者严重违背公序良俗的方法形成或者获取的证据，不得作为认定案件事实的根据。

5. 对购买或制作手机窃听卡录制对方通话的录音能作为民间借贷的证据吗？

【律师解答】不能。虽然该录音可能具有其客观真实性，但证据的取得还要合法，不能以违法的方式取得证据。通信自由是宪法规定的公民的基本权利，除因刑事侦查的特殊需要且履行法律所规定的批准手续外，任何组织和个人不得对公民个人的通信进行监听和录制，以法律禁止的侵犯他人合法权利的方式取得的录音不能作为民间借贷证据使用。

【特别提醒】录音，也是民事诉讼证据的一种，合法取得和录制的录音，如债权人与债务人通话时，自己所录制的通话录音是可以作为民间借贷证据使用的。

【法条链接】

《最高人民法院关于适用〈中华人民共和国民事诉讼法〉的解释》

第一百零六条　对以严重侵害他人合法权益、违反法律禁止性规定或者严重违背公序良俗的方法形成或者获取的证据，不得作为认定案件事实的根据。

6. 如何审查判断与认定证人证言？

【律师解答】证人证言应当是证人耳闻目睹的与案件有联系的客观情况，即引起民间借贷关系发生、变更或者消灭的事实以及发生争议的事实。对于证人提供的证言只要其能将这些事实陈述清楚即可，并不要求证人对这些事实作主观上的评价。因此，证人陈述与案件无关的事实，不应作为证言的内容；证人的分析认识或者法律评价也不能作为证据。证人证言应是自己亲自所见所闻，如果是别人看到或听到转告的所谓传闻证言，也不能作为证人证言的内容。人民法院在分析证人证言时，还必须查明证人的身份以及他和当事人之间的关系。然后，再仔细地从证人的主观及客观因素两方面来分析研究。对证人的主观因素方面，应考虑他的文化水平，对事物的理解程度，以及他的认识能力和表达能力等。在其客观因素方面，则应考虑证人当时所处的客观环境，如光线明暗、距离远近、室内或室外、嘈杂还是安静等。对证人证言分析判断时，应综合案件的全部情况及其他证据，加以全面地分析、认真研究，只有这样才能判定证言的真伪及其效力的大小。

【法条链接】

《最高人民法院关于民事诉讼证据的若干规定》

第七十八条 人民法院认定证人证言，可以通过对证人的智力状况、品德、知识、经验、法律意识和专业技能等的综合分析作出判断。

7. 如何对鉴定意见进行审查和判断？

【律师解答】 对鉴定人出具的鉴定意见书，应当审查是否具有下列内容：（1）委托人姓名或者名称、委托鉴定的内容；（2）委托鉴定的材料；（3）鉴定的依据及使用的科学技术手段；（4）对鉴定过程的说明；（5）明确的鉴定意见；（6）对鉴定人鉴定资格的说明；（7）鉴定人员及鉴定机构签名盖章。对有遗漏的鉴定意见书，可通过补充鉴定等方法予以弥补。必要时，可进行重新鉴定。

【法条链接】

《最高人民法院关于民事诉讼证据的若干规定》

第二十九条 审判人员对鉴定人出具的鉴定书，应当审查是否具有下列内容：

（一）委托人姓名或者名称、委托鉴定的内容；

（二）委托鉴定的材料；

（三）鉴定的依据及使用的科学技术手段；

（四）对鉴定过程的说明；

（五）明确的鉴定结论；

（六）对鉴定人鉴定资格的说明；

（七）鉴定人员及鉴定机构签名盖章。

8. 民间借贷诉讼中一方提供的书证只有复印件，对此可以作为认定事实的根据吗？

【律师解答】 在民间借贷诉讼中，经常会遇到一方或双方向法庭提交证据时只有复印件，而没有原件的情况。依照法律的规定，书证应提交原件，只有符合《最高人民法院关于适用〈中华人民共和国民事诉讼法〉的解释》（具体内容见下面的【法条链接】的内容）规定的条件，才可提交复印件，否则，在诉讼中不得作为认定事实的根据。

【特别提醒】只有复印件的证据材料，对方又不认可的，即便符合最高人民法院相关司法解释规定的情形，该复印件也需要结合其他证据和案件的具体情况，由法院决定是否作为认定案件事实的根据。

【法条链接】

《中华人民共和国民事诉讼法》

第七十条　书证应当提交原件。物证应当提交原物。提交原件或者原物确有困难的，可以提交复制品、照片、副本、节录本。

提交外文书证，必须附有中文译本。

《最高人民法院关于适用〈中华人民共和国民事诉讼法〉的解释》

第一百一十一条　民事诉讼法第七十条规定的提交书证原件确有困难，包括下列情形：

（一）书证原件遗失、灭失或者毁损的；

（二）原件在对方当事人控制之下，经合法通知提交而拒不提交的；

（三）原件在他人控制之下，而其有权不提交的；

（四）原件因篇幅或者体积过大而不便提交的；

（五）承担举证证明责任的当事人通过申请人民法院调查收集或者其他方式无法获得书证原件的。

前款规定情形，人民法院应当结合其他证据和案件具体情况，审查判断书证复制品等能否作为认定案件事实的根据。

9. 民间借贷诉讼中如何审查单位出具的证明材料？

【律师解答】在民间借贷案件中，经常会遇到有关单位或部门出具证明的情况，如银行汇款、划款情况，投资入股及股权变动情况等，对单位或有关部门出具的证明等材料，首先，要审查出具证明材料的单位是否有能力出具所证明的内容。其次，由有关单位向人民法院提出的证明文书，应由单位负责人及制作证明材料的人员签名或盖章，并加盖单位印章。审查该证明是否有出具证明单位负责人和制作人的签字或盖章，有无公章。人民法院对有关单位和个人提出的证明文书，应当辨别真伪，审查确定其效力。最后，要审查内容的真实性，证明内容与当事人的主张和案件事实是否存在矛盾，证明的内容是否和本案有关联，取得方式是否合法，等等。

【特别提醒】人民法院就单位出具的证明材料，可以向单位及制作证明材料的人员进行调查核实。必要时，可以要求制作证明材料的人员出庭作证。

【法条链接】

《中华人民共和国民事诉讼法》

第六十七条 人民法院有权向有关单位和个人调查取证，有关单位和个人不得拒绝。

人民法院对有关单位和个人提出的证明文书，应当辨别真伪，审查确定其效力。

《最高人民法院关于适用〈中华人民共和国民事诉讼法〉的解释》

第一百一十五条 单位向人民法院提出的证明材料，应当由单位负责人及制作证明材料的人员签名或者盖章，并加盖单位印章。人民法院就单位出具的证明材料，可以向单位及制作证明材料的人员进行调查核实。必要时，可以要求制作证明材料的人员出庭作证。

单位及制作证明材料的人员拒绝人民法院调查核实，或者制作证明材料的人员无正当理由拒绝出庭作证的，该证明材料不得作为认定案件事实的根据。

10. 当对同一事实有数个证据时，如何认定其证明力？

【律师解答】在民间借贷诉讼中，我们经常会遇到双方就同一事实分别提供几个证据，而几份证据的证据内容又不一致，这就需要对当事人提供的证据进行审查并认定其证明力的大小，从而决定是否采信。就数个证据对同一事实的证明力，可以依照下列原则认定：

（一）国家机关、社会团体依职权制作的公文书证的证明力一般大于其他书证；

（二）物证、档案、鉴定意见、勘验笔录或者经过公证、登记的书证，其证明力一般大于其他书证、视听资料和证人证言；

（三）原始证据的证明力一般大于传来证据；

（四）直接证据的证明力一般大于间接证据；

（五）证人提供的对与其有亲属或者其他密切关系的当事人有利的证言，其证明力一般小于其他证人证言。

【法条链接】

《最高人民法院关于民事诉讼证据的若干规定》

第七十七条 人民法院就数个证据对同一事实的证明力，可以依照下列原则认定：

（一）国家机关、社会团体依职权制作的公文书证的证明力一般大于其他书证；

（二）物证、档案、鉴定结论、勘验笔录或者经过公证、登记的书证，其证明力一般大于其他书证、视听资料和证人证言；

（三）原始证据的证明力一般大于传来证据；

（四）直接证据的证明力一般大于间接证据；

（五）证人提供的对与其有亲属或者其他密切关系的当事人有利的证言，其证明力一般小于其他证人证言。

11. 民间借贷诉讼中如何对单一证据进行审查判断？

【律师解答】在民间借贷诉讼中，有时只有单一证据，对此如何审查判断，《最高人民法院关于民事诉讼证据的若干规定》第65条作出了明确规定，审判人员对单一证据可以从下列方面进行审核认定：

（一）证据是否原件、原物，复印件、复制品与原件、原物是否相符；

（二）证据与本案事实是否相关；

（三）证据的形式、来源是否符合法律规定；

（四）证据的内容是否真实；

（五）证人或者提供证据的人与当事人有无利害关系。

【特别提醒】下列证据不能单独作为认定案件事实的依据：

（一）未成年人所作的与其年龄和智力状况不相当的证言；

（二）与一方当事人或者其代理人有利害关系的证人出具的证言；

（三）存有疑点的视听资料；

（四）无法与原件、原物核对的复印件、复制品；

（五）无正当理由未出庭作证的证人证言。

【法条链接】

《最高人民法院关于民事诉讼证据的若干规定》

第六十五条　审判人员对单一证据可以从下列方面进行审核认定：

（一）证据是否原件、原物，复印件、复制品与原件、原物是否相符；

（二）证据与本案事实是否相关；

（三）证据的形式、来源是否符合法律规定；

（四）证据的内容是否真实；

（五）证人或者提供证据的人，与当事人有无利害关系。

12. 债权人起诉时提供了借款的借条、欠条等书面证据,债务人称双方没有实际发生借款,此时如何审查认定?

【律师解答】民间借贷确实存在打完借条,由于某种原因没有给付借款的情况,也确实存在只打欠条,并不存在欠款事实的情况。在诉讼中,被告以借贷没有实际发生进行抗辩,需能作出合理解释与说明,在被告能作出合理解释与说明时,人民法院应当结合借贷金额、款项交付、当事人的经济能力、当地或者当事人之间的交易方式、交易习惯、当事人财产变动情况以及证人证言等事实和因素,综合判断查证借贷事实是否发生。

【特别提醒】这是原告完成初步证明双方民间借贷关系成立和存在的情况下,对原告证据的否定,因此需要综合审查和全面认定,在支持被告抗辩时,各方面证据要形成完整的证据链条。

【法条链接】

《最高人民法院关于审理民间借贷案件适用法律若干问题的规定》

第十六条第二款 被告抗辩借贷行为尚未实际发生并能作出合理说明,人民法院应当结合借贷金额、款项交付、当事人的经济能力、当地或者当事人之间的交易方式、交易习惯、当事人财产变动情况以及证人证言等事实和因素,综合判断查证借贷事实是否发生。

13. 当事人双方对借贷事实的发生没有任何争议的民间借贷案件可以适用自认规则加以确认吗?

【律师解答】民间借贷案件的审理中,如果双方对借贷事实的发生没有任何争议,表面上看符合法律规定自认的条件,但民间借贷案件是虚假诉讼的多发类型之一,也是人民法院预防虚假诉讼的重要案件类型。由于虚假民间借贷诉讼过程具有合谋性与非对抗性,庭审中,双方当事人之间一般不具有实质性的对抗。如被告有时让代理人出庭应诉,使案件事实难以查清,有时对借款理由、违约金等非关键细节进行辩解,并不否认借款的基本事实。此时,如果简单地以对方当事人承认适用自认规则,对民间借贷案件予以认定并判决,可能导致虚假诉讼的发生并出现错误判决。为此,对民间借贷双方没有任何争议的,不能简单地适用自认规则加以确认,以防止虚假诉讼的发生。

【特别提醒】对双方没有任何争议的民间借贷,应当严格审查借贷发生的原因、时间、地点、款项来源、交付方式、款项流向以及借贷双方的关系、经济状况等事实，综合判断是否属于虚假民事诉讼。在排除虚假诉讼的前提下，依证据认定规则对其进行认定和采信。

【法条链接】

《最高人民法院关于审理民间借贷案件适用法律若干问题的规定》

第十九条　人民法院审理民间借贷纠纷案件时发现有下列情形，应当严格审查借贷发生的原因、时间、地点、款项来源、交付方式、款项流向以及借贷双方的关系、经济状况等事实，综合判断是否属于虚假民事诉讼：

......

（五）当事人一方或者双方无正当理由拒不到庭参加诉讼，委托代理人对借贷事实陈述不清或者陈述前后矛盾的；

（六）当事人双方对借贷事实的发生没有任何争议或者诉辩明显不符合常理；

......

第四节　专项指导

1. 对民间借贷案件当事人举证的指导

民间借贷案件当事人举证应当注意以下几方面：

（1）原告提起诉讼时，应当提交符合立案条件的证据，主要是：原告主体资格证据、民间借贷成立证据、被告主体资格证据。一般包括：原告身份证、公安机关常住人口登记资料、营业执照、企业代码证、借款合同书、借条、欠条等。

（2）原告主张借贷关系成立的，应当提供民间借贷成立的证据。如借款合同书、借条、欠条、收条、汇款凭证、转账凭证等。

（3）被告否认民间借贷不成立或消灭的，由被告举证证明。被告可以提供：还款时债权人所打收条，时间在借款后的汇款单、转账凭证、以物抵债协议、债务转让协议等。

（4）被告主张原告起诉超过诉讼时效的，由原告举证证明诉讼时效发生中断、中止等事由。原告可提交：还款计划、支付利息证明、部分还款证据、债务人同意还款承诺、双方延长债务期限协议、主张债权公告等。

（5）保证人主张不承担保证责任的，由保证人承担举证证明责任。一般可提供：保证方式的约定、承担赔偿损失保证、超过约定保证期间的材料、未约定保证期间的超过六个月的资料、被保证债务双方相互串通骗取保证等。

（6）在当事人及其代理不能取得证据时，符合法律规定申请法院调查取证的，在举证期限届满前，可申请法院调查取证。

（7）如对合同、借条、欠条等书面材料需要进行签字、涂改、是否是原件、书写日期等鉴定，要在举证期限届满前以书面形式提出，并提交鉴定所要求的检材，并交纳相应的鉴定费用。

（8）没有特殊情况并经法庭批准，证人作证，需要出庭接受双方质询，申请证人出庭作证的，要在举证期限届满前提出。

（9）在证据可能灭失或以后难以取得时，可申请公证机关或人民法院对证据进行保全。

（10）证据应当在举证期限内提交，如在举证期限内不能提交，则及时向法院申请延期举证。

（11）休庭后作出判决前，如有新的证据，仍可及时向法院提交，但必须是新的证据。

2. 对民间借贷证据保全的指导

证据是认定案件事实的基础，曾有"打官司，就是打证据"的说法，足见证据对官司胜诉是多么重要。但司法实践中，并不是每个案件都有确实而充分的证据，尤其是在起诉前或诉讼中，有时对案件起重要作用的证据存在灭失或以后难以取得的风险，此时最佳的办法就是申请对证据保全。

证据保全按保全的部门不同，可分为司法保全和公证保全。当事人向法院申请对证据进行的保全为司法保全；当事人向公证机关申请对证据的保全为公证保全。

保全证据公证（即证据保全公证）是指"公证机构根据自然人、法人或者其他组织的申请，依法对于申请人权益有关的、有法律意义的证据、行为过程加以提取、收存、固定、描述或者对申请人的取证行为的真实性予以证明的活动"。公证包括两种形式，即民事法律行为公证和具有法律意义的事实、文书公正。而证据保全公证相应地分为对民事法律行为的保全和对有法律意义的事实、文书的保全。

目前民间借贷的公证证据保全应用比较多的是对证人证言保全和电子证据保全，如关键证人患重病，随时都有丧失作证能力时，或者证人已办理好出国手续，马上出国，等等。现阶段对电子证据的保全公证，更多的是计算机聊天记录、手机短信、微信通话内容与聊天、电子银行转款过程等。

民间借贷案件如果需要对证据进行公证保全，则由相应的利害关系人向公证机关提出申请，由公证机关按电子证据保全程序和规范进行，然后由公证机关出具公证书，证明其保全过程和保全的证据内容。诉讼过程中，由当事人提交给承办案件的法庭或人员即可。

除公证证据保全外，在诉讼前或诉讼中，当事人均可申请人民法院对证据进行保全。申请人民法院对证据进行保全是有条件的，即在诉讼中，证据在可能灭失或以后难以取得的情况下，当事人才可向人民法院申请对证据进行保全。如在诉前申请法院对证据保全，除因证据可能灭失或以后难以取得外，还需"因情况紧急"，才能申请法院对证据进行保全。

向法院申请证据保全，在诉讼中向承办案件的法院提出，如在诉前，可以向证据所地在、被申请人住所地、对案件有管辖权的人民法院提出证据保全申请。具体由申请人根据情况选择。诉讼中申请证据保全的，可以在举证期限届满前以书面形式提出，如果证据保全可能对他人造成损失的，人民法院应当责令申请人提供相应的担保。人民法院根据案件情况也可以主动采取保全。

证据保全的方式，根据被保全证据的具体情况确定，如证人可以采取询问笔录、录音、自书等方式，对电子数据可采取复制、下载、录像、拍照、截屏等方式。

3. 对申请法院调取证据的指导

俗话说："打官司就是打证据。"在司法实践中，只要掌握了充分的证据，赢官司也就有了基础。在民间借贷诉讼中，除当事人及其代理人可以收集和提交证据材料外，法院也可以调查取证，法院调查取证，除符合法定的条件法院可依职权进行外，其余法院在民间借贷诉讼中调取证据，都应当依当事人申请而进行。

在接到当事人申请后，法院需要进行审查，审查后可能准许，也可能不准许。当事人申请调查收集的证据，与待证事实无关联、对证明待证事实无意义或者其他无调查收集必要的，人民法院不予准许，人民法院对当事人及其诉讼代理人的申请不予准许的，应当向当事人或其诉讼代理人送达通知书。当事人及其诉讼代理人可以在收到通知书的次日起三日内向受理申请的人民法院书面申请复议一次。人民法院应当在收到复议申请之日起五日内作出答复。

当事人及其诉讼代理人申请人民法院调查收集证据，应当提交书面申请。申请书应当载明被调查人的姓名或者单位名称、住所地等基本情况、所要调查收集的证据的内容、需要由人民法院调查收集证据的原因及其要证明的事实。当事人及其诉讼代理人因客观原因不能自行收集的证据，可以在举证期限届满前书面申请人民法院调查收集。

当事人及其诉讼代理人可以申请法院调查取证的情形有：

（1）有关证据是由国家有关部门保存的、不对外开放的档案时，当事人就可以申请人民法院去调取。因为在这种情况下，个人或其他组织是不能查阅和复制的。比如，被告户口登记信息、工商登记信息、股票投资与交易情况、房屋登记档案等。

（2）有关案件事实的证据是涉及国家秘密的材料，在这种情形下，当事人是无法直接获取的，只有通过人民法院才能调取，并且还要经过严格的审批程序才行。否则，就有可能泄露国家机密，危害国家安全。

（3）当证据涉及他人的商业秘密时，商业秘密是不为公众所知的、可以给权利人带来经济利益的信息。比如，产品配方、客户资料、制作工艺等。这些商业秘密关系到权利人的经济利益和生存之道，他们是不可能轻易透露出来的。这时候只有人民法院通过合法的程序才能调取。如民间借贷时涉及的与他人合伙、入股、投资等资料。

（4）当证据涉及他人的隐私时，隐私是一个人不愿意被他人知晓的信息，当事人想要得到并提供，当然会遇到阻力。如果确实与民间借贷有关案件事实，可以向人民法院申请调取。如个人银行存款就属于个人隐私，为了对存款人保密，对在银行的个人存款，仅限于司法机关有权查询。在民间借贷诉讼中涉及对方银行存款，只能由法院进行查询。

（5）因为客观原因，当事人不能自行收集的其他证据，也可以申请人民法院调取，如对方的住房公积金情况等。

人民法院收集调查证据，应由两人以上共同进行。调查材料要由调查人、被调查人、记录人签名或盖章。调查人员调查收集的书证可以是原件，也可以是经核对无误的副本或者复制件。是副本或者复制件的,应当在调查笔录中说明来源和取证情况。调查人员调查收集的物证应当是原物。被调查人提供原物确有困难的,可以提供复制品或者照片。提供复制品或者照片的,应当在调查笔录中说明取证情况。调查人员调查收集计算机数据或者录音、录像等视听资料的,应当要求被调查人提供有关资料的原始载体。提供原始载体确有困难的,可以提供复制件。提供复制件的,调查人员应当在调查笔录中说明其来源和制作经过。摘录有关单位制作的与案件事实相关的文件、材料,应当注明出处,并加盖制作单位或者保管单位的印章,摘录人和其他调查人员应当在摘录件上签名或者盖章。摘录文件、材料应当保持内容相应的完整性,不得断章取义。

4. 对民间借贷证人出庭作证的指导

证人证言是民事诉讼的证据之一,在民事诉讼中,经常会有证人提供证言的情况发生,民间借贷中,证人证言也是诉讼中常用的证据形式。

(1) 证人是某一行为或过程的见证人,证人首先要具备作证的能力,法律上要求证人不必须是完全民事行为能力人,但证人必须能正确表达意思,否则不能作证。

(2) 证人作证除特殊情况外,应当出庭,不能自己书写一份证明或由他人书写内容,再由证人签字。由于不出庭的证人证言无法证明其内容的真实,如果证人不出庭,其书面证言可能不被法院所采信。

(3) 证人出庭作证,需要当事人向法院提出申请。当事人向法院提出出庭作证申请,应当在举证期限届满前提出。证人出庭作证,应当经人民法院通知,经人民法院通知,证人应当出庭作证。

(4) 证人出庭作证不能旁听本案的审理,出庭作证时,要出示身份证,除无行为能力人或限制行为能力人外,证人出庭作证要签署保证书,保证如实作证,如有虚假愿意接受法律制裁等。

(5) 证人出庭作证应当陈述案件真实发生的事实,是证人所亲身经历的事实,要求真实、客观,不得用推断、臆想的语言。

(6) 证人出庭作证要接受双方当事人及其代理人的询问,询问要与证人作证的内容或事实有关,当事人及代理人对证人发问时,不得诱导证人。

(7) 符合《民事诉讼法》第73条规定的四种情况之一的,经人民法院许可,可以通过书面证言、视听传输技术或者视听资料等方式作证。

（8）证人出庭作证而支出的交通、住宿、就餐等必要费用以及误工损失，由败诉一方当事人负担。当事人申请证人作证的，由该当事人先行垫付；当事人没有申请，人民法院通知证人作证的，由人民法院先行垫付。

5. 对民间借贷电话录音证据的指导

随着时代的进步和科技的发展，电话录音也成为法庭上重要的证据之一。特别是在民间借贷中，经常会发生没有借条或借条等债权凭证毁灭等情况，还有债权人为证明在诉讼时效期间债权人向债务人主张过债权等，经常会采取录音的形式收集证据。然而，并不是所有的电话录音都可以作为民间借贷的证据，《民事诉讼法》第71条规定：人民法院对视听资料，应当辨别真伪，并结合本案的其他证据，审查确定能否作为认定事实的根据。所以电话录音作为民间借贷证据使用必须满足一定的条件和要求。具体应当注意和满足以下事项。

（1）录音对象必须是债务人或者是承担义务的一方。

只有债务人（欠款方）的讲话才能对他本人有约束力。实践中有人不承认被录音人是他本人，这时应及时申请进行司法鉴定，鉴定费用由申请人先预缴，最后鉴定费用承担问题由法院判决（一般由败诉方承担）。当然拨打的电话最好是被录音者在电信或者移动等公司登记的号码。

（2）录音内容必须完整反映债权债务内容或者是其他民事权利义务内容。

如果是欠款，那么录音应让债务人完整说出欠钱的具体金额和来龙去脉。金额最好具体到个位，越具体越好，越准确越好。

（3）电话录音应当真实完整。

录音证据应当未被剪接、剪辑或者伪造，前后连接紧密，内容未被篡改，具有客观真实性和连贯性。有些时候录音者会故意引导对方作出某些回答，之后进行技术剪辑，得出一份对自己有利的证据，在这种情况下即使证据真实，也是无效的。

（4）电话录音取得方式应当合法。

《最高人民法院关于适用〈中华人民共和国民事诉讼法〉的解释》第106条规定，对以严重侵害他人合法权益、违反法律禁止性规定或者严重违背公序良俗的方法形成或者获取的证据，不得作为认定案件事实的根据。例如，私自在他人住宅安装窃听设备窃听的录音一般会因被认定侵犯公民的住宅权而无效。

（5）录音内容必须反映被录音人的真实意思表示。

即被录音者必须不是在被逼、被胁迫的情况下录音的，任何通过非法限制人身自由、绑架、威胁等手段取得的证据都是无效的，因此在录音时应注意言行，谈话时的态度、语气一定要和善。

（6）电话录音应留下原始载体。

通过录音笔或者手机录音后，应拷贝到计算机后，存在录音笔或者手机中的录音资料不要删除。根据《最高人民法院关于民事诉讼证据的若干规定》，录音证据如果对方有异议时，法院或者鉴定机构会要求出示原始录音材料，否则录音作为证据的证明力将无效。另外录音完毕后要整理成书面材料，并刻制成光盘（法院需要）。

（7）电话录音可以公证。

在公证员面前拨打电话并录音，公证处会按相应的证据保全规范对其进行保全并出具《证据保全公证书》。《民事诉讼法》第69条规定："经过法定程序公证证明的法律事实和文书，人民法院应当作为认定事实的根据，但有相反证据足以推翻公证证明的除外。"公证的录音没有其他证据足以推翻时，法院可以直接认定其证明力。另外公证费用也不高。

总之，在没有直接证据或现有材料为复印件的情况下，可以考虑电话录音或现场录音。录音之前，不要打草惊蛇，同时一定要梳理材料，挑选出需要录音的关键内容，不要遗漏关键细节。要这样想：对手不可能给我们第二次机会。提前准备好录音设备，避免出现意外，使录制失败。谈话时态度、语气一定要和善。

特别注意：录音完毕后要整理成书面材料，并刻制成光盘（法院需要）。

第五节　案例裁判与评析

1. 上海"微信借条"案

2015年2月4日，最高人民法院发布《最高人民法院关于适用〈中华人民共和国民事诉讼法〉的解释》，并于当日起实施。该解释第116条明确规定："视听资料包括录音资料和影像资料。电子数据是指通过电子邮件、电子数据交换、网上聊天记录、博客、微博客、手机短信、电子签名、域名等形成或者存储在电子介质中的信息。存储在电子介质中的录音资料和影像资料，适用电子数据的规定。"这是考虑到电子数据在日常生活中的广泛使用，相对于传统的录音、录像手段，现在随着智能手机和无线网络的普及，电子录音录像的应用更为普及。例如，现在人们习惯在手机上利用QQ、微信进行语音聊天或者发送视频。故选择了一个上海市浦东新区人民法院于2015年2月5日一审宣判的一起"微信借条"案供读者参考。

【案情】

张某是原告深圳牛樟芝制药有限公司的法定代表人。被告李某是被告樟芝（上海）投资中心的法定代表人。2014年7月10日，原告向樟芝（上海）投资中心汇款人民币5万元，并在客户回单用途摘要一栏写上"借款"字样。

借款后，两被告于7月11日写了一张借条，然后通过微信拍照的方式发给了原告公司法定代表人张某。庭审中，原告律师当庭出示手机微信照片，证明被告向原告借款的事实。

原告所称的"微信借条照片"，载有"樟芝（上海）投资中心有限合伙向深圳牛樟芝制药有限公司借款人民币5万元"字样，借款人处有两被告印章。"借条"除日期外其余内容均为打印。

两被告则坚持认为，原告和被告樟芝（上海）投资中心不存在借款关系，原告系被告投资中心的合伙人，因各合伙人出资款均未到位，故原告出资5万元以保证被告樟芝投资中心正常运营。5万元不是借款，不应当返还。

对于客户回单，被告反驳道："用途摘要是原告自行填写，是原告自己的意思表示。"至于微信照片，被告则对其真实性有异议。

原告则主张："原告已经认缴了资本，只是没有出资。双方并没有就垫付费用进行过约定，原告也没有介入日常运营管理。被告将借款和公司设立资本混为一谈，没有事实依据。"

为证明"微信借条"的真实性，原告欲对微信进行公证，后因公证机关无法对真实性进行证明，故未能提供公证材料。

【裁判要旨】

针对原、被告对5万元微信借条真实性的争议，主审法官审理后认为，原告未能充分证明微信照片中的借条真实存在，也未能证明系争微信照片为被告方所发，故对微信借条的真实性，法院无法采信。

不过，被告在庭审中明确，5万元款项为原告的垫付款，待今后各出资人出资到位后再归还原告或者双方协议转为出资。同时，结合原告向被告樟芝投资中心汇款用途明确记明为"借款"等情况，法院依法认定涉案5万元系原、被告之间的借款。而鉴于原告、被告未约定还款时间，故原告可依法随时向被告方主张还款。

此外，被告李某虽然是被告樟芝（上海）投资中心的法定代表人，但5万元并非其个人借款，故被告李某不是适格被告。

综上，法院依法判定被告樟芝（上海）投资中心归还原告借款人民币5万元。

【评析】

该案中，由于原告未能充分证明微信照片中的借条真实存在，也未能证明系争微信照片为被告方所发，故对微信借条的真实性，法院未能采信聊天记录作为证据。但结合被告陈述，法院最终认定5万元借款成立。

虽然《民事诉讼法》以及《最高人民法院关于适用〈中华人民共和国民事诉讼法〉的解释》认可网聊记录等电子数据形式可作为民事案件的证据，但是在实践中网聊记录作为证据能否被采用需要根据特定情况而定。

首先，网络聊天记录在民间借贷案件中作为证据使用，必须具有真实性。网络聊天记录的真实性包括两个方面的内容，一方面是主体真实，即网络聊天记录是记录真实出借人和借款人之间聊天的记录。实践中当事人提交到法院的网络聊天记录多以QQ聊天记录和微信聊天记录为主，而QQ聊天记录和微信聊天记录界面显示出来的聊天主体均具有特定的昵称，举证责任人需举证证明该昵称所代表的人物和借款人或者出借人是同一人，这可以通过到提供聊天软件服务的相应服务商处调取QQ和微信号码注册者的身份信息进行证明。另一方面网络聊天记录的真实性表现为内容的真实性。由于网络聊天记录以计算机数据技术为支撑，具有易复制性和易破坏性的特性，在数据提取过程可以通过特定的计算机技术进行复制、修改和删减。因此，在网络聊天记录的提取过程中保证聊天记录的真实性至关重要。在实践操作中，举证责任人可以采取聘请提供聊天软件的服务商技术人员进行信息提取或者对提取的聊天记录到公证处进行公证，或者寻求适格证人作证，在证人的监督下进行聊天记录的提取，这些方法均可以保证聊天记录的真实性。对于聊天记录的保存形式可以是将手机或电脑上的聊天界面进行拍照或者截屏后打印，也可以是通过特定技术将聊天记录提取出来后打印或者贮存在特定的设备或者介质中，将特定的设备或者介质提交给法院。聊天记录的真实性在司法实践中可以通过以下几种方式来实现：一是通过自认的方式，即双方当事人都认可的聊天记录可以认定为真实的聊天记录；二是经过具有专业资质的机构或者个人鉴定过或者公证部门公证的网络聊天记录，可以作为民间借贷案件中认定案件事实的证据使用；三是适格的证人以作证或有效证人证言方式证实是真实的网络聊天记录的，可以作为证据使用。

其次，网络聊天记录在民间借贷案件中作为证据使用，须具有完整性和关联性。完整性是指在民间借贷案件中作为证据使用的网络聊天记录一方面要在形式上具有完整性，包括网络聊天记录要以合法、完整的形式呈现出来，即网络聊天记录须以法律认可的证据表现形式呈现出来，包括文字聊天记录、视频聊天记录、语音聊天记录等；另一方面要在内容上具有完整性，即举证责任人在将网络聊天记录作为证据提交时，必须完整地提交整个网络聊天记录，不能只提交对自己有利的部分，而对自己不利的部分予以删减或者不提交。网络聊天记录的关联性是指在民间借贷案件中作为证据使用的网络聊天记录的内容须与该民间借贷案件的借贷事实有联系，包括该聊天记录与待证事实有实体意义上的联系和法律意义上的联系，如聊天记录中提到了借款的金额、借款的交付方式、借款的用途、借款利息的约定、借款及还款的时间等，这些都对民间借贷案件需要查明的事实和法律界定具有重要意义。

最后，网络聊天记录在民间借贷案件中作为证据使用，需与其他证据形成证据链条。民间借贷案件的主要证据是借条或者借款协议、借款支付凭证。在有借条或者借款协议对借款人的信息、借款的金额、借款的用途、借款的支付方式、借款利息的计算方式作出明确约定并有借款支付凭证佐证的情况下，网络聊天记录作为一种佐证证据对借款的事实予以佐证，在这种情况下网络聊天记录作为一种辅助证据，与借条或借款协议自然而然地形成了证据链条。但是在司法实践中，有些借款人并没有给出借人出具借条或者签订借款协议，而是通过网络聊天的方式向出借人提出借款，出借人给借款人支付借款后，难以收回，产生纠纷。在这种情况下，载有出借人和借款人商讨借款事宜的网络聊天记录就成为了关键证据，但是仅凭网络聊天记录就对案件事实作出认定还是存在一定难度的，因此，如果只是没有借条或者借款协议，而有银行转账凭证、手机银行转账记录、出借人催收借款的电话录音等证据资料予以佐证，那么网络聊天记录可以与这些证据一道形成完整的证据链，证明出借人与借款人之间借贷事实的存在，网络聊天记录可以认定为具有法律效力的证据。

2. 借条原件被遗失复印件是否证明借款依据

【案情】

2012年10月11日，被告向原告出具借条一份，并注明："今借到沙梨乡街上一组蒙可东人民币壹万元整"，具借人为沙梨乡委尧村罗世红，同时约定2012年11月底归还。借贷到期后，原告多次催要未果。2013年4月17日原告诉隆林县人民法院，要求被告偿还借贷壹万元及同期贷款利息。2013年6月7日，法院公开审理本案时，原告陈述其手提包开庭前被偷，内装有原告所持借条原件。被告在庭审质证时，仅凭借条复印件认可系由其出具，后又在法庭辩论时反悔。

【裁判要旨】

法院认为，我国在当事人举证上实行的是"原件、原物优先规则"，要求当事人举证和收集原始证据，但并未排除复印件可以作为证据使用。对于本案所涉的借条复印件，被告在未见到原件的情况下，认可系由其出具且无变造情形，表明出具借条这一事实的客观存在，由此可以推定原、被告之间存在借贷关系。被告辩称其系受胁迫而出具借条，并否认向原告实际借贷，被告对此应当负担举证义务。然而，被告既不能提供证据支持其主张，亦未在法定期限内向法院申请撤销其出具的借条，显然不能推翻借贷事实的存在，故法院对其辩论意见不予采信。据此，法院依法判决支持了原告的诉讼请求。

【评析】

对复印件书证，依现行民事诉讼证据规定属于补强证据，无法与原件核对的复印件不能单独作为认定案件事实的依据，而只有在与其他证据相佐证的情况下方可作为定案的证据使用。所以，在本案中，仅凭借条复印件不能作出独立判断，而必须辅之以其他证据才能证明借贷事实的存在。在本案中，法院之所以对借贷关系作出存在认定，系基于以下考量：

(1) 被告的法庭陈述构成自认。自认是指一方当事人在诉讼过程中，对对方当事人提出的于己不利的事实在真实性上所作的认可。一经自认，自认人即受该意思表示的拘束，除非有反证加以推翻或经对方当事人同意，不能撤回。对于自认的事实，法院应予确认。本案中，被告在庭审时辩称，其是按照原告事先写好的借条抄写的，出具借条非本人真实意思，并要求原告提供借条原件后，才同意还款，表明被告确实向原告出具了借条，至今未偿还借条载明的借款。被告上述陈述属于对其不利的事实的自认，由此可以说明，在原告未向法庭出示借条原件的情况下，被告对借条复印件是认可的，且其没有提出该复印件有除本人之外的添加、涂改等变造情形，据此可以认定借条原件的真实存在，借条原件与复印件是一致的。

(2) 根据被告自认和法院查明的事实，得以推定借贷关系的存在。推定，是指依照法律规定或者由法官按照经验法则，从已知的某一事实推断未知的另一事实存在的过程。按照日常经验和生活常情，虽然借条本身并不是借贷合同，但借条存在，一般可以推定借贷关系的存在。本案中，虽然原告只提供了借条复印件这一间接证据，但借条复印件经过被告的自认，被法院认可后，原告的补强证据义务即被免除，复印件在法律上取得了与原件相同的证据效力，从而成为法官进行推定的主要基础事实。法官再结合原告的法庭陈述以及经验法则，通过逻辑推理，形成内心确信，从而作出了原告、被告之间借贷关系存在的事实推定。

(3) 事实推定只是一种盖然性推定，不等于客观真实，主张推定不成立的一方可以提出充分反证加以推翻。然而，在本案中，借贷关系存在的事实推定作出后，被告只是辩称借条是在原告的逼迫之下按事先写好的底稿抄写的，原告没有实际借贷给被告，却不能提供任何证据加以反证。由此，法院判决支持了原告的诉讼请求。

3. 民间借贷案件中证据的审核与把握

公民个人之间的民间借贷多基于亲戚、朋友、熟人等关系发生，借贷关系成立时，双方一般仅以签订借条等为依据。如当事人对于款项是否已交付等问题发生纠纷，则应结合日常生活经验等综合予以判断。

【案情】

上诉人陈仲某于2010年9月8日起诉至原审法院，请求：1. 被上诉人陈国某向陈仲某偿还借款10万元；2. 本案诉讼费由陈国某承担。

原审法院审理查明，2010年2月1日，陈仲某（甲方）与陈国某（乙方）签订一份借款合同，合同约定：乙方因资金周转困难，向甲方提出借款，借款金额为6万元，借款期限自2010年2月1日至2010年3月1日，乙方须在合同期限内一次性还清借款，双方均在合同上签字捺印；2010年4月19日，陈仲某（甲方）再与陈国某（乙方）签订一份借款合同，合同约定：乙方因资金周转困难，向甲方提出借款，借款金额为4万元，借款期限自2010年4月19日至2010年7月19日，乙方须在合同期限内一次性还清借款，双方均在合同上签字捺印。

【审判】

原审法院认为，本案为民间借贷纠纷。根据《合同法》第196条"借款合同是借款人向贷款人借款，到期返还借款并支付利息的合同"以及第210条"自然人之间的借款合同，自贷款人提供借款时生效"的规定，可见借款合同属于实践合同，即合同的成立需以交付为标准。而在本案中，陈仲某仅提供了两份借款合同，只能证明陈仲某、陈国某双方存在借贷的意思表示，未能证明借款已实际支付给陈国某；另外，陈国某经法院合法传唤未到庭应诉，可视为其放弃举证、质证的权利，但并不等同于对陈仲某诉讼请求的认可。依照《最高人民法院关于民事诉讼证据的若干规定》第2条"当事人对自己提出的诉讼请求所依据的事实或者反驳对方诉讼请求所依据的事实有责任提供证据加以证明"的规定，陈仲某仍需举证证明其已实际支付了借款给陈国某，但陈仲某对此未能举证证明，应承担举证不能的不利后果，对陈仲某的诉讼请求，法院不予支持。原审法院依照《民事诉讼法》第64条第1款以及《最高人民法院关于民事诉讼证据的若干规定》第2条的规定，作出（2010）佛禅法民一初字第6105号民事判决：驳回陈仲某的全部诉讼请求。案件适用简易程序结案，受理费减半收取1150元，保全费1020元，合计为2170元，由陈仲某承担。

上诉人陈仲某不服上述判决上诉称，原审法院无视陈仲某相关陈述的证明力，割裂当事人陈述、书面合同两种证据以及陈国某消极应诉行为之间的关联性，适用法律及证据规则错误，导致认定事实不清，判决错误。首先，根据《民事诉讼法》第63条的规定，证据种类包含当事人的陈述，在一审庭审中，陈仲某已陈述"陈仲某对陈国某的借款是以现金的形式进行交付，且已经交付完毕"，此陈述已构成本案的证据之一。根据《最高人民法院关于民事诉讼证据的若干规定》第8条"对一方当事人陈述的事实,另一方当事人既未表示承认也未否认,经审判人员充分说明询问后,其仍不明确表示肯定或者否定的,视为对该项事实的承认"的规定,陈国某在签收了起诉状的情况下,经法院合法传唤拒不到庭应诉,即陈国某已在实际获知其诉讼权利义务的情况下对陈仲某交付现金及欠款的事实未予否认,应视为对该项事实的承认,即借款已实际交付给陈国某。其次,虽然陈国某拒不到庭使客观事实得不到完全证明,但本案中陈仲某的陈述并非孤证,还有两份借款合同的书面证据,另结合陈国某实际签收诉讼材料却不答辩、不否认、不出庭的诉讼行为可以看出,陈仲某的证据证明力较大,借款事实应当获得推定确认。据此请求:1.撤销原审判决,改判陈国某向陈仲某偿还借款10万元;2.诉讼费由陈国某承担。

二审期间,法院向被上诉人陈国某作调查,陈国某陈述称,2010年2月1日及2010年4月19日借款合同上的签名是其本人所签,陈国某已收取两份借款合同款项合共10万元,愿意归还前述款项给陈仲某,但现在没有能力归还。

法院认为,《民法通则》第90条规定,"合法的借贷关系受法律保护"。该法第84条第2款同时规定,"债权人有权要求债务人按照合同的约定或者依照法律的规定履行义务"。本案中,陈仲某分两次将10万元款项出借给陈国某,陈仲某与陈国某之间形成了合法的借贷关系,应受法律保护。陈仲某与陈国某还订立了书面的借款合同,并约定了还款期限,现陈国某逾期未归还上述款项,陈仲某作为债权人要求陈国某按《借款合同》的约定归还欠款,理由成立,法院予以支持。原审判决没有查清陈国某已向陈仲某借款的事实,导致判决结果错误,应予纠正。据此,依照《民法通则》第84条、第90条,《民事诉讼法》第153条第1款第(三)项的规定,判决如下:一、撤销广东省佛山市禅城区人民法院(2010)佛禅法民一初字第6105号民事判决;二、被上诉人陈国某应于本判决发生法律效力之日起十日内向上诉人陈仲某偿还欠款10万元。

【评析】

民间借贷纠纷案件中,在被告否认已实际收到借款的情况下,或在被告不到庭参加诉讼的情况下,均普遍存在是否应采信原告主张的欠款事实的问题。民间借贷多基于朋友、亲戚或其他熟人关系而发生,因此在成立民间借贷法律关系时，当事人有时并没有出具借条，或者只是出具一份借条，并没有再另行写收据确认收到出借的款项。此种情况下，应根据当事人的陈述，结合日常生活经验等综合予以判断。如果借条金额不大，当事人能对其作出合理的陈述，一般情况下可以认定借贷关系的成立。本案中，当事人虽然签订的是两份借款协议，但在性质上还是属于民间借贷纠纷。虽然债务人未到庭参加诉讼，但应诉材料亦是债务人亲自签收，且债权人提供了两份借款协议原件，借款金额也不大，因此，可以认定民间借贷关系成立，原审法院认定债权人未持有收据，不能证明已交付借款，该认定与日常生活经验不相符合，二审法院在二审期间向债务人所作调查也进一步印证了民间借贷的事实。从上述分析可见，在审理民间借贷纠纷案件中，对于借贷关系的认定问题，可以采取如下原则，即在无疑点的情况下，可以根据借条或者借款协议原件即认定借贷关系成立。

4. 录音材料能否作为认定民间借贷案件事实的证据

【案情】

2013年5月28日，被告朱某某以缺乏资金为由向原告杨某某借款5万元，原告从其在中国银行的账户中转出5万元至被告中国农业银行的账户内，被告未出具借条。2013年6月25日原告与被告通话，要求被告还款5万元，被告称一个星期内还款，原告将该次通话录音。2013年11月28日，原告诉至法院，并提交银行转账类历史交易查询结果列表、银行储蓄卡开户资料、交易明细、录音资料作为证据。本案焦点为原告私自将其与被告的通话录音是否具有合法性、真实性？

【评析】

录音证据能否成为认定案件事实的证据，不能单独地审查录音材料的形成过程，更应该结合案情发展的始末，运用逻辑推理和日常生活经验，以及双方当事人的庭审情况进行判断。

本案中由于原被告双方未订立书面的借款合同，但原告又主张其实际履行了借款行为，单凭银行转账材料仅能证明原告曾支付给被告5万元，可能存在其他经济往来的关系，因此原告偷录取得的录音材料成为了认定本案事实的关键。

第一，偷录取得的录音材料是否具有合法性。合法性是指符合法律规定，不侵犯当事人的合法权益。本案中原告将其与被告的通话录音是在权利受到侵害的情况下作出的行为，倘若被告知道原告的录音行为，可能就会逃避案件事实，因此原告的行为是在当时的情形下所能作出的较好的选择，而且被告在收到法院送达的录音材料后并未提出反对意见，亦未主张原告的行为侵犯其合法权益，因此该案件以偷录手段取得的录音材料不违反法律的强制性规定。

第二，录音材料的内容是否是真实的。原告在通话中要求被告返还借款，被告出于本能反应，答应一个星期内还款，这符合现实中人们的一般通话习惯，原告在通话过程中并不存在误导性的话语，从而引导被告作出与事实不符的陈述。因此，通过以上分析，结合银行转账材料及法院调取的银行查询回执，最终认定被告向原告借款5万元。

5. 杨某某诉浙江某某房地产开发有限公司民间借贷纠纷案

【裁判要旨】

民间借贷纠纷的贷款人往往仅凭借条来主张自己的债权，在借款人对此债权是否存在以及具体数额有合理而充分的异议时，应由贷款人对所借款项交付情况及交付数额承担举证责任。如贷款人不能证明，则应承担相应不利的法律后果。

【案情】

台州市中级人民法院经审理查明：2006年至2007年期间，某某公司的法定代表人王某某经案外人陈某某介绍，陆续向杨某某借款。2006年9月13日至2007年2月12日间，杨某某通过宁波市鄞州钟公庙某某建材经营部（以下简称某某建材经营部）开立在宁波市商业银行的账号分十次共汇入某某公司开立在台州市商业银行的账号人民币1760.78万元（十笔分别为：2006年9月13日，50万元；2006年9月29日，100万元和400万元；2006年10月14日，325万元；2006年10月18日，290万元；2006年10月23日，140万元；2007年1月5日，99.98万元；2007年1月30日，60万元；2007年2月10日，200万元；2007年2月12日，95.8万元）。2007年3月12日，某某公司汇入某某建材经营部人民币100万元用于还款。2007年11月1日，某某公司法定代表人王某某向杨某某出具了借条两张，分别载明："今向杨某某借人民币壹仟叁佰壹拾伍万叁仟捌佰元整。借款人：王某某（浙江某某房地产开发有限公司印鉴），2007年11月1日"和"今借到杨某某人民币伍仟陆佰陆拾贰万捌仟元整。借款人：王某某（浙江某某房地产开发有限公司印鉴），2007年11月1日"。此后，杨某某多次要求某某公司归还借款未果。

台州市中级人民法院另查明，某某建材经营部成立于2005年12月26日，并于2008年8月8日歇业。其经营范围为：建筑装潢材料、日用杂品的零售，其业主王某某系杨某某丈夫。

【审判】

台州市中级人民法院经审理认为：

关于本案所讼争借款的本金数额问题，根据《合同法》第210条规定，民间借贷合同自贷款人提供借款时生效。因此，本案杨某某与某某公司之间的借款合同自杨某某提供借款时生效。根据《最高人民法院关于民事诉讼证据的若干规定》第5条第1款规定，在合同纠纷案件中，主张合同关系成立并生效的一方当事人对合同订立和生效的事实承担举证责任。故对本案民间借贷合同的生效，应由杨某某承担举证责任。本案中，杨某某诉称某某公司借款为6978.18万元，而某某公司在庭审中只承认借到1760.78万元。对于1760.78万元借款本金，不但某某公司承认而且有杨某某提供的银行汇款凭证和某某公司的银行对账单为据，事实清楚，证据充分。

对于其余的5217.4万元大额借款均通过现金交付的事实仅有两张借条和杨某某本人的陈述为证，并没有其他证据加以印证，而且杨某某的陈述存在以下疑点：第一，在当前银行汇款比现金交易更便捷和安全，且杨某某曾分十次（其中最少一次为50万元）均通过银行汇款的情况下，却将5217.4万元的大额借款分十五次（最多一次达六七百万元）通过现金直接交付给王某某；第二，杨某某陈述每次借款前将少则二三百万元多则六七百万元的现金提前几天准备好放在家里，由王某某一人亲自从台州驾车至宁波提走现金；第三，杨某某描述六七百万元大额现金交付的情形时，以大概三四个编织袋装的模糊语言作答；第四，由杨某某保管的作为汇款重要依据的两张汇款凭证和电汇申请书的日期被涂改；第五，杨某某陈述两张借条系双方对前期借款本息进行结算后重新出具的借条，但又无法详细说明结算的依据；第六，杨某某陈述同一天出具两张借条的目的是分两次归还，但这两张借条上均未注明还款日期而且借款数额均未精确到万元。对于上述疑点，杨某某均未能作出合理解释。根据《最高人民法院关于民事诉讼证据的若干规定》第2条规定，当事人对自己提出的诉讼请求所依据的事实或者反驳对方诉讼请求所依据的事实有责任提供证据加以证明。没有证据或者证据不足以证明当事人的事实主张的，由负有举证责任的当事人承担不利后果。民间借贷合同，属实践性合同，自贷款人提供借款时生效，本案某某公司虽然并未否认借条上签名的真实性，但对收到5217.4万元的事实予以否定，杨某某应提供相应的其他证据对借款已交付事实予以佐证。因杨某某提供的证据不足以证明其主张的已通过现金方式交付了5217.4万元大额借款的事实，故应由其承担举证不能的不利后果。

综上，根据现有证据，原审法院认定某某公司向杨某某借款人民币1760.78万元。某某公司至今尚欠杨某某1660.78万元，由于双方对还款期限未作明确约定，杨某某可以随时要求某某公司履行债务。现杨某某起诉要求某某公司归还该部分借款，理由正当，应予支持。据此判决：一、由某某公司于本判决发生法律效力之日起十日内归还杨某某借款本金人民币1660.78万元及利息；二、驳回杨某某对某某公司的其他诉讼请求。

上诉人杨某某上诉称：一、一审法院的判决与本案事实不符。2006年8月至2007年11月，杨某某经陈幸某介绍认识王某某后，通过银行转账及现金交付，共借款给某某公司近七千余万元。二、本案证据充分，某某公司应当归还6978.18万元借款。杨某某已经提交了两份借条，载明借款总额为6978.18万元，足以证明杨某某已经将借款交付某某公司。请求二审法院撤销原判，改判某某公司向杨某某返还借款6978.18万元及利息。

被上诉人某某公司答辩称：一、从2006年9月13日至2007年12月，杨某某分十次汇入某某公司账户1760.78万元。2007年11月1日，杨某某带领陈幸某等两人，强迫王某某在违背自己真实意思的情况下，书写了两张借条。5662.8万元是高利部分，不是借款，也不是王某某的真实意思表示。二、按杨某某一审陈述，其将5217.4万元的大额现金交给王某某，王某某独自一人从台州到宁波提取。但是，杨某某陈述现金交付的事实、时间等用语模糊。上述事实表明，杨某某的陈述并不真实，根本没有将5217.4万元的现金交给王某某，一审法院认定事实正确。三、对本案的审理，一审法院相当地慎重和重视，某某公司对原判亦表示认可。请求二审法院驳回上诉，维持原判。

法院二审开庭审理时，双方当事人均无新证据提交。

浙江省高级人民法院认为：因杨某某提供的证据不足以证明其主张的已

通过现金方式交付了5217.4万元大额借款的事实，故杨某某应当承担举证不能的不利后果。据此判决：驳回上诉，维持原判。

【评析】

本案的争议焦点系杨某某是否能证明其实际交付了涉案大额借款，这也是民间借贷案件审理中经常遇到的一个棘手问题，对于该问题的分析主要分为以下两方面：

一、民间借贷系实践性合同

我国《合同法》第210条规定："自然人之间的借款合同，自贷款人提供借款时生效。"由此可见，不同于金融性借款合同的诺成性，自然人之间的民间借贷属于实践性合同，款项的实际交付系此类借款合同的生效要件。根据《最高人民法院关于民事诉讼证据的若干规定》第5条规定，在合同纠纷案件中，主张合同关系成立并生效的一方当事人对合同订立和生效的事实承担举证责任。在发生纠纷时，贷款人欲主张自己的权利，除证明双方的借款合意之外，尚需证明该款项已经实际交付的事实，这样才能形成一个有效的借款债权。

虽然自然人之间的民间借贷需实际交付所借款项才生效，但现实中，双方一般只签署一张借条，借款人并不会对收到款项向贷款人另行再出具收条。因此，借条便同时承担着证明双方借款合意以及借款人收到款项的作用。如果没有相反证据，那么一般可以认为贷款人完成了自己的举证责任，其对于借款债权的主张应予支持。

二、贷款人对于款项已实际交付负举证责任

在借款人对贷款人是否交付借款或具体交付数额存有异议，而且该异议合理且充分的话，对于该实际交付的事实仍需其他证据另行证明。这里的合理且充分的异议一般为：大笔借款的转账单证不存在、现金交付的具体事实不清楚等。那么贷款人必须对实际交付款项的时间、地点、方式和批次等进一步举证，可以通过银行汇款单、当事人证人证言来证明。如果贷款人不能证明，法院则认定该借款合同欠缺交付要件，未能生效，对贷款人的返还本金与利息的主张自然也不能支持。

具体到本案中，对于本案大额现金交付的借贷行为，杨某某仅凭借条起诉而未提供付款凭证，债务人某某公司又对款项交付提出了合理异议，故出借人杨某某应当就其与某某公司存在5000余万元大额现金借贷关系及双方借贷发生的时间、款项交付情况等事实继续举证。只有在杨某某对本案现金交付的相关情况予以说明，得到合理解释，并且举证能够形成较完整的证据链，达到令人确信的程度，其请求权才能依法得到支持。本案两张借条均未写明利息及还款日期，且借款数额均未精确到万元，尚有零头。对此，杨某某陈述两张借条系双方对前期借款本息进行结算后重新出具的借条，某某公司同一天出具两张借条的目的是分两次归还，但杨某某不能提供前期相关借条的复印件或者有关账目情况，也无法说清结算的依据。而且，杨某某与某某公司之间此前并没有经济往来，缺乏巨额现金借款的信用基础，杨某某主张将5000余万元巨额现金出借给某某公司，既无相关交付凭证，又无相关担保，杨某某未能作出合理解释。杨某某陈述每次将数百万元现金装在编织袋内交付某某公司法定代表人王某某，但没有他人能够证明该款项的交付过程。在当前银行汇款比现金交易更为便捷和安全的情况下，杨某某与某某公司之间大额借款的交付不通过银行转账行为实现，也有违日常交易规则。而且，双方已认可的1760.78万元借款均通过银行汇款且最少一次仅为50万元，某某公司已经归还的100万元借款亦为银行汇付，杨某某现主张将5217.4万元借款分十五次最多一次达六七百万元通过现金直接交付给王某某，既未说明为何采取现金交付方式而不通过银行汇付，又无法对现金交付相关细节及每次交付数额清楚说明，难以令人信服。

根据《最高人民法院关于民事诉讼证据的若干规定》第2条及第5条的规定，没有证据或者证据不足以证明当事人的事实主张的，由负有举证责任的当事人承担不利后果。本案某某公司虽然并未否认借条的形式真实性，但对收到5217.4万元现金借款的事实予以否定，杨某某应提供相应的其他证据对借款已交付事实予以佐证。因杨某某提供的证据不足以证明其主张的已通过现金方式交付了5217.4万元大额借款的事实，故杨某某应当承担举证不能的不利后果，即该借款合同未生效，某某公司对该笔本金和利息不负返还义务。

6. 撕毁的借条可以作为有效证据使用吗？

【案情】

原告卫某与被告崔某系朋友关系，被告因做生意分两次向原告借款16000元和5000元，并出具借条两份，载明："今借卫某人民币壹万陆千元正（整），两年内还清""今借卫某人民币伍千元正（整），一年内还清"，两份借条被告签署的落款时间分别为6月24日和6月27日，但原告、被告均认可实际书写时间为2007年6月24日。在5000元借款到期满后，原告打电话向被告催要借款。2008年12月20日上午，原告依约定来到被告家中，当时只有原告、被告两人在场，被告说2.1万元借款，先还1万元，剩下的1.1万元重新打借条，于是原告将借条给了被告。被告拿到借条后，却将两张借条撕掉，扔到了垃圾桶里，原告遂要求被告还钱并重写借条，被告说钱在银行里，还钱还要过几天，并拒不重写借条，原告无奈将被撕碎借条从垃圾桶里捡了出来，并拨打了110报警。因被告家的具体门牌号原告不清楚，原告下楼接110警车时，被告趁机离家。无奈原告将借条粘贴后，于当日诉至法院，要求被告偿还借款21000元及利息。被告对借条的撕毁原因却称："2008年12月17日，原告来电话称急需用钱催要已到期的5000元借款，我便说12月20日2.1万元一并归还。第二天我从哥哥处取回他12月17日当天营业收入的1.5万元，连同自己积蓄6000元，共2.1万元放信封中等原告来取。2008年12月20日中午，原告来到我家，双方一手交钱，一手归还借据。我拿到借条后，就将借条撕毁扔到了厕所垃圾桶中。原告临走前称要方便去过厕所一趟，但没想到原告将我扔到厕所垃圾桶中的碎纸片捡了出来，粘贴后提起诉讼。"

被告将两张借据撕毁并扔进厕所垃圾桶。原告将撕毁的借据粘贴后诉至法院，请求判令被告还款，被告则以欠款已还清为由，请求法院依法驳回原告的诉讼请求。

对原告所持借条被撕毁的原因和过程，双方的解释截然不同。

案件在审理中，合议庭存在两种意见：一种意见认为，原告提交的借条具有证明债务关系存在的效力，原告的诉讼请求合法，应当予以支持。另一种意见认为，原告有义务保持借条的完整性，但现在借条已被撕毁，并且是被被告撕毁，原告对此不能作出合乎逻辑的解释，应当承担保管不善致使借条被撕毁的责任，原告据以支持其主张的证据有瑕疵，应当驳回原告的诉讼请求。

【评析】

本案中要想认定借条这一书面证据效力，必须使其符合证据规则的三项规定：

1. 符合证据完整性。众所周知，证据因为具有证明案件事实的作用，所以必须具有完整的内容和形式，这对证据作用的发挥是至关重要的。本案中，借条虽是被告撕毁，原告及时进行了粘贴，使借条仍保持了证明原被告间借款事实的完整性，无须通过专业的技术手段辨认所记载的文字。因此，证据已经瑕疵到无法证明原告主张的情况在本案中并不存在，借条这一证据并不具有证据形式上的瑕疵。况且原被告对借款事实陈述一致，在另一角度上证明了借条的客观真实性。所以，那种借条被撕毁就具有瑕疵的观点，也要因情况而定。

2. 举证责任的承担和转移。在民事诉讼中，一般情况下是谁主张，谁举证，并且随着诉讼进程的推进，常常出现举证责任因对主张事实的证明需要在原告、被告之间变动的情况。本案就存在着这种情况。笔者认为，原告、被告均认可是被告将借条撕毁，但对撕毁的原因双方各执一词，并且事发当时只有原告、被告两人在场，双方所做的陈述已经构成一对一的证明结构。此时，我们可以这样分析，在一对一的陈述证明条件下，撕毁借条的原因和过程无法查明，但被告对借贷的事实已经确认，本案争议的焦点已随着借款事实的确认进而转化为被告是否已经偿还借款问题，再深入分析下去，实际上就是一个借款是否归还的问题。我们只要对被告是否已经还款的证据是否足以支持被告的主张作出判断，也就找到了案件解决的突破口，也就是说，只要明确了谁在此问题上应当负有举证责任，谁的证据能够证明自己的主张，案件的事实也就可以"查清"，如何认定也就迎刃而解。这就是举证责任的承担和转移问题。本案中，原告主张的借款事实已经由被告认可。并且有借条为证，主张以及举证所证明的事实已经明了，此时原告主张借款的举证责任就已结束。被告提出与原告相反的已经还债的主张，按照我国《民事诉讼法》和最高法院颁布实施的《最高人民法院关于民事诉讼证据的若干规定》的有关规定中所体现的"谁主张，谁举证"的举证承担原则，举证责任也就相应地转移到被告一方，只要被告证明其还款的事实客观存在，就能够取得诉讼上的支持。因此，被告负有举证证明其清偿过债务的责任。本案中，被告一直未能提供其还款的证据，只对借款作出还款的抗辩，并且其抗辩又缺乏合理性，不足以对抗原告所提出的事实和主张，故应当承担举证不能乃至败诉的后果，应认定原告提供证据的效力。

3. 关于对本案事实认定涉及的"高度盖然性"证明标准问题。所谓"盖然性"即可能性，高度盖然性，是人类长期的社会实践在司法审判上的一种产物，它将人类生活经验及统计上的概率，适用于诉讼中待证事实处于真伪不明的情形。其基本原则是，凡证明待证事实发生的盖然性高的，主张该事实发生的当事人不负举证责任，相对人应就该事实的不发生负举证责任。因为法院在事实真伪不明而当事人无法举证时，认定盖然性高的事实发生，远较认定盖然性低的事实发生更能接近真实而避免误判。在本案中，被告向原告借款，书写借条，这种情况是必然的，这种书面的文字记载接近于借款关系的客观真实性，可能性（盖然性）极高。被告主张借条被撕毁就能证明已经还清借款，这仅仅是一种惯常做法，二者之间并无必然的因果关系，即还清借款未必一定导致撕毁借条，而撕毁借条也未必一定是由还清借款引起的，加之被告陈述中提到其兄为其提供了1.5万元营业收入，经查并无充分的证据，所以被告的该项主张不充分。此外，从案发的时间看，原告在借条被毁后马上拨打"110"，在110警车来现场后，被告故意躲避警务人员的询问，至此被告的行为存在很大疑点。并且，从借条上约定被告应当还款的期限要求看，被告在事发时间应当清偿的为5000元，而当时双方借款中约定的还款时间尚有1.6万元未到履行期限，被告对5000元的债务尚不能到期后自觉履行，怎么可能一次性全部还清欠款，这种不到期还款的概率和可能在平常的经济往来中是很少见的，也就是说这种可能性（盖然性）很低，因此，被告还款撕借条的陈述不可信的程度高于原告的解释。综上，从盖然性标准来看，原告所提供的证据效力应当予以认定，合议庭第一种意见有合理性。

第五章

民间借贷审理与处理的程序

第一节　审理民间借贷的普通程序

1. 人民法院受理民间借贷案件后，可以做哪些工作？

【律师解答】人民法院受理民间借贷案件后，应当分案件情况予以处理，对当事人没有争议，符合督促程序规定条件的，可以转入督促程序。如果开庭前可以调解，尽量做调解工作，采取调解的方式结案。根据案件情况，确定适用普通程序或简易程序。需要开庭审理的，通过要求当事人交换证据等方式，明确争议焦点。

【特别提醒】尽量简化程序与降低诉讼成本，不能转入督促程序和不能通过庭前调解的，需开庭的，要明确争议焦点。

【法条链接】

《中华人民共和国民事诉讼法》

第一百三十三条　人民法院对受理的案件，分别情形，予以处理：

（一）当事人没有争议，符合督促程序规定条件的，可以转入督促程序；

（二）开庭前可以调解的，采取调解方式及时解决纠纷；

（三）根据案件情况，确定适用简易程序或者普通程序；

（四）需要开庭审理的，通过要求当事人交换证据等方式，明确争议焦点。

《最高人民法院关于适用〈中华人民共和国民事诉讼法〉的解释》

第二百二十四条　依照民事诉讼法第一百三十三条第四项规定，人民法院可以在答辩期届满后，通过组织证据交换、召集庭前会议等方式，作好审理前的准备。

2. 庭前会议包括哪些内容？

【律师解答】庭前会议是为开庭审理做准备工作，扫清开庭障碍，完善开庭所需的材料和程序，具体包括以下内容：

（一）明确原告的诉讼请求和被告的答辩意见；

（二）审查处理当事人增加、变更诉讼请求的申请和提出的反诉，以及第三人提出的与本案有关的诉讼请求；

（三）根据当事人的申请决定调查收集证据，委托鉴定，要求当事人提供证据，进行勘验，进行证据保全；

（四）组织交换证据；

（五）归纳争议焦点；

（六）进行调解。

【法条链接】

《最高人民法院关于适用〈中华人民共和国民事诉讼法〉的解释》

第二百二十五条　根据案件具体情况，庭前会议可以包括下列内容：

（一）明确原告的诉讼请求和被告的答辩意见；

（二）审查处理当事人增加、变更诉讼请求的申请和提出的反诉，以及第三人提出的与本案有关的诉讼请求；

（三）根据当事人的申请决定调查收集证据，委托鉴定，要求当事人提供证据，进行勘验，进行证据保全；

（四）组织交换证据；

（五）归纳争议焦点；

（六）进行调解。

3. 审理民间借贷案件，是否都公开审理？

【律师解答】 人民法院审理民间借贷案件，除涉及国家秘密、个人隐私或者法律另有规定外，都应当公开进行。

【特别提醒】 涉及商业秘密的案件，当事人申请不公开审理的，可以不公开审理。是否不公开审理，由法院审查后依职权决定。

【法条链接】

《中华人民共和国民事诉讼法》

第一百三十四条　人民法院审理民事案件，除涉及国家秘密、个人隐私或者法律另有规定的以外，应当公开进行。

离婚案件，涉及商业秘密的案件，当事人申请不公开审理的，可以不公开审理。

4. 民间借贷案件的开庭日期确定后，需要通知哪些人？

【律师解答】 民间借贷案件的开庭日期确定后，人民法院应当在开庭三日前通知本案的当事人和其他诉讼参与人，包括原告、被告、第三人、诉讼代理人、证人、需要出庭的鉴定人等。民间借贷案件公开审理的，应当公告当事人姓名、案由和开庭的时间、地点。

【特别提醒】对当事人使用传票传唤，对诉讼代理人、证人、鉴定人、勘验人、翻译人员应当用通知书通知其到庭。当事人或者其他诉讼参与人在外地的，应当留有必要的在途时间。

【法条链接】

《中华人民共和国民事诉讼法》

第一百三十六条　人民法院审理民事案件，应当在开庭三日前通知当事人和其他诉讼参与人。公开审理的，应当公告当事人姓名、案由和开庭的时间、地点。

《最高人民法院关于适用〈中华人民共和国民事诉讼法〉的解释》

第二百二十七条　人民法院适用普通程序审理案件，应当在开庭三日前用传票传唤当事人。对诉讼代理人、证人、鉴定人、勘验人、翻译人员应当用通知书通知其到庭。当事人或者其他诉讼参与人在外地的，应当留有必要的在途时间。

5. 民间借贷案件在人民法院首次开庭前，被告以有书面仲裁协议为由对受理民事案件提出异议的如何处理？

【律师解答】民间借贷案件在人民法院首次开庭前，被告以有书面仲裁协议为由对受理民事案件提出异议的，人民法院应当进行审查。审查异议成立的裁定驳回起诉，异议不成立的，驳回异议，案件继续审理。

【特别提醒】符合下列情况的人民法院应当驳回起诉：（1）仲裁机构或者人民法院已经确认仲裁协议有效的；（2）当事人没有在仲裁庭首次开庭前对仲裁协议的效力提出异议的；（3）仲裁协议符合《仲裁法》第16条规定且不具有《仲裁法》第17条规定情形的。

【法条链接】

《最高人民法院关于适用〈中华人民共和国民事诉讼法〉的解释》

第二百一十六条　在人民法院首次开庭前，被告以有书面仲裁协议为由对受理民事案件提出异议的，人民法院应当进行审查。

经审查符合下列情形之一的，人民法院应当裁定驳回起诉：

（一）仲裁机构或者人民法院已经确认仲裁协议有效的；

（二）当事人没有在仲裁庭首次开庭前对仲裁协议的效力提出异议的；

（三）仲裁协议符合仲裁法第十六条规定且不具有仲裁法第十七条规定情形的。

《中华人民共和国仲裁法》

第十六条　仲裁协议包括合同中订立的仲裁条款和以其他书面方式在纠纷发生前或者纠纷发生后达成的请求仲裁的协议。

仲裁协议应当具有下列内容：

（一）请求仲裁的意思表示；

（二）仲裁事项；

（三）选定的仲裁委员会。

第十七条　有下列情形之一的，仲裁协议无效：

（一）约定的仲裁事项超出法律规定的仲裁范围的；

（二）无民事行为能力人或者限制民事行为能力人订立的仲裁协议；

（三）一方采取胁迫手段，迫使对方订立仲裁协议的。

6. 民间借贷案件的争议焦点如何确定？

【律师解答】人民法院应当根据当事人的诉讼请求、答辩意见以及证据交换的情况，归纳争议焦点，并就归纳的争议焦点征求当事人的意见。

【特别提醒】法庭审理主要围绕着案件争议焦点进行，在法庭征求当事人对其归纳的争议焦点时，如有不同意见或认为有遗漏，应当及时提出并说明理由。

【法条链接】

《最高人民法院关于适用〈中华人民共和国民事诉讼法〉的解释》

第二百二十六条　人民法院应当根据当事人的诉讼请求、答辩意见以及证据交换的情况，归纳争议焦点，并就归纳的争议焦点征求当事人的意见。

第二百二十八条　法庭审理应当围绕当事人争议的事实、证据和法律适用等焦点问题进行。

7. 民间借贷案件审理时，法庭调查如何进行？

【律师解答】法庭调查是开庭审理的重要活动，是查清案件事实的主要环节，法庭调查按照下列顺序进行：

（一）当事人陈述。一般按原告、被告、第三人的顺序先后陈述。

（二）告知证人的权利义务，证人作证，宣读未到庭的证人证言。当事人申请证人出庭作证的，对出庭作证的证人，法庭要向证人告知其权利义务。对符合不出庭作证证人证言，要当庭宣读。

（三）出示书证、物证、视听资料和电子数据。向法庭出示借条、借款协议书、收条、承诺书等借款、还款的证明材料，出示并播放借款、承诺还款等录音。

（四）宣读鉴定意见。有鉴定材料的，要当庭宣读或向各方出示鉴定意见书，由各方发表意见。

（五）宣读勘验笔录。有法院勘验的要宣读勘验笔录，但民间借贷案件一般不会有现场勘验。

【特别提醒】实践中，有的法院在开庭时并不是严格按此顺序进行，一般在当事人陈述后，按原告、被告顺序，由双方分别举证、质证，证人出庭作证往往放在法庭调查的最后。

【法条链接】

《中华人民共和国民事诉讼法》

第一百三十八条　法庭调查按照下列顺序进行：

（一）当事人陈述；

（二）告知证人的权利义务，证人作证，宣读未到庭的证人证言；

（三）出示书证、物证、视听资料和电子数据；

（四）宣读鉴定意见；

（五）宣读勘验笔录。

8. 庭审中当事人对其在审理前的准备阶段认可的事实和证据提出不同意见的怎么办？

【律师解答】当事人在庭审中对其在审理前的准备阶段认可的事实和证据提出不同意见的，人民法院应当责令其说明理由。必要时，可以责令其提供相应证据。人民法院应当结合当事人的诉讼能力、证据和案件的具体情况进行审查。理由成立的，可以列入争议焦点进行审理。

【特别提醒】审理前的准备阶段当事人对事实和证据的认可与承诺适用当事人自认的规定。在法院组织当事人召开庭前会议时，当事人一定要慎重承认对方陈述的案件事实，对对方提供的证据加以高度注意和审查。

【法条链接】

《最高人民法院关于适用〈中华人民共和国民事诉讼法〉的解释》

第二百二十九条 当事人在庭审中对其在审理前的准备阶段认可的事实和证据提出不同意见的,人民法院应当责令其说明理由。必要时,可以责令其提供相应证据。人民法院应当结合当事人的诉讼能力、证据和案件的具体情况进行审查。理由成立的,可以列入争议焦点进行审理。

9. 民间借贷案件一方或双方没有委托律师代理并参加诉讼,而当事人又对回避、自认、举证证明责任等法律规定不清楚怎么办?

【律师解答】民间借贷诉讼是一种非常专业的法律行为和活动,需要知识、技能和技巧,建议民间借贷的当事人在诉讼时最好找一个熟悉法律和有诉讼经验的代理人参加诉讼,以更好地维护自己的合法权益。但许多民间借贷的当事人因经济或其他原因而没有找律师代理,对此当事人最好真诚地向法庭求助,请求对不明白的对自己有重要影响的法律规定进行解释和说明,一般情况下,法官会给予必要的指导和说明。

【特别提醒】除法律有明确规定的法官对当事人有释明的义务外,诉讼中,法官并没有对当事人进行全程指导和释明的义务。司法解释允许法官对当事人进行必要的释明与适当提示,主要是保障诉讼的正常进行与权利义务的正常行使,而不是偏袒一方,对其进行诱导和暗示。

【法条链接】

《最高人民法院关于适用〈中华人民共和国民事诉讼法〉的解释》

第二百六十八条 对没有委托律师、基层法律服务工作者代理诉讼的当事人,人民法院在庭审过程中可以对回避、自认、举证证明责任等相关内容向其作必要的解释或者说明,并在庭审过程中适当提示当事人正确行使诉讼权利、履行诉讼义务。

10. 法庭辩论按什么顺序进行?

【律师解答】法庭辩论是在法庭主持下的庭审诉讼活动,辩论应当围绕争议的焦点或分歧、异议等进行,进行法庭辩论时,按下列顺序进行:

(一)原告及其诉讼代理人发言;

(二)被告及其诉讼代理人答辩;

(三)第三人及其诉讼代理人发言或者答辩;

（四）互相辩论。

法庭辩论终结，由审判长按照原告、被告、第三人的先后顺序征询各方最后意见。

【特别提醒】人民法院根据民间借贷案件的具体情况并征得当事人同意，可以将法庭调查和法庭辩论合并进行。

【法条链接】

《中华人民共和国民事诉讼法》

第一百四十一条 法庭辩论按照下列顺序进行：

（一）原告及其诉讼代理人发言；

（二）被告及其诉讼代理人答辩；

（三）第三人及其诉讼代理人发言或者答辩；

（四）互相辩论。

法庭辩论终结，由审判长按照原告、被告、第三人的先后顺序征询各方最后意见。

《最高人民法院关于适用〈中华人民共和国民事诉讼法〉的解释》

第二百三十条 人民法院根据案件具体情况并征得当事人同意，可以将法庭调查和法庭辩论合并进行。

11. 民间借贷案件中，原告经传票传唤拒不到庭，有什么法律后果？

【律师解答】民间借贷案件中，庭审时，如果法庭对原告已送达开庭传票，原告经传票传唤无正当理由拒不到庭，或者未经法庭许可中途退庭的，等于原告放弃了请求法院保护其民事权利，此时，法院按原告撤诉处理。如果被告提出反诉，法庭可缺席审理反诉部分并可缺席判决。

【特别提醒】拒不到庭应当是通过传票传唤并且无正当理由，而且法院可按撤诉处理，也可不按撤诉处理。具体决定权在法院。

【法条链接】

《中华人民共和国民事诉讼法》

第一百四十三条 原告经传票传唤，无正当理由拒不到庭的，或者未经法庭许可中途退庭的，可以按撤诉处理；被告反诉的，可以缺席判决。

12. 民间借贷案件被告拒不到庭有什么法律后果？

【律师解答】民间借贷案件审理中，被告拒不到庭时有发生，如果法院已对被告送达了开庭传票，被告无正当理由拒不到庭，或者未经法庭准许中途退庭的，可以缺席判决。

【特别提醒】被告一般是被告诉者，多数情况下是责任的承担者，在被告无正当理由拒不到庭或未经法庭准许中途退庭的，不影响诉讼的正常进行，可以缺席审理和判决。

【法条链接】

《中华人民共和国民事诉讼法》

第一百四十四条　被告经传票传唤，无正当理由拒不到庭的，或者未经法庭许可中途退庭的，可以缺席判决。

《最高人民法院关于适用〈中华人民共和国民事诉讼法〉的解释》

第二百四十一条　被告经传票传唤无正当理由拒不到庭，或者未经法庭许可中途退庭的，人民法院应当按期开庭或者继续开庭审理，对到庭的当事人诉讼请求、双方的诉辩理由以及已经提交的证据及其他诉讼材料进行审理后，可以依法缺席判决。

13. 民事借贷案件法庭已开庭完毕，还可以调解吗？

【律师解答】民事诉讼的调解应当贯穿其诉讼的全过程，在开庭前、庭审中、判决前能够调解的，均可以调解。

【特别提醒】调解事实清楚和当事人自愿为前提，调解要依法调解，不能以调解为由，使案件久拖不决。

【法条链接】

《中华人民共和国民事诉讼法》

第一百四十二条　法庭辩论终结，应当依法作出判决。判决前能够调解的，还可以进行调解，调解不成的，应当及时判决。

14. 民间借贷案件的原告增加诉讼请求或被告提起反诉的，如何处理？

【律师解答】民间借贷案件，在案件受理后，法庭辩论结束前，如果原告增加诉讼请求或被告提起反诉的，可以合并审理的，人民法院应当合并审理，如果不能合并审理的，应告知当事人另行提起诉讼。

【特别提醒】原告增加诉讼请求和被告提起反诉的最迟时间应当在法庭辩论结束前，是否能够合并审理，要视增加的诉讼请求和提出反诉的具体情况由法庭决定。原则上可以合并审理的,应当合并审理。

【法条链接】

《最高人民法院关于适用〈中华人民共和国民事诉讼法〉的解释》

第二百三十二条 在案件受理后,法庭辩论结束前,原告增加诉讼请求,被告提出反诉,第三人提出与本案有关的诉讼请求,可以合并审理的,人民法院应当合并审理。

15. 民间借贷案件在审理中,出借人将其债权转让给第三人的怎么办?

【律师解答】 根据《合同法》的规定,债权人有权将其债权转让给第三人,但应当通知债务人。法律并没有限制债权转让的时间,如在诉讼中,民间借贷的出借人将其债权转让给第三人并通知债务人的,符合法律规定债权转让的要求和条件,此时原则上不影响当事人的诉讼主体资格和诉讼地位,人民法院作出的发生法律效力的判决、裁定对受让人具有拘束力。受让人申请以无独立请求权的第三人身份参加诉讼的,人民法院可予准许。受让人也可以申请替代当事人承担诉讼,人民法院可以根据案件的具体情况决定是否准许;不予准许的,可以追加其为无独立请求权的第三人。

【特别提醒】 人民法院准许受让人替代当事人承担诉讼的,裁定变更当事人。变更当事人后,诉讼程序以受让人为当事人继续进行,原当事人应当退出诉讼。原当事人已经完成的诉讼行为对受让人具有拘束力。

【法条链接】

《中华人民共和国合同法》

第七十九条 债权人可以将合同的权利全部或者部分转让给第三人,但有下列情形之一的除外:

(一)根据合同性质不得转让;

(二)按照当事人约定不得转让;

(三)依照法律规定不得转让。

第八十条 债权人转让权利的,应当通知债务人。未经通知,该转让对债务人不发生效力。

债权人转让权利的通知不得撤销,但经受让人同意的除外。

第八十一条 债权人转让权利的,受让人取得与债权有关的从权利,但该从权利专属于债权人自身的除外。

《最高人民法院关于适用〈中华人民共和国民事诉讼法〉的解释》

第二百四十九条 在诉讼中，争议的民事权利义务转移的，不影响当事人的诉讼主体资格和诉讼地位。人民法院作出的发生法律效力的判决、裁定对受让人具有拘束力。

受让人申请以无独立请求权的第三人身份参加诉讼的，人民法院可予准许。受让人申请替代当事人承担诉讼的，人民法院可以根据案件的具体情况决定是否准许；不予准许的，可以追加其为无独立请求权的第三人。

第二百五十条 依照本解释第二百四十九条规定，人民法院准许受让人替代当事人承担诉讼的，裁定变更当事人。

变更当事人后，诉讼程序以受让人为当事人继续进行，原当事人应当退出诉讼。原当事人已经完成的诉讼行为对受让人具有拘束力。

16. 民间借贷的原告可以随时撤诉吗？

【律师解答】 法院受理原告的起诉后，原告有权撤回起诉，但撤回起诉是有时间限制的，且经法院批准，撤回起诉应当在法院宣判前向承办案件的法院提出，是否准许原告撤回起诉，由法院审查并裁定。

【特别提醒】 法庭辩论终结后原告申请撤诉，被告不同意的，人民法院可以不予准许。民事借贷案件存在虚假诉讼的，原告申请撤诉，法院不予准许，应当依法判决驳回诉讼请求。

【法条链接】

《中华人民共和国民事诉讼法》

第一百四十五条 宣判前，原告申请撤诉的，是否准许，由人民法院裁定。

人民法院裁定不准许撤诉的，原告经传票传唤，无正当理由拒不到庭的，可以缺席判决。

《最高人民法院关于适用〈中华人民共和国民事诉讼法〉的解释》

第二百三十八条 当事人申请撤诉或者依法可以按撤诉处理的案件，如果当事人有违反法律的行为需要依法处理的，人民法院可以不准许撤诉或者不按撤诉处理。

法庭辩论终结后原告申请撤诉，被告不同意的，人民法院可以不予准许。

《最高人民法院关于审理民间借贷案件适用法律若干问题的规定》

第二十条 经查明属于虚假民间借贷诉讼，原告申请撤诉的，人民法院不予准许，并应当根据民事诉讼法第一百一十二条之规定，判决驳回其请求。

17. 民间借贷案件可以延期开庭吗？

【律师解答】 民事诉讼符合《民事诉讼法》第146条规定的情况之一的，可以延期审理。延期审理，由法院根据情况决定。

【特别提醒】 延期审理也可由当事人向法院申请延期审理。当事人向法院申请延期审理的，要提交书面的延期审理申请书，并说明理由，必要时，可提供相应的证据。

【法条链接】

《中华人民共和国民事诉讼法》

第一百四十六条　有下列情形之一的，可以延期开庭审理：

（一）必须到庭的当事人和其他诉讼参与人有正当理由没有到庭的；

（二）当事人临时提出回避申请的；

（三）需要通知新的证人到庭，调取新的证据，重新鉴定、勘验，或者需要补充调查的；

（四）其他应当延期的情形。

18. 法庭笔录当事人都应当签字吗？当事人不签字怎么办？

【律师解答】 法庭笔录是法庭开庭审理活动的记录，除审判员和书记员签名外，当事人和其他诉讼参与人也应当签字或盖章，在庭审笔录上签字是对法院开庭审理活动的确认，当事人和其他诉讼参与人如拒绝签名盖章的，法院应记明拒绝签字盖章的情况附卷。

【特别提醒】 法庭笔录应当当庭宣读，也可以告知当事人和其他诉讼参与人当庭或者在五日内阅读。当事人和其他诉讼参与人认为对自己的陈述记录有遗漏或者差错的，有权申请补正。如果不予补正，应当将申请记录在案。

【法条链接】

《中华人民共和国民事诉讼法》

第一百四十七条　书记员应当将法庭审理的全部活动记入笔录，由审判人员和书记员签名。

法庭笔录应当当庭宣读，也可以告知当事人和其他诉讼参与人当庭或者在五日内阅读。当事人和其他诉讼参与人认为对自己的陈述记录有遗漏或者差错的，有权申请补正。如果不予补正，应当将申请记录在案。

法庭笔录由当事人和其他诉讼参与人签名或者盖章。拒绝签名盖章的，记明情况附卷。

19. 民间借贷案件的当事人如果死亡或丧失行为能力怎么办？

【律师解答】在民间借贷诉讼过程中，如果当事人死亡或丧失行为能力，法院应当裁定中止本案诉讼。

【特别提醒】中止诉讼的原因消除后，应当恢复诉讼，从人民法院通知或者准许当事人双方继续进行诉讼时起，中止诉讼的裁定即失去效力，原诉讼继续进行。

【法条链接】

《中华人民共和国民事诉讼法》

第一百五十条　有下列情形之一的，中止诉讼：

（一）一方当事人死亡，需要等待继承人表明是否参加诉讼的；

（二）一方当事人丧失诉讼行为能力，尚未确定法定代理人的；

（三）作为一方当事人的法人或者其他组织终止，尚未确定权利义务承受人的；

（四）一方当事人因不可抗拒的事由，不能参加诉讼的；

（五）本案必须以另一案的审理结果为依据，而另一案尚未审结的；

（六）其他应当中止诉讼的情形。

中止诉讼的原因消除后，恢复诉讼。

《最高人民法院关于适用〈中华人民共和国民事诉讼法〉的解释》

第二百四十六条　裁定中止诉讼的原因消除，恢复诉讼程序时，不必撤销原裁定，从人民法院通知或者准许当事人双方继续进行诉讼时起，中止诉讼的裁定即失去效力。

20. 民间借贷案件的被告人死亡，死亡的被告人也没有遗产，如何处理？

【律师解答】民间借贷的被告人死亡，而被告没有遗产，又没有其他承担义务的人，此时应当裁定终结诉讼。

【特别提醒】终结诉讼只有《民事诉讼法》第151条规定的四种情形，没有其他情形。终结诉讼是人民法院受理的民间借贷等民事诉讼彻底的结束，终结诉讼后不能再恢复原来的诉讼。

【法条链接】

《中华人民共和国民事诉讼法》

第一百五十一条 有下列情形之一的,终结诉讼:

(一)原告死亡,没有继承人,或者继承人放弃诉讼权利的;

(二)被告死亡,没有遗产,也没有应当承担义务的人的;

(三)离婚案件一方当事人死亡的;

(四)追索赡养费、扶养费、抚育费以及解除收养关系案件的一方当事人死亡的。

21. 按普通程序审理的民间借贷案件,其法院审理期限是否有限制?

【律师解答】按普通程序审理的民间借贷案件的审限为六个月,即从法院立案之日起至判决书或调解书送达之日止不能超过六个月。如遇有特殊情况需要延长的,经受理该案的法院院长批准,可以延长六个月;还需要延长的,报请上级人民法院批准。

【特别提醒】民间借贷案件一审六个月的审限,不包括公告期间、鉴定期间、双方当事人和解期间、审理当事人提出的管辖异议以及处理人民法院之间的管辖争议期间。另外,有特殊情况需要延长审限的,究竟哪些情况属于特殊情况,法律本身及其司法解释均未作明确规定,实践中只能由法院院长决定。

【法条链接】

《中华人民共和国民事诉讼法》

第一百四十九条 人民法院适用普通程序审理的案件,应当在立案之日起六个月内审结。有特殊情况需要延长的,由本院院长批准,可以延长六个月;还需要延长的,报请上级人民法院批准。

《最高人民法院关于适用〈中华人民共和国民事诉讼法〉的解释》

第二百四十三条 民事诉讼法第一百四十九条规定的审限,是指从立案之日起至裁判宣告、调解书送达之日止的期间,但公告期间、鉴定期间、双方当事人和解期间、审理当事人提出的管辖异议以及处理人民法院之间的管辖争议期间不应计算在内。

22. 在民间借贷诉讼过程中,什么情况法院需要使用裁定?

【律师解答】裁定主要是法院处理程序性事项所使用的一种法律文书,

裁定有口头裁定和书面裁定，口头裁定要记入笔录，书面裁定应当写明裁定结果和作出该裁定的理由。裁定书由审判人员、书记员署名，加盖人民法院印章。诉讼中需使用裁定的情形包括：（1）不予受理；（2）对管辖权有异议的；（3）驳回起诉；（4）保全和先予执行；（5）准许或者不准许撤诉；（6）中止或者终结诉讼；（7）补正判决书中的笔误；（8）中止或者终结执行；（9）撤销或者不予执行仲裁裁决；（10）不予执行公证机关赋予强制执行效力的债权文书；（11）其他需要裁定解决的事项。

【特别提醒】在裁定中，不予受理裁定、对管辖权有异议的裁定、驳回起诉裁定，如果当事人不服有权在接到裁定书10日内向上级法院提起上诉，其他裁定，不能提起上诉。

【法条链接】

《中华人民共和国民事诉讼法》

第一百五十四条　裁定适用于下列范围：

（一）不予受理；

（二）对管辖权有异议的；

（三）驳回起诉；

（四）保全和先予执行；

（五）准许或者不准许撤诉；

（六）中止或者终结诉讼；

（七）补正判决书中的笔误；

（八）中止或者终结执行；

（九）撤销或者不予执行仲裁裁决；

（十）不予执行公证机关赋予强制执行效力的债权文书；

（十一）其他需要裁定解决的事项。

对前款第一项至第三项裁定，可以上诉。

裁定书应当写明裁定结果和作出该裁定的理由。裁定书由审判人员、书记员署名，加盖人民法院印章。口头裁定的，记入笔录。

23. 民间借贷案件的判决书都包括哪些内容？

【律师解答】根据《民事诉讼法》第152条规定，判决书内容包括：（1）案由、诉讼请求、争议的事实和理由；（2）判决认定的事实和理由、适用的法律和理由；（3）判决结果和诉讼费用的负担；（4）上诉期间和上诉的法院。判决书由审判人员、书记员署名，加盖人民法院印章。

【法条链接】

《中华人民共和国民事诉讼法》

第一百五十二条　判决书应当写明判决结果和作出该判决的理由。判决书内容包括：

（一）案由、诉讼请求、争议的事实和理由；

（二）判决认定的事实和理由、适用的法律和理由；

（三）判决结果和诉讼费用的负担；

（四）上诉期间和上诉的法院。

判决书由审判人员、书记员署名，加盖人民法院印章。

24. 人民法院在定期宣判时，当事人拒不签收判决书、裁定书能行吗？法院会怎么做？

【律师解答】人民法院通过开庭审理，在案件不能调解的情况下，法院需要作出裁判，裁判分为当庭宣判和定期宣判。定期宣判时，向当事人送达案件判决书、裁定书时，要求受送达的当事人在送达回证上签字，受送达的当事人应当在接到送达的法律文书后，在送达回证上签字确认，但由于受送达的当事人认为裁判不公等种种原因，有个别当事人不配合法院的工作，错误地认为："我不签字你就没办法"，故拒不签收法院送达的判决书、裁定书。根据《最高人民法院关于适用〈中华人民共和国民事诉讼法〉的解释》的规定，人民法院在定期宣判时，当事人拒不签收判决书、裁定书的，应视为送达，并在宣判笔录中记明。

【法条链接】

《最高人民法院关于适用〈中华人民共和国民事诉讼法〉的解释》

第一百四十一条　人民法院在定期宣判时，当事人拒不签收判决书、裁定书的，应视为送达，并在宣判笔录中记明。

25. 收到民间借贷判决书后，发现对借贷数额或利息计算错误怎么办？

【律师解答】民间借贷案件一般涉及借款本金与利息、违约金等计算，在判决书或调解书中，有时会存在计算中的错误，或将当事人同音不同字的姓名打错，等等，此时，可向法院提出，由法院以裁定的方式进行更正。

《最高人民法院关于适用〈中华人民共和国民事诉讼法〉的解释》

第二百四十五条　民事诉讼法第一百五十四条第一款第七项规定的笔误是指法律文书误写、误算，诉讼费用漏写、误算和其他笔误。

26. 什么是重复起诉？对民间借贷的重复起诉如何处理？

【律师解答】重复起诉是指民事诉讼的当事人就已经提起诉讼的事项在诉讼过程中或者裁判生效后再次向法院提起诉讼。重复起诉应当同时符合以下三个条件：

（一）后诉与前诉的当事人相同；

（二）后诉与前诉的诉讼标的相同；

（三）后诉与前诉的诉讼请求相同，或者后诉的诉讼请求实质上否定前诉裁判结果。

当事人重复起诉的，裁定不予受理；已经受理的，裁定驳回起诉，但法律、司法解释另有规定的除外。

【特别提醒】裁判发生法律效力后，发生新的事实，当事人再次提起诉讼的，不属于重复起诉，人民法院应当受理。

【法条链接】

《最高人民法院关于适用〈中华人民共和国民事诉讼法〉的解释》

第二百四十七条　当事人就已经提起诉讼的事项在诉讼过程中或者裁判生效后再次起诉，同时符合下列条件的，构成重复起诉：

（一）后诉与前诉的当事人相同；

（二）后诉与前诉的诉讼标的相同；

（三）后诉与前诉的诉讼请求相同，或者后诉的诉讼请求实质上否定前诉裁判结果。

当事人重复起诉的，裁定不予受理；已经受理的，裁定驳回起诉，但法律、司法解释另有规定的除外。

第二百四十八条　裁判发生法律效力后，发生新的事实，当事人再次提起诉讼的，人民法院应当依法受理。

第二节 民间借贷审理的简易程序

1. 什么是民事案件审理的简易程序？

【律师解答】民事案件审理的简易程序是指基层人民法院和它派出的法庭审理案情事实清楚、权利义务关系明确、争议不大的简单的民事案件时所适用的审判程序。

【特别提醒】简易程序仅限于基层人民法院和它的派出法庭在审理民事案件时适用。从司法实践看，以往基层人民法院处理的民间借贷案件绝大多数都是适用简易程序审理的。

【法条链接】

《中华人民共和国民事诉讼法》

第一百五十七条第一款 基层人民法院和它派出的法庭审理事实清楚、权利义务关系明确、争议不大的简单的民事案件，适用本章规定。

2. 如何把握适用简易程序案件的标准？

【律师解答】适用简易程序的标准就是"事实清楚、权利义务关系明确、争议不大的简单的民事案件"，"事实清楚"是指当事人双方对争议的事实陈述基本一致，并能提供可靠的证据，无须人民法院调查收集证据即可判明事实，分清是非；"权利义务关系明确"是指谁应该承担责任，谁享有权利的关系明确；"争议不大"是指双方当事人对案件中的是非，责任和权利以及诉讼标的的争执无原则分歧。

【特别提醒】民间借贷案件，提起诉讼的，大多数还是债务人到期不还借款的居多，大多数案件都符合"事实清楚、权利义务关系明确、争议不大"的要求。

【法条链接】

《最高人民法院关于适用〈中华人民共和国民事诉讼法〉的解释》

第二百五十六条 民事诉讼法第一百五十七条规定的简单民事案件中的事实清楚，是指当事人对争议的事实陈述基本一致，并能提供相应的证据，无须人民法院调查收集证据即可查明事实；权利义务关系明确是指能明确区分谁是责任的承担者，谁是权利的享有者；争议不大是指当事人对案件的是非、责任承担以及诉讼标的争执无原则分歧。

3. 简易程序审理民间借贷案件，体现在哪些方面？

【律师解答】基层人民法院和它派出的法庭审理简单的民事案件，可以用简便方式传唤当事人和证人、送达诉讼文书、审理案件。采用简易程序审理民间借贷案件，原告可以口头起诉。当事人双方可以同时到基层人民法院或者它派出的法庭，请求解决纠纷。基层人民法院或者它派出的法庭可以当即审理，也可以另定日期审理。法院可以采取捎口信、电话、短信、传真、电子邮件等简便方式传唤双方当事人、通知证人和送达裁判文书以外的诉讼文书。适用简易程序审理案件，由审判员独任审判，书记员担任记录。简易程序审理的期限为3个月，同时不受开庭3日前通知当事人及其他诉讼参与人与开庭时法庭调查顺序和法庭辩论顺序的限制。

【特别提醒】采取简易程序审理，应当保障当事人陈述意见的权利。以简便方式送达的开庭通知，未经当事人确认或者没有其他证据证明当事人已经收到的，人民法院不得缺席判决。

【法条链接】

《中华人民共和国民事诉讼法》

第一百三十六条 人民法院审理民事案件，应当在开庭三日前通知当事人和其他诉讼参与人。公开审理的，应当公告当事人姓名、案由和开庭的时间、地点。

第一百三十八条 法庭调查按照下列顺序进行：

（一）当事人陈述；

（二）告知证人的权利义务，证人作证，宣读未到庭的证人证言；

（三）出示书证、物证、视听资料和电子数据；

（四）宣读鉴定意见；

（五）宣读勘验笔录。

第一百四十一条 法庭辩论按照下列顺序进行：

（一）原告及其诉讼代理人发言；

（二）被告及其诉讼代理人答辩；

（三）第三人及其诉讼代理人发言或者答辩；

（四）互相辩论。

法庭辩论终结，由审判长按照原告、被告、第三人的先后顺序征询各方最后意见。

第一百五十八条　对简单的民事案件，原告可以口头起诉。

当事人双方可以同时到基层人民法院或者它派出的法庭，请求解决纠纷。基层人民法院或者它派出的法庭可以当即审理，也可以另定日期审理。

第一百六十条　简单的民事案件由审判员一人独任审理，并不受本法第一百三十六条、第一百三十八条、第一百四十一条规定的限制。

《最高人民法院关于适用〈中华人民共和国民事诉讼法〉的解释》

第二百六十一条　适用简易程序审理案件，人民法院可以采取捎口信、电话、短信、传真、电子邮件等简便方式传唤双方当事人、通知证人和送达裁判文书以外的诉讼文书。

以简便方式送达的开庭通知，未经当事人确认或者没有其他证据证明当事人已经收到的，人民法院不得缺席判决。

适用简易程序审理案件，由审判员独任审判，书记员担任记录。

4. 民间借贷的当事人可以协商适用简易程序？

【律师解答】 可以。民间借贷案件绝大多数是由基层人民法院受理的，审理时基本也都采取简易程序，根据《民事诉讼法》的规定，即便是基层人民法院和它派出的法庭审理事实清楚、权利义务关系明确、争议不大的简单民事案件以外的民事案件，当事人双方也可以约定适用简易程序。当事人双方根据《民事诉讼法》第157条第2款规定约定适用简易程序的，应当在开庭前提出。口头提出的，记入笔录，由双方当事人签名或者捺印确认。

【特别提醒】 实践中当事人协商确定适用简易程序的还很少，审理民间借贷案件适用什么程序，基本还是由法院决定。

【法条链接】

《中华人民共和国民事诉讼法》

第一百五十七条　基层人民法院和它派出的法庭审理事实清楚、权利义务关系明确、争议不大的简单的民事案件，适用本章规定。

基层人民法院和它派出的法庭审理前款规定以外的民事案件，当事人双方也可以约定适用简易程序。

《最高人民法院关于适用〈中华人民共和国民事诉讼法〉的解释》

第二百六十四条　当事人双方根据民事诉讼法第一百五十七条第二款规定约定适用简易程序的，应当在开庭前提出。口头提出的，记入笔录，由双方当事人签名或者捺印确认。

本解释第二百五十七条规定的案件，当事人约定适用简易程序的，人民法院不予准许。

5. 提起民间借贷诉讼时被告方下落不明的，能否适用简易程序？

【律师解答】起诉时，被告下落不明，不符合适用简易程序的条件，不能适用简易程序。

【特别提醒】《最高人民法院关于适用〈中华人民共和国民事诉讼法〉的解释》第257条规定的不适用简易程序审理的案件，法院不得适用简易程序审理，当事人也不能协议确定适用简易程序。

【法条链接】

《最高人民法院关于适用〈中华人民共和国民事诉讼法〉的解释》

第二百五十七条　下列案件，不适用简易程序：

（一）起诉时被告下落不明的；

（二）发回重审的；

（三）当事人一方人数众多的；

（四）适用审判监督程序的；

（五）涉及国家利益、社会公共利益的；

（六）第三人起诉请求改变或者撤销生效判决、裁定、调解书的；

（七）其他不宜适用简易程序的案件。

6. 民间借贷案件的当事人对人民法院适用简易程序有意见的，应当怎么办？

【律师解答】除起诉时一方下落不明等明显不符合简易程序的民间借贷案件外，一般的民间借贷案件，在基层法院绝大多数都适用简易程序进行审理，如果法院按简易程序立案的民间借贷案件，其当事人有不同意见，应当向法院提出异议，人民法院经审查，异议成立的，裁定转为普通程序；异议不成立的，口头告知当事人，并记入笔录。

【特别提醒】如当事人对适用简易程序的异议成立，裁定将案件转为普通程序，同时人民法院应当将合议庭组成人员及相关事项以书面形式通知双方当事人。

【法条链接】

《最高人民法院关于适用〈中华人民共和国民事诉讼法〉的解释》

第二百六十九条 当事人就案件适用简易程序提出异议,人民法院经审查,异议成立的,裁定转为普通程序;异议不成立的,口头告知当事人,并记入笔录。

转为普通程序的,人民法院应当将合议庭组成人员及相关事项以书面形式通知双方当事人。

转为普通程序前,双方当事人已确认的事实,可以不再进行举证、质证。

7. 适用简易程序审理民间借贷案件的期限是多长?

【律师解答】 适用简易程序审理民间借贷案件,人民法院应当在3个月内审结。

【特别提醒】 审理简易程序的3个月期限,应当从立案之日起至判决书或调解书送达当事人之日止。

【法条链接】

《中华人民共和国民事诉讼法》

第一百六十一条 人民法院适用简易程序审理案件,应当在立案之日起三个月内审结。

8. 适用简易程序审理的民间借贷案件,其审理期限能否延长?

【律师解答】 可以,如不能在简易程序法定的3个月内审结,双方当事人同意继续适用简易程序的,由本院院长批准,可以延长审理期限。

【特别提醒】 双方同意并经本院院长批准延长的简易程序,其延长后的审理期限累计不得超过6个月。

【法条链接】

《最高人民法院关于适用〈中华人民共和国民事诉讼法〉的解释》

第二百五十八条 适用简易程序审理的案件,审理期限到期后,双方当事人同意继续适用简易程序的,由本院院长批准,可以延长审理期限。延长后的审理期限累计不得超过六个月。

人民法院发现案情复杂,需要转为普通程序审理的,应当在审理期限届满前作出裁定并将合议庭组成人员及相关事项书面通知双方当事人。

案件转为普通程序审理的，审理期限自人民法院立案之日计算。

9. 民间借贷案件审理的程序可以相互转化吗？

【律师解答】 可以。一般基层人民法院对起诉民间借贷的案件在立案时按简易程序立案，在审理过程中发现该案不符合适用简易程序的条件，则可裁定转化为普通程序。对于按普通程序立案的民间借贷案件，转化为简易程序审理也是可以的，2003年12月1日起施行的《最高人民法院关于适用简易程序审理民事案件的若干规定》第2条规定："基层人民法院适用第一审普通程序审理的民事案件，当事人各方自愿选择适用简易程序，经人民法院审查同意的，可以适用简易程序进行审理。"同时特别强调"人民法院不得违反当事人自愿原则，将普通程序转为简易程序"。2015年《最高人民法院关于适用〈中华人民共和国民事诉讼法〉的解释》规定民事案件双方当事人可以在立案到开庭前协商选择适用简易程序。民间借贷案件适用简易程序时，如发现案情复杂，法院可依职权裁定转为普通程序，适用普通程序审理的民间借贷案件，如当事人双方协商同意，也可以转为简易程序。

【特别提醒】 民间借贷案件将普通程序转为简易程序须双方当事人自愿选择并经人民法院审查同意。这个程序选择权是有限制的，即当事人对程序的选择必须要"经人民法院审查同意"，主要是当事人对程序的选择权不能与法院对程序的决定权（即人民法院认为不宜适用简易程序进行审理的）相矛盾。此外，已按普通程序审理的民间借贷案件，在开庭后不得再转为简易程序。

【法条链接】

《中华人民共和国民事诉讼法》

第一百五十七条　基层人民法院和它派出的法庭审理事实清楚、权利义务关系明确、争议不大的简单的民事案件，适用本章规定。

基层人民法院和它派出的法庭审理前款规定以外的民事案件，当事人双方也可以约定适用简易程序。

第一百六十三条　人民法院在审理过程中，发现案件不宜适用简易程序的，裁定转为普通程序。

《最高人民法院关于适用〈中华人民共和国民事诉讼法〉的解释》

第二百五十八条第二、三款　人民法院发现案情复杂，需要转为普通程序审理的，应当在审理期限届满前作出裁定并将合议庭组成人员及相关事项书面通知双方当事人。

案件转为普通程序审理的,审理期限自人民法院立案之日计算。

第二百六十条　已经按照普通程序审理的案件,在开庭后不得转为简易程序审理。

《最高人民法院关于适用简易程序审理民事案件的若干规定》

第二条　基层人民法院适用第一审普通程序审理的民事案件,当事人各方自愿选择适用简易程序,经人民法院审查同意的,可以适用简易程序进行审理。

人民法院不得违反当事人自愿原则,将普通程序转为简易程序。

10. 简易程序可以采用视听传输技术等方式开庭吗?

【律师解答】适用简易审理的民间借贷案件,其开庭方式,当事人双方可向人民法院提出申请,由人民法院决定是否准许。经当事人双方同意,可以采用视听传输技术等方式开庭。

【特别提醒】简易程序采取视听传输技术方式开庭的,需当事人双方同意并经法庭准许。

【法条链接】

《最高人民法院关于适用〈中华人民共和国民事诉讼法〉的解释》

第二百五十九条　当事人双方可就开庭方式向人民法院提出申请,由人民法院决定是否准许。经当事人双方同意,可以采用视听传输技术等方式开庭。

第三节　民间借贷案件的小额诉讼

1. 什么是小额诉讼?

【律师解答】小额诉讼是指基层人民法院和它派出的法庭审理的事实清楚、权利义务关系明确、争议不大,标的额为各省、自治区、直辖市上年度就业人员年平均工资30%以下,符合适用简易程序条件的简单民事案件。小额诉讼并不是民事诉讼中的一种独立诉讼程序,它是民事简易程序中的一种特殊程序,在程序的归属上,仍属于简易程序。

【特别提醒】小额诉讼实行一审终审,程序比简易程序还简便,便于当事人快速行使诉权,合理配置司法资源,节约诉讼成本。

【法条链接】

《中华人民共和国民事诉讼法》

第一百六十二条　基层人民法院和它派出的法庭审理符合本法第一百五十七条第一款规定的简单的民事案件，标的额为各省、自治区、直辖市上年度就业人员年平均工资百分之三十以下的，实行一审终审。

《最高人民法院关于适用〈中华人民共和国民事诉讼法〉的解释》

第二百七十一条　人民法院审理小额诉讼案件，适用民事诉讼法第一百六十二条的规定，实行一审终审。

2. 如何界定各省、自治区、直辖市上年度就业人员年平均工资？

【律师解答】《民事诉讼法》第162条规定的各省、自治区、直辖市上年度就业人员年平均工资，是指已经公布的各省、自治区、直辖市上一年度就业人员年平均工资。

【特别提醒】诉讼时，如上一年度就业人员年平均工资没有公布，可以已经公布的最近年度就业人员年平均工资为准。

【法条链接】

《最高人民法院关于适用〈中华人民共和国民事诉讼法〉的解释》

第二百七十二条　民事诉讼法第一百六十二条规定的各省、自治区、直辖市上年度就业人员年平均工资，是指已经公布的各省、自治区、直辖市上一年度就业人员年平均工资。在上一年度就业人员年平均工资公布前，以已经公布的最近年度就业人员年平均工资为准。

3. 民间借贷案件可以适用小额诉讼程序审理吗？

【律师解答】民间借贷属于借款合同，如果诉讼标的额不超过受诉法院所在地已经公布的各省、自治区、直辖市上一年度就业人员年平均工资的30%，则可以适用小额诉讼程序进行审理。

【特别提醒】适用小额诉讼程序审理的民间借贷案件，不完全在标的额上有限制，而且还须符合适用简易程序的金钱给付案件。

【法条链接】

《最高人民法院关于适用〈中华人民共和国民事诉讼法〉的解释》

第二百七十四条　下列金钱给付的案件，适用小额诉讼程序审理：

（一）买卖合同、借款合同、租赁合同纠纷；

（二）身份关系清楚，仅在给付的数额、时间、方式上存在争议的赡养费、抚育费、扶养费纠纷；

（三）责任明确，仅在给付的数额、时间、方式上存在争议的交通事故损害赔偿和其他人身损害赔偿纠纷；

（四）供用水、电、气、热力合同纠纷；

（五）银行卡纠纷；

（六）劳动关系清楚，仅在劳动报酬、工伤医疗费、经济补偿金或者赔偿金给付数额、时间、方式上存在争议的劳动合同纠纷；

（七）劳务关系清楚，仅在劳务报酬给付数额、时间、方式上存在争议的劳务合同纠纷；

（八）物业、电信等服务合同纠纷；

（九）其他金钱给付纠纷。

4. 一方对借款签字有异议，需要进行鉴定的民间借贷案件，可以适用小额诉讼程序审理吗？

【律师解答】从案件类型上，民间借贷案件适用于小额诉讼，除了数额上限制外，还应考虑案件的复杂程度，对需要评估、鉴定或者对诉前评估、鉴定结果有异议的，不适用小额诉讼程序审理。

【特别提醒】涉及人身、涉外、知识产权以其他不宜适用一审终审的纠纷均不能采用小额诉讼程序。

【法条链接】

《最高人民法院关于适用〈中华人民共和国民事诉讼法〉的解释》

第二百七十五条　下列案件，不适用小额诉讼程序审理：

（一）人身关系、财产确权纠纷；

（二）涉外民事纠纷；

（三）知识产权纠纷；

（四）需要评估、鉴定或者对诉前评估、鉴定结果有异议的纠纷；

（五）其他不宜适用一审终审的纠纷。

5. 民间借贷当事人对适用小额诉讼有异议的怎么办？

【律师解答】当事人对按照小额诉讼案件审理有异议的，应当在开庭前向法院提出。人民法院经审查，如果异议成立的，适用简易程序的其他规定审理；如果异议不成立的，告知当事人，并记入笔录。

【特别提醒】对按小额诉讼程序审理的异议，由法院审查，无论异议是否成立，均不涉及复议和上诉事宜。

【法条链接】

《最高人民法院关于适用〈中华人民共和国民事诉讼法〉的解释》

第二百八十一条　当事人对按照小额诉讼案件审理有异议的，应当在开庭前提出。人民法院经审查，异议成立的，适用简易程序的其他规定审理；异议不成立的，告知当事人，并记入笔录。

6. 小额民间借贷案件，被告可以提出管辖权异议吗？

【律师解答】对案件提出管辖异议是被告的一种权利，这种权利不能因为一审审理程序的不同而被剥夺。如果被告对案件提出管辖权异议，法院应当进行审查，经审查异议成立的，移送有管辖权法院，异议不成立的，裁定驳回异议。

【特别提醒】在管辖权异议上，小额诉讼与普通程序及其他简易程序不同的是：法院对小额诉讼的管辖异议裁定，一经作出即生效，异议人不能提出上诉。

【法条链接】

《最高人民法院关于适用〈中华人民共和国民事诉讼法〉的解释》

第二百七十八条　当事人对小额诉讼案件提出管辖异议的，人民法院应当作出裁定。裁定一经作出即生效。

7. 民间借贷按小额诉讼法院受理后，发现案件不符合民事诉讼法规定的起诉条件的，怎么办？

【律师解答】人民法院受理小额诉讼的民间借贷案件后，经审查发现起诉不符合《民事诉讼法》第119条规定的起诉条件的，应当裁定驳回起诉。

【特别提醒】驳回小额诉讼的起诉裁定一经作出即生效。由于小额诉讼程序实行的一审终审，故驳回起诉、驳回管辖权异议等在简易程序和普通程序中可以提出上诉的裁定，在小额诉讼程序中不能提出上诉。

【法条链接】

《最高人民法院关于适用〈中华人民共和国民事诉讼法〉的解释》

第二百七十九条　人民法院受理小额诉讼案件后，发现起诉不符合民事诉讼法第一百一十九条规定的起诉条件的，裁定驳回起诉。裁定一经作出即生效。

8. 适用小额诉讼的民间借贷案件，当事人可以申请增加或者变更诉讼请求、提出反诉、追加当事人吗？

【律师解答】小额诉讼的民间借贷案件，当事人可以申请增加或者变更诉讼请求、提出反诉、追加当事人，但如果因当事人申请增加或者变更诉讼请求、提出反诉、追加当事人等，致使案件不符合小额诉讼案件条件的，应当适用简易程序的其他规定审理。

【特别提醒】如案件因当事人申请增加或者变更诉讼请求、提出反诉、追加当事人等导致案件不符合适用简易程序的，应当裁定转为普通程序。转为普通程序前双方当事人已确认的事实，可以不再进行举证、质证。

【法条链接】

《最高人民法院关于适用〈中华人民共和国民事诉讼法〉的解释》

第二百八十条　因当事人申请增加或者变更诉讼请求、提出反诉、追加当事人等，致使案件不符合小额诉讼案件条件的，应当适用简易程序的其他规定审理。

前款规定案件，应当适用普通程序审理的，裁定转为普通程序。

适用简易程序的其他规定或者普通程序审理前，双方当事人已确认的事实，可以不再进行举证、质证。

9. 适用小额诉讼程序审理的案件，在举证期限上与其他程序有什么不同吗？

【律师解答】小额诉讼案件的举证期限由人民法院确定，也可以由当事人协商一致并经人民法院准许，但一般不超过7日。如果被告要求书面答辩的，人民法院可以在征得其同意的基础上合理确定答辩期间，但最长不得超过十五日。

【特别提醒】当事人到庭后表示不需要举证期限和答辩期间的，人民法院可立即开庭审理。

【法条链接】

《最高人民法院关于适用〈中华人民共和国民事诉讼法〉的解释》

第二百七十七条　小额诉讼案件的举证期限由人民法院确定，也可以由当事人协商一致并经人民法院准许，但一般不超过七日。

被告要求书面答辩的，人民法院可以在征得其同意的基础上合理确定答辩期间，但最长不得超过十五日。

当事人到庭后表示不需要举证期限和答辩期间的，人民法院可立即开庭审理。

第四节　民间借贷的二审程序

1. 不服一审民间借贷案件的判决或裁定怎么办？

【律师解答】民间借贷案件基本上都是由基层人民法院受理并作出裁判的，我们国家民事诉讼实行的是两审终审制，也就是一个普通的民事案件，经过一审和二审，才算终结，凡是一审判决或裁定的民间借贷案件，当事人不服一审判决或裁定的，均有权提起上诉，但小额诉讼有例外。

【特别提醒】上诉权是当事人所享有的一种法定权利，只要对一审判决或允许上诉的裁定不服，当事人都有权在法定期间内提起上诉，具体不服的理由不受限制。

【法条链接】

《中华人民共和国民事诉讼法》

第一百六十四条　当事人不服地方人民法院第一审判决的，有权在判决书送达之日起十五日内向上一级人民法院提起上诉。

当事人不服地方人民法院第一审裁定的，有权在裁定书送达之日起十日内向上一级人民法院提起上诉。

2. 民间借贷案件的上诉期限有什么限制或规定吗？

【律师解答】当事人对民事案件一审的判决或裁定不服的，均有权提出上诉，不服判决的上诉期为15天，不服裁定的上诉期为10天，均自接到判决或裁定的第二天开始计算。

【特别提醒】原告、被告接到判决书的时间不同，其各自的上诉期，分别按各自接到判决书的第二天开始计算。

【法条链接】

《最高人民法院关于适用〈中华人民共和国民事诉讼法〉的解释》

第二百四十四条　可以上诉的判决书、裁定书不能同时送达双方当事人的，上诉期从各自收到判决书、裁定书之日计算。

3. 当事人对一审民间借贷案件经法院主持调解达成的调解书可以上诉吗？

【律师解答】法律规定对民间借贷案件的判决书或裁定书可以在法定的期间内上诉，没有赋予当事人对调解书不服的上诉权，所以，对民间借贷案件经法院主持调解达成协议，法院制作的调解书不服的，当事人不能提起上诉。

【特别提醒】当事人虽对调解书不服不能上诉，但如有证据证明，调解违反自愿原则或调解协议内容违反法律的，当事人可以申请再审。

【法条链接】

《中华人民共和国民事诉讼法》

第九十七条　调解达成协议，人民法院应当制作调解书。调解书应当写明诉讼请求、案件的事实和调解结果。

调解书由审判人员、书记员署名，加盖人民法院印章，送达双方当事人。

调解书经双方当事人签收后，即具有法律效力。

第二百零一条　当事人对已经发生法律效力的调解书，提出证据证明调解违反自愿原则或者调解协议的内容违反法律的，可以申请再审。经人民法院审查属实的，应当再审。

4. 对民间借贷案件的裁定都可以上诉吗？

【律师解答】上诉权是一审当事人所享有的一项法定诉讼权利，一审法院作出的法律文书是多种多样的，法律允许一审当事人上诉的仅限于一审的判决和允许上诉的裁定。但在裁定书中，并不是所有的裁定书都可以上诉，法律允许当事人上诉的裁定仅限于不予受理、管辖权异议、驳回起诉三类。

【特别提醒】民间借贷适用简易程序的小额诉讼，其管辖权异议裁定、不予受理裁定、驳回起诉裁定等不可以上诉。裁定送达后即发生法律效力。

【法条链接】

《中华人民共和国民事诉讼法》

第一百五十四条 裁定适用于下列范围：

（一）不予受理；

（二）对管辖权有异议的；

（三）驳回起诉；

……

对前款第一项至第三项裁定，可以上诉。

裁定书应当写明裁定结果和作出该裁定的理由。裁定书由审判人员、书记员署名，加盖人民法院印章。口头裁定的，记入笔录。

第一百六十四条 当事人不服地方人民法院第一审判决的，有权在判决书送达之日起十五日内向上一级人民法院提起上诉。

当事人不服地方人民法院第一审裁定的，有权在裁定书送达之日起十日内向上一级人民法院提起上诉。

《最高人民法院关于适用〈中华人民共和国民事诉讼法〉的解释》

第二百七十八条 当事人对小额诉讼案件提出管辖异议的，人民法院应当作出裁定。裁定一经作出即生效。

第二百七十九条 人民法院受理小额诉讼案件后，发现起诉不符合民事诉讼法第一百一十九条规定的起诉条件的，裁定驳回起诉。裁定一经作出即生效。

5. 对民间借贷的判决或裁定不服，能否口头提出上诉？

【律师解答】 不可以。二审没有简易程序，不能口头上诉，上诉应当提交上诉状。由于法律未允许上诉的当事人可以口头上诉，故民间借贷案件的当事人对一审裁判不服的，不能口头提出上诉。

【特别提醒】 一审宣判时或者判决书、裁定书送达时，当事人虽口头表示上诉，但未在法定上诉期间内递交上诉状的，视为未提起上诉。虽递交上诉状，但未在指定的期限内交纳上诉费的，按自动撤回上诉处理。

【法条链接】

《中华人民共和国民事诉讼法》

第一百六十五条 上诉应当递交上诉状。上诉状的内容，应当包括当事人的姓名，法人的名称及其法定代表人的姓名或者其他组织的名称及其主要负责人的姓名；原审人民法院名称、案件的编号和案由；上诉的请求和理由。

《最高人民法院关于适用〈中华人民共和国民事诉讼法〉的解释》

第三百二十条 一审宣判时或者判决书、裁定书送达时，当事人口头表示上诉的，人民法院应告知其必须在法定上诉期间内递交上诉状。未在法定上诉期间内递交上诉状的，视为未提起上诉。虽递交上诉状，但未在指定的期限内交纳上诉费的，按自动撤回上诉处理。

6. 当事人无正当理由可以上诉吗？

【律师解答】上诉是一审当事人所享有的一项法定权利，任何人无权剥夺。无论上诉的理由是否成立，只要当事人在法定期限内提出上诉，二审法院均应受理并依法作出裁判。

【特别提醒】上诉虽是当事人所享有的一项法定权利，但不建议当事人滥用上诉权，无理上诉，最终也会被二审法院维持一审判决，这样也不会实现上诉的目的，同时也会给二审法院带来不必要的劳动付出与时间浪费。

7. 当事人不服一审判决、裁定上诉时，如何上诉？

【律师解答】当事人不服一审判决、裁定时，要在法定上诉期间内提出上诉，上诉人应当撰写好上诉状，通过一审法院专门办理上诉的窗口递交上诉状及其副本，同时按要求交纳上诉费用。当事人上诉的法院在一审判决或裁定中会有明确告知的。一审判决书、裁定书在其判决或裁定主文后，明确告知当事人不服判决或裁定上诉的法院及期限。上诉的法院一般都是作出一审判决法院的上一级法院，实际上诉时，上诉人可直接到一审法院立案大厅办理上诉的窗口去上诉。

【特别提醒】不服一审判决、裁定的上诉，必须有上诉状，上诉二审法院，不存在口头上诉。

【法条链接】

《中华人民共和国民事诉讼法》

第一百六十五条 上诉应当递交上诉状。上诉状的内容，应当包括当事人的姓名，法人的名称及其法定代表人的姓名或者其他组织的名称及其主要负责人的姓名；原审人民法院名称、案件的编号和案由；上诉的请求和理由。

8. 一审宣判时，一方当事人表示上诉，但在上诉期内未递交上诉状，算上诉吗？

【律师解答】对一审判决或裁定的不服上诉，以当事人在法定期间递交上诉状为准。无论宣判时表示上诉或不上诉，只要在上诉期内递交了上诉状，就是上诉，如在上诉期内没有递交上诉状，视为未提起上诉。

【特别提醒】完整的上诉除在法定期间内递交上诉状外，还要在上诉时或法院指定的期间交纳上诉费用。否则，按自动撤回上诉处理。

【法条链接】

《最高人民法院关于适用〈中华人民共和国民事诉讼法〉的解释》

第三百二十条　一审宣判时或者判决书、裁定书送达时，当事人口头表示上诉的，人民法院应告知其必须在法定上诉期间内递交上诉状。未在法定上诉期间内递交上诉状的，视为未提起上诉。虽递交上诉状，但未在指定的期限内交纳上诉费的，按自动撤回上诉处理。

9. 当事人对一审法院不信任，能否直接向二审法院上诉？

【律师解答】当事人上诉时，应当通过原审法院提出，但法律并未限制上诉的当事人直接向二审法院提出上诉，当事人直接向二审法院上诉的，二审法院仍应将上诉状交一审法院送达对方当事人，由一审法院代二审法院进行二审的送达及调卷等工作。

【特别提醒】当事人没有必要非得向二审法院直接上诉，完全可以通过一审法院专门设立的办理上诉的机构和人员向二审法院提起上诉。直接向二审法院上诉，还可能推迟二审的审理期间。

【法条链接】

《中华人民共和国民事诉讼法》

第一百六十六条　上诉状应当通过原审人民法院提出，并按照对方当事人或者代表人的人数提出副本。

当事人直接向第二审人民法院上诉的，第二审人民法院应当在五日内将上诉状移交原审人民法院。

10. 二审人民法院如何审理上诉的民间借贷案件？

【律师解答】第二审人民法院审理民间借贷案件，应当对上诉请求的有关事实和适用法律进行审查。根据民事诉讼不告不理的原则，对于上诉人没有提出的请求及其有关事实不进行审理。

【特别提醒】二审中如果发现一审判决违反法律禁止性规定，或者损害国家利益、社会公共利益、他人合法权益的也应予以审理并纠正。

【法条链接】

《中华人民共和国民事诉讼法》

第一百六十八条　第二审人民法院应当对上诉请求的有关事实和适用法律进行审查。

《最高人民法院关于适用〈中华人民共和国民事诉讼法〉的解释》

第三百二十三条　第二审人民法院应当围绕当事人的上诉请求进行审理。

当事人没有提出请求的，不予审理，但一审判决违反法律禁止性规定，或者损害国家利益、社会公共利益、他人合法权益的除外。

11. 二审人民法院审理上诉的民间借贷案件，可以对被上诉人的请求进行审理并作出裁判吗？

【律师解答】二审人民法院审理上诉的民间借贷案件，仍遵循"不告不理"的原则，只审理上诉人对一审不服的诉讼请求，若被上诉人没有上诉，被上诉人对一审判决的不服内容，不在二审法院审查、审理和裁判的范围之内。如果双方对一审裁判均提出上诉，二审法院则应合并审理并作出裁判。

【特别提醒】实践中，有许多当事人认为，自己虽对判决不服，但对方已上诉，自己就无须再提上诉，到二审时，可以一并处理。这种观点和想法是错误的，可能因未上诉而丧失通过二审法院纠正一审判决错误的机会。

12. 二审法院对民间借贷案件可以调解吗？

【律师解答】调解是贯穿民事诉讼全过程的一项原则，二审法院对上诉的民间借贷案件，仍可以进行调解，调解达成协议的，二审法院应当制作调解书并送达双方当事人。

【特别提醒】二审法院的调解书送达当事人后，一审法院的判决即视为撤销。

【法条链接】

《中华人民共和国民事诉讼法》

第一百七十二条　第二审人民法院审理上诉案件，可以进行调解。调解达成协议，应当制作调解书，由审判人员、书记员署名，加盖人民法院印章。调解书送达后，原审人民法院的判决即视为撤销。

13. 民间借贷案件上诉到二审法院，上诉人还能否撤回上诉？

【律师解答】根据《民事诉讼法》的规定，第二审人民法院判决宣告前，上诉人申请撤回上诉的，是否准许，由第二审人民法院裁定。

【特别提醒】撤回上诉是上诉人的一种权利，但诉讼活动是在人民法院主持下所进行的，当事人申请撤回上诉要在二审判决宣告前作出，是否准许应由受案人民法院裁定准许。一般情况下二审法院是会允许上诉人撤回上诉的。但如二审人民法院经审查认为一审判决确有错误，或者当事人之间恶意串通损害国家利益、社会公共利益、他人合法权益的，民间借贷存在虚假诉讼的情况等，不应准许撤回上诉。

【法条链接】

《中华人民共和国民事诉讼法》

第一百七十三条　第二审人民法院判决宣告前，上诉人申请撤回上诉的，是否准许，由第二审人民法院裁定。

《最高人民法院关于适用〈中华人民共和国民事诉讼法〉的解释》

第三百三十七条　在第二审程序中，当事人申请撤回上诉，人民法院经审查认为一审判决确有错误，或者当事人之间恶意串通损害国家利益、社会公共利益、他人合法权益的，不应准许。

14. 二审法院经审理认为案件不应由人民法院受理，如何处理？

【律师解答】民间借贷等民事案件，在二审中，法院认为该案不应由人民法院受理，可直接裁定撤销原裁判，驳回起诉。

【特别提醒】不属于法院管辖的案件或不应受理的案件，无论是在一审还是二审，只要发现并确定法院不应受理的，均可直接裁定驳回起诉。

【法条链接】

《最高人民法院关于适用〈中华人民共和国民事诉讼法〉的解释》

第三百三十条　人民法院依照第二审程序审理案件，认为依法不应由人民法院受理的，可以由第二审人民法院直接裁定撤销原裁判，驳回起诉。

15. 在二审诉讼中，原告可以申请撤回起诉吗？

【律师解答】撤回起诉是原告的一项权利，该权利的行使，在二审中也是有一定限制的，原告在二审中申请撤回起诉，要经其他当事人同意，且不损害国家利益、社会公共利益、他人合法权益。

【特别提醒】原审原告在第二审程序中撤回起诉后重复起诉的，人民法院不予受理。

【法条链接】

《最高人民法院关于适用〈中华人民共和国民事诉讼法〉的解释》

第三百三十八条　在第二审程序中，原审原告申请撤回起诉，经其他当事人同意，且不损害国家利益、社会公共利益、他人合法权益的，人民法院可以准许。准许撤诉的，应当一并裁定撤销一审裁判。

原审原告在第二审程序中撤回起诉后重复起诉的，人民法院不予受理。

16. 民间借贷上诉的案件，二审法院都需要开庭审理吗？

【律师解答】二审法院审理上诉的民事案件分为开庭审理和不开庭审理，符合以下条件之一的上诉案件，二审法院可以不开庭审理：（1）不服不予受理、管辖权异议和驳回起诉裁定的；（2）当事人提出的上诉请求明显不能成立的；（3）原判决、裁定认定事实清楚，但适用法律错误的；（4）原判决严重违反法定程序，需要发回重审的。如果属于前述情况之一的民间借贷上诉案件，二审法院可以不开庭审理。

【特别提醒】不开庭审理，不等于不审理，它是二审法院对上诉的民间借贷案件，符合不开庭审理条件的，通过询问当事人、查阅一审卷宗，以及根据上诉状、答辩状等，据以作出相应的裁判。不开庭审理，也叫书面审理。

【法条链接】

《中华人民共和国民事诉讼法》

第一百六十九条　第二审人民法院对上诉案件，应当组成合议庭，开庭审理。经过阅卷、调查和询问当事人，对没有提出新的事实、证据或者理由，合议庭认为不需要开庭审理的，可以不开庭审理。

第二审人民法院审理上诉案件，可以在本院进行，也可以到案件发生地或者原审人民法院所在地进行。

《最高人民法院关于适用〈中华人民共和国民事诉讼法〉的解释》

第三百三十三条　第二审人民法院对下列上诉案件，依照民事诉讼法第一百六十九条规定可以不开庭审理：

（一）不服不予受理、管辖权异议和驳回起诉裁定的；

（二）当事人提出的上诉请求明显不能成立的；

（三）原判决、裁定认定事实清楚，但适用法律错误的；

（四）原判决严重违反法定程序，需要发回重审的。

17. 二审法院对上诉的民间借贷案件都有哪些处理？

【律师解答】第二审人民法院对上诉案件，经过审理，按照下列情形，分别处理：（一）原判决、裁定认定事实清楚，适用法律正确的，以判决、裁定方式驳回上诉，维持原判决、裁定；（二）原判决、裁定认定事实错误或者适用法律错误的，以判决、裁定方式依法改判、撤销或者变更；（三）原判决认定基本事实不清的，裁定撤销原判决，发回原审人民法院重审，或者查清事实后改判；（四）原判决遗漏当事人或者违法缺席判决等严重违反法定程序的，裁定撤销原判决，发回原审人民法院重审。

【特别提醒】原审人民法院对发回重审的案件作出判决后，当事人提起上诉的，第二审人民法院不得再次发回重审。

【法条链接】

《中华人民共和国民事诉讼法》

第一百七十条 第二审人民法院对上诉案件，经过审理，按照下列情形，分别处理：

（一）原判决、裁定认定事实清楚，适用法律正确的，以判决、裁定方式驳回上诉，维持原判决、裁定；

（二）原判决、裁定认定事实错误或者适用法律错误的，以判决、裁定方式依法改判、撤销或者变更；

（三）原判决认定基本事实不清的，裁定撤销原判决，发回原审人民法院重审，或者查清事实后改判；

（四）原判决遗漏当事人或者违法缺席判决等严重违反法定程序的，裁定撤销原判决，发回原审人民法院重审。

原审人民法院对发回重审的案件作出判决后，当事人提起上诉的，第二审人民法院不得再次发回重审。

18. 一审判决的"基本事实"是什么？

【律师解答】法院判决要求事实清楚，事实不清也是当事人上诉的主要理由之一，也是二审法院发回重审的原因之一。法律规定二审法院可以发回重审所要求的是案件的基本事实不清，"基本事实"是指用以确定当事人主体资格、案件性质、民事权利义务等对原判决、裁定的结果有实质影响的事实。

【特别提醒】案件事实是适用法律的基础，"基本事实"虽不是全部事实，但案件"基本事实"不清，法院无法适用法律。二审对"基本事实"不清的案件，通过开庭有时也是难以查清，基本上都发回重审。改判的只是很少一部分。

【法条链接】

《最高人民法院关于适用〈中华人民共和国民事诉讼法〉的解释》

第三百三十五条　民事诉讼法第一百七十条第一款第三项规定的基本事实，是指用以确定当事人主体资格、案件性质、民事权利义务等对原判决、裁定的结果有实质性影响的事实。

19. 一审法院判决，哪些情况属于"严重违反法律程序"？

【律师解答】民事诉讼在其历史上曾有过"重实体轻程序"的错误认识，国家及司法部门逐渐地认识到"程序是实体的保障"，只有程序公正，才能保障实体公正。故民事诉讼的程序应得到重视，一个判决的违法，既包括违反实体法，也包括违反程序法。一审判决严重违反法定程序包括：（1）审判组织的组成不合法的；（2）应当回避的审判人员未回避的；（3）无诉讼行为能力人未经法定代理人代为诉讼的；（4）违法剥夺当事人辩论权利的。

【特别提醒】严重违反法定程序应当仅限这四种情况，司法解释并没有规定"其他严重违反法定程序的情形"。

【法条链接】

《最高人民法院关于适用〈中华人民共和国民事诉讼法〉的解释》

第三百二十五条　下列情形，可以认定为民事诉讼法第一百七十条第一款第四项规定的严重违反法定程序：

（一）审判组织的组成不合法的；

（二）应当回避的审判人员未回避的；

（三）无诉讼行为能力人未经法定代理人代为诉讼的；

（四）违法剥夺当事人辩论权利的。

20. 第二审人民法院发现第一审法院对当事人在一审中提出的诉讼请求未作审理、判决的，怎么办？

【律师解答】当事人在第一审程序中已经提出的诉讼请求，原审人民法院应当审理并依法裁判，如一审法院未对当事人的诉讼请求审理并作出判决的，第二审人民法院可以根据当事人自愿的原则进行调解；调解不成的，发回重审。

【特别提醒】因涉及一审法院遗漏当事人的诉讼请求，二审法院只能根据当事人自愿原则进行调解，不能判决，如进行判决，则等于剥夺了当事人的上诉权，由二审终审变成一审终审，违反我国民事诉讼二审终审的诉讼制度。

【法条链接】

《最高人民法院关于适用〈中华人民共和国民事诉讼法〉的解释》

第三百二十六条 对当事人在第一审程序中已经提出的诉讼请求，原审人民法院未作审理、判决的，第二审人民法院可以根据当事人自愿的原则进行调解；调解不成的，发回重审。

21. 民间借贷案件，在二审中发现必须参加诉讼的当事人在一审中没有参加诉讼，怎么办？

【律师解答】必须参加诉讼的当事人，属于必要共同诉讼，其诉讼结果与其有直接的利害关系，一审诉讼中，可由其申请参加诉讼，也可由法院追加诉讼，如在第一审程序中必须参加诉讼的当事人没有参加一审诉讼，则二审法院可以根据当事人自愿的原则进行调解，调解不成时，发回重审。必须参加诉讼的当事人没有参加一审诉讼，属于程序违法，同时涉及可能剥夺未参加一审诉讼当事人的诉讼权利，故在调解不成时，应当裁定发回重新审理。

【特别提醒】双方当事人同意由第二审人民法院一并审理的，第二审人民法院可以一并裁判。

【法条链接】

《最高人民法院关于适用〈中华人民共和国民事诉讼法〉的解释》

第三百二十七条 必须参加诉讼的当事人或者有独立请求权的第三人，在第一审程序中未参加诉讼，第二审人民法院可以根据当事人自愿的原则予以调解；调解不成的，发回重审。

第三百二十八条第二款 双方当事人同意由第二审人民法院一并审理

的，第二审人民法院可以一并裁判。

22. 民间借贷案件，在二审中原审原告增加独立的诉讼请求或者原审被告提出反诉的，怎么办？

【律师解答】民间借贷案件在第二审程序中，如原审原告增加独立的诉讼请求或者原审被告提出反诉的，第二审人民法院可以根据当事人自愿的原则就新增加的诉讼请求或者反诉进行调解；调解不成的，告知当事人另行起诉。

【特别提醒】原告增加的独立的诉讼请求和被告提出反诉，都应当在一审提出，在二审中提出的，二审人民法院只能进行调解，调解不成时，因独立的诉讼请求和反诉均不属于同一诉讼，均可成立另一个诉讼，故在调解不成时，可告之另行向法院起诉。

【法条链接】

《最高人民法院关于适用〈中华人民共和国民事诉讼法〉的解释》

第三百二十八条第一款 在第二审程序中，原审原告增加独立的诉讼请求或者原审被告提出反诉的，第二审人民法院可以根据当事人自愿的原则就新增加的诉讼请求或者反诉进行调解；调解不成的，告知当事人另行起诉。

23. 原判决、裁定认定事实或者适用法律虽有瑕疵，但裁判结果正确，二审法院该如何处理？

【律师解答】一审原判决、裁定认定事实或者适用法律虽有瑕疵，但裁判结果正确的，第二审人民法院可以在判决、裁定中纠正瑕疵后，以判决、裁定方式驳回上诉，维持原判决、裁定。

【特别提醒】原判决、裁定认定事实或适用法律有瑕疵，应当是轻微错误，对裁判结果没有影响，裁判结果正确，可以维持原裁判，但前提应纠正一审中的瑕疵。

【法条链接】

《最高人民法院关于适用〈中华人民共和国民事诉讼法〉的解释》

第三百三十四条 原判决、裁定认定事实或者适用法律虽有瑕疵，但裁判结果正确的，第二审人民法院可以在判决、裁定中纠正瑕疵后，依照民事诉讼法第一百七十条第一款第一项规定予以维持。

24. 二审法院审理上诉的民间借贷案件，应当在多长时间内审结？

【律师解答】人民法院审理对判决的上诉案件，应当在第二审立案之日起3个月内审结。有特殊情况需要延长的，由本院院长批准。人民法院审理对裁定的上诉案件，应当在第二审立案之日起30日内作出终审裁定。

【特别提醒】二审审理对判决的上诉案件，经本院院长批准可以延长，审理上诉的裁定案件，法律并未对延长审限作出规定，但民事诉讼法司法解释却规定："有特殊情况需要延长审限的，由本院院长批准。"至于哪些情况属于"特殊情况"，法律及司法解释均未规定，具体由法院院长把握。

【法条链接】

《中华人民共和国民事诉讼法》

第一百七十六条　人民法院审理对判决的上诉案件，应当在第二审立案之日起三个月内审结。有特殊情况需要延长的，由本院院长批准。

人民法院审理对裁定的上诉案件，应当在第二审立案之日起三十日内作出终审裁定。

《最高人民法院关于适用〈中华人民共和国民事诉讼法〉的解释》

第三百四十一条　人民法院审理对裁定的上诉案件，应当在第二审立案之日起三十日内作出终审裁定。有特殊情况需要延长审限的，由本院院长批准。

第五节　督促程序

1. 什么是督促程序？

【律师解答】督促程序，又称债务催偿程序，是指人民法院根据债权人的申请，向债务人发出支付令，催促债务人在法定期限内向债权人清偿债务，如果债务人在法定期间内未履行义务又不提出书面异议，债权人可以根据支付令向人民法院申请强制执行的程序。

【特别提醒】支付令对民间借贷而言，虽简单快捷，但也有其适用的条件和要求，容易因债务人提出异议而终止。

【法条链接】

《中华人民共和国民事诉讼法》

第二百一十四条　债权人请求债务人给付金钱、有价证券，符合下列条件的，可以向有管辖权的基层人民法院申请支付令：

（一）债权人与债务人没有其他债务纠纷的；

（二）支付令能够送达债务人的。

申请书应当写明请求给付金钱或者有价证券的数量和所根据的事实、证据。

2. 民间借贷案件可以适用督促程序吗？

【律师解答】民间借贷案件一般是债务人到期没有给付借款本息的情况居多，如果债权人持有债务人出具的欠条、借条，到期债务人没有偿还，其数额确定，双方不存在其他纠纷，支付令能够送达债务人，此时完全符合向法院申请支付令的条件和要求，故其可适用督促程序。

【特别提醒】符合适用督促程序，债权人应当向有管辖权的法院申请支付令。

3. 什么是支付令的申请？其申请的条件有哪些？

【律师解答】支付令的申请，是指债权人向人民法院提交书面文件，请求人民法院签发支付令，要求债务人履行债务。提出申请的债权人称为申请人，被请求履行义务的债务人称为被申请人。

根据民事诉讼法及最高人民法院的司法解释的规定，债权人提出支付令的申请，必须符合以下条件：

（1）债权人请求债务人给付的标的必须是金钱和汇票、本票、支票以及股票、债券、国库券、可转让的存款单等有价证券。

（2）请求给付的金钱或有价证券已到期且数额确定，并写明了请求所根据的事实和证据。

（3）债权人与债务人之间不存在对等给付义务。所谓对等给付，是指双方当事人之间给付义务是双方的。债权人要申请支付令，只能是债务人一方有给付义务，而债权人则并无任何给付对方的义务。

（4）支付令必须能够送达债务人。能够送达，主要指能够通过法定的送达方式将支付令实际送达债务人，主要包括直接送达、留置送达等法定送达方式。

【特别提醒】金钱及有价证券以外的其他财产给付请求，不适用于督促程序。尚未到期或者数额不确定的债权，不得请求签发支付令；申请人不写明请求的事实和证据，也不能按督促程序发布支付令。人民法院对于债务人不在我国境内，需要域外送达，或者虽在我国境内，但需要公告送达支付令的，不适用督促程序。

4. 债权人向法院申请支付令时，应当向哪个法院提出？

【律师解答】债权人向法院申请支付令时，应当向对案件有管辖权的基层法院提出申请，如果两个以上人民法院都有管辖权的，债权人可以向其中一个基层人民法院申请支付令。

【特别提醒】债权人向两个以上有管辖权的基层人民法院申请支付令的，由最先立案的人民法院管辖。

【法条链接】

《最高人民法院关于适用〈中华人民共和国民事诉讼法〉的解释》

第四百二十七条 两个以上人民法院都有管辖权的，债权人可以向其中一个基层人民法院申请支付令。

债权人向两个以上有管辖权的基层人民法院申请支付令的，由最先立案的人民法院管辖。

5. 债权人向法院提出支付令有无时间限制？

【律师解答】债权人向人民法院申请支付令也不是无期限的，债权人申请支付令的时限适用民事诉讼法关于申请执行时效期间2年的规定。其起算时间从法律文书规定履行期间的最后一日起计算；法律文书规定分期履行的，从规定的每次履行期间的最后一日起计算。法律文书未规定履行期间的，从法律文书生效之日起计算。

【特别提醒】申请支付令的期间适用法律关于诉讼时效中止、中断的规定。

【法条链接】

《最高人民法院关于适用〈中华人民共和国民事诉讼法〉的解释》

第四百四十二条 债权人向人民法院申请执行支付令的期间，适用民事诉讼法第二百三十九条的规定。

《中华人民共和国民事诉讼法》

第二百三十九条 申请执行的期间为二年。申请执行时效的中止、中断，适用法律有关诉讼时效中止、中断的规定。

前款规定的期间，从法律文书规定履行期间的最后一日起计算；法律文书规定分期履行的，从规定的每次履行期间的最后一日起计算；法律文书未规定履行期间的，从法律文书生效之日起计算。

6. 债权人向人民法院申请支付令有数额限制吗？

【律师解答】基层人民法院受理申请支付令案件，不受债权金额的限制。

【特别提醒】支付令不属于诉讼程序，不受人民法院级别管辖关于诉讼标的的限制。

【法条链接】

《最高人民法院关于适用〈中华人民共和国民事诉讼法〉的解释》

第四百二十九条第三款　基层人民法院受理申请支付令案件，不受债权金额的限制。

7. 人民法院收到债权人的支付令申请后，应当怎样做？

【律师解答】债权人提出申请后，人民法院应当在5日内通知债权人是否受理。人民法院受理申请后，经审查债权人提供的事实、证据，对债权债务关系明确、合法的，应当在受理之日起15日内向债务人发出支付令；申请不成立的，裁定予以驳回。

【特别提醒】债务人应当自收到支付令之日起15日内清偿债务，或者向人民法院提出书面异议。债务人自收到支付令之日起15日内不提出异议又不履行支付令的，债权人可以向人民法院申请执行。

【法条链接】

《中华人民共和国民事诉讼法》

第二百一十五条　债权人提出申请后，人民法院应当在五日内通知债权人是否受理。

第二百一十六条　人民法院受理申请后，经审查债权人提供的事实、证据，对债权债务关系明确、合法的，应当在受理之日起十五日内向债务人发出支付令；申请不成立的，裁定予以驳回。

债务人应当自收到支付令之日起十五日内清偿债务，或者向人民法院提出书面异议。

债务人在前款规定的期间不提出异议又不履行支付令的，债权人可以向人民法院申请执行。

《最高人民法院关于适用〈中华人民共和国民事诉讼法〉的解释》

第四百二十八条　人民法院收到债权人的支付令申请书后，认为申请书不符合要求的，可以通知债权人限期补正。人民法院应当自收到补正材料之日起五日内通知债权人是否受理。

第四百二十九条　债权人申请支付令，符合下列条件的，基层人民法院应当受理，并在收到支付令申请书后五日内通知债权人：

（一）请求给付金钱或者汇票、本票、支票、股票、债券、国库券、可转让的存款单等有价证券；

（二）请求给付的金钱或者有价证券已到期且数额确定，并写明了请求所根据的事实、证据；

（三）债权人没有对待给付义务；

（四）债务人在我国境内且未下落不明；

（五）支付令能够送达债务人；

（六）收到申请书的人民法院有管辖权；

（七）债权人未向人民法院申请诉前保全。

不符合前款规定的，人民法院应当在收到支付令申请书后五日内通知债权人不予受理。

基层人民法院受理申请支付令案件，不受债权金额的限制。

8. 什么情况下可以驳回支付令申请？

【律师解答】债权人向有管辖权的基层人民法院申请支付令，人民法院需要对其申请和提供的证据进行审查，如不符合支付令申请条件和要求的可以驳回申请，其中存在下列情形之一的可以驳回支付令申请：

（1）申请人不具备当事人资格的；

（2）给付金钱或者有价证券的证明文件没有约定逾期给付利息或者违约金、赔偿金，债权人坚持要求给付利息或者违约金、赔偿金的；

（3）要求给付的金钱或者有价证券属于违法所得的；

（4）要求给付的金钱或者有价证券尚未到期或者数额不确定的。

【特别提醒】人民法院受理支付令申请后，经审查发现不符合受理条件的，应当在受理之日起15日内裁定驳回申请。

【法条链接】

《最高人民法院关于适用〈中华人民共和国民事诉讼法〉的解释》

第四百三十条　人民法院受理申请后，由审判员一人进行审查。经审查，有下列情形之一的，裁定驳回申请：

（一）申请人不具备当事人资格的；

（二）给付金钱或者有价证券的证明文件没有约定逾期给付利息或者违约金、赔偿金，债权人坚持要求给付利息或者违约金、赔偿金的；

（三）要求给付的金钱或者有价证券属于违法所得的；

（四）要求给付的金钱或者有价证券尚未到期或者数额不确定的。

人民法院受理支付令申请后，发现不符合本解释规定的受理条件的，应当在受理之日起十五日内裁定驳回申请。

9. 债务人收到人民法院的支付令后，向人民法院提出异议如何处理？

【律师解答】人民法院受理支付令的申请后，经审查符合受理条件的，应当受理并在受理之日起15日内向债务人发出支付令，债务人应当自收到支付令之日起15日内清偿债务，或者向人民法院提出书面异议。债务人向人民法院提出异议的，应当进行审查，如异议成立，应当裁定终结督促程序，支付令自行失效，债权人可向法院提起诉讼。

【特别提醒】债务人对债务本身没有异议，只是提出缺乏清偿能力、延缓债务清偿期限、变更债务清偿方式等异议的，不影响支付令的效力。债务人的口头异议无效。

【法条链接】

《中华人民共和国民事诉讼法》

第二百一十七条 人民法院收到债务人提出的书面异议后，经审查，异议成立的，应当裁定终结督促程序，支付令自行失效。

支付令失效的，转入诉讼程序，但申请支付令的一方当事人不同意提起诉讼的除外。

《最高人民法院关于适用〈中华人民共和国民事诉讼法〉的解释》

第四百三十八条 债务人对债务本身没有异议，只是提出缺乏清偿能力、延缓债务清偿期限、变更债务清偿方式等异议的，不影响支付令的效力。

人民法院经审查认为异议不成立的，裁定驳回。

债务人的口头异议无效。

10. 债务人收到支付令后，未在法定期间内提出异议有什么后果？

【律师解答】债务人收到人民法院的支付令，如有异议应当在收到支付令之日起15日内向法院提出书面异议，否则，视为未提异议。

【特别提醒】债务人对抗法院支付令的最佳办法就是在法定期间内提出理由充分、证据确实的异议,其他办法均不能对抗支付令的法律效力,包括债务人向法院提起诉讼。

【法条链接】

《最高人民法院关于适用〈中华人民共和国民事诉讼法〉的解释》

第四百三十三条 债务人在收到支付令后,未在法定期间提出书面异议,而向其他人民法院起诉的,不影响支付令的效力。

债务人超过法定期间提出异议的,视为未提出异议。

11. 对债权人有多项请求的支付令,债务人就其中一项或几项提出异议的,如何处理?

【律师解答】债权人在同一支付令申请中向债务人提出多项支付请求的,债务人仅就其中一项或者几项请求提出异议的,经法院审查,如果异议成立,不影响其他各项请求的效力。

【特别提醒】债权人在同一支付令申请中向债务人提出多项支付请求,其多项请求必须基于同一债权债务关系。

【法条链接】

《最高人民法院关于适用〈中华人民共和国民事诉讼法〉的解释》

第四百三十四条 债权人基于同一债权债务关系,在同一支付令申请中向债务人提出多项支付请求,债务人仅就其中一项或者几项请求提出异议的,不影响其他各项请求的效力。

12. 债权人就可分之债向多个债务人提出支付请求,多个债务人中的一人或者几人提出异议如何处理?

【律师解答】债权人就可分之债向多个债务人提出支付请求,多个债务人中的一人或者几人提出异议,不影响其他请求的效力。

【特别提醒】债权人就可分之债向多个债务人提出支付请求成立的前提必须基于同一债权债务关系。

【法条链接】

《最高人民法院关于适用〈中华人民共和国民事诉讼法〉的解释》

第四百三十五条 债权人基于同一债权债务关系,就可分之债向多个债务人提出支付请求,多个债务人中的一人或者几人提出异议的,不影响其他请求的效力。

13. 什么情况下债务人对支付令的异议成立？

【律师解答】人民法院对支付令的审查只进行形式审查，审查过程中债务人提出的书面异议理由属于《最高人民法院关于适用〈中华人民共和国民事诉讼法〉的解释》规定的不予受理申请情形和裁定驳回申请情形以及应当裁定终结督促程序情形的均属于异议成立，另外，人民法院对是否符合发出支付令条件产生合理怀疑的也应当属于异议成立。

【特别提醒】支付令异议成立的，裁定终结督促程序，支付令自行失效。

【法条链接】

《最高人民法院关于适用〈中华人民共和国民事诉讼法〉的解释》

第四百三十七条 经形式审查，债务人提出的书面异议有下列情形之一的，应当认定异议成立，裁定终结督促程序，支付令自行失效：

（一）本解释规定的不予受理申请情形的；

（二）本解释规定的裁定驳回申请情形的；

（三）本解释规定的应当裁定终结督促程序情形的；

（四）人民法院对是否符合发出支付令条件产生合理怀疑的。

14. 人民法院发出支付令之日起 30 日内无法送达债务人的怎么办？

【律师解答】人民法院签发支付令后，如果 30 日内无法送达债务人，此时应当裁定终结督促程序。已发出支付令的，支付令自行失效。

【特别提醒】适用同样情况的还有人民法院受理支付令申请后，债权人就同一债权债务关系又提起诉讼和债务人收到支付令前，债权人撤回申请的两种情况，均可裁定终结督促程序。

【法条链接】

《最高人民法院关于适用〈中华人民共和国民事诉讼法〉的解释》

第四百三十二条 有下列情形之一的，人民法院应当裁定终结督促程序，已发出支付令的，支付令自行失效：

（一）人民法院受理支付令申请后，债权人就同一债权债务关系又提起诉讼的；

（二）人民法院发出支付令之日起三十日内无法送达债务人的；

（三）债务人收到支付令前，债权人撤回申请的。

15. 向债务人本人送达支付令，债务人本人拒收怎么办？

【律师解答】向债务人本人送达支付令，债务人拒绝接收的，人民法院可以留置送达。

【特别提醒】支付令不适用公告送达。

【法条链接】

《最高人民法院关于适用〈中华人民共和国民事诉讼法〉的解释》

第四百三十一条 向债务人本人送达支付令，债务人拒绝接收的，人民法院可以留置送达。

16. 有担保的民间借贷，债权人可以向主债务人申请支付令，而同时对担保人提起诉讼吗？

【律师解答】对设有担保的民间借贷，债权人可以对主债务人申请支付令，但支付令对担保人无约束力，如果债权人对主债务人申请了支付令，而对担保人另行提起诉讼，则自法院受理债权人对担保人的诉讼之日起，法院对主债务人的支付令失效。

【特别提醒】支付令的效力不自动及于担保人，但对担保人的诉讼却直接影响支付令的效力。

【法条链接】

《最高人民法院关于适用〈中华人民共和国民事诉讼法〉的解释》

第四百三十六条 对设有担保的债务的主债务人发出的支付令，对担保人没有拘束力。

债权人就担保关系单独提起诉讼的，支付令自人民法院受理案件之日起失效。

17. 支付令失效后，申请支付令的一方当事人不同意提起诉讼的，怎么办？

【律师解答】支付令失效后，申请支付令的一方当事人不同意提起诉讼的，应当自收到终结督促程序裁定之日起七日内向受理申请的人民法院提出不服终结督促程序的异议。受理申请的人民法院应当进行审查复核并作出决定。

【特别提醒】申请支付令的一方当事人不同意向受理支付令的人民法院提起诉讼的，不影响其向其他有管辖权的人民法院提起诉讼。

【法条链接】

《最高人民法院关于适用〈中华人民共和国民事诉讼法〉的解释》

第四百四十条　支付令失效后，申请支付令的一方当事人不同意提起诉讼的，应当自收到终结督促程序裁定之日起七日内向受理申请的人民法院提出。

申请支付令的一方当事人不同意提起诉讼的，不影响其向其他有管辖权的人民法院提起诉讼。

18. 支付令失效后，申请支付令的一方当事人自收到终结督促程序裁定之日起7日内未向受理申请的人民法院表明不同意提起诉讼的，有什么法律后果？

【律师解答】 支付令失效后，申请支付令的一方当事人自收到终结督促程序裁定之日起7日内未向受理申请的人民法院表明不同意提起诉讼的，视为向受理申请的人民法院起诉。

【特别提醒】 视为向受理申请的人民法院起诉的时间，以债权人向法院提出支付令申请的时间为准。

【法条链接】

《最高人民法院关于适用〈中华人民共和国民事诉讼法〉的解释》

第四百四十一条　支付令失效后，申请支付令的一方当事人自收到终结督促程序裁定之日起七日内未向受理申请的人民法院表明不同意提起诉讼的，视为向受理申请的人民法院起诉。

债权人提出支付令申请的时间，即为向人民法院起诉的时间。

19. 人民法院作出终结督促程序或者驳回异议裁定前，债务人请求撤回异议，可以吗？

【律师解答】 人民法院作出终结督促程序或者驳回异议裁定前，债务人请求撤回异议的，应当裁定准许。

【特别提醒】 人民法院准许债务人撤回异议后，债务人对撤回异议反悔的，人民法院不予支持。

【法条链接】

《最高人民法院关于适用〈中华人民共和国民事诉讼法〉的解释》

第四百三十九条　人民法院作出终结督促程序或者驳回异议裁定前，债务人请求撤回异议的，应当裁定准许。

债务人对撤回异议反悔的，人民法院不予支持。

20. 人民法院对本院发出的已经生效的支付令确有错误，怎么办？

【律师解答】人民法院院长发现本院已经发生法律效力的支付令确有错误，认为需要撤销的，应当提交本院审判委员会讨论决定后，裁定撤销支付令，驳回债权人的申请。

【特别提醒】发出支付令的人民法院对其发生法律效力的支付令的纠错程序是：本院院长提交本院审判委员会讨论决定后，裁定撤销支付令，驳回债权人的申请。这里提起纠错的主体必须是发出支付令法院的院长，而决定权在于该院审判委员会。

【法条链接】

《最高人民法院关于适用〈中华人民共和国民事诉讼法〉的解释》

第四百四十三条　人民法院院长发现本院已经发生法律效力的支付令确有错误，认为需要撤销的，应当提交本院审判委员会讨论决定后，裁定撤销支付令，驳回债权人的申请。

第六节　民间借贷实现担保物权程序

1. 什么是担保物权？

【律师解答】担保物权是以直接支配特定财产的交换价值为内容，以确保债权实现为目的而设立的物权。担保物权是物权的一种，其设立依《担保法》和《物权法》的相关规定而设立。

【特别提醒】在民间借贷的担保中，常用的有抵押、质押等担保方式，其抵押物、质押物上为担保债务履行而设立的权利就是担保物权。

【法条链接】

《中华人民共和国物权法》

第一百七十条　担保物权人在债务人不履行到期债务或者发生当事人约定的实现担保物权的情形，依法享有就担保财产优先受偿的权利，但法律另有规定的除外。

第一百七十一条　债权人在借贷、买卖等民事活动中，为保障实现其债权，需要担保的，可以依照本法和其他法律的规定设立担保物权。

第三人为债务人向债权人提供担保的,可以要求债务人提供反担保。反担保适用本法和其他法律的规定。

2. 什么是担保物权的实现,是一种什么样的程序?

【律师解答】担保物权的实现是指在债务人不履行债务时,担保物权人经法定程序,通过将担保标的物折价、拍卖、变卖等方式,使其债权得到优先受偿的过程。

关于担保物权的实现方式,我国原来只能通过向人民法院提起诉讼的方式实现。通过诉讼的方式实现担保物权,程序复杂且时间较长,不利于债权人利益的保障。从国外的立法例来看,对于担保物权的实现主要通过简便的非讼方式实现。1999年10月1日施行的《合同法》第286条对建设工程价款的支付问题明确规定:"发包人未按照约定支付价款的,承包人可以催告发包人在合理期限内支付价款。发包人逾期不支付的,除按照建设工程的性质不宜折价、拍卖的以外,承包人可以与发包人协议将该工程折价,也可以申请人民法院将该工程依法拍卖。"建设工程的承包人就该工程折价或者拍卖的价款优先受偿。2007年10月1日起施行的《物权法》第195条明确规定,抵押权人与抵押人未就抵押权实现方式达成协议的,抵押权人可以请求人民法院拍卖、变卖抵押财产;其第220条规定,出质人可以请求质权人在债务履行期届满后及时行使质权;质权人不行使的,出质人可以请求人民法院拍卖、变卖质押财产;其第237条规定,债务人可以请求留置权人在债务履行期届满后行使留置权;留置权人不行使的,债务人可以请求人民法院拍卖、变卖留置财产。这是我国立法首次明确对担保物权的实现规定为通过非诉讼的方式实现。

虽然物权法等实体法中对担保物权的实现方式作出了上述规定,但并未对担保物权实现的具体程序作出规定,民事诉讼法等程序法中也未有与其相对应的程序规范。为了解决上述问题,在2012年8月31日第十一届全国人民代表大会常务委员会第二十八次会议通过的《全国人大常委会关于修改〈中华人民共和国民事诉讼法〉的决定》第二次修正案中,借鉴有关国家和地区的立法及司法经验,在民事诉讼法特别程序中增加一节,对担保物权实现的程序作出了规定。

【特别提醒】实现担保物权的程序属于民事诉讼的特别程序。程序简单,时间短,效率高,利于担保物权人快速实现其权利。

【法条链接】

《中华人民共和国民事诉讼法》

第一百九十六条 申请实现担保物权,由担保物权人以及其他有权请求实现担保物权的人依照物权法等法律,向担保财产所在地或者担保物权登记地基层人民法院提出。

3. 有权向法院提出实现担保物权的主体都包括哪些?

【律师解答】有权向法院请求实现担保物权的主体包括担保物权人以及其他有权请求实现担保物权的人,其中担保物权人,包括抵押权人、质权人、留置权人;其他有权请求实现担保物权的人,包括抵押人、出质人、财产被留置的债务人或者所有权人等。

【特别提醒】民间借贷涉及的物权担保中,留置权的认定,需法律明确规定适用的种类与类型,民间借贷的担保没有法律规定可以适用留置方式设定担保,故在实现担保物权中,涉及民间借贷的,不包括留置权人和财产被留置的债务人或所有人。

【法条链接】

《最高人民法院关于适用〈中华人民共和国民事诉讼法〉的解释》

第三百六十一条 民事诉讼法第一百九十六条规定的担保物权人,包括抵押权人、质权人、留置权人;其他有权请求实现担保物权的人,包括抵押人、出质人、财产被留置的债务人或者所有权人等。

4. 权利人向法院申请实现担保物权时,应向哪个人民法院提出?

【律师解答】权利人向人民法院申请实现担保物权时,应当向担保财产所在地或者担保物权登记地基层人民法院提出。实现票据、仓单、提单等有权利凭证的权利质权案件,可以由权利凭证持有人住所地人民法院申请。

【特别提醒】无权利凭证的权利质权,由出质登记地人民法院管辖。实现担保物权案件属于海事法院等专门人民法院管辖的,由专门人民法院管辖。

【法条链接】

《中华人民共和国民事诉讼法》

第一百九十六条 申请实现担保物权,由担保物权人以及其他有权请求实现担保物权的人依照物权法等法律,向担保财产所在地或者担保物权登记地基层人民法院提出。

《最高人民法院关于适用〈中华人民共和国民事诉讼法〉的解释》

第三百六十二条　实现票据、仓单、提单等有权利凭证的权利质权案件，可以由权利凭证持有人住所地人民法院管辖；无权利凭证的权利质权，由出质登记地人民法院管辖。

第三百六十三条　实现担保物权案件属于海事法院等专门人民法院管辖的，由专门人民法院管辖。

5. 同一民间借贷债权的担保物有多个且所在地不同，申请人可以分别向有管辖权的人民法院申请实现担保物权吗？

【律师解答】同一民间借贷债权的担保物有多个且所在地不同，申请人分别向有管辖权的人民法院申请实现担保物权的，人民法院应当依法受理。

【法条链接】

《最高人民法院关于适用〈中华人民共和国民事诉讼法〉的解释》

第三百六十四条　同一债权的担保物有多个且所在地不同，申请人分别向有管辖权的人民法院申请实现担保物权的，人民法院应当依法受理。

6. 民间借贷中，被担保的债权既有物的担保又有人的担保，可以向法院申请实现担保物权吗？

【律师解答】根据《物权法》第176条的规定，被担保的债权既有物的担保又有人的担保，当事人对实现担保物权的顺序有约定，实现担保物权的申请违反该约定的，人民法院裁定不予受理；没有约定或者约定不明的，人民法院应当受理。

【特别提醒】同一债务既有人保又有物保，其实现担保物权的顺序，当事人的约定优先于法定。

【法条链接】

《最高人民法院关于适用〈中华人民共和国民事诉讼法〉的解释》

第三百六十五条　依照物权法第一百七十六条的规定，被担保的债权既有物的担保又有人的担保，当事人对实现担保物权的顺序有约定，实现担保物权的申请违反该约定的，人民法院裁定不予受理；没有约定或者约定不明的，人民法院应当受理。

7. 如果同一财产上设有多个担保物权，登记在先的担保物权尚未实现，后顺位的担保物权能否实现？

【律师解答】同一财产上设立多个担保物权，登记在先的担保物权尚未实现的，不影响顺位在后的担保物权人向人民法院申请实现担保物权。

【特别提醒】后顺位担保物权实现时，应当保留顺位在先担保物权所认定的担保范围和数额。

【法条链接】

《最高人民法院关于适用〈中华人民共和国民事诉讼法〉的解释》

第三百六十六条　同一财产上设立多个担保物权，登记在先的担保物权尚未实现的，不影响后顺位的担保物权人向人民法院申请实现担保物权。

8. 实现担保物权的案件，由法院的什么组织进行审查？

【律师解答】实现担保物权案件可以由审判员一人独任审查。担保财产标的额超过基层人民法院管辖范围的，应当组成合议庭进行审查。

【特别提醒】实现担保物权的案件，属于民事特别程序，特别程序都是由基层人民法院受理并作出处理的。由于实现担保物权的案件其担保都有数额规定，如果担保的数额超出一审法院受案范围，仍由一审法院受理，只不过是改变了审查组织形式，即组成合议庭进行审查。

【法条链接】

《最高人民法院关于适用〈中华人民共和国民事诉讼法〉的解释》

第三百六十九条　实现担保物权案件可以由审判员一人独任审查。担保财产标的额超过基层人民法院管辖范围的，应当组成合议庭进行审查。

9. 人民法院审查实现担保物权案件时，需要审查哪些内容？

【律师解答】人民法院审查实现担保物权的申请时，应当就主合同的效力、期限、履行情况，担保物权是否有效设立、担保财产的范围、被担保的债权范围、被担保的债权是否已届清偿期等担保物权实现的条件，以及是否损害他人合法权益等内容进行审查。审查时可以询问申请人、被申请人、利害关系人，必要时可以依职权调查相关事实。

【特别提醒】审查实现担保物权案件过程中，被申请人或者利害关系人提出异议的，人民法院应当一并审查。

【法条链接】

《最高人民法院关于适用〈中华人民共和国民事诉讼法〉的解释》

第三百七十条　人民法院审查实现担保物权案件，可以询问申请人、被申请人、利害关系人，必要时可以依职权调查相关事实。

第三百七十一条　人民法院应当就主合同的效力、期限、履行情况，担保物权是否有效设立、担保财产的范围、被担保的债权范围、被担保的债权是否已届清偿期等担保物权实现的条件，以及是否损害他人合法权益等内容进行审查。

被申请人或者利害关系人提出异议的，人民法院应当一并审查。

10. 经法院审查，对实现担保物权案件，都有哪些结果？

【律师解答】人民法院经对实现担保物权的申请审查后，按下列情形分别处理：

（1）当事人对实现担保物权无实质性争议且实现担保物权条件成就的，裁定准许拍卖、变卖担保财产；

（2）当事人对实现担保物权有部分实质性争议的，可以就无争议部分裁定准许拍卖、变卖担保财产；

（3）当事人对实现担保物权有实质性争议的，裁定驳回申请，并告知申请人向人民法院提起诉讼。

【特别提醒】裁定准许拍卖、变卖担保财产的，当事人可依据该裁定向法院申请执行；裁定驳回实现担保物权申请，当事人可以向人民法院提起诉讼。

【法条链接】

《中华人民共和国民事诉讼法》

第一百九十七条　人民法院受理申请后，经审查，符合法律规定的，裁定拍卖、变卖担保财产，当事人依据该裁定可以向人民法院申请执行；不符合法律规定的，裁定驳回申请，当事人可以向人民法院提起诉讼。

《最高人民法院关于适用〈中华人民共和国民事诉讼法〉的解释》

第三百七十二条　人民法院审查后，按下列情形分别处理：

（一）当事人对实现担保物权无实质性争议且实现担保物权条件成就的，裁定准许拍卖、变卖担保财产；

（二）当事人对实现担保物权有部分实质性争议的，可以就无争议部分裁定准许拍卖、变卖担保财产；

（三）当事人对实现担保物权有实质性争议的，裁定驳回申请，并告知申请人向人民法院提起诉讼。

11. 对人民法院作出准许实现担保物权裁定有异议的怎么办？

【律师解答】对人民法院作出的准许实现担保物权的裁定，当事人有异议的，应当自收到裁定之日起 15 日内提出；利害关系人有异议的，自知道或者应当知道其民事权益受到侵害之日起 6 个月内提出。

【特别提醒】对人民法院准许实现担保物权的裁定不服，不能提起上诉，当事人及利害关系人应当在规定的时间内向作出裁定的法院提出异议。

【法条链接】

《最高人民法院关于适用〈中华人民共和国民事诉讼法〉的解释》

第三百七十四条 适用特别程序作出的判决、裁定，当事人、利害关系人认为有错误的，可以向作出该判决、裁定的人民法院提出异议。人民法院经审查，异议成立或者部分成立的，作出新的判决、裁定撤销或者改变原判决、裁定；异议不成立的，裁定驳回。

对人民法院作出的确认调解协议、准许实现担保物权的裁定，当事人有异议的，应当自收到裁定之日起十五日内提出；利害关系人有异议的，自知道或者应当知道其民事权益受到侵害之日起六个月内提出。

12. 人民法院对实现担保物权裁定不服提出异议的如何处理？

【律师解答】当事人、利害关系人认为人民法院实现担保物权的裁定有错误的，可以向作出该判决、裁定的人民法院提出异议。人民法院经审查，异议成立或者部分成立的，作出新的判决、裁定撤销或者改变原判决、裁定；异议不成立的，裁定驳回。

【特别提醒】提出异议应当在规定的时间内提出，当事人不服提出异议的，应当自收到裁定之日起 15 日内提出。利害关系人有异议的，自知道或者应当知道其民事权益受到侵害之日起 6 个月内提出。

第七节　专项指导

1. 对民间借贷案件开庭的指导

开庭是法院调查案件事实、审查证据的主要环节，案件的成败，在很大程度上，取决于庭审过程中的把握和发挥。在民间借贷案件的庭审过程中应当注意以下问题：

（1）认真审查承办案件的法官及书记员与对方是否有应当回避的情况，如果有，应当在宣布开庭法官争求双方当事人意见时，及时提出回避申请。

（2）注意法庭调查时，原告除起诉状外是否有遗漏的案件材料，对起诉的事实和诉讼请求有无补充，被告是否提供了书面答辩意见，被告答辩观点是什么，除答辩状的意见外，有无补充。

（3）对方都提供了哪些证据，这些证据是否在举证期限内提交法庭，这些证据与其诉求和主张有无关联性，从证据的来源、形式、内容、取得方式、是否属于法律禁止等方面进行审查和质证。

（4）有证人出庭作证时，要注意证人与对方有无特殊关系，证人所证明的内容是什么，是否真实客观，证人所证明的事项是否是其亲身经历和感知，证人有无证明能力，等等。

（5）对对方出示的每一份证据和证人证言，均须明确是否看清楚、听清楚，有无意见，具体什么意见，不要含混其词和模棱两可。

（6）对自认的事实（借款时间、数额、期限、利息等）不需再举证，但涉及虚假诉讼可能时除外。

（7）法庭辩论要围绕争论焦点进行，可以对事实、证据、法律适用、程序等方面进行辩论。辩论要观点明确，逻辑合理，证据确实充分，条理清晰。

（8）在开庭过程中，对庭审发表的意见和质证意见或辩论意见等，要注意书记员是否记录上，不能说得太快，说得再好，没记录到笔录中，也是没有用的，不要贪图嘴上的一时痛快，法庭是摆事实、讲证据、讲道理的地方，辩论不是打嘴仗，漫骂、侮辱、指责不但违反法律规定，容易激化矛盾，而且对判决结果没有实际作用。

（9）调解时，要权衡利弊，尤其是小额借款案件，能调解的，尽量调解，毕竟民间借贷还可能涉及友情、亲情等，退一步海阔天高，握手言和与微笑着和解总比面对无情的判决要好。开始要留有余地，但一定要真诚，特别是被告，还款一时困难的，尽量争取对方的同情与谅解，同时也要有让对方理解和同意的方案和建议。

2. 对法庭辩论的指导

法庭辩论不是打嘴仗，法庭辩论发言，主要是论证自己的观点和主张是成立的，有事实根据与法律依据，驳斥对方在法庭调查中提出的主张和理由，而不是重复自己在法庭调查阶段所作的陈述内容。

民间借贷案件法庭辩论按照下列顺序进行：

（1）原告及其诉讼代理人发言；

（2）被告及其诉讼代理人答辩；

（3）互相辩论。

法庭辩论终结，由审判长按照原告、被告的先后顺序征询各方最后意见。

民间借贷案件的法庭辩论要围绕着双方争议的焦点进行，如双方是否存在借贷关系？起诉是否超过诉讼时效期间？双方借贷的款项是否交付？利息是否在本金中事先扣除？债务人是否按约定还款？有无违约？利息有无约定？利率是否超出限制标准？保证人负何种保证责任？是否超过保证期间等。辩论可以针对事实，也可以针对法律的适用，还可以针对对方的证据进行辩论。

3. 对民间借贷案件上诉的指导

（1）对民间借贷案件可以上诉的只限判决和裁定。

（2）可以上诉的裁定包括不予受理裁定、驳回起诉裁定、管辖权异议裁定三种。可以上诉的这三种裁定，如果是适用简易程序中的小额诉讼审理的民间借贷案件，是不能上诉的，这三种裁定，在小额诉讼中，实行的是一审终审制。

（3）当事人不服地方人民法院第一审判决的，有权在判决书送达之日起15日内向上一级人民法院提起上诉。当事人不服地方人民法院第一审裁定的，有权在裁定书送达之日起10日内向上一级人民法院提起上诉。

（4）上诉期间的计算，均自当事人接到判决或裁定的第二日开始计算，如果上诉期间的最后一日落在节假日，则以节假日结束后上班的第一日为上诉期的最后一日。

（5）上诉要提交上诉状，上诉状要写明上诉人与被上诉人双方的自然情况，上诉请求及要求，对一审判决不服的原因、事实与理由。

（6）上诉时要按要求交纳上诉费用，或者在法院指定的期间内交纳上诉费。上诉费的标准基本与一审法院判决的数额一致，但一审是按简易程序审理的，其诉讼费用会减半收取，上诉时，其诉讼费用不存在减半，应当按全额计算并交纳。如符合减、免、缓条件的，应当及时办理相应的减、免、缓交诉讼手续。

（7）上诉通过原审法院办理，如上诉人直接向二审法院上诉的，则二审法院也会将上诉状转交原审法院，由其办理上诉状的送达、调卷等工作。

（8）二审法院对不服判决的上诉的审理期限为3个月，不服裁定的审理期限为30日。但这3个月和30日，均是从一审法院将上诉材料及卷宗送二审法院立案庭立案时开始计算的，实践中，有的原审法院会把上诉案件拖很长时间。二审对不服判决和不服裁定的审理期限，出现特殊情况，经院长批准，均可延长。

（9）上诉案件的审理，都是由审判员三人组成合议庭进行审理。审理时，根据案件情况，可书面审理，也可开庭审理，既可以在二审法院进行，也可以到案件发生地或者原审人民法院所在地进行。

（10）二审法院审理上诉的民间借贷案件，主要围绕上诉人的上诉请求进行审理，上诉人上诉时，一定要对其上诉请求和主张写明确，不能有遗漏。

（11）二审法院审理民间借贷案件，也可以进行调解，如调解达成协议，则制作调解书，由审判人员、书记员署名，加盖人民法院印章。调解书送达后，原审人民法院的判决即视为撤销。

（12）第二审人民法院对上诉的民间借贷案件，经过审理，一般会按照下列情形进行处理：

第一，原判决、裁定认定事实清楚，适用法律正确的，以判决、裁定方式驳回上诉，维持原判决、裁定；

第二，原判决、裁定认定事实错误或者适用法律错误的，以判决、裁定方式依法改判、撤销或者变更；

第三，原判决认定基本事实不清的，裁定撤销原判决，发回原审人民法院重审，或者查清事实后改判；

第四，原判决遗漏当事人或者违法缺席判决等严重违反法定程序的，裁定撤销原判决，发回原审人民法院重审。

原审人民法院对发回重审的案件作出判决后，当事人提起上诉的，第二审人民法院不得再次发回重审。

4. 对民间借贷申请支付令的指导

民间借贷事实清楚，所欠款项确定，双方不存在其他争议的，债权人向法院申请支付令是一种不受数额限制且快速、便捷实现债权的手段和途径，但实践中很多民间借贷的债权人却没有向法院申请支付令，白白浪费了这种司法资源。民间借贷向法院申请支付令时，应当注意以下问题：

（一）债权人与债务人没有其他债务纠纷且支付令能够送达债务人的民间借贷，债权人可以向有管辖权的基层人民法院申请支付令。债权人申请支付令的期间为二年，自债务人履行债务期限届满时起计算。

（二）债权人向有管辖权的基层法院申请支付时，应当提交申请书，申请支付令时应当符合以下条件：

（1）请求给付金钱；

（2）请求给付的金钱已到期且数额确定，并写明了请求所根据的事实、证据；

（3）债权人没有对待给付义务；

（4）债务人在我国境内且未下落不明；

（5）支付令能够送达债务人；

（6）收到申请书的人民法院有管辖权；

（7）债权人未向人民法院申请诉前保全。

债权人向法院申请支付令不受债权金额限制。

支付令符合上述条件的，基层人民法院应当受理，并在收到支付令申请书后五日内通知债权人。不符合上述规定条件的，人民法院应当在收到支付令申请书后五日内通知债权人不予受理。

（三）人民法院受理申请后，由审判员一人进行审查。经审查债权人提供的事实、证据，对债权债务关系明确、合法的，应当在受理之日起十五日内向债务人发出支付令。经审查，有下列情形之一的，裁定驳回申请：

（1）申请人不具备当事人资格的；

（2）给付金钱的借条、借款合同等证明文件没有约定逾期给付利息或者违约金、赔偿金，债权人坚持要求给付利息或者违约金、赔偿金的；

（3）要求给付的借贷款项属于违法所得的；

（4）要求给付的金钱借贷尚未到期或者数额不确定的。

人民法院受理支付令申请后，发现不符合本受理条件的，应当在受理之日起十五日内裁定驳回申请。

（四）向债务人本人送达支付令，债务人拒绝接收的，人民法院可以留置送达。债务人应当自收到支付令之日起十五日内清偿债务，或者向人民法院提出书面异议。债务人自收到支付令之日起十五日内不提出异议又不履行支付令的，债权人可以向人民法院申请执行。

5. 对债务人提出支付令异议指导

债务人收到支付令，可以在收到 15 日内向法院对支付令提出异议，在提出支付异议时，应注意以下问题：

（一）异议要在收到支付令之日起十五日内提出。债务人超过法定期间提出异议的，视为未提出异议。

（二）支付令异议要以书面形式向法院提出，债务人的口头异议无效。

（三）债务人对债务本身没有异议，只是提出缺乏清偿能力、延缓债务清偿期限、变更债务清偿方式等异议的，不影响支付令的效力。

（四）债权人基于同一债权债务关系，在同一支付令申请中向债务人提出多项支付请求，债务人仅就其中一项或者几项请求提出异议的，不影响其他各项请求的效力。

（五）债权人基于同一债权债务关系，就可分之债向多个债务人提出支付请求，多个债务人中的一人或者几人提出异议的，不影响其他请求的效力。

（六）债务人在收到支付令后，未在法定期间提出书面异议，而向其他人民法院起诉的，不影响支付令的效力。

（七）经形式审查，债务人提出的书面异议有下列情形之一的，应当认定异议成立，裁定终结督促程序，支付令自行失效：

（1）有民事诉讼法司法解释规定的不予受理申请情形的；

（2）有民事诉讼法司法解释规定的裁定驳回申请情形的；

（3）有民事诉讼法司法解释规定的应当裁定终结督促程序情形的；

（4）人民法院对是否符合发出支付令条件产生合理怀疑的。

（八）人民法院收到债务人提出的书面异议后，经审查，异议成立的，应当裁定终结督促程序，支付令自行失效。支付令失效的，除申请支付令的一方当事人不同意提起诉讼外，转入诉讼程序。

6. 对民间借贷实现担保物权申请的指导

（1）有权向法院请求实现担保物权的包括担保物权人以及其他有权请求实现担保物权的人，其中担保物权人，包括抵押权人、质权人；其他有权请求实现担保物权的人，包括抵押人、出质人、所有权人等。

（2）权利人向人民法院申请现实担保物权时，应当向担保财产所在地或者担保物权登记地基层人民法院提出。实现票据、仓单、提单等有权利凭证的权利质权案件，可以向权利凭证持有人住所地人民法院申请。

（3）同一民间借贷债权的担保物有多个且所在地不同，申请人分别向有管辖权的人民法院申请实现担保物权的，人民法院应当依法受理。

（4）同一财产上设立多个担保物权，登记在先的担保物权尚未实现的，不影响顺位在后的担保物权人向人民法院申请实现担保物权。

（5）向法院申请实现担保物权，应当提交下列材料：

①申请书。申请书应当记明申请人、被申请人的姓名或者名称、联系方式等基本信息，具体的请求和事实、理由。

②证明担保物权存在的材料，包括主合同、担保合同、抵押登记证明或者他项权利证书、权利质权的权利凭证或者质权出质登记证明等。

③证明实现担保物权条件成就的材料。

④担保财产现状的说明。

⑤人民法院认为需要提交的其他材料。

（6）人民法院受理申请后，申请人可以对担保财产提出保全申请，财产保全按照民事诉讼法关于诉讼保全的规定办理。

7. 对民间借贷民间调解协议确认的指导

为缓解人民法院处理民事纠纷的压力，实现多元化解决民事纠纷，我们国家专门颁布实施了《中华人民共和国人民调解法》，人民调解，是指人民调解委员会通过说服、疏导等方法，促使当事人在平等协商基础上自愿达成调解协议，解决民间纠纷的活动。特别是2017年10月16日，最高人民法院、司法部联合出台《关于开展律师调解试点工作的意见》，决定在北京、上海、广东等11省市开展律师调解试点工作。律师调解是由律师、依法成立的律师调解工作室或者律师调解中心作为中立第三方主持调解，协助纠纷各方当事人通过自愿协商达成协议、解决争议。经调解达成协议，当事人可向法院申请确认效力。人民调解委员会调解民间纠纷，不收取任何费用，这是一种高效处理民事纠纷化解矛盾的重要方式。民间借贷纠纷，属于可以由人民调解委员会或律师进行调解的民事纠纷的一种。对于双方权利义务关系明确，没有重大分歧的民间借贷纠纷，当事人一方或双方可向人民调解委员会或律师申请调解，对于经人民调解委员会或律师调解所达成的调解协议，可由双方当事人依照人民调解法等法律，向法院申请确认效力，人民法院依法确认调解协议有效，一方当事人拒绝履行或者未全部履行的，对方当事人可以向人民法院申请强制执行。《中华人民共和国民事诉讼法》第十章第六节专门规定了"确认调解协议案件"。从而使民间借贷当事人向人民法院申请确认人民调解协议案件有了明确的法律依据。

申请确认调解协议效力的，自调解协议生效之日起三十日内，由协议双方共同向调解组织所在地基层人民法院提出。申请时双方当事人应当由本人或者由符合《民事诉讼法》第58条规定的代理人向调解组织所在地基层人民法院或者人民法庭提出申请。两个以上调解组织参与调解的，各调解组织所在地基层人民法院均有管辖权。双方当事人可以共同向其中一个调解组织所在地基层人民法院提出申请；双方当事人共同向两个以上调解组织所在地基层人民法院提出申请的，由最先立案的人民法院管辖。

当事人申请司法确认调解协议，可以采用书面形式或者口头形式。当事人口头申请的，人民法院应当记入笔录，并由当事人签名、捺印或者盖章。申请时应当向人民法院提交调解协议、调解组织主持调解的证明，以及与调解协议相关的财产权利证明等材料，并提供双方当事人的身份、住所、联系方式等基本信息。当事人未提交上述材料的，人民法院应当要求当事人限期补交。

当事人申请司法确认调解协议，有下列情形之一的，人民法院裁定不予受理：（一）不属于人民法院受理范围的；（二）不属于收到申请的人民法院管辖的；（三）申请确认婚姻关系、亲子关系、收养关系等身份关系无效、有效或者解除的；（四）涉及适用其他特别程序、公示催告程序、破产程序审理的；（五）调解协议内容涉及物权、知识产权确权的。人民法院受理申请后，发现有上述不予受理情形的，应当裁定驳回当事人的申请。

人民法院审查相关情况时，应当通知双方当事人共同到场对案件进行核实。人民法院经审查，认为当事人的陈述或者提供的证明材料不充分、不完备或者有疑义的，可以要求当事人限期补充陈述或者补充证明材料。必要时，人民法院可以向调解组织核实有关情况。当事人无正当理由未在限期内补充陈述、补充证明材料或者拒不接受询问的，人民法院可以按撤回申请处理。

人民法院受理申请后，经审查，符合法律规定的，裁定调解协议有效，一方当事人拒绝履行或者未全部履行的，对方当事人可以向人民法院申请执行；不符合法律规定的，裁定驳回申请，申请被驳回后，当事人可以通过调解方式变更原调解协议或者达成新的调解协议，也可以向人民法院提起诉讼。

确认调解协议的裁定作出前，当事人撤回申请的，人民法院可以裁定准许。经审查，调解协议有下列情形之一的，人民法院应当裁定驳回申请：（一）违反法律强制性规定的；（二）损害国家利益、社会公共利益、他人合法权益的；（三）违背公序良俗的；（四）违反自愿原则的；（五）内容不明确的；（六）其他不能进行司法确认的情形。

第八节　案例裁判与评析

1. 吴国军诉陈晓富、王克祥及德清县中建房地产开发有限公司民间借贷、担保合同纠纷案

【裁判要旨】

民间借贷涉嫌或构成非法吸收公众存款罪，合同一方当事人可能被追究刑事责任的，并不当然影响民间借贷合同以及相对应的担保合同的效力。如果民间借贷纠纷案件的审理并不必须以刑事案件的审理结果为依据，则民间借贷纠纷案件无须中止审理。

【案情】

原告吴国军因与被告陈晓富、王克祥、德清县中建房地产开发有限公司（以下简称中建公司）发生民间借贷、担保合同纠纷，向浙江省德清县人民法院提起诉讼。

原告吴国军诉称：2008年11月4日，原被告签订一借款协议，被告陈晓富共向原告借款人民币200万元，借款期限为2008年11月4日至2009年2月3日，并由被告王克祥和被告中建公司连带责任担保，当日陈晓富收到吴国军的200万元的借款，因陈晓富拖欠其他债权人款项无法及时偿还，数额较大，并已严重丧失信誉，现陈晓富无力归还借款，依照协议，遂要求陈晓富提前归还，王克祥、中建公司承担连带责任。请求法院判令：1. 解除原告与三被告之间订立的借款协议；2. 陈晓富立即归还原告借款200万元，王克祥、中建公司承担连带清偿责任。

原告吴国军提交了如下证据：

1. 借款协议原件1份，证明被告陈晓富向原告吴国军借款200万元，并由王克祥、中建公司承担连带担保责任的事实。

2. 被告陈晓富签字的收条1份，证明陈晓富于2008年11月4日收到原告吴国军所借的200万元人民币的事实。

3. 银行凭证1份，证明原告吴国军于2008年11月4日通过银行转账将200万元借给陈晓富的事实。

被告陈晓富辩称：向原告吴国军借款人民币200万元到期未还是事实。目前无偿还能力，今后会尽力归还。

被告王克祥、中建公司辩称：本案的程序存在问题，本案因被告陈晓富涉嫌犯罪，故应中止审理，2009年4月15日，德清人民法院以（2009）湖德商初字第52号-2号民事裁定，本案中止审理，且明确告知，待刑事诉讼审理终结后再恢复审理本案。现陈晓富的刑事案件并未审理终结。本案借款的性质可能为非法吸收公众存款。在未确定本案借款的性质时，该案应该中止审理本案。且如果确定陈晓富是涉及犯罪的情况下，那么王克祥和中建公司无须承担保证责任。

被告王克祥提供了如下证据：

德清县公安局立案决定书及函原件1份，证明办案涉及被告陈晓富非法吸收公众存款案可能导致借款协议无效的事实。

德清县人民法院一审查明：

2008年11月4日，原、被告签订一借款协议，被告陈晓富共向原告吴国军借款人民币200万元，借款期限为2008年11月4日至2009年2月3日，并由被告王克祥和被告中建公司提供连带责任担保，当日原告履行了出借的义务，陈晓富于当日收到原告200万元的借款，因陈晓富拖欠其他债权人款项无法及时偿还，数额较大，并已严重丧失信誉，现陈晓富无力归还借款，依照协议，遂要求陈晓富提前归还，王克祥、中建公司承担连带责任。2008年12月14日，陈晓富因故下落不明，原告认为陈晓富拖欠其他债权人款项数额巨大，已无能力偿还。2008年12月22日，陈晓富因涉嫌合同诈骗和非法吸收公众存款罪被公安机关立案侦查，依照协议，遂要求陈晓富提前归还，王克祥、中建公司承担连带责任，直至开庭时，三被告均未履行还款义务。

以上事实有各当事人陈述、借款和担保协议、被告陈晓富签字的收条、银行凭证、德清县公安局立案决定书及函原件等证据，足以认定。

本案一审的争议焦点是：一、涉案民间借贷合同和担保合同的效力认定；二、本案是否需要中止审理。

德清县人民法院一审认为：

关于第一个焦点问题。本案原、被告之间的借贷关系成立且合法有效，应受法律保护。本案中，单个的借款行为仅仅是引起民间借贷这一民事法律关系的民事法律事实，并不构成非法吸收公众存款的刑事法律事实，因为非法吸收公众存款的刑事法律事实是数个"向不特定人借款"行为的总和，从而从量变到质变。《合同法》第52条规定了合同无效的情形，其中符合"违反法律、法规的强制性规定""以合法形式掩盖非法目的"两种情形的合同无效。当事人在订立民间借贷合同时，主观上可能确实基于借贷的真实意思表示，不存在违反法律、法规的强制性规定或以合法形式掩盖非法目的。非法吸收公众存款的犯罪行为与单个民间借贷行为并不等价，民间借贷合同并不必然损害国家利益和社会公共利益，两者之间的行为极有可能呈现为一种正当的民间借贷关系，即贷款人出借自己合法所有的货币资产，借款人自愿借入货币，双方自主决定交易对象与内容，既没有主观上要去损害其他合法利益的故意和过错，也没有客观上对其他合法利益造成侵害的现实性和可能性。根据《合同法》第12章规定，建立在真实意思基础上的民间借款合同受法律保护。因此,被告陈晓富向原告吴国军借款后,理应按约定及时归还借款。陈晓富未按其承诺归还所欠原告借款,是引起本案纠纷的原因,陈晓富应承担本案的全部民事责任。

被告王克祥和被告中建公司未按借款协议承担担保义务,对于王克祥、中建公司提出被告陈晓富可能涉及非法吸收公众存款,其不应再承担责任的辩称,根据担保法有关规定,如债权人与债务人恶意串通或债权人知道或应当知道主合同债务人采取欺诈手段,使保证人违背真实意思提供保证的,则保证人应免除保证责任。现王克祥和中建公司未能提供相关证据佐证原告吴国军与陈晓富之间具有恶意串通的事实,亦未能提供相关证据证明吴国军知道或应当知道陈晓富采取欺诈手段骗取王克祥和中建公司提供担保。主合同(借款合同)有效,从合同(担保合同)本身无瑕疵的情况下,民间借贷中的担保合同也属有效。从维护诚信原则和公平原则的法理上分析,将与非法吸收公众存款罪交叉的民间借贷合同认定为无效会造成实质意义上的不公,造成担保人以无效为由抗辩其担保责任,即把自己的担保错误作为自己不承担责任的抗辩理由,这更不利于保护不知情的债权人,维护诚信、公平也无从体现。涉嫌非法吸收公众存款的犯罪嫌疑人(或被告人、罪犯)进行民间借贷时,往往由第三者提供担保,且多为连带保证担保。债权人要求债务人提供担保人,这是降低贷款风险的一种办法。保证人同意提供担保,应当推定为充分了解行为的后果。若因债务人涉嫌非法吸收公众存款而认定借贷合同无效,根据《担保法》,主合同无效前提下的担保合同也应当无效,保证人可以免除担保责任。债权人旨在降低贷款风险的努力没有产生任何效果,造成事实上的不公。因此,对于王克祥和中建公司的抗辩理由,法院不予支持。

关于第二个焦点问题。原告吴国军根据借款协议给被告陈晓富200万元后,其对陈晓富的债权即告成立。至于陈晓富可能涉及非法吸收公众存款的犯罪,与本案合同纠纷属于两个法律关系,公安部门立案侦查、检察院起诉以及法院判决构成刑事犯罪,并不影响法院依据民事诉讼法审理本案当事人间的民事合同纠纷。对合同效力进行判断和认定属于民商事审判的范围,判断和认定的标准也应当是民事法律规范。非法吸收公众存款罪和合同的效力问题是两个截然不同的法律问题。判定一个合同的效力问题,应从民事法律的角度去考虑,从有效合同的三个要件来考察,即:1. 行为人是否具有相应的民事行为能力；2. 意思表示是否真实；3. 是否违反法律或者社会公共利益。且本案涉嫌的是非法吸收公众存款罪，涉嫌犯罪的当事人单个的借贷行为不构成犯罪，只有达到一定量后才发生质变，构成犯罪，即犯罪行为与合同行为不重合，故其民事行为应该有效。鉴于此，法院受理、审理可以"刑民并行"。"先刑后民"原则并非法定原则，任何一部法律并未对这一原则作出明确规定。实行"先刑后民"有一个条件：只有符合《民事诉讼法》第136条规定，即"本案必须以另一案的审理结果为依据。而另一案尚未审结的"，才"先刑后民"。不符合《民事诉讼法》第136条规定的，应按"刑民并行"审理。"先刑后民"并非审理民刑交叉案件的基本原则，而只是审理民刑交叉案件的一种处理方式。据此，对于被告王克祥和被告中建公司提出本案在未确定本案借款的性质时应该中止审理的诉讼主张，法院不予支持。因此，本案原、被告之间的民间借贷法律关系明确，被告对该借款应当予以归还，王克祥和中建公司自愿为陈晓富借款提供担保，应承担本案连带清偿责任。

据此，浙江省德清县人民法院根据《中华人民共和国民事诉讼法》第130条、《中华人民共和国合同法》第206条、《最高人民法院关于人民法院审理借贷案件的若干意见》第6条、《中华人民共和国担保法》第12条、第18条、第21条、第31条之规定，于2009年4月8日判决：

一、被告陈晓富限在判决生效后十日内归还原告吴国军200万元的借款；

二、被告王克祥、中建公司对上述债务承担连带清偿责任。

王克祥、中建公司不服一审判决，向浙江省湖州市中级人民法院提起上诉，主要理由是：1. 如原审被告陈晓富经人民法院审理后确定涉及合同诈骗罪和非法吸收公众存款罪，那么根据《中华人民共和国合同法》第52条的规定，本案借款协议存在"违反法律、法规的强制性规定""以合法形式掩盖非法目的"两种情形，借款协议显然无效，由此担保当然无效。2. 根据《最高人民法院关于适用〈中华人民共和国担保法〉若干问题的解释》第8条的规定，本案导致担保合同无效的责任不在其，其没有过错。但原判未对借款协议的效力进行认定，直接侵犯了其合法权益。因此，请求二审撤销原判第三项，依法改判确认担保无效，其不承担担保责任，驳回被上诉人吴国军对其的诉请。

被上诉人吴国军辩称：一审判决认定事实清楚，适用法律正确，应予维持。

二审中，上诉人王克祥、中建公司，被上诉人吴国军均未提交新的证据。

湖州市中级人民法院经二审，确认了一审查明的事实。又查明，2010年1月13日，德清县人民法院以原审被告陈晓富犯非法吸收公众存款罪，判处有期徒刑五年两个月，并处罚金人民币25万元。该判决已生效。

湖州市中级人民法院二审认为：

合同效力的认定应尊重当事人的意思自治原则，只要订立合同时各方意思表示真实，又没有违反法律、行政法规的强制性规定，就应当确认合同有效。《最高人民法院关于正确适用〈中华人民共和国合同法〉若干问题的解释（二）》第14条对《中华人民共和国合同法》第52条第（5）项规定"强制性规定"解释为是指效力性强制性规定，本案原审被告陈晓富触犯刑律的犯罪行为，并不必然导致借款合同无效。因为借款合同的订立没有违反法律、行政法规效力性的强制性规定。效力上采取从宽认定，是该司法解释的本意，也可在最大限度上尊重当事人的意思自治。因此，原审判决陈晓富对本案借款予以归还，王克祥、中建公司承担连带清偿责任，并无不当。王克祥、中建公司的上诉理由不能成立。

据此，湖州市中级人民法院依据《中华人民共和国民事诉讼法》第153条第1款第（1）项之规定，于2010年8月2日判决：

驳回上诉，维持原判。

本判决为终审判决。

2. 被告自认借款法院仍判原告败诉，让被告自行清偿，法院不予处理

【裁判要旨】

在民间借贷案件中，以往裁判多倾向于按照夫妻一方对借款关系的自认以及相关司法解释规定，确认该债务成立并判决由夫妻一方或双方归还。本案处理则突破前例，对还款诉请全面驳回，并认为"自认借款成立的夫妻一方，因其与出借人对此并无争议，其可自行向出借人清偿，法院对此不予处理"。

第一，夫妻一方存在与"出借人"恶意串通、虚设婚内债务可能性的，该夫妻一方对"债务"的认可，并不必然免除"出借人"对借贷关系成立并生效所应承担的举证责任。

第二，借款人配偶未参加诉讼，且出借人及借款人均未明确表示放弃该配偶可能承担的债务份额的，为查明案件事实，应依法追加与案件审理结果具有利害关系的借款人配偶作为第三人参加诉讼，以形成实质性的对抗。

第三，出借人仅提供借据佐证借贷关系的，应深入调查辅助性事实以判断借贷合意的真实性，如举债的必要性、款项用途的合理性等。出借人无法提供证据证明借款交付事实的，应综合考虑出借人的经济状况、资金来源、交付方式、在场见证人等因素判断当事人陈述的可信度。对于大额借款仅有借据而无任何交付凭证、当事人陈述有重大疑点或矛盾之处的，应依据证据规则认定"出借人"未完成举证义务，判决驳回其诉讼请求。

【案情】

原告赵某因与被告项某、何某发生民间借贷纠纷，向上海市长宁区人民法院提起诉讼。

原告赵某诉称：原告与被告项某系朋友关系。2007年7月20日，项某以装修房屋为由向其借款人民币20万元，双方约定以年利率5%计息，期限为两年。当日，原告从家中保险柜中取出现金20万元，步行至项某经营的干洗店内向其交付借款，项某当场出具借条。2009年7月23日，项某在原告的催讨下支付利息2万元，并请求延长借款期限两年。2011年7月27日，原告再次向项某催讨借款，但其仍未能还款。原告认为，因本案借款系项某向其所借，借条和催款通知单亦由项某签名确认，故其仅起诉项某。至于被告何某是否应当承担共同还款责任，其不予表态。请求法院判令项某归还借款20万元，并以20万元为本金，支付自2009年7月23日起至判决生效之日止按照年利率5%计算的利息。

被告项某辩称：对原告赵某诉称的事实均无异议，但其目前无力归还借款。至于涉案借款的用途，其中10万元借款用于装修两被告名下的房屋，另外10万元于2007年8月2日用于提前偿还购买该房屋时的银行贷款。因此，涉案借款是夫妻共同债务，应由两被告共同偿还。

被告何某辩称：首先，原告赵某主张的借款事实不存在。两被告在2007年期间自有资金非常充裕，无举债之必要。原告提供的借条是项某事后伪造的，何某原已申请对该借条的实际形成时间进行鉴定，但因不具备鉴定条件而无法进行。且原告当时并不具备出借20万元的经济能力，其也未提供任何借款交付证据。其次，何某对原告主张的借款始终不知情。两被告于2009年6月18日签订协议书，约定对外债务任何一方不确认则不成立。故该笔借款即使存在，也应当是项某的个人债务。最后，两被告于2005年9月20日结婚，2010年7月开始分居。何某曾分别于2010年8月25日、2011年5月12日向法院提起离婚诉讼。在这两次诉讼中，项某均未提及本案借款。目前，两被告的第三次离婚诉讼已在审理中。然而，除本案系争债务以外，另有两位债权人突然诉至法院要求归还借款。显然，本案是原告和项某通过恶意串通，企图转移财产的虚假诉讼，应追究两人的法律责任。

【审理】

上海市长宁区人民法院经审理查明：

原告赵某与被告项某系朋友关系，两被告系夫妻关系，于2005年9月20日登记结婚。项某向原告出具落款日期为2007年7月20日的《借条》一张，载明："今我项某向赵某借人民币200000元整（贰拾万元整），于2009年7月20日前归还，利息按5%计算"，落款处由项某以借款人身份签名。后原告书写一份《催款通知单》，载明："今项某向赵某借款（贰拾万元整），于2009年7月20日前归还，但已超过期限，至今没还，特此向项某催讨借款"，落款日期为2009年7月23日。项某在该份《催款通知单》上加注："我知道，因经营不善无钱归还，恳求延长两年，利息照旧"。此后，原告再次书写一份《催款通知单》，载明："今项某借赵某贰拾万元整，经多次催讨至今没还，特此向项某再次催讨借款及利息"，落款日期为2011年7月27日。项某则在该份《催款通知单》上加注："因经营不善无钱归还，恳求延长两年，利息照旧"，并签署其姓名。

另查明，2007年7月19日，被告项某名下账号为1001××××××××××3366的中国工商银行账户内余额为167545.34元。2007年8月2日，项某自上述银行账户内支取10万元。当日，项某向中国建设银行偿还个人购房贷款10万元。

再查明，2009年6月18日，两被告签署《协议书》一份，确认双方生意经营、房产状况、房屋贷款等事宜，未涉及本案系争借款。双方同时约定"其他债务事宜，双方任何一方不确认则不成立"。2010年7月，两被告开始分居。2010年9月28日、2011年6月1日，何某分别起诉至上海市长宁区人民法院，要求与项某离婚。上述两案诉讼过程中，项某均未提及本案系争借款，后该两次离婚诉讼均经调解不予离婚。2012年8月31日，何某第三次起诉要求与项某离婚，目前该案正在审理中。

上述事实，有原告赵某提供的、落款日期为2007年7月20日的借条、2009年7月23日的《催款通知单》、2011年7月27日的《催款通知单》，被告项某提供的中国建设银行《个人贷款还款凭证》，被告何某提供的2009年6月18日两被告《协议书》、2010年10月13日法院调解笔录、2011年6月1日法院调解笔录，上海市长宁区人民法院依职权调取的被告项某名下账号为1001××××××××××2009的中国工商银行账户交易明细以及双方当事人的当庭陈述在案佐证，足以认定。

【裁判要旨】

本案的争议焦点为：原告赵某与被告项某之间的借贷关系是否成立并生效以及在此前提之下被告何某是否负有还款义务。

上海市长宁区人民法院一审认为：根据民事诉讼证据规则，在合同纠纷案件中，主张合同关系成立并生效的一方当事人对合同订立和生效的事实承担举证责任。同时，根据《合同法》规定，自然人之间的借款合同，自贷款人提供借款时生效。故原告赵某主张其与被告项某之间存在有效的借款合同关系，其应就双方之间存在借款的合意以及涉案借款已实际交付的事实承担举证责任。现原告提供借条意在证明其与项某之间存在借款的合意。关于借款交付，其主张因其无使用银行卡的习惯，故家中常年放置大量现金，20万元系以现金形式一次性交付给项某。对于原告的上述主张，被告项某均表示认可，并称其收到借款后同样以现金形式存放，并于2007年8月2日用其中的10万元提前归还房屋贷款。被告何某则明确否认涉案借款的真实性。

本案中，首先，原告赵某在本案中虽表示向被告项某主张还款，但项某辩称涉案借款用于两被告夫妻共同生活，应由两被告共同偿还。事实上，经法院调查，在两被告的第三次离婚诉讼中，项某也始终将本案借款作为夫妻共同债务要求何某承担相应的还款责任。基于本案处理结果与何某有法律上的利害关系，法院依法将其追加为第三人参加诉讼。后因项某的上述抗辩，原告申请追加何某为被告。在此过程中，原告及项某一再反对何某参加本案诉讼，不仅缺乏法律依据，亦有违常理。何某作为本案被告以及利害关系人，当然有权就系争借款陈述意见并提出抗辩主张。

其次，基于两被告目前的婚姻状况以及利益冲突，被告项某对系争借款的认可，显然亦不能当然地产生两被告自认债务的法律效果。并且，项某称其于2007年8月2日用涉案借款中的100000元提前归还房贷。然而，经法院依职权调查，项某银行交易记录却显示当天有100000元存款从其名下银行账户支取，与其归还的银行贷款在时间、金额上具有对应性。此外，项某银行账户在同期存有十余万元存款，其购房银行贷款也享有利率的七折优惠，再以5%的年利率向他人借款用以冲抵该银行贷款，缺乏必要性和合理性。本案于2013年3月7日开庭时，项某经法院合法传唤明确表示拒绝到庭。上述事实和行为足以对项某相关陈述的真实性产生怀疑。故基于以上原因，原告赵某仍需就其与项某之间借贷关系成立并生效的事实，承担相应的举证义务。

最后，原告赵某自述其名下有多套房产，且从事经营活动，故其具有相应的现金出借能力。但其亦表示向被告项某出借20万元时，其本人因购房负担着巨额银行贷款。为此，法院给予原告合理的举证期限，要求其提供相应的证据证明其资产状况和现金出借能力，并释明逾期举证的法律后果。嗣后，原告明确表示拒绝提供相应的证据。法院认为，原告明确表示放弃继续举证权利，而其提供的现有证据亦并未能证明涉案借款的交付事实以及原告本人的资金出借能力，其陈述的借款过程亦不符合常理，故应承担举证不能的法律后果。对于原告的诉讼请求，法院依法不予支持。至于项某个人对涉案借款的认可，因其与原告之间对此并无争议，其可自行向原告清偿，法院对此不予处理。

据此，依照《合同法》第196条、第210条、《民事诉讼法》第144条、《最高人民法院关于民事诉讼证据的若干规定》第2条、第5条之规定，上海市长宁区人民法院于2013年4月19日判决如下：

驳回原告赵某的全部诉讼请求。

案件受理费人民币4300元，由原告赵某负担。

一审判决后，双方均未提起上诉，该判决已经发生法律效力。

【评析】

民间借贷中，出借人有没有实际提供借款，直接关系到借款合同有没有生效。《合同法》第210条规定：自然人之间的借款合同，自出借人提供借款时生效。因此，在民间借贷纠纷案件中，首先要审查的基本事实就是借贷关系是否存在，借款有没有实际交付，出借人对实际发生了出借行为应承担举证责任。尤其是大额交易，法院并不能仅凭借条来认定出借人已实际交付借款。

实践中，民间借贷案件数量较多，标的额较大，为防止当事人以民间借贷的形式掩盖非法目的，在大额民间借贷纠纷案件中，即使所提供的借条、欠条等证据均为真实，人民法院也会考虑证据与案件事实的关联程度，并结合个案中当事人的支付能力、交易习惯等对相关借款事实予以具体审查。至于审查至什么程度，则需要具体案件具体讨论。各地高院也分别出台了相关文件规定，比如《江苏省高级人民法院审判委员会关于审理民间借贷纠纷案件的会议纪要》〔2013〕1号，明确规定：原告仅提供借据主张借贷关系成立，被告提出反驳证据足以对借款关系真实性产生合理怀疑的，人民法院应当要求原告进一步提供证据。原告不能证明款项交付事实的，应当驳回其诉讼请求。人民法院审理民间借贷纠纷案件，对于案件事实存在重大争议的，应当要求借贷双方当事人本人、经办人到庭，说明借款的原因、款项交付的时间、地点、款项来源、用途等具体事实和经过，并接受对方当事人的质询和法庭的询问。承担举证责任的当事人本人无正当理由拒不到庭履行说明义务的，应当承担举证不能的后果。

由此可见，并不是有个借条或者欠条，就一定能打赢官司，甚至就算被告承认借款，法院都有可能判决原告败诉（上述最高法院公报案例就是很好的印证）。作为当事人，尤其是大额借款的出借人，一定要保留好取款、汇款、转账等钱款交付凭证或者相关录音证据，以备后患。同时，切记选择专业律师代理诉讼，千万不可大意。

3. 朱跃某诉朱学某、赵香某民间借贷纠纷案

【裁判要旨】

法律并不禁止直系亲属之间形成包括借贷合同在内的交易关系。但对直系亲属之间交易关系和债权转让关系的审查和确认，应考虑特定当事人的经济状况，有关当事人应依法承担的赡养、抚养义务等具体情况。

处理涉及直系亲属间交易关系的纠纷时，在意思自治和公序良俗的利益考量中应更强调公序良俗的价值取向，案件的处理结果应符合一般的家庭道德观念与善良习俗，优先考虑保护老年人等弱势群体的合法权益，符合实体正义的要求。

在当事人的经济地位和诉讼能力存在明显差异的情况下，法官应妥善行

使诉讼指挥权，平衡当事人的诉讼利益。

【案情】

金华市中级人民法院经审理查明，2003年11月在旧村改造过程中，朱学某、赵香某夫妇为参加54平方米旧村改造安置用地的招投标，于2003年11月15日向朱忠某出具借条一份，载明：向其子朱忠某借款1365000元，按银行同期借款利率四倍计息，借款用于旧村改造安置建房的投标用地，承诺以上借款在收到朱忠某以书面形式要求归还借款的通知后一个月内还清；如无力归还，该建房用地使用权和建好后房屋的所有权归朱忠某所有。2003年11月15日和11月18日，朱忠某以朱学某的名义分两次汇入旧村改造办公室1365000元。2007年8月13日，朱忠某委托律师向朱学某、赵香某夫妇发出律师催款函，要求朱学某、赵香某在收到催款函后一个月内归还借款本息2839200元。2003年11月11日，朱忠某向朱跃某出具借条一份，载明朱忠某向朱跃某借款人民币1500000元整，按银行同期贷款利率四倍计息。2007年9月1日，朱忠某与朱跃某达成一份《债权转让协议》，双方约定将朱忠某享有的朱学某、赵香某1365000元借款本息转让给朱跃某以抵销朱忠某尚欠的2003年11月11日借款的部分本息。2007年9月14日，朱忠某通过申通快递向朱学某、赵香某邮寄送达债权转让通知书一份。2007年9月26日，朱跃某通过邮政特快专递向朱学某、赵香某邮寄了催款通知书和债权转让协议书各一份，但朱学某、赵香某拒绝签收。

朱跃某起诉要求被告立即归还借款1365000元，并支付约定利息（按银行同期贷款利率四倍计算至实际归还之日止，暂计算至起诉之日止为1796340元）。

朱学某、赵香某辩称，朱跃某诉状中的陈述与客观事实不符。1. 朱忠某属有钱一族，不可能向朱跃某借款。2. 2003年11月15日，两被告也根本未向儿子朱忠某借过1365000元并约定按银行利息的四倍计息。3. 朱忠某与朱跃某的债权转让不是事实，且没有将债权转让的事情通知两被告，朱跃某也没有通知还款。

朱忠某述称，朱跃某所述是事实。旧村改造时父母没有能力拿出这么多钱，所以向第三人借款。因第三人本人也要参加旧村改造，所需资金量较大，一时无法凑齐，故向朱跃某借款1500000元并约定了利息。基于血亲关系，第三人不愿和父母对簿公堂，但欠朱跃某的钱是要还的。在这种两难的情景下，第三人不得不将对父母的债权转让给朱跃某以抵销欠款。请求法庭查明事实，依法判决。

【审判】

金华市中级人民法院审理认为，朱忠某与朱学某、赵香某之间的借款真实，依法应受到法律的保护。朱忠某与朱跃某之间的债权转让协议并不违反法律的禁止性规定，且已依法履行了通知义务，因此，该债权转让协议对朱学某、赵香某已经发生法律效力。2008年3月21日，金华市中级人民法院作出（2007）民一初字第197号判决：

一、由朱学某、赵香某于判决生效后十五日内归还朱跃某借款本金人民币1365000元，并按照银行同期同类贷款利率四倍按本金1365000元支付自2003年12月15日计算至判决确定的履行之日的利息。

二、驳回朱跃某的其他诉讼请求。

朱学某、赵香某不服，提出上诉。

浙江省高级人民法院经审理查明，2007年8月13日，朱忠某委托律师通过申通快递向朱学某、赵香某寄送快件一份，快递详情单上未载明寄送的材料名称。朱学某在快递详情单上签字签收。2007年9月14日，朱跃某通过申通快递向朱学某寄送快件一份，快递详情单上未载明寄送的材料名称，仅有收件人签名"朱"字。其他事实与一审法院查明的事实一致。

另据见证人赵志某（系赵香某的弟弟、朱忠某的舅舅）给法院的信函中所述，朱学某、赵香某夫妇已年过八旬，有四子三女，当时因54平方米安置用地和父母的赡养问题与四个儿子之间曾多次协商，考虑到朱忠某拥有加油站，资产丰厚，父母最终决定把54平方米安置用地和晚年生活托付给朱忠某。双方约定在父母有生之年不将借条公之于众。本案的借条系朱忠某聘用律师几易其稿后形成的。

浙江省高级人民法院认为，朱学某、赵香某夫妇对2003年11月15日借条的形式真实性并无异议，但对1365000元款项的性质及债权转让是否通知存在重大争议。经审查，该借条反映的并不是单纯的借款关系，还与朱学某、赵香某54平方米安置用地所建房屋的所有权及居住权相关联。朱忠某在一审用以证明已经向朱学某、赵香某履行了催款及债权转让通知义务的证据——两份申通快递详情单表明邮件系由律师和朱跃某经手办理，详情单上均没有载明寄送的材料名称，朱学某、赵香某也否认收到债权转让通知的事实。据此，本案争议的债权转让已经通知朱学某、赵香某的事实不能直接确认。另，朱学某、赵香某夫妇年过八旬，需要子女的关心和照顾，54平方米安置用地上所建的房屋系朱学某、赵香某的养老栖身之所，朱忠某作为负有赡养义务的子女，明知父母没有偿付能力，在律师参与下，经几易其稿，最终形成由其与父母签署约定四倍借款利息且包含严格违约责任的借条，后又将该债权转让给朱跃某。如按照借条约定的利息条款计算，现该1365000元款项的本息累积已达数百万元，原本可安享晚年的高龄父母将陷于债务困扰之中。朱忠某在本案中的相关行为不符合一般的家庭道德观念。法庭不是单纯的诉讼竞技场，保护老年人的合法权益，体现司法的人文关怀，始终是法院在审理本案中优先考虑的因素。综上，认定朱忠某和朱跃某之间债权转让不成立，朱跃某相应的诉讼请求亦不予支持。至于朱忠某和朱跃某，朱忠某和朱学某、赵香某之间的债务纠纷，宜通过其他合理合法途径解决。原判认定的部分事实不清，适用法律有误，实体处理不当。2008年11月14日，经浙江省高级人民法院审判委员会决定，浙江省高级人民法院作出（2008）民二终字第139号判决：

一、撤销金华市中级人民法院（2007）金中民一初字第197号民事判决；

二、驳回朱跃某的诉讼请求。

【评析】

一、严格审查直系亲属间的交易关系及向第三人转让债权的关系

父母与子女均为独立的民事行为能力人，法律并不禁止双方在意思自治的基础上形成借贷合同关系。但是，对直系亲属之间的交易关系，尤其是对第三人的债权转让关系的审查和确认，应考虑到特定当事人的经济状况、子女应承担的赡养义务等具体情况。综合全案事实，对家庭成员之间的债权债务关系转让予以特别注意和严格审查，最终通过解释、适用法律实现个案正义，并不构成道德对法律的僭越，相反，是法官积极探求规则背后法治精神、促进保守型司法向能动型司法转变的一次进步。

我国在债权让与制度的立法上经历了从债务人同意主义到通知主义的演变，符合鼓励交易原则和市场经济发展。但是从维护债务人的利益、稳定债权债务的相对性来说，也必须对权利让与作出合理限制。根据《合同法》规定和司法实践，限制主要体现在两个方面：一是合同性质与内容上的限

制,集中体现于《合同法》第79条规定的三类情形;二是转让方式上的限制,即须履行对债务人的通知义务,特殊情形下债权转让还必须经过批准、登记手续,如《合同法》第87条。

在债权转让关系的认定中,本案借贷关系主体的特殊性和复杂的家庭关系背景是法院在审理过程中始终无法绕开的事实。朱忠某经商多年,经济状况良好,作为有赡养义务的子女,明知高龄父母没有偿付能力却仍通过律师几易其稿后形成收取四倍银行利息的借条,而后的转让债权、催款等行为也均在律师参与下进行。案中所涉借条反映的并非单纯借款关系,还与朱学某夫妇54平方米安置用地所建房屋的所有权和居住权相关联。从这类案件的审判实践经验来看,不排除当事人欲通过借款导致父母陷入高息负债,最终排挤其余子女独占遗产利益的可能。在婚姻亲属及继承关系领域,法律标准与道德标准之间的差距较其他领域更小,对直系亲属之间交易关系的认定与审查应比商业契约关系更为注意利益的平衡,特别是要关注未成年人、老人等弱势群体的权利保护。两份快递详情单上均无法证明寄送的材料系债权转让通知,通知义务的履行程序瑕疵是二审判决债权转让关系对朱学某夫妇不生效的直接原因。而朱忠某和朱跃某、朱忠某和朱学某夫妇之间的债务纠纷,则不在该案诉讼范围以内,宜通过其他合理合法途径解决。由于被告夫妇在还款能力上远不及朱忠某,因此如果朱跃某与朱忠某之间存在真实的借款关系,判决结果也有利于对原告利益的保护。

二、公序良俗原则在民商事审判实践中的地位与作用

1. 法律规则与法律原则的冲突之辨——司法能动与自由裁量

本案二审判决对老年人合法权益的保护、与一般家庭道德观念的契合,均体现出民法上公序良俗原则的司法价值取向。我国《民法通则》第7条实际上即为对公序良俗原则的规定。在民商事审判中经常遇到的一个难题是,当具体法律规则与基本原则发生冲突时应如何处理?

笔者并不赞同规则与原则冲突时必然优先适用规则的观点。当某一案件适用法律具体规定与适用基本原则均可得出同样结论时,选择适用基本原则而不适用具体规定才是所谓的"向一般条款的逃避",是应当反对的。但是,当具体法条在特殊情形下有可能导致个案当事人的权利或者法律认可的秩序遭到损害时,为达到个案的社会妥当性、避免结论的荒唐,就应当突破具体规则,选择适用基本原则裁判。严格依据法条文义解释对法官来说固然

是风险最小的一种选择，但是，民法基本原则填补法律漏洞、沟通法律秩序与外部伦理秩序的重要功能得不到发挥，表面上的逻辑自足将导致距离法律的真正目的越来越远。法官只能机械适用法条的观点在法律解释论争中日渐式微，法官在合理限度内拥有自由裁量权已成为公认的现实。具体到本案，由于存在债务转让通知程序上的瑕疵，公序良俗原则更多的是隐性地体现于对法律规则的解释、适用，体现于其作为民法思维的内在约束，成为法官处理个案时心证内容的一部分。本案中朱忠某的行为显然背离公序良俗原则的精神。法庭不是单纯的诉讼竞技场，在当事人的经济地位和诉讼能力存在明显差异的情况下，法官完全可以综合整个案件的事实背景，进行各种利益的考量与平衡，妥善行使诉讼指挥权，通过严格审查并判断借贷关系和债权转让关系，彰显司法价值取向，实现个案正义。

2. 意思自治原则与公序良俗原则的冲突之辨——利益衡量的视角

一审判决的裁判思路体现出对意思自治原则的遵循，而本案的大量事实反映出了与公序良俗原则的相悖。如何处理不同法律原则之间的冲突，是审判实践中的另一命题。

意思自治原则强调意志自由，保护个人价值，而公序良俗原则强调安全和秩序，突出社会利益。法律原则代表的利益和价值不可能像数字一样能准确定量、比较大小，通过排序的方法来确定法律原则的位阶既不合理，也不可能。采取"个案中的利益衡量"方法来解决法律原则间的冲突，或许是一种较优选择。

民法基本原则中利益层阶的构建应结合个案的不同情况进行比较衡量。朱忠某经商多年，资产丰厚，而年迈父母没有收入来源，向儿子的借款是用于其唯一栖身之所的旧村改造安置建房，从公平正义的立场，朱学某夫妇的生存权利应高于朱忠某的发展权；从价值导向的立场，公共秩序与善良风俗应优先于自由处分权考虑。事实上，本案除了债权转让存在程序瑕疵外，朱忠某与父母之间关于收取四倍银行利息的约定在效力上也是值得商榷的。因为通过放贷收取高额利息，在性质上属于交易行为。父母和子女之间存在数十年的亲情脉络，互负抚养、赡养义务，虽然法律不禁止双方间的资金借贷，但也不应完全适用契约自由、等价有偿等一般商业交易规则。举重以明轻，对于商业交易行为法律尚且限定最高额为四倍银行利息的利率，经济条件较好的儿子却在律师的帮助下，以四倍利率从父母身上获利（按四倍银行利率计算，利息金额已经超过了本金数额，大大加重了父母的偿还义务），显然是不恰当的。

三、对法官自由裁量权和利益衡量尺度的规制

如前所述，本案的处理结果涉及公序良俗原则的司法价值判断，在社会效果上具有典型示范意义。对类似案件和直接适用民法基本原则裁判的案件，处理上须采取十分慎重的态度。尤其是后者，法官在审判实践中以基本原则突破具体规则时，必须具备严格的可直接适用法律原则的前提。在现有的法治环境下，需要通过程序上的保障和限定把裁判的任意性降低到最低限度。有学者认为，在司法价值判断上涉及民法基本原则间冲突的重大案件，宜提交最高人民法院或高级人民法院审判委员会讨论，防止各地法院自行解释法律，造成裁判标准不一。

4. 一起实现担保物权特别程序的案例

【裁判要旨】

实现不动产担保物权特别程序具有非讼性，管辖异议等诉讼案件中的程序规定不应适用。如抵押房产未设定在先抵押，担保的债权确定，担保物权实现条件成就的证明材料齐备，即可裁定对抵押财产进行拍卖或变卖。不符合法律规定的，则裁定驳回申请。

【案情】

2011年11月22日，交行江苏分行与南京银硕科技实业有限公司（简称银硕公司）签订借款合同一份，约定银硕公司向交行江苏分行借款600万元。交行江苏分行与江苏省国信信用担保有限公司（简称国信担保公司）签订保证合同一份，约定国信担保公司为上述借款提供连带保证责任。银硕公司与国信担保公司签订委托担保合同一份，约定：国信担保公司为上述借款提供担保，银硕公司将多名第三人所有的南京市白下区健康路251号3单元911室、白下区致和新村6幢306室、鼓楼区中山北路283号6号楼503室、雨花台区共青团路三村2幢507室四处房产设为抵押物，向国信担保公司提供反担保。合同签订后，交行江苏分行按约放贷。2012年1月13日，国信担保公司与朱松年签订抵押合同一份，约定：朱松年将其鼓楼区中山北路283号6号楼503室房产作为反担保抵押物，为主合同中的74万元提供担保，并办理了抵押登记，该房产未设定其他在先抵押。因银硕公司未按约还贷，国信担保公司为其代偿贷款本息6211560元。国信担保公司索要代垫

款项未果，遂诉至法院，申请拍卖或变卖被申请人朱松年所有房产，所得价款优先受偿。

【裁判要旨】

江苏省南京市鼓楼区人民法院经审理认为，案涉借款合同、委托担保合同、抵押合同合法有效。朱松年以其房产为反担保抵押物，并办理了登记，担保金额为74万元，且该房产没有设定其他在先抵押。国信担保公司已依约代银硕公司偿还银行借款，有权就反担保抵押房产优先受偿。

2013年3月15日，法院裁定：准予拍卖、变卖被申请人朱松年所有的房产，申请人国信担保公司对所得款项在74万元范围内优先受偿。本裁定为终审裁定。

【评析】

本案涉及2012年民事诉讼法新增的实现担保物权特别程序的适用问题，具体分析如下：

1. 管辖问题

在以往司法实务中，鲜有在选民资格、宣告失踪或死亡等特别程序案件中提出管辖异议之情形。但在实现担保物权特别程序案件中，许多被申请人为拖延时间而提出管辖异议。笔者认为，首先，《民事诉讼法》第196条明确规定，实现担保物权特别程序案件由担保财产所在地或者担保物权登记地法院管辖。《最高人民法院关于适用〈中华人民共和国民事诉讼法〉的解释》第362条明确："实现票据、仓单、提单等有权利凭证的权利质权案件，可以由权利凭证持有人住所地人民法院管辖；无权利凭证的权利质权，由出质登记地人民法院管辖。"不动产专属管辖系诉讼案件中的管辖规定，在特别程序案件中不应适用。其次，管辖异议不适用于特别程序案件，对实现担保物权案件中的管辖异议无须作出裁定，也不应再经过管辖上诉程序。著名民诉法学家李浩教授曾提出，新民诉法修订后，管辖异议条款由原《民事诉讼法》第二章管辖第三节移送管辖和指定管辖中的第38条，移到了第十二章第一审普通程序第二节审理前的准备中的第127条。因此，可以认为管辖异议条款是针对一审诉讼案件作出的规定。而实现担保物权并非诉讼案件，特别程序案件中没有被告，管辖异议条款无从适用。最后，若受理法院审查后发现不属于自己管辖，可裁定驳回申请。申请人可以另行向有管辖权的法院提出申请，避免在管辖裁定和上诉移送程序上耗费大量时间，才能体现担保物权特别程序便捷高效处理的立法本意,又节约了宝贵的司法资源,同时也避免了管辖异议权被滥用。如果存在法院争管辖的情况,可以通过审判监督程序予以纠正。

2. 抵押房产上是否设有在先抵押的问题

优先受偿权是抵押权的核心和实质。在债务人届期不履行债务时,抵押权人可以抵押物折价或者从该抵押物的变价中优先于一般债权人而获得先位清偿。但在同一抵押物上存在数个抵押权时,登记在先的抵押权优先于登记在后的抵押权。当抵押物的价值较大时,抵押权人行使抵押权后,若有剩余才能用于偿还其他债务。目前,大多数城市商品房都存在按揭抵押。虽然对于商品房按揭是否属于不动产抵押有不同意见,但无论其性质如何界定,商品房按揭均在房产登记机关办理了抵押登记。因此,在涉及房地产的实现担保物权特别程序案件中,应当查明其是否存在设定在先的其他抵押。根据民诉法司法解释的规定,同一财产上设立多个担保物权,登记在先的担保物权尚未实现的,不影响后顺位的担保物权人向人民法院申请实现担保物权。在实现顺位在后的抵押权时应当对在先抵押权留出相应的担保数额,或对未到期抵押的债权数额予以提存。本案中的抵押房产未设定在先抵押,可以作出申请人优先受偿之裁定。

3. 抵押担保的债权是否确定

《物权法》第176条规定,被担保的债权既有物的担保又有人的担保的,债务人不履行到期债务或者发生当事人约定的实现担保物权的情形,债权人应当按照约定实现债权;没有约定或者约定不明确,债务人自己提供物的担保的,债权人应当先就该物的担保实现债权;第三人提供物的担保的,债权人可以就物的担保实现债权,也可以要求保证人承担保证责任。《最高人民法院关于适用〈中华人民共和国民事诉讼法〉的解释》第365条规定:依照物权法第176条的规定,被担保的债权既有物的担保又有人的担保,当事人对实现担保物权的顺序有约定,实现担保物权的申请违反该约定的,人民法院裁定不予受理;没有约定或者约定不明的,人民法院应当受理。本案中,四处抵押房产均系第三人提供的物保,且抵押合同约定朱松年之房产抵押担保74万元,不存在担保债权不确定的障碍。双方之间没有实现担保物权顺序的约定,故抵押担保债权确定,法院受理正确。

4. 实现担保物权程序的救济

担保物权实现程序，并不体现权利义务的争议性，具有非讼性。担保物权实现程序的非争议性，是由物权法中的公示公信原则所决定的。申请人申请法院拍卖、变卖担保物，实质是要求确认并实现其担保物权的程序，并非请求法院解决民事争议。虽然被申请人可能提出异议，但这并不影响该程序的非讼性质。诉讼程序采取当事人主义、直接言词主义，其制度价值在于准确查明案件争议，保障当事人的程序参与，以裁判结果的实体公正为核心目标。在非讼程序中，法院奉行职权主义、简易主义，裁判周期短，体现了效率的价值，其程序目的也不在于争议解决。本案中，申请人办理了抵押登记，并获取了抵押房产的他项权证，其权利外观具有公信力和对抗力。如果法院经审查担保物权成立的证明文件（包括主合同、担保合同、抵押权登记证明或者他项权利证书等），担保物权实现条件成立的证明材料齐备，即可裁定对抵押财产进行拍卖或变卖。不符合法律规定的，或主债权或担保物权本身存在异议，则驳回实现担保物权申请人的申请。依据《民事诉讼法》第197条的规定，申请被驳回的，当事人可以向人民法院提起诉讼，已确定了有效的救济途径。因此，不再适用诉讼程序中管辖异议等程序，以迅速实现担保物权，方合乎非讼程序的制度价值。

第六章

民间借贷的执行、异议及其诉讼

第一节　民间借贷案件的执行

1. 民间借贷判决书或调解书生效后，一方不履行判决书或调解书的内容怎么办？

【律师解答】发生法律效力的民事判决、裁定，当事人必须履行。一方拒绝履行的，对方当事人可以向人民法院申请执行，也可以由审判员移送执行员执行。调解书和其他应当由人民法院执行的法律文书，当事人必须履行。一方拒绝履行的，对方当事人可以向人民法院申请执行。对于民间借贷判决书或调解书确定的内容，在其生效后，对双方产生约束力，当事人必须履行，一方不履行的，对方可向人民法院申请执行。

【特别提醒】执行程序根据启动的主体不同，可以分为移送执行和申请执行，移送执行只限于发生法律效力判决、裁定，民间借贷调解书的执行，只能由当事人申请执行。

【法条链接】

《中华人民共和国民事诉讼法》

第二百三十六条　发生法律效力的民事判决、裁定，当事人必须履行。一方拒绝履行的，对方当事人可以向人民法院申请执行，也可以由审判员移送执行员执行。

调解书和其他应当由人民法院执行的法律文书，当事人必须履行。一方拒绝履行的，对方当事人可以向人民法院申请执行。

2. 民间借贷案件向法院申请执行的法律文书应当具备什么条件？

【律师解答】民间借贷案件向法院申请执行的法律文书一般是已生效的人民法院调解书或判决书。当事人申请法院执行的调解书或判决书应当具备以下条件：（1）申请执行的调解书或判决书已经生效；（2）一方拒绝履行；（3）权利义务主体明确；（4）给付的内容明确。

【特别提醒】民间借贷案件向法院申请执行的必须是调解书或判决书所确定的具有履行内容的财产，如给付借款本金、利息、违约金，负担诉讼费、鉴定费等。

【法条链接】

《中华人民共和国民事诉讼法》

第一百五十五条 最高人民法院的判决、裁定，以及依法不准上诉或者超过上诉期没有上诉的判决、裁定，是发生法律效力的判决、裁定。

《最高人民法院关于适用〈中华人民共和国民事诉讼法〉的解释》

第四百六十三条 当事人申请人民法院执行的生效法律文书应当具备下列条件：

（一）权利义务主体明确；

（二）给付内容明确。

法律文书确定继续履行合同的，应当明确继续履行的具体内容。

3. 什么情况属于拒不履行人民法院已经发生法律效力的判决、裁定的行为？

【律师解答】无论是民间借贷的调解书还是判决书，负有履行义务的一方必须履行，如果一方当事人没有按判决书或调解书所确定的期间全面履行其行为或给付财产均属于拒不履行，具体可包括以下几种情形：

（1）在法律文书发生法律效力后隐藏、转移、变卖、毁损财产或者无偿转让财产、以明显不合理的价格交易财产、放弃到期债权、无偿为他人提供担保等，致使人民法院无法执行的；

（2）隐藏、转移、毁损或者未经人民法院允许处分已向人民法院提供担保的财产的；

（3）违反人民法院限制高消费令进行消费的；

（4）有履行能力而拒不按照人民法院执行通知履行生效法律文书确定的义务的；

（5）有义务协助执行的个人接到人民法院协助执行通知书后，拒不协助执行的。

【特别提醒】拒不履行是法院采取强制措施进行强制执行的前提，一般执行案件，法院受理后，向被执行人送达并告知其有关事项，同时要求被执行人在一定期间内履行。如被执行人在法院指定的期间内履行，则不予强制执行。

【法条链接】

《最高人民法院关于适用〈中华人民共和国民事诉讼法〉的解释》

第一百八十八条 民事诉讼法第一百一十一条第一款第六项规定的拒不

履行人民法院已经发生法律效力的判决、裁定的行为，包括：

（一）在法律文书发生法律效力后隐藏、转移、变卖、毁损财产或者无偿转让财产、以明显不合理的价格交易财产、放弃到期债权、无偿为他人提供担保等，致使人民法院无法执行的；

（二）隐藏、转移、毁损或者未经人民法院允许处分已向人民法院提供担保的财产的；

（三）违反人民法院限制高消费令进行消费的；

（四）有履行能力而拒不按照人民法院执行通知履行生效法律文书确定的义务的；

（五）有义务协助执行的个人接到人民法院协助执行通知书后，拒不协助执行的。

4. 对民间借贷的判决书或调解书申请强制执行的申请有无期限要求？

【律师解答】有要求。申请强制执行是一种权利，权利人向人民法院申请强制执行的权利不是无期限的，申请执行的期间为两年。从法律文书规定履行期间的最后一日起计算；法律文书规定分期履行的，从规定的每次履行期间的最后一日起计算；法律文书未规定履行期间的，从法律文书生效之日起计算。

【特别提醒】申请执行时效的中止、中断，适用法律有关诉讼时效中止、中断的规定。

【法条链接】
《中华人民共和国民事诉讼法》

第二百三十九条　申请执行的期间为二年。申请执行时效的中止、中断，适用法律有关诉讼时效中止、中断的规定。

前款规定的期间，从法律文书规定履行期间的最后一日起计算；法律文书规定分期履行的，从规定的每次履行期间的最后一日起计算；法律文书未规定履行期间的，从法律文书生效之日起计算。

《最高人民法院关于适用〈中华人民共和国民事诉讼法〉执行程序若干问题的解释》

第二十七条　在申请执行时效期间的最后六个月内，因不可抗力或者其他障碍不能行使请求权的，申请执行时效中止。从中止时效的原因消除之日起，申请执行时效期间继续计算。

第二十八条　在请执行时效因申请执行、当事人双方达成和解协议、当事人一方提出履行要求或者同意履行义务而中断。从中断时起，申请执行时效期间重新计算。

第二十九条　生效法律文书规定债务人负有不作为义务的，申请执行时效期间从债务人违反不作为义务之日起计算。

5. 申请人超过申请执行时效期间还能向人民法院申请强制执行吗？

【律师解答】民间借贷调解书或判决书申请法院强制执行，应当在法律所规定的申请执行的时效期间内向法院申请强制执行，如果由于某种原因，申请人没有在申请执行的时效期间内向法院申请强制执行，申请人仍可向法院申请强制执行，人民法院应当予以受理。人民法院受理后，向被执行人发出执行通知书，被执行人对申请执行时效期间提出异议，人民法院经审查异议成立的，裁定不予执行。异议不成立的，继续依法执行。

【特别提醒】如被执行人履行全部或者部分义务后，又以不知道申请执行时效期间届满为由请求执行回转的，人民法院不予支持。

【法条链接】

《最高人民法院关于适用〈中华人民共和国民事诉讼法〉的解释》

第四百八十三条　申请执行人超过申请执行时效期间向人民法院申请强制执行的，人民法院应予受理。被执行人对申请执行时效期间提出异议，人民法院经审查异议成立的，裁定不予执行。

被执行人履行全部或者部分义务后，又以不知道申请执行时效期间届满为由请求执行回转的，人民法院不予支持。

6. 生效的民间借贷判决书或调解书应向哪个法院申请强制执行？

【律师解答】应当向第一审人民法院或者与第一审人民法院同级的被执行的财产所在地人民法院申请执行。

【特别提醒】受理申请强制执行的法院，多数属于该案的一审法院。

【法条链接】

《中华人民共和国民事诉讼法》

第二百二十四条　发生法律效力的民事判决、裁定，以及刑事判决、裁定中的财产部分，由第一审人民法院或者与第一审人民法院同级的被执行的财产所在地人民法院执行。

法律规定由人民法院执行的其他法律文书，由被执行人住所地或者被执行的财产所在地人民法院执行。

7. 被执行人未按执行通知履行法律文书确定的义务，被执行人该怎么办？

【律师解答】被执行人未按执行通知履行法律文书确定的义务，应当报告当前以及收到执行通知之日前一年的财产情况。

【特别提醒】被执行人拒绝报告或者虚假报告的，人民法院可以根据情节轻重对被执行人或者其法定代理人、有关单位的主要负责人或者直接责任人员予以罚款、拘留。

【法条链接】

《中华人民共和国民事诉讼法》

第二百四十一条　被执行人未按执行通知履行法律文书确定的义务，应当报告当前以及收到执行通知之日前一年的财产情况。被执行人拒绝报告或者虚假报告的，人民法院可以根据情节轻重对被执行人或者其法定代理人、有关单位的主要负责人或者直接责任人员予以罚款、拘留。

8. 民间借贷案件被执行人拒不按执行通知履行判决书或调解书中关于给付本金、利息、违约金等怎么办？

【律师解答】民间借贷案件被执行人未按执行通知履行判决书或调解书中关于给付借款本金、利息、违约金等，人民法院有权向有关单位查询被执行人的存款、债券、股票、基金份额等财产情况。人民法院有权根据不同情形扣押、冻结、划拨、变价被执行人的财产。

【特别提醒】人民法院决定扣押、冻结、划拨、变价财产，应当作出裁定，并发出协助执行通知书，有关单位必须办理。人民法院查询、扣押、冻结、划拨、变价的财产不得超出被执行人应当履行义务的范围。

【法条链接】

《中华人民共和国民事诉讼法》

第二百四十二条　被执行人未按执行通知履行法律文书确定的义务，人民法院有权向有关单位查询被执行人的存款、债券、股票、基金份额等财产情况。人民法院有权根据不同情形扣押、冻结、划拨、变价被执行人的财产。人民法院查询、扣押、冻结、划拨、变价的财产不得超出被执行人应当履行义务的范围。

人民法院决定扣押、冻结、划拨、变价财产，应当作出裁定，并发出协助执行通知书，有关单位必须办理。

第二百四十三条　被执行人未按执行通知履行法律文书确定的义务，人民法院有权扣留、提取被执行人应当履行义务部分的收入。但应当保留被执行人及其所扶养家属的生活必需费用。

人民法院扣留、提取收入时，应当作出裁定，并发出协助执行通知书，被执行人所在单位、银行、信用合作社和其他有储蓄业务的单位必须办理。

第二百四十四条　被执行人未按执行通知履行法律文书确定的义务，人民法院有权查封、扣押、冻结、拍卖、变卖被执行人应当履行义务部分的财产。但应当保留被执行人及其所扶养家属的生活必需品。

采取前款措施，人民法院应当作出裁定。

9. 人民法院查封、扣押财产时，应当怎样办理？

【律师解答】人民法院查封、扣押财产时，被执行人是公民的，应当通知被执行人或者他的成年家属到场；拒不到场的，不影响执行。被执行人是公民的，其工作单位或者财产所在地的基层组织应当派人参加。对被查封、扣押的财产，执行员必须造具清单，由在场人签名或者盖章后，交被执行人一份。被执行人是公民的，也可以交他的成年家属一份。

【特别提醒】查封、扣押财产属于法院执行中的强制措施，通知被执行人到场是保障执行的需要，但被执行人拒不到场，不影响执行。查封、扣押财产必须造具清单并交付给被执行人，是防止侵害被执行人财产权利的要求。

【法条链接】

《中华人民共和国民事诉讼法》

第二百四十五条　人民法院查封、扣押财产时，被执行人是公民的，应当通知被执行人或者他的成年家属到场；被执行人是法人或者其他组织的，应当通知其法定代表人或者主要负责人到场。拒不到场的，不影响执行。被执行人是公民的，其工作单位或者财产所在地的基层组织应当派人参加。

对被查封、扣押的财产，执行员必须造具清单，由在场人签名或者盖章后，交被执行人一份。被执行人是公民的，也可以交他的成年家属一份。

10. 在执行中财产被查封扣押后怎么办？

【律师解答】财产被查封、扣押后，执行员应当责令被执行人在指定期间履行法律文书确定的义务。被执行人逾期不履行的，人民法院应当拍卖被查封、扣押的财产；不适于拍卖或者当事人双方同意不进行拍卖的，人民法院可以委托有关单位变卖或者自行变卖。

【特别提醒】执行中扣押的财产，如果属于国家禁止自由买卖的物品，交有关单位按照国家规定的价格收购。

【法条链接】

《中华人民共和国民事诉讼法》

第二百四十六条　被查封的财产，执行员可以指定被执行人负责保管。因被执行人的过错造成的损失，由被执行人承担。

第二百四十七条　财产被查封、扣押后，执行员应当责令被执行人在指定期间履行法律文书确定的义务。被执行人逾期不履行的，人民法院应当拍卖被查封、扣押的财产；不适于拍卖或者当事人双方同意不进行拍卖的，人民法院可以委托有关单位变卖或者自行变卖。国家禁止自由买卖的物品，交有关单位按照国家规定的价格收购。

11. 被执行人不履行法律文书确定的义务，并隐匿财产怎么办？

【律师解答】被执行人不履行法律文书确定的义务，并隐匿财产的，人民法院有权发出搜查令，对被执行人及其住所或者财产隐匿地进行搜查。

【特别提醒】人民法院发出搜查令，对被执行人及其住所或者财产隐匿地进行搜查，应由院长签发搜查令。

【法条链接】

《中华人民共和国民事诉讼法》

第二百四十八条　被执行人不履行法律文书确定的义务，并隐匿财产的，人民法院有权发出搜查令，对被执行人及其住所或者财产隐匿地进行搜查。

采取前款措施，由院长签发搜查令。

12. 民间借贷案件涉及实现抵押权时，一方拒不迁出房屋的如何执行？

【律师解答】可强制迁出房屋。强制迁出房屋时，由院长签发公告，责令被执行人在指定期间履行。被执行人逾期不履行的，由执行员强制执行。

强制执行时，应当通知被执行人或者他的成年家属到场。拒不到场的，不影响执行。被执行人工作单位或者房屋、土地所在地的基层组织应当派人参加。执行员应当将强制执行情况记入笔录，由在场人签名或者盖章。强制迁出房屋被搬出的财物，由人民法院派人运至指定处所，交给被执行人。被执行人是公民的，也可以交给他的成年家属。因拒绝接收而造成的损失，由被执行人承担。

【法条链接】

《中华人民共和国民事诉讼法》

第二百五十条 强制迁出房屋或者强制退出土地，由院长签发公告，责令被执行人在指定期间履行。被执行人逾期不履行的，由执行员强制执行。

强制执行时，被执行人是公民的，应当通知被执行人或者他的成年家属到场；被执行人是法人或者其他组织的，应当通知其法定代表人或者主要负责人到场。拒不到场的，不影响执行。被执行人是公民的，其工作单位或者房屋、土地所在地的基层组织应当派人参加。执行员应当将强制执行情况记入笔录，由在场人签名或者盖章。

强制迁出房屋被搬出的财物，由人民法院派人运至指定处所，交给被执行人。被执行人是公民的，也可以交给他的成年家属。因拒绝接收而造成的损失，由被执行人承担。

13. 民间借贷案件执行能否暂缓执行？暂缓执行期满仍未履行怎么办？

【律师解答】 在执行申请人主动提出或被执行人向人民法院提供担保，并经申请执行人同意的，人民法院可以决定暂缓执行及暂缓执行的期限。被执行人在人民法院决定暂缓执行的期限届满后仍不履行义务的，人民法院可以直接执行担保财产，或者裁定执行担保人的财产，但执行担保人的财产以担保人应当履行义务部分的财产为限。

【特别提醒】 暂缓执行是有条件的，也是有期限的，有担保的与担保期限相一致，但最长不能超过一年。被执行人或担保人对担保的财产在暂缓执行期间有转移、隐藏、变卖、毁损等行为的，人民法院可以恢复强制执行。

【法条链接】

《中华人民共和国民事诉讼法》

第二百三十一条 在执行中，被执行人向人民法院提供担保，并经申请执行人同意的，人民法院可以决定暂缓执行及暂缓执行的期限。被执行人逾期仍不履行的，人民法院有权执行被执行人的担保财产或者担保人的财产。

《最高人民法院关于适用〈中华人民共和国民事诉讼法〉的解释》

第四百六十九条 人民法院依照民事诉讼法第二百三十一条规定决定暂缓执行的，如果担保是有期限的，暂缓执行的期限应当与担保期限一致，但最长不得超过一年。被执行人或者担保人对担保的财产在暂缓执行期间有转移、隐藏、变卖、毁损等行为的，人民法院可以恢复强制执行。

第四百七十一条 被执行人在人民法院决定暂缓执行的期限届满后仍不履行义务的，人民法院可以直接执行担保财产，或者裁定执行担保人的财产，但执行担保人的财产以担保人应当履行义务部分的财产为限。

14. 民间借贷案件的强制执行都有哪些措施？

【律师解答】强制执行有以下措施：

（1）扣留、提取、冻结、划拨被执行人的储蓄存款或者其他劳动收入，如工资、奖金、稿酬等，但应当保留被执行人及其所供养家属的必需生活费用；

（2）查封、扣押、冻结、拍卖、变卖被执行人的财产；

（3）责令当事人当面交付财物或者票据；

（4）强制迁出房屋或者退出土地；

（5）强制执行法律文书指定的行为；

（6）对企事业单位、机关、团体存款的划拨或转交。

在强制执行过程中，凡是无故推托、拒绝或者妨碍执行，因而造成严重后果的，有关单位和个人要负法律责任。

【特别提醒】被执行人以暴力进行反抗，妨碍执行员执行职务时，可以依法对他的人身采取强制措施，予以拘留；如果情节恶劣、后果严重的，还可以依法追究刑事责任。

【法条链接】

参见《中华人民共和国民事诉讼法》第二十一章"执行措施"中的相关规定。

15. 人民法院在执行中对被执行人采取限制财产的强制措施有无期限限制？

【律师解答】人民法院冻结被执行人的银行存款的期限不得超过一年，

查封、扣押动产的期限不得超过两年，查封不动产、冻结其他财产权的期限不得超过三年。

【特别提醒】解答中规定的冻结银行存款，查封、扣押动产，查封不动产、冻结其他财产权所规定的期限包括续行相关强制措施的期限。

【法条链接】

《最高人民法院关于适用〈中华人民共和国民事诉讼法〉的解释》

第四百八十七条　人民法院冻结被执行人的银行存款的期限不得超过一年，查封、扣押动产的期限不得超过两年，查封不动产、冻结其他财产权的期限不得超过三年。

申请执行人申请延长期限的，人民法院应当在查封、扣押、冻结期限届满前办理续行查封、扣押、冻结手续，续行期限不得超过前款规定的期限。

人民法院也可以依职权办理续行查封、扣押、冻结手续。

16. 执行的人民法院应当在多长时间内执行？如不执行，申请人怎么办？

【律师解答】执行员接到申请执行书或者移交执行书，应当向被执行人发出执行通知，并可以立即采取强制执行措施。人民法院自收到申请执行书之日起超过6个月未执行的，申请执行人可以向上一级人民法院申请执行。上一级人民法院经审查，可以责令原人民法院在一定期限内执行，也可以决定由本院执行或者指令其他人民法院执行。

【特别提醒】人民法院应当在收到申请执行书或者移交执行书后10日内发出执行通知。执行通知中除应责令被执行人履行法律文书确定的义务外，还应通知其承担《民事诉讼法》第253条规定的迟延履行利息或者迟延履行金。

【法条链接】

《中华人民共和国民事诉讼法》

第二百四十条　执行员接到申请执行书或者移交执行书，应当向被执行人发出执行通知，并可以立即采取强制执行措施。

第二百二十六条　人民法院自收到申请执行书之日起超过六个月未执行的，申请执行人可以向上一级人民法院申请执行。上一级人民法院经审查，可以责令原人民法院在一定期限内执行，也可以决定由本院执行或者指令其他人民法院执行。

《最高人民法院关于适用〈中华人民共和国民事诉讼法〉的解释》

第四百八十二条 人民法院应当在收到申请执行书或者移交执行书后十日内发出执行通知。

执行通知中除应责令被执行人履行法律文书确定的义务外,还应通知其承担民事诉讼法第二百五十三条规定的迟延履行利息或者迟延履行金。

《最高人民法院关于适用〈中华人民共和国民事诉讼法〉执行程序若干问题的解释》

第十四条 民事诉讼法第二百零三条(2012年修改为第二百二十六条)规定的六个月期间,不应当计算执行中的公告期间、鉴定评估期间、管辖争议处理期间、执行争议协调期间、暂缓执行期间以及中止执行期间。

17. 什么情况下执行法院可以中止执行?

【律师解答】 根据《民事诉讼法》第256条的规定,在执行过程中,出现下列情形之一的,人民法院应当裁定中止执行:(1)申请人表示可以延期执行的;(2)案外人对执行标的提出确有理由的异议的;(3)作为一方当事人的公民死亡,需要等待继承人继承权利或者承担义务的;(4)作为一方当事人的法人或者其他组织终止,尚未确定权利义务承受人的;(5)人民法院认为应当中止执行的其他情形。

【特别提醒】 中止执行是执行过程中,因出现特定情况而中途暂停执行,中止的情形消失后,执行的法院应当恢复执行。

【法条链接】

《最高人民法院关于适用〈中华人民共和国民事诉讼法〉的解释》

第四百六十六条 申请执行人与被执行人达成和解协议后请求中止执行或者撤回执行申请的,人民法院可以裁定中止执行或者终结执行。

第四百六十七条 一方当事人不履行或者不完全履行在执行中双方自愿达成的和解协议,对方当事人申请执行原生效法律文书的,人民法院应当恢复执行,但和解协议已履行的部分应当扣除。和解协议已经履行完毕的,人民法院不予恢复执行。

18. 什么情况下执行的法院可以终结执行?

【律师解答】 根据《民事诉讼法》第257条的规定,在执行过程中,出现下列情形之一的,人民法院应当裁定终结执行:(1)申请人撤销申请的;

(2)据以执行的法律文书被撤销的;(3)作为被执行人的公民死亡,无遗产可供执行,又无义务承担人的;(4)追索赡养费、扶养费、抚育费案件的权利人死亡的;(5)作为被执行人的公民因生活困难无力偿还借款,无收入来源,又丧失劳动能力的;(6)人民法院认为应当终结执行的其他情形。

【特别提醒】终结执行是执行案件的终止结案,以后不能再恢复执行。终结执行的裁定,送达当事人后,立即生效。

第二节 执行异议与执行异议之诉

1. 什么是执行异议?什么是执行异议之诉?

【律师解答】执行异议指人民法院在民事案件执行过程中,当事人、利害关系人认为执行行为违反法律规定并要求人民法院撤销或者改正执行的请求,或案外人对被执行的财产的全部或一部分主张权利并要求人民法院停止并变更执行的请求。前种异议为执行行为异议,后种异议为案外人执行异议。

执行异议之诉,是在执行过程中,指当事人和案外人对执行标的实体权利存有争议,请求执行法院解决争议而引起的诉讼。

【特别提醒】执行异议是针对执行标的而提出的异议行为,而执行异议之诉,是不服法院对执行异议裁定,双方对执行标的的实体权利存在争议而提起解决实体争议的诉讼行为。

【法条链接】
《中华人民共和国民事诉讼法》

第二百二十五条 当事人、利害关系人认为执行行为违反法律规定的,可以向负责执行的人民法院提出书面异议。当事人、利害关系人提出书面异议的,人民法院应当自收到书面异议之日起十五日内审查,理由成立的,裁定撤销或者改正;理由不成立的,裁定驳回。当事人、利害关系人对裁定不服的,可以自裁定送达之日起十日内向上一级人民法院申请复议。

第二百二十七条 执行过程中,案外人对执行标的提出书面异议的,人民法院应当自收到书面异议之日起十五日内审查,理由成立的,裁定中止对该标的的执行;理由不成立的,裁定驳回。案外人、当事人对裁定不服,认为原判决、裁定错误的，依照审判监督程序办理；与原判决、裁定无关的，可以自裁定送达之日起十五日内向人民法院提起诉讼。

2. 案外人提出执行异议有无时间要求和限制？

【律师解答】法律并未对案外人提出执行异议的时间作出规定或限制，但根据《民事诉讼法》第227条的规定，案外人提出执行异议应当限定在执行过程中，明确"案外人对执行标的提出异议的，应当在该执行标的执行程序终结前提出"。

【特别提醒】案外人的执行异议限于对执行标的的异议，对违法执行异议没有此限制。

【法条链接】

《最高人民法院关于适用〈中华人民共和国民事诉讼法〉的解释》

第四百六十四条 根据民事诉讼法第二百二十七条规定，案外人对执行标的提出异议的，应当在该执行标的的执行程序终结前提出。

3. 人民法院对执行异议如何处理？

【律师解答】人民法院应当自收到书面异议之日起15日内审查，理由成立的，裁定中止对该标的的执行；理由不成立的，裁定驳回。

【特别提醒】当事人或案外人对执行提出异议，必须是书面的，不能口头提出。

4. 对案外人的执行标的异议，法院如何处理？

【律师解答】案外人对执行标的提出的异议，经审查，按照下列情形分别处理：（一）案外人对执行标的不享有足以排除强制执行的权益的，裁定驳回其异议；（二）案外人对执行标的享有足以排除强制执行的权益的，裁定中止执行。

【特别提醒】驳回案外人执行异议裁定送达案外人之日起15日内，人民法院不得对执行标的进行处分。

【法条链接】

《最高人民法院关于适用〈中华人民共和国民事诉讼法〉的解释》

第四百六十五条 案外人对执行标的提出的异议，经审查，按照下列情形分别处理：

（一）案外人对执行标的不享有足以排除强制执行的权益的，裁定驳回

其异议;

(二) 案外人对执行标的享有足以排除强制执行的权益的,裁定中止执行。

驳回案外人执行异议裁定送达案外人之日起十五日内,人民法院不得对执行标的进行处分。

5. 当事人或案外人对人民法院作出的执行异议裁定不服怎么办?

【律师解答】当事人或案外人对人民法院作出的执行异议裁定不服的,认为原判决、裁定错误的,依照审判监督程序办理;与原判决、裁定无关的,可以自裁定送达之日起15日内向人民法院提起诉讼。

【特别提醒】根据不服的原因分为两种不同的处理方式,即按审判监督程序办理和提起执行异议诉讼。

6. 案外人提起执行异议之诉有什么要求?

【律师解答】案外人对提起执行异议之诉,应当自人民法院对执行异议的裁定之日起15日内向有管辖权的法院起诉。

【特别提醒】当事人或案外人提起执行异议之诉的,由执行法院管辖。

【法条链接】

《最高人民法院关于适用〈中华人民共和国民事诉讼法〉的解释》

第三百零四条 根据民事诉讼法第二百二十七条规定,案外人、当事人对执行异议裁定不服,自裁定送达之日起十五日内向人民法院提起执行异议之诉的,由执行法院管辖。

7. 案外人提起执行异议之诉应当具备哪些条件?

【律师解答】案外人提起执行异议之诉,应当符合《民事诉讼法》第119条的规定和《最高人民法院关于适用〈中华人民共和国民事诉讼法〉的解释》第305条规定的条件。具体见下面法条内容。

【特别提醒】《最高人民法院关于适用〈中华人民共和国民事诉讼法〉的解释》第305条规定的条件应当同时具备,特别注意其诉讼请求要求:有明确地排除对执行标的执行的诉讼请求,且诉讼请求与原判决、裁定无关。

【法条链接】

《中华人民共和国民事诉讼法》

第一百一十九条 起诉必须符合下列条件:

（一）原告是与本案有直接利害关系的公民、法人和其他组织；

（二）有明确的被告；

（三）有具体的诉讼请求和事实、理由；

（四）属于人民法院受理民事诉讼的范围和受诉人民法院管辖。

《最高人民法院关于适用〈中华人民共和国民事诉讼法〉的解释》

第三百零五条　案外人提起执行异议之诉，除符合民事诉讼法第一百一十九条规定外，还应当具备下列条件：

（一）案外人的执行异议申请已经被人民法院裁定驳回；

（二）有明确的排除对执行标的执行的诉讼请求，且诉讼请求与原判决、裁定无关；

（三）自执行异议裁定送达之日起十五日内提起。

人民法院应当在收到起诉状之日起十五日内决定是否立案。

8. 申请执行人提起执行异议之诉有什么要求？

【律师解答】申请执行人是执行的权利人，如果申请人对执行异议不服提起诉讼，除应当符合《民事诉讼法》第119条关于当事人向法院提起民事诉讼的一般要求外，还应当具备和符合《最高人民法院关于适用〈中华人民共和国民事诉讼法〉的解释》第306条的规定，具体内容见下面的法条。

【特别提醒】请注意案外人提出执行异议之诉与申请人提出执行异议的条件是不一样的。

【法条链接】

《最高人民法院关于适用〈中华人民共和国民事诉讼法〉的解释》

第三百零六条　申请执行人提起执行异议之诉，除符合民事诉讼法第一百一十九条规定外，还应当具备下列条件：

（一）依案外人执行异议申请，人民法院裁定中止执行；

（二）有明确的对执行标的继续执行的诉讼请求，且诉讼请求与原判决、裁定无关；

（三）自执行异议裁定送达之日起十五日内提起。

人民法院应当在收到起诉状之日起十五日内决定是否立案。

9. 提起执行异议之诉如何确定各方当事人地位？

【律师解答】根据提起诉讼主体的不同，其当事人的地位也是不一样的，如果是案外人提起执行异议之诉的，以申请执行人为被告。被执行人反对案外人异议的，被执行人为共同被告；被执行人不反对案外人异议的，可以列被执行人为第三人。如果是申请人提起执行异议诉讼，以案外人为被告。被执行人反对申请执行人主张的，以案外人和被执行人为共同被告；被执行人不反对申请执行人主张的，可以列被执行人为第三人。

【特别提醒】申请执行人对中止执行裁定未提起执行异议之诉，被执行人提起执行异议之诉的，人民法院告知其另行起诉。

【法条链接】

《最高人民法院关于适用〈中华人民共和国民事诉讼法〉的解释》

第三百零七条 案外人提起执行异议之诉的，以申请执行人为被告。被执行人反对案外人异议的，被执行人为共同被告；被执行人不反对案外人异议的，可以列被执行人为第三人。

第三百零八条 申请执行人提起执行异议之诉的，以案外人为被告。被执行人反对申请执行人主张的，以案外人和被执行人为共同被告；被执行人不反对申请执行人主张的，可以列被执行人为第三人。

第三百零九条 申请执行人对中止执行裁定未提起执行异议之诉，被执行人提起执行异议之诉的，人民法院告知其另行起诉。

10. 人民法院审理申请执行异议之诉应当适用何种程序？

【律师解答】人民法院审理执行异议之诉案件，适用普通程序。

【特别提醒】司法解释明确规定适用普通程序，故不能由当事人协商选择适用审理程序。

【法条链接】

《最高人民法院关于适用〈中华人民共和国民事诉讼法〉的解释》

第三百一十条 人民法院审理执行异议之诉案件，适用普通程序。

11. 对执行异议之诉的举证证明责任有什么特殊要求？

【律师解答】对执行异议案件，无论是案外人提起诉讼，还是申请执行人提起执行异议之诉，案外人应当就其对执行标的享有足以排除强制执行的民事权益承担举证证明责任。

【特别提醒】案外人应当就其对执行标的享有足以排除强制执行的民事权益承担举证证明责任也是符合"谁主张,谁举证"的基本要求的,因执行异议是针对执行标的所提出,具有对抗正常执行的效力,故在其诉讼中,提出异议的案外人应当负举证证明责任。

【法条链接】

《最高人民法院关于适用〈中华人民共和国民事诉讼法〉的解释》

第三百一十一条 案外人或者申请执行人提起执行异议之诉的,案外人应当就其对执行标的享有足以排除强制执行的民事权益承担举证证明责任。

12. 案外人提出执行异议之诉,经审理,都有哪些处理结果?

【律师解答】对案外人提起的执行异议之诉,人民法院经审理,按照下列情形分别处理:(1)案外人就执行标的享有足以排除强制执行的民事权益的,判决不得执行该执行标的;(2)案外人就执行标的不享有足以排除强制执行的民事权益的,判决驳回诉讼请求。

【特别提醒】案外人同时提出确认其权利的诉讼请求的,人民法院可以在判决中一并作出裁判。

【法条链接】

《最高人民法院关于适用〈中华人民共和国民事诉讼法〉的解释》

第三百一十二条 对案外人提起的执行异议之诉,人民法院经审理,按照下列情形分别处理:

(一)案外人就执行标的享有足以排除强制执行的民事权益的,判决不得执行该执行标的;

(二)案外人就执行标的不享有足以排除强制执行的民事权益的,判决驳回诉讼请求。

案外人同时提出确认其权利的诉讼请求的,人民法院可以在判决中一并作出裁判。

13. 申请人提出执行异议之诉的,法院经审理,如何处理?

【律师解答】对申请执行人提起的执行异议之诉,人民法院经审理,按照下列情形分别处理:(1)案外人就执行标的不享有足以排除强制执行的民事权益的,判决准许执行该执行标的;(2)案外人就执行标的享有足以排除强制执行的民事权益的,判决驳回诉讼请求。

【特别提醒】对案外人执行异议之诉,人民法院判决不得对执行标的执行的,执行异议裁定失效。对申请执行人执行异议之诉,人民法院判决准许对该执行标的执行的,执行异议裁定失效,执行法院可以根据申请执行人的申请或者依职权恢复执行。

【法条链接】

《最高人民法院关于适用〈中华人民共和国民事诉讼法〉的解释》

第三百一十三条 对申请执行人提起的执行异议之诉,人民法院经审理,按照下列情形分别处理:

(一)案外人就执行标的不享有足以排除强制执行的民事权益的,判决准许执行该执行标的;

(二)案外人就执行标的享有足以排除强制执行的民事权益的,判决驳回诉讼请求。

第三百一十四条 对案外人执行异议之诉,人民法院判决不得对执行标的执行的,执行异议裁定失效。

对申请执行人执行异议之诉,人民法院判决准许对该执行标的执行的,执行异议裁定失效,执行法院可以根据申请执行人的申请或者依职权恢复执行。

14. 案外人执行异议之诉期间,人民法院对执行标的物可以处分吗?

【律师解答】执行异议是对法院执行行为的对抗行为,在没有最终确定异议是否成立的情况下,人民法院不得对执行标的进行处分。

【特别提醒】如申请执行人请求人民法院继续执行并提供相应担保的,人民法院可以准许。

【法条链接】

《最高人民法院关于适用〈中华人民共和国民事诉讼法〉的解释》

第三百一十五条 案外人执行异议之诉审理期间,人民法院不得对执行标的进行处分。申请执行人请求人民法院继续执行并提供相应担保的,人民法院可以准许。

被执行人与案外人恶意串通,通过执行异议、执行异议之诉妨害执行的,人民法院应当依照民事诉讼法第一百一十三条规定处理。申请执行人因此受到损害的,可以提起诉讼要求被执行人、案外人赔偿。

15. 被执行人与案外人恶意串通，通过执行异议、执行异议之诉妨害执行的怎么办？

【律师解答】被执行人与案外人恶意串通，企图通过执行异议、执行异议之诉妨害执行的，人民法院应当依照《民事诉讼法》第113条规定处理。人民法院应当根据情节轻重予以罚款、拘留；构成犯罪的，依法追究刑事责任。

【特别提醒】申请执行人因此受到损害的，可以提起诉讼要求被执行人、案外人赔偿。

【法条链接】

《中华人民共和国民事诉讼法》

第一百一十三条 被执行人与他人恶意串通，通过诉讼、仲裁、调解等方式逃避履行法律文书确定的义务的，人民法院应当根据情节轻重予以罚款、拘留；构成犯罪的，依法追究刑事责任。

16. 人民法院经审查认为执行异议成立，并对执行标的裁定中止执行后，申请执行人在法律规定的期间内未提起执行异议之诉的，怎么办？

【律师解答】人民法院对执行标的裁定中止执行后，申请执行人在法律规定的自接到裁定之日起15天的期间内未提起执行异议之诉的，人民法院应当自起诉期限届满之日起7日内解除对该执行标的采取的执行措施。

【特别提醒】人民法院对执行标的裁定中止执行后，意味着执行异议成立，对有关标的物不再执行，此时，申请执行人的执行目的可能落空，对此申请执行人如对执行异议裁定不服，应当在接到裁定起15日内向法院提起执行异议之诉，如申请执行人未在法定的期间内提起执行异议之诉，等于申请执行人放弃了通过诉讼途径进行审查和纠正的权利。也可以视为，申请人认为执行异议裁定是正确的。故应当自起诉期限届满之日起7日内解除对该执行标的采取的执行措施，保护相应权利。

【法条链接】

《最高人民法院关于适用〈中华人民共和国民事诉讼法〉的解释》

第三百一十六条 人民法院对执行标的裁定中止执行后，申请执行人在法律规定的期间内未提起执行异议之诉的，人民法院应当自起诉期限届满之日起七日内解除对该执行标的采取的执行措施。

第三节 第三人撤销之诉

1. 什么是第三人撤销之诉？

【律师解答】 第三人撤销之诉，是指未参加诉讼的第三人，有证据证明发生法律效力的判决、裁定、调解书的部分或者全部内容错误，损害其民事权益的，向作出该判决、裁定、调解书的人民法院提起诉讼，请求改变或者撤销原判决、裁定、调解书的制度。

【特别提醒】 第三人撤销之诉是2012年《民事诉讼法》修改时所增设的一项诉讼种类，设置这一诉讼种类的目的，一方面是给以因故未能参加诉讼而没有获得程序保障、却可能受到判决既判力扩张效果拘束的第三人提供救济途径；另一方面，则是防止第三人的合法权益受到他人通过利用诉讼审判骗取法院生效法律文书等方式的不当侵害。民间借贷是虚假诉讼的多发案件类型，第三人诉讼制度的设立，为抵制虚假诉讼提供了有效的司法制度。

【法条链接】

《中华人民共和国民事诉讼法》

第五十六条　对当事人双方的诉讼标的，第三人认为有独立请求权的，有权提起诉讼。

对当事人双方的诉讼标的，第三人虽然没有独立请求权，但案件处理结果同他有法律上的利害关系的，可以申请参加诉讼，或者由人民法院通知他参加诉讼。人民法院判决承担民事责任的第三人，有当事人的诉讼权利义务。

前两款规定的第三人，因不能归责于本人的事由未参加诉讼，但有证据证明发生法律效力的判决、裁定、调解书的部分或者全部内容错误，损害其民事权益的，可以自知道或者应当知道其民事权益受到损害之日起六个月内，向作出该判决、裁定、调解书的人民法院提起诉讼。人民法院经审理，诉讼请求成立的，应当改变或者撤销原判决、裁定、调解书；诉讼请求不成立的，驳回诉讼请求。

2. 第三人提起撤销之诉，应当在多长时间内，向哪个法院提出？

【律师解答】 第三人对已经发生法律效力的判决、裁定、调解书提起撤销之诉的，应当自知道或者应当知道其民事权益受到损害之日起 6 个月内，向作出生效判决、裁定、调解书的人民法院提出。未上诉的，向原审法院；上诉，维持的，向一审法院；上诉改判的或调解的，向二审法院。

【特别提醒】第三人应当自知道或者应当知道其民事权益受到损害之日起 6 个月内提起诉讼，逾期人民法院不予受理，已经受理的应予驳回。该 6 个月期间为不变期间和除斥期间，不适用中止、延长、中断的规定。

【法条链接】

《最高人民法院关于适用〈中华人民共和国民事诉讼法〉的解释》

第二百九十二条　第三人对已经发生法律效力的判决、裁定、调解书提起撤销之诉的，应当自知道或者应当知道其民事权益受到损害之日起六个月内，向作出生效判决、裁定、调解书的人民法院提出，并应当提供存在下列情形的证据材料：

（一）因不能归责于本人的事由未参加诉讼；

（二）发生法律效力的判决、裁定、调解书的全部或者部分内容错误；

（三）发生法律效力的判决、裁定、调解书内容错误损害其民事权益。

3. 第三人提起撤销之诉时，应当向法院提交哪些证据材料？

【律师解答】第三人起诉时应当提供如下证据材料：（1）因不能归责于本人的事由未参加诉讼；（2）发生法律效力的判决、裁定、调解书的全部或者部分内容错误；（3）发生法律效力的判决、裁定、调解书内容错误损害其民事权益。

【特别提醒】若在原审诉讼程序中，已经获知程序进程或者已经收到法院通知而未参加原审程序的第三人，则不能于裁判生效后提出第三人撤销之诉，因其自身存在过错，责任自负。

4. 人民法院对第三人撤销之诉进行立案登记后，如何对其进行立案审查？

【律师解答】人民法院应当在收到起诉状和证据材料之日起 5 日内送交对方当事人，对方当事人可以自收到起诉状之日起 10 日内提出书面意见。人民法院应当对第三人提交的起诉状、证据材料以及对方当事人的书面意见进行审查。必要时，可以询问双方当事人。经审查，符合起诉条件的，人民法院应当在收到起诉状之日起 30 日内立案。不符合起诉条件的，应当在收到起诉状之日起 30 日内裁定不予受理。

【特别提醒】人民法院对第三人撤销之诉的立案审查，比其他民事案件要严格，审查的时间也长，其他普通民事案件的立案审查期限为 7 日，而第三人撤销之诉案件的审查期限为 30 日，且在必要时，可以询问双方当事人。

【法条链接】

《最高人民法院关于适用〈中华人民共和国民事诉讼法〉的解释》

第二百九十三条 人民法院应当在收到起诉状和证据材料之日起五日内送交对方当事人，对方当事人可以自收到起诉状之日起十日内提出书面意见。

人民法院应当对第三人提交的起诉状、证据材料以及对方当事人的书面意见进行审查。必要时，可以询问双方当事人。

经审查，符合起诉条件的，人民法院应当在收到起诉状之日起三十日内立案。不符合起诉条件的，应当在收到起诉状之日起三十日内裁定不予受理。

5. 民事诉讼法规定第三人因不能归责于本人的事由未参加诉讼的情况如何确定？

【律师解答】《民事诉讼法》第 56 条第 3 款规定的因不能归责于本人的事由未参加诉讼是第三人撤销诉讼的法定原因，这里"因不能归责于本人的事由未参加诉讼"是指没有被列为生效判决、裁定、调解书当事人，且无过错或者无明显过错的情形。具体包括：（1）不知道诉讼而未参加的；（2）申请参加未获准许的；（3）知道诉讼，但因客观原因无法参加的；（4）因其他不能归责于本人的事由未参加诉讼的。

【法条链接】

《最高人民法院关于适用〈中华人民共和国民事诉讼法〉的解释》

第二百九十五条 民事诉讼法第五十六条第三款规定的因不能归责于本人的事由未参加诉讼，是指没有被列为生效判决、裁定、调解书当事人，且无过错或者无明显过错的情形。包括：

（一）不知道诉讼而未参加的；

（二）申请参加未获准许的；

（三）知道诉讼，但因客观原因无法参加的；

（四）因其他不能归责于本人的事由未参加诉讼的。

6. 《民事诉讼法》第 56 条第 3 款规定的判决、裁定、调解书的部分或者全部内容如何理解?

【律师解答】第三人"有证据证明发生法律效力的判决、裁定、调解书的部分或者全部内容错误,损害其民事权益的",系第三人提起撤销之诉必备的条件之一,这里的"判决、裁定、调解书的部分或者全部内容"是指判决、裁定的主文,调解书中处理当事人民事权利义务的结果。

【法条链接】

《最高人民法院关于适用〈中华人民共和国民事诉讼法〉的解释》

第二百九十六条 民事诉讼法第五十六条第三款规定的判决、裁定、调解书的部分或者全部内容,是指判决、裁定的主文,调解书中处理当事人民事权利义务的结果。

7. 什么情况下第三人提起的撤销之诉,法院不予受理?

【律师解答】对第三人提起的撤销之诉,须经立案审查,经审查后,符合立案条件的给予立案,如不符合立案条件,则裁定驳回。为明确第三人撤销之诉的立案审查,司法解释明确规定的不予受理的情形。即:

(1)适用特别程序、督促程序、公示催告程序、破产程序等非讼程序处理的案件;

(2)婚姻无效、撤销或者解除婚姻关系等判决、裁定、调解书中涉及身份关系的内容;

(3)《民事诉讼法》第 54 条规定的未参加登记的权利人对代表人诉讼案件的生效裁判;

(4)《民事诉讼法》第 55 条规定的损害社会公共利益行为的受害人对公益诉讼案件的生效裁判。

【特别提醒】对于民间借贷案件,涉及督促程序中的支付、集资集团诉讼等均不能提起第三人撤销之诉。

【法条链接】

《最高人民法院关于适用〈中华人民共和国民事诉讼法〉的解释》

第二百九十七条 对下列情形提起第三人撤销之诉的,人民法院不予受理:

(一)适用特别程序、督促程序、公示催告程序、破产程序等非讼程序处理的案件;

（二）婚姻无效、撤销或者解除婚姻关系等判决、裁定、调解书中涉及身份关系的内容；

（三）民事诉讼法第五十四条规定的未参加登记的权利人对代表人诉讼案件的生效裁判；

（四）民事诉讼法第五十五条规定的损害社会公共利益行为的受害人对公益诉讼案件的生效裁判。

8. 案外人对人民法院驳回其执行异议裁定不服，认为原判决、裁定、调解书内容错误损害其合法权益的，可以向法院提起第三人撤销之诉吗？

【律师解答】案外人对人民法院驳回其执行异议裁定不服，认为原判决、裁定、调解书内容错误损害其合法权益的，应当根据《民事诉讼法》第227条规定申请再审，提起第三人撤销之诉的，人民法院不予受理。

【特别提醒】第三人针对原判决、裁定提出异议，走审判监督程序，对执行异议裁定不服，可提起执行异议之诉，不能提起第三人撤销之诉。

【法条链接】

《中华人民共和国民事诉讼法》

第二百二十七条 执行过程中，案外人对执行标的提出书面异议的，人民法院应当自收到书面异议之日起十五日内审查，理由成立的，裁定中止对该标的的执行；理由不成立的，裁定驳回。案外人、当事人对裁定不服，认为原判决、裁定错误的，依照审判监督程序办理；与原判决、裁定无关的，可以自裁定送达之日起十五日内向人民法院提起诉讼。

《最高人民法院关于适用〈中华人民共和国民事诉讼法〉的解释》

第三百零三条 第三人提起撤销之诉后，未中止生效判决、裁定、调解书执行的，执行法院对第三人依照民事诉讼法第二百二十七条规定提出的执行异议，应予审查。第三人不服驳回执行异议裁定，申请对原判决、裁定、调解书再审的，人民法院不予受理。

案外人对人民法院驳回其执行异议裁定不服，认为原判决、裁定、调解书内容错误损害其合法权益的，应当根据民事诉讼法第二百二十七条规定申请再审，提起第三人撤销之诉的，人民法院不予受理。

9. 第三人撤销之诉的当事人如何确定？

【律师解答】第三人提起撤销之诉，人民法院应当将该第三人列为原告，生效判决、裁定、调解书的当事人列为被告，生效判决、裁定、调解书中没有承担责任的无独立请求权的第三人列为第三人。

【特别提醒】生效判决、裁定中有承担责任的第三人，亦应当将其列为共同被告。

【法条链接】

《最高人民法院关于适用〈中华人民共和国民事诉讼法〉的解释》

第二百九十八条 第三人提起撤销之诉，人民法院应当将该第三人列为原告，生效判决、裁定、调解书的当事人列为被告，但生效判决、裁定、调解书中没有承担责任的无独立请求权的第三人列为第三人。

10. 人民法院审理第三人撤销之诉，可以适用简易程序吗？

【律师解答】人民法院审理第三人撤销之诉案件，应组成合议庭开庭审理。所以，不能适用简易程序审理第三人撤销之诉。

【特别提醒】第三人撤销之诉系独立的诉讼种类，民事诉讼法对其审理适用的程序没有单独作出规定，《最高人民法院关于适用〈中华人民共和国民事诉讼法〉的解释》规定应组成合议庭开庭审理，应当遵照其规定。

【法条链接】

《最高人民法院关于适用〈中华人民共和国民事诉讼法〉的解释》

第二百九十四条 人民法院对第三人撤销之诉案件，应当组成合议庭开庭审理。

11. 法院受理第三人撤销之诉后，原审判决已经进入执行程序的怎么办？

【律师解答】对于进入执行程序的判决、裁定或调解书等，如在执行过程中，法院受理了第三人的撤销之诉，原告可向执行法院提出中止执行申请，如原告对请求中止执行提供担保的，执行法院应当准许。

【特别提醒】第三人提起撤销之诉被法院受理，表明其申请执行的法律文书有被撤销的可能，为慎重和防止将来执行回转困难，一般法院是能够暂停执行的，但未经审判并撤销原判决，原来申请执行的裁判还是生效法律文书，在原告未申请停止执行并提供相应担保的，法院继续执行也不违法。

【法条链接】

《最高人民法院关于适用〈中华人民共和国民事诉讼法〉的解释》

第二百九十九条　受理第三人撤销之诉案件后，原告提供相应担保，请求中止执行的，人民法院可以准许。

12. 对第三人撤销之诉，法院如何处理？

【律师解答】 对第三人撤销或者部分撤销发生法律效力的判决、裁定、调解书内容的请求，人民法院经审理，会根据不同情况分别作出以下处理：

（1）请求成立且确认其民事权利的主张全部或部分成立的，改变原判决、裁定、调解书内容的错误部分；

（2）请求成立，但确认其全部或部分民事权利的主张不成立，或者未提出确认其民事权利请求的，撤销原判决、裁定、调解书内容的错误部分；

（3）请求不成立的，驳回诉讼请求。

【特别提醒】 对第三人撤销之诉的判决，如果一方不服，可以上诉，原判决、裁定、调解书的内容未改变或者未撤销的部分继续有效。

【法条链接】

《最高人民法院关于适用〈中华人民共和国民事诉讼法〉的解释》

第三百条　对第三人撤销或者部分撤销发生法律效力的判决、裁定、调解书内容的请求，人民法院经审理，按下列情形分别处理：

（一）请求成立且确认其民事权利的主张全部或部分成立的，改变原判决、裁定、调解书内容的错误部分；

（二）请求成立，但确认其全部或部分民事权利的主张不成立，或者未提出确认其民事权利请求的，撤销原判决、裁定、调解书内容的错误部分；

（三）请求不成立的，驳回诉讼请求。

对前款规定裁判不服的，当事人可以上诉。

原判决、裁定、调解书的内容未改变或者未撤销的部分继续有效。

13. 第三人撤销之诉案件审理期间，人民法院对生效判决、裁定、调解书裁定再审的怎么办？

【律师解答】 第三人撤销之诉案件审理期间，人民法院对生效判决、裁定、调解书裁定再审的，受理第三人撤销之诉的人民法院应当裁定将第三人的诉讼请求并入再审程序。

【特别提醒】如有证据证明原审当事人之间恶意串通损害第三人合法权益的，人民法院应当先行审理第三人撤销之诉案件，裁定中止再审诉讼。

【法条链接】

《最高人民法院关于适用〈中华人民共和国民事诉讼法〉的解释》

第三百零一条　第三人撤销之诉案件审理期间，人民法院对生效判决、裁定、调解书裁定再审的，受理第三人撤销之诉的人民法院应当裁定将第三人的诉讼请求并入再审程序。但有证据证明原审当事人之间恶意串通损害第三人合法权益的，人民法院应当先行审理第三人撤销之诉案件，裁定中止再审诉讼。

14. 第三人撤销之诉被并入再审程序的如何处理？

【律师解答】第三人诉讼请求并入再审程序审理的，如再审是按照第一审程序审理的，人民法院应当对第三人的诉讼请求一并审理，所作的判决可以上诉；如再审是按照第二审程序审理的，人民法院可以调解，调解达不成协议的，应当裁定撤销原判决、裁定、调解书，发回一审法院重审，重审时应当列明第三人。

【特别提醒】并入再审是二审程序时，由于第三人撤销之诉未经过一审审理，经调解达不成协议的，只能发回重审，不能判决，否则会侵犯第三人的上诉权，使第三人的撤销之诉成了一审终审。属于严重违反法律程序的情形。

【法条链接】

《最高人民法院关于适用〈中华人民共和国民事诉讼法〉的解释》

第三百零二条　第三人诉讼请求并入再审程序审理的，按照下列情形分别处理：

（一）按照第一审程序审理的，人民法院应当对第三人的诉讼请求一并审理，所作的判决可以上诉；

（二）按照第二审程序审理的，人民法院可以调解，调解达不成协议的，应当裁定撤销原判决、裁定、调解书，发回一审法院重审，重审时应当列明第三人。

第四节　专项指导

1. 民间借贷案件强制执行指导

一起民间借贷案件经人民法院判决或调解生效后,双方均应当在生效法律文书指定的期间内自动履行,负有义务一方在判决或调解书生效后,未在指定期间自动履行,则对方可向法院申请强制执行。强制执行是人民法院强制被执行人履行生效判决或调解书确定内容的行为。对民间借贷案件的强制执行应当注意以下问题:

(1) 民间借贷案件涉及的强制执行绝大多数都是依当事人的申请而启动。

(2) 申请强制执行的当事人只限于判决书或调解书中确定权利的享有者。民间借贷案件的申请执行人绝大多数都是债权人。

(3) 申请强制执行的法律依据必须是已经生效的法院判决书、调解书或裁定书。已经生效的法律文书,包括当事人已经签收的一审或二审调解书;当事人收到且已过上诉期的一审判决书或裁定书;还包括当事人不服一审判决上诉后,二审经审理后作出的判决书。

(4) 申请法院强制执行,必须在法定期间内申请。一般向法院申请执行的期间为二年。申请期间的计算,从法律文书规定履行期间的最后一日起计算;法律文书规定分期履行的,从规定的每次履行期间的最后一日起计算;法律文书未规定履行期间的,从法律文书生效之日起计算。申请执行时效的中止、中断,适用法律有关诉讼时效中止、中断的规定。

(5) 无论生效的法律文书是一审还是二审判决书或调解书,申请执行时,均应向一审法院申请执行,涉及主要财产在异地的,也可以向主要财产所在地与一审法院同级的人民法院申请执行。

(6) 民间借贷案件涉及强制执行的主要是借款的偿还、利息的给付和违约金、担保责任承担等具有金钱给付的内容。

(7) 申请人应当积极向执行法院提供被执行人的住所、财产状况、经济收入等情况,以保证顺利执行。

(8) 在执行中,被执行人向人民法院提供担保,并经申请执行人同意的，人民法院可以决定暂缓执行及暂缓执行的期限。被执行人逾期仍不履行的，人民法院有权执行被执行人的担保财产或者担保人的财产。

（9）人民法院自收到申请执行书之日起超过6个月未执行的，申请执行人可以向上一级人民法院申请执行。上一级人民法院经审查，可以责令原人民法院在一定期限内执行，也可以决定由本院执行或者指令其他人民法院执行。

（10）在执行中，双方当事人自行和解达成协议的，执行员应当将协议内容记入笔录，由双方当事人签名或者盖章。申请执行人因受欺诈、胁迫与被执行人达成和解协议，或者当事人不履行和解协议的，人民法院可以根据当事人的申请，恢复对原生效法律文书的执行。

2. 执行异议之诉的指导

（1）执行异议之诉是针对执行标的争议而提起的诉讼。

（2）执行异议之诉以执行过程中案外人对执行标的提出书面的异议为前提，执行法院在收到书面异议15日内对执行异议审查并作出裁定。

（3）当事人、利害关系人认为执行行为违反法律规定提出书面异议，执行法院对此作出的异议裁定，当事人、利害关系人不服的，可以自裁定送达之日起10日内向上一级人民法院申请复议，但不能提起执行异议之诉。

（4）案外人、当事人对执行标的异议裁定不服，认为原判决、裁定错误的，依照审判监督程序办理。

（5）案外人、申请执行人对执行标的异议裁定不服，双方均应自执行异议裁定送达之日起15日内向执行的人民法院提起诉讼。人民法院应当在收到起诉状之日起15日内决定是否立案。

（6）案外人提起执行异议之诉的，以申请执行人为被告。被执行人反对案外人异议的，被执行人为共同被告；被执行人不反对案外人异议的，可以列被执行人为第三人。

（7）申请执行人提起执行异议之诉的，以案外人为被告。被执行人反对申请执行人主张的，以案外人和被执行人为共同被告；被执行人不反对申请执行人主张的，可以列被执行人为第三人。

（8）申请执行人对中止执行裁定未提起执行异议之诉，被执行人提起执行异议之诉的，人民法院告知其另行起诉。

（9）人民法院审理执行异议之诉案件，适用普通程序。

（10）案外人或者申请执行人提起执行异议之诉的，案外人应当就其对执行标的享有足以排除强制执行的民事权益承担举证证明责任。

（11）对案外人提起的执行异议之诉，人民法院经审理，按照下列情形分别处理：

第一，案外人就执行标的享有足以排除强制执行的民事权益的，判决不得执行该执行标的；

第二，案外人就执行标的不享有足以排除强制执行的民事权益的，判决驳回诉讼请求。

案外人同时提出确认其权利的诉讼请求的，人民法院可以在判决中一并作出裁判。

（12）对申请执行人提起的执行异议之诉，人民法院经审理，按照下列情形分别处理：

第一，案外人就执行标的不享有足以排除强制执行的民事权益的，判决准许执行该执行标的；

第二，案外人就执行标的享有足以排除强制执行的民事权益的，判决驳回诉讼请求。

（13）案外人执行异议之诉审理期间，人民法院不得对执行标的进行处分。如果申请执行人请求人民法院继续执行并提供相应担保的，人民法院可以准许。

（14）对案外人执行异议之诉，人民法院判决不得对执行标的的执行的，执行异议裁定失效。对申请执行人执行异议之诉，人民法院判决准许对该执行标的的执行的，执行异议裁定失效，执行法院可以根据申请执行人的申请或者依职权恢复执行。

（15）被执行人与案外人恶意串通，通过执行异议、执行异议之诉妨害执行的，人民法院应当依照《民事诉讼法》第113条规定处理。申请执行人因此受到损害的，可以提起诉讼要求被执行人、案外人赔偿。

3. 对拒不执行法院判决、裁定罪适用的指导

（1）为了惩治和打击逃避、抗拒执行行为，维护人民法院判决、裁定的权威，保护申请执行人的合法权利，《刑法》第313条明确规定：对人民法院的判决、裁定有能力执行而拒不执行，情节严重的，处三年以下有期徒刑、拘役或者罚金。

(2) 被执行人、协助执行义务人、担保人等负有执行义务的人对人民法院的判决、裁定有能力执行而拒不执行，情节严重的，应当依照《刑法》第313条的规定，以拒不执行判决、裁定罪处罚。

(3)《刑法》第313条规定的"人民法院的判决、裁定"，是指人民法院依法作出的具有执行内容并已发生法律效力的判决、裁定。人民法院为依法执行支付令、生效的调解书、仲裁裁决、公证债权文书等所作的裁定属于该条规定的裁定。

(4)《刑法》第313条规定的"有能力执行而拒不执行，情节严重"的情形：

第一，被执行人隐藏、转移、故意毁损财产或者无偿转让财产、以明显不合理的低价转让财产，致使判决、裁定无法执行的；

第二，担保人或者被执行人隐藏、转移、故意毁损或者转让已向人民法院提供担保的财产，致使判决、裁定无法执行的；

第三，协助执行义务人接到人民法院协助执行通知书后，拒不协助执行，致使判决、裁定无法执行的；

第四，被执行人、担保人、协助执行义务人与国家机关工作人员通谋，利用国家机关工作人员的职权妨害执行，致使判决、裁定无法执行的；

第五，其他有能力执行而拒不执行，情节严重的情形。

(5) 负有执行义务的人有能力执行而实施下列行为之一的，应当认定为《全国人大常委会关于〈中华人民共和国刑法〉第三百一十三条的解释》中规定的"其他有能力执行而拒不执行，情节严重的情形"：

第一，具有拒绝报告或者虚假报告财产情况、违反人民法院限制高消费及有关消费令等拒不执行行为，经采取罚款或者拘留等强制措施后仍拒不执行的；

第二，伪造、毁灭有关被执行人履行能力的重要证据，以暴力、威胁、贿买方法阻止他人作证或者指使、贿买、胁迫他人作伪证，妨碍人民法院查明被执行人财产情况，致使判决、裁定无法执行的；

第三，拒不交付法律文书指定交付的财物、票证或者拒不迁出房屋、退出土地，致使判决、裁定无法执行的；

第四，与他人串通，通过虚假诉讼、虚假仲裁、虚假和解等方式妨害执行，致使判决、裁定无法执行的；

第五，以暴力、威胁方法阻碍执行人员进入执行现场或者聚众哄闹、冲击执行现场，致使执行工作无法进行的；

第六，对执行人员进行侮辱、围攻、扣押、殴打，致使执行工作无法进行的；

第七，毁损、抢夺执行案件材料、执行公务车辆和其他执行器械、执行人员服装以及执行公务证件，致使执行工作无法进行的；

第八，拒不执行法院判决、裁定，致使债权人遭受重大损失的。

（6）申请执行人有证据证明同时具有下列情形，人民法院认为符合《刑事诉讼法》第204条第3项规定的，以自诉案件立案审理：

第一，负有执行义务的人拒不执行判决、裁定，侵犯了申请执行人的人身、财产权利，应当依法追究刑事责任的；

第二，申请执行人曾经提出控告，而公安机关或者人民检察院对负有执行义务的人不予追究刑事责任的。

（7）拒不执行判决、裁定刑事案件，一般由执行法院所在地人民法院管辖。

（8）拒不执行判决、裁定的被告人在一审宣告判决前，履行全部或部分执行义务的，可以酌情从宽处罚。

（9）自诉案件，依照《刑事诉讼法》第206条的规定，自诉人在宣告判决前，可以同被告人自行和解或者撤回自诉。

第五节　案例裁判与评析

1. 为逃避执行，把房产"卖给"父母，法院判决予以撤销

【案情】

2013年10月，王某声称经营所需向朋友范某借款200万元，双方签订了借款合同，对借款期限、利率等作出了约定。借款到期后，王某未能按期还款，范某就将王某夫妻告上了法庭，法院经审理后判决王某夫妻归还借款本金200万元，并支付相应的利息。

判决生效后，范某准备向法院申请强制执行，因为他知道王某名下有一套200多平方米的住房，市场价在200万元左右，可以偿还债务。但让他想

不到的是，在2014年的2月，王某已经将房产以120万元"卖给"了自己的父母，双方不仅签订了房地产买卖契约，还有支付款项的相关单据，并且该房产已经办理了过户手续。范某认为，王某夫妻拖欠原告款项无力归还，却在原告向其主张债权时将其名下房产以明显不合理的低价转让给父母，导致原告难以实现债权。而且王某的父母与王某共同居住，应知晓其无力偿还债务的情形。因此，原告认为上述转让行为符合可撤销情形，请求法院判令撤销。

【裁判要旨】

在案件审理过程中，法院委托中介机构对涉案房产进行了评估，评估结论为涉案房屋含装修价值199万元。法院经审理后认为，债务人以明显不合理的低价转让财产，对债权人造成损害，并且受让人知道该情形的，债权人可以请求法院撤销债务人的行为。被告王某夫妇与其父母共同居住，存在共同利益关系，应对他们之间的交易行为是否合理进行严格审查。现根据房地产买卖契约及合同签订之后的款项交付情况，讼争房屋的转让价格为120万元，低于评估报告确定的市场价格的70%，可视为明显不合理的低价。据此，法院判决撤销被告王某夫妇与其父母订立的《房地产买卖契约》，确认所涉房产归王某夫妇所有。

【评析】

在执行中，被执行人千方百计地逃避人民法院对生效裁判的执行，实践中被执行人或相关人员规避执行、抗拒执行的手段和方式更趋隐蔽性、多样化，躲避甚至对抗法院执行的手段和方式不断推陈出新，其中手段之一，就是通过合法转移被执行人的财产，使被执行人丧失执行能力，如本案中的被执行人将其房屋转售给其父母，并到房产登记机关办理了转移过户登记，按照《物权法》关于不动产以登记为公示的物权法定原则，该房产应属于本案被执行人父母的财产，人民法院不能再予以执行。但天网恢恢，法律不保护当事人之间恶意串通的违法与侵权行为，本案中的房屋买卖行为，最终被人民法院撤销，行为人以合法房屋买卖形式逃避执行的行为以一枕黄粱而破灭。

2. 贷款纠纷执行案中，已履行和解协议的合伙人仍应承担连带责任

【案情】

被执行人孟某、穆某、姚某原系合伙关系，对申请人纪某负有100万元贷款的连带给付义务。在执行过程中，申请人纪某与三被执行人达成和解协议，协议约定：纪某放弃20万元；和解协议达成后二日内由孟某给付纪某

30万元、穆某给付20万元、姚某给付30万元；其他款项不再追究。签订协议当日，孟某与穆某各自给付纪某货款30万元、20万元。后因姚某未按和解协议履行义务，纪某向法院申请恢复原判决的执行。

【分歧】

该案恢复执行后，对剩余的50万元债务，孟某和穆某是否负有连带给付义务，合议庭有两种不同的观点：

第一种观点认为，在本案执行中，双方当事人在合法、自愿的基础上达成和解协议，变更了生效法律文书确定的履行义务主体、数额和履行方式，履行方式由原来的连带责任变更为分担、按份履行。该协议内容阻却了原生效法律文书对孟某、穆某的连带责任拘束力，且现穆某、孟某已按协议内容履行完毕，因此，剩余债务50万元应当由未履行协议的姚某一人承担。

第二种观点认为，申请人纪某要求恢复原判决的执行，就是要求恢复所有内容的执行，包括三被执行人对所有债务负连带责任这一内容的执行，要求孟某、穆某与未履行和解协议的姚某就剩余的50万元负连带责任，有利于保护债权人的合法权益。应当追加孟某与穆某对剩余的50万元债务承担连带责任。

【评析】

笔者同意第二种观点。理由如下：

1. 姚某个人对和解协议的不履行是执行相对方利益共同体的不履行

我国《民法通则》第47条规定，全体合伙人对合伙经营的亏损额，对外应当负连带责任；对内则应按照协议约定的债务承担比例或者出资比例分担。在对外关系上，各合伙人应视为一个统一的整体进行民事活动。根据《民事诉讼法》第230条第2款规定，申请执行人因受欺诈、胁迫与被执行人达成和解协议，或者当事人不履行和解协议的，人民法院可以根据当事人的申请，恢复对原生效法律文书的执行。现因姚某的不履行，纪某申请恢复原生效法律文书的执行，就是要求恢复所有内容的执行，包括三被执行人负连带责任的执行，现有50万元债务，三被执行人应当负连带偿还责任。

2. 追加孟某与穆某对债务负连带责任符合诚实信用原则

《民事诉讼法》第13条规定，民事诉讼应当遵循诚实信用原则。执行程序是民事诉讼的组成部分，在执行过程中要求诚实信用，就是要求执行双方恪守诺言，在不损害他人利益和社会利益的前提下追求自己的利益。纪某为恢复受损的利益格局，对履行数额和履行方式都作出了最大限度的让步，是合理处分自己的权益。作为执行相对方来说，应当遵循诚实信用原则，履行双方签订的协议。现被执行方不履行协议，若不追加孟某与穆某承担连带责任，会出现被执行方在协议中违背诚实信用原则，却因为和解协议变更了承担数额和承担方式，从而使被执行人减轻责任、申请人权利受损，不履行诚实信用原则一方获利，遵循诚实信用一方反而吃亏的局面。

3. 追加孟某与穆某承担连带责任符合立法目的

合伙人的连带责任是指合伙人对超出自己应当承担份额的债务仍负有部分或全部清偿的责任。这样的规定，一方面在部分合伙人支付能力不足时，可以降低债权人求偿不能的风险及求偿成本，有利于对债权人的保护；另一方面又可避免合伙人在和解协议中让无能力履行的合伙人承担大部分义务，而让有能力履行的合伙人承担较少责任，出现对债权人不公平的现象。

注：本案例来源于互联网。

3. 被告人陈某某拒不执行判决、裁定罪案

【案情】

依据（2004）浦民初字第1281号民事判决书，被告人陈某某应赔偿胡某某等人人民币163922.25元。判决发生法律效力后，被告人陈某某没有自动履行。胡某某等人向福建省漳浦县人民法院申请强制执行。陈某某在法院发出的责令其履行判决书所确定的赔偿义务的执行通知书期限届满后仍未予履行。之后三年间，法院执行人员多次前往陈某某家执行，因陈某某故意隐匿行踪、居住地，致使执行未果。

【裁判要旨】

福建省漳浦县人民法院认为，被告人陈某某在被法院判决应承担经济赔偿义务发生法律效力后，拒不履行，且接到人民法院执行通知书后的三年间，为逃避履行判决书所确定的赔偿义务，而故意隐匿行踪和居住地，赔偿义务均未履行，在被公安机关采取强制措施后，才与申请执行人达成执行和解协议，且一次性支付了赔偿款人民币13万元，可以认定其行为属于有能力执行而拒不执行的情形，被告人陈某某的行为致使判决无法执行，严重地阻碍了人民法院的执行工作，其行为符合拒不执行判决、裁定罪的构成要件，已构成拒不执行判决、裁定罪。归案后，被告人陈某某与申请执行人胡某某等人达成执行和解协议，履行了民事判决书所确定的赔偿义务，取得了

申请执行人胡某某等人的谅解，犯罪情节轻微。根据被告人陈某某的犯罪情节和悔罪表现，不需要判处刑罚。依照《中华人民共和国刑法》第313条和第37条的规定，法院判决：

被告人陈某某犯拒不执行判决、裁定罪，免予刑事处罚。

宣判后，被告人陈某某没有提起上诉，检察机关也没有提出抗诉，一审判决发生法律效力。

【评析】

本案是一起对拒不履行法院判决、裁定的行为进行刑事制裁的典型案例，在当前全国开展清理执行积案活动的大背景下，对于解决执行难问题起到了很好的警示和促进作用。

《刑法》第313条规定，对人民法院的判决、裁定有能力执行而拒不执行，情节严重的，处三年以下有期徒刑、拘役或者罚金。认定被执行人有"拒不执行"行为，必须以被执行人有"履行能力"为前提条件。履行能力是指被执行人是否积极履行法院裁判文书、配合法院的执行工作，而不是看现有履行能力与需要履行的标的之间所占比例大小。根据《最高人民法院关于审理拒不执行判决、裁定案件具体应用法律若干问题的解释》第2条之规定，对人民法院发生法律效力的判决、裁定"有能力执行"，是指根据查实的证据证明，负有执行人民法院判决、裁定义务的人有可供执行的财产或者具有履行特定义务的能力。如何认定被执行人有能力执行而拒不执行的重点，应该是被告人在现有资金的情况下，是否积极履行法院的裁判文书所确定的义务，而不是以现有的资金与其应该履行义务之间所占比例的高低。

拒不执行是指对人民法院生效裁判所确定义务采取种种手段拒绝履行。"拒不执行"可以采取积极的作为，如殴打执行人员、转移、隐藏可供执行财产等方法；也可以采取消极的作为，如对人民法院通知置之不理或者躲藏、逃避等方法。

本案中的被告人陈某某（被执行人）是强劳力，在三年时间里，被告人也许不能全部履行完自己应支付的赔偿款，却完全有能力支付部分的赔偿款，但其故意分文未付。在被公安机关采取强制措施后，短短几天就筹款一次性支付了人民币13万元。而且，被告人陈某某明知必须履行生效法律文书确定的义务而故意隐匿行踪和居住地，采取外出躲避的方法，有意逃避执行，这就是典型的以消极的方法"拒不执行"的情形。

第七章

民间借贷的再审与抗诉

第一节　民间借贷案件再审的申请

1. 民间借贷案件的当事人对法院生效判决、裁定不服怎么办？

【律师解答】民间借贷案件的当事人对已经生效的法院判决或裁定不服，可以依法向法院申请再审。

【特别提醒】再审必须针对的是已生效的法院判决和裁定。

【法条链接】

《中华人民共和国民事诉讼法》

第一百五十五条　最高人民法院的判决、裁定，以及依法不准上诉或者超过上诉期没有上诉的判决、裁定，是发生法律效力的判决、裁定。

第一百九十九条　当事人对已经发生法律效力的判决、裁定，认为有错误的，可以向上一级人民法院申请再审；当事人一方人数众多或者当事人双方为公民的案件，也可以向原审人民法院申请再审。当事人申请再审的，不停止判决、裁定的执行。

2. 民间借贷的调解书可以申请再审吗？

【律师解答】调解书是在法院主持下，双方当事人对争议和纠纷所达成一致的结果，一般不会对所达成的调解协议发生争议。调解的原则是坚持合法与自愿原则，如有证据证明已经生效的法院调解书，调解违反自愿原则或其调解协议内容违法，也可以申请再审。

【特别提醒】对调解书进行再审的情况只有调解违反自愿原则和调解协议内容违法这两个条件。其他原因不能成为当事人对调解书申请再审的理由。

【法条链接】

《中华人民共和国民事诉讼法》

第二百零一条　当事人对已经发生法律效力的调解书，提出证据证明调解违反自愿原则或者调解协议的内容违反法律的，可以申请再审。经人民法院审查属实的，应当再审。

3. 对民间借贷适用小额诉讼审理所作出的判决、裁定，当事人可以提出申请再审吗？

【律师解答】小额诉讼案件实行一审终审，但小额诉讼的当事人如在法定期间内，以《民事诉讼法》第200条规定的事由向原审人民法院申请再审的，人民法院应当受理。

【特别提醒】当事人以不应按小额诉讼案件审理为由向原审人民法院申请再审的，人民法院应当受理。理由成立的，应当裁定再审，组成合议庭审理。

【法条链接】

《最高人民法院关于适用〈中华人民共和国民事诉讼法〉的解释》

第四百二十六条 对小额诉讼案件的判决、裁定，当事人以民事诉讼法第二百条规定的事由向原审人民法院申请再审的，人民法院应当受理。申请再审事由成立的，应当裁定再审，组成合议庭进行审理。作出的再审判决、裁定，当事人不得上诉。

当事人以不应按小额诉讼案件审理为由向原审人民法院申请再审的，人民法院应当受理。理由成立的，应当裁定再审，组成合议庭审理。作出的再审判决、裁定，当事人可以上诉。

4. 对人民法院签发的已生效的支付令不服，可以申请再审吗？

【律师解答】支付令是适用督促程序应债权人的申请而签发的法律文书，不属于判决、裁定、调解书的范围，不能向法院申请再审。

【特别提醒】债务人对支付令不服的，应当在法定期限内提出异议。

【法条链接】

《最高人民法院关于适用〈中华人民共和国民事诉讼法〉的解释》

第三百八十条 适用特别程序、督促程序、公示催告程序、破产程序等非讼程序审理的案件，当事人不得申请再审。

5. 在民间借贷案件执行中，第三人提出执行异议，法院经审理作出裁定后，第三人不服执行异议裁定，申请对原判决、裁定、调解书再审的可以吗？

【律师解答】第三人不服驳回执行异议裁定，申请对原判决、裁定、调解书再审的，人民法院不予受理。

【特别提醒】不服驳回执行异议裁定，应当由第三人提起执行异议之诉。

【法条链接】
《最高人民法院关于适用〈中华人民共和国民事诉讼法〉的解释》
第三百零三条第一款　第三人提起撤销之诉后，未中止生效判决、裁定、调解书执行的，执行法院对第三人依照民事诉讼法第二百二十七条规定提出的执行异议，应予审查。第三人不服驳回执行异议裁定，申请对原判决、裁定、调解书再审的，人民法院不予受理。

6. 在民间借贷案件执行中，案外人提出执行异议，法院经审理作出裁定后，案外人对驳回其执行异议的裁定不服，认为原判决、裁定、调解书内容错误损害其民事权益的，怎么办？

【律师解答】在民间借贷案件执行中，案外人提出执行异议，法院经审理作出裁定后，案外人对驳回其执行异议的裁定不服，认为原判决、裁定、调解书内容错误损害其民事权益的，可以自执行异议裁定送达之日起6个月内，向人民法院申请再审。

【特别提醒】案外人申请再审时，应当向作出原判决、裁定、调解书的人民法院申请再审，并不是作出原生效判决、裁定、调解书的上级人民法院。

【法条链接】
《最高人民法院关于适用〈中华人民共和国民事诉讼法〉的解释》
第四百二十三条　根据民事诉讼法第二百二十七条规定，案外人对驳回其执行异议的裁定不服，认为原判决、裁定、调解书内容错误损害其民事权益的，可以自执行异议裁定送达之日起六个月内，向作出原判决、裁定、调解书的人民法院申请再审。

7. 当事人不服哪些生效的裁定可以申请再审？

【律师解答】裁定主要是法院用于解决程序性问题时而采用的一种法律文书，司法实践中裁定的应当非常广泛，不是所有的裁定都可以申请再审。允许再审的裁定只限于对不予受理、驳回起诉的裁定，对其不服的才能申请再审。其他裁定均不能提出再审申请。

【法条链接】

《最高人民法院关于适用〈中华人民共和国民事诉讼法〉的解释》

第三百八十一条 当事人认为发生法律效力的不予受理、驳回起诉的裁定错误的，可以申请再审。

8. 民间借贷的判决、调解书生效后，当事人将判决、调解书确认的债权转让，其受让人对该判决、调解书不服，可以申请再审吗？

【律师解答】 判决、调解书生效后，当事人将判决、调解书确认的债权转让，债权受让人对该判决、调解书不服申请再审的，人民法院不予受理。

【特别提醒】 民间借贷的当事人死亡或者终止的，其权利义务承继者可以根据《民事诉讼法》第199条、第201条的规定申请再审。

【法条链接】

《最高人民法院关于适用〈中华人民共和国民事诉讼法〉的解释》

第三百七十五条 当事人死亡或者终止的，其权利义务承继者可以根据民事诉讼法第一百九十九条、第二百零一条的规定申请再审。

判决、调解书生效后，当事人将判决、调解书确认的债权转让，债权受让人对该判决、调解书不服申请再审的，人民法院不予受理。

9. 当事人只要对生效判决、裁定、调解书不服都可以在法定期间内提出申请再审吗？

【律师解答】 法律赋予当事人对生效判决、裁定、调解书的再审申请权，是对生效法律文书错误的一种救济途径与手段，但并不是所有生效判决、裁定、调解书均可以申请再审。如已经过再审后作出的判决、裁定不能再申请再审，对再审申请被驳回后也不能再次提出再审申请，人民检察院对当事人的申请作出不予提出再审检察建议或者抗诉决定后又提出申请的，人民法院也不予受理。

【特别提醒】 对当事人申请再审被驳回后及经再审后作出的判决、裁定，如检察院审查同意给予抗诉的，经检察院提出抗诉后，人民法院应当再审。

【法条链接】

《最高人民法院关于适用〈中华人民共和国民事诉讼法〉的解释》

第三百八十三条 当事人申请再审，有下列情形之一的，人民法院不予受理：

（一）再审申请被驳回后再次提出申请的；

（二）对再审判决、裁定提出申请的；

（三）在人民检察院对当事人的申请作出不予提出再审检察建议或者抗诉决定后又提出申请的。

前款第一项、第二项规定情形，人民法院应当告知当事人可以向人民检察院申请再审检察建议或者抗诉，但因人民检察院提出再审检察建议或者抗诉而再审作出的判决、裁定除外。

10. 当事人对生效法律文书申请再审时，应当向哪个法院提出？

【律师解答】当事人对已经发生法律效力的民间借贷的判决、裁定，认为有错误的，可以向上一级人民法院申请再审。当事人一方人数众多或者当事人双方为公民的案件，也可以向原审人民法院申请再审。

【特别提醒】当事人申请再审的，不停止判决、裁定的执行。

【法条链接】

《中华人民共和国民事诉讼法》

第一百九十九条　当事人对已经发生法律效力的判决、裁定，认为有错误的，可以向上一级人民法院申请再审；当事人一方人数众多或者当事人双方为公民的案件，也可以向原审人民法院申请再审。当事人申请再审的，不停止判决、裁定的执行。

11. 当事人申请再审，有无时间限制？

【律师解答】当事人申请再审应当在判决、裁定、调解书发生法律效力后6个月内提出。

【特别提醒】如果有下列四种情形，申请再审的时间自知道或者应当知道之日起6个月内提出。(1)有新的证据，足以推翻原判决、裁定的；(2)原判决、裁定认定事实的主要证据是伪造的；(3)审判人员审理该案件时有贪污受贿，徇私舞弊，枉法裁判行为的；(4)据以作出原判决、裁定的法律文书被撤销或者变更的。

【法条链接】

《中华人民共和国民事诉讼法》

第二百零五条　当事人申请再审，应当在判决、裁定发生法律效力后六个月内提出；有本法第二百条第一项、第三项、第十二项、第十三项规定情形的，自知道或者应当知道之日起六个月内提出。

《最高人民法院关于适用〈中华人民共和国民事诉讼法〉的解释》

第三百八十四条 当事人对已经发生法律效力的调解书申请再审，应当在调解书发生法律效力后六个月内提出。

12. 当事人申请再审应当提交哪些材料？

【律师解答】当事人向法院申请再审，应当向法院提交：（1）再审申请书及其副本，副本按被申请人和原审其他当事人的人数提交；（2）提交再审申请人的主体资格证明，如身份证、营业执照、组织机构代码证等复印件；（3）原审判决书、裁定书、调解书；（4）反映案件基本事实的主要证据及其他材料。

【特别提醒】申请再审提供的材料中，除再审申请书外，其他材料可以提供与原件核对无误的复印件。

【法条链接】

《最高人民法院关于适用〈中华人民共和国民事诉讼法〉的解释》

第三百七十七条 当事人申请再审，应当提交下列材料：

（一）再审申请书，并按照被申请人和原审其他当事人的人数提交副本；

（二）再审申请人是自然人的，应当提交身份证明；再审申请人是法人或者其他组织的，应当提交营业执照、组织机构代码证书、法定代表人或者主要负责人身份证明书。委托他人代为申请的，应当提交授权委托书和代理人身份证明；

（三）原审判决书、裁定书、调解书；

（四）反映案件基本事实的主要证据及其他材料。

前款第二项、第三项、第四项规定的材料可以是与原件核对无异的复印件。

13. 再审申请书有什么要求？

【律师解答】再审申请书是当事人向法院申请再审时必须提交的材料之一，它集中地反映了申请人对生效判决、裁定、调解书不服的原因和理由及其要求等，再审申请书应当具备以下内容：

（1）再审申请人与被申请人及原审其他当事人的基本信息；

（2）原审人民法院的名称，原审裁判文书案号；

（3）具体的再审请求；

（4）申请再审的法定情形及具体事实、理由。

【特别提醒】再审申请书应当明确申请再审的人民法院，并由再审申请人签名、捺印或者盖章。并按照要求提供副本。

【法条链接】

《最高人民法院关于适用〈中华人民共和国民事诉讼法〉的解释》

第三百七十八条 再审申请书应当记明下列事项：

（一）再审申请人与被申请人及原审其他当事人的基本信息；

（二）原审人民法院的名称，原审裁判文书案号；

（三）具体的再审请求；

（四）申请再审的法定情形及具体事实、理由。

再审申请书应当明确申请再审的人民法院，并由再审申请人签名、捺印或者盖章。

第二节 民间借贷案件再审的审查

1. 法院发现已生效的民间借贷的判决、裁定确实存在错误，怎么办？

【律师解答】各级人民法院院长对本院已经发生法律效力的判决、裁定、调解书，发现确有错误的，认为需要再审的，应当由院长提交该院审判委员会讨论决定。最高人民法院对地方各级人民法院已经发生法律效力的判决、裁定、调解书，上级人民法院对下级人民法院已经发生法律效力的判决、裁定、调解书，发现确有错误的，有权提审或者指令下级人民法院再审。

【特别提醒】对本院作出的生效判决、裁定、调解书，启动再审程序的提起权在本院院长，而是否再审的决定权，在该院审判委员会。而上级法院对下级法院已经发生法律效力的判决、裁定、调解书，发现确有错误的，有权提审或者指令下级人民法院再审。这种上级法院对下级法院的监督权，也就是再审的决定权，民事诉讼法及其司法解释没有规定需审判委员会讨论作出。

【法条链接】

《中华人民共和国民事诉讼法》

第一百九十八条 各级人民法院院长对本院已经发生法律效力的判决、裁定、调解书,发现确有错误,认为需要再审的,应当提交审判委员会讨论决定。

最高人民法院对地方各级人民法院已经发生法律效力的判决、裁定、调解书,上级人民法院对下级人民法院已经发生法律效力的判决、裁定、调解书,发现确有错误的,有权提审或者指令下级人民法院再审。

2. 人民法院收到再审申请人的再审申请后,如何进行审查?

【律师解答】 人民法院应当自收到再审申请书之日起5日内将再审申请书副本发送对方当事人。对方当事人应当自收到再审申请书副本之日起15日内提交书面意见;人民法院可以要求申请人和对方当事人补充有关材料,询问有关事项。

【特别提醒】 被申请人如不提交书面意见的,不影响人民法院审查。必要时,法院可以对再审组织双方进行听证。

【法条链接】

《中华人民共和国民事诉讼法》

第二百零三条 当事人申请再审的,应当提交再审申请书等材料。人民法院应当自收到再审申请书之日起五日内将再审申请书副本发送对方当事人。对方当事人应当自收到再审申请书副本之日起十五日内提交书面意见;不提交书面意见的,不影响人民法院审查。人民法院可以要求申请人和对方当事人补充有关材料,询问有关事项。

《最高人民法院关于适用〈中华人民共和国民事诉讼法〉的解释》

第三百八十五条 人民法院应当自收到符合条件的再审申请书等材料之日起五日内向再审申请人发送受理通知书,并向被申请人及原审其他当事人发送应诉通知书、再审申请书副本等材料。

第三百八十六条 人民法院受理申请再审案件后,应当依照民事诉讼法第二百条、第二百零一条、第二百零四条等规定,对当事人主张的再审事由进行审查。

3. 对再审申请进行审查时,是否必须询问当事人?

【律师解答】对再审申请进行审查时,不是必须询问当事人,人民法院根据审查案件的需要决定是否询问当事人。

【特别提醒】申请人提供新的证据可能推翻原判决、裁定的,人民法院应当询问当事人,必要时,也可举行听证。

【法条链接】

《最高人民法院关于适用〈中华人民共和国民事诉讼法〉的解释》

第三百九十七条 人民法院根据审查案件的需要决定是否询问当事人。新的证据可能推翻原判决、裁定的,人民法院应当询问当事人。

4. 对再审申请经审查如何处理?

【律师解答】人民法院应当对受理的再审申请进行审查,经审查,当事人主张的再审事由成立,且符合民事诉讼法和本解释规定的申请再审条件的,人民法院应当裁定再审。当事人主张的再审事由不成立,或者当事人申请再审超过法定申请再审期限、超出法定再审事由范围等不符合民事诉讼法及其司法解释规定的申请再审条件的,人民法院应当裁定驳回再审申请。

【法条链接】

《最高人民法院关于适用〈中华人民共和国民事诉讼法〉的解释》

第三百九十五条 当事人主张的再审事由成立,且符合民事诉讼法和本解释规定的申请再审条件的,人民法院应当裁定再审。

当事人主张的再审事由不成立,或者当事人申请再审超过法定申请再审期限、超出法定再审事由范围等不符合民事诉讼法和本解释规定的申请再审条件的,人民法院应当裁定驳回再审申请。

5. 法院审查当事人的再审申请有无时间限制?

【律师解答】人民法院应当自收到再审申请书之日起3个月内审查,符合本法规定的,裁定再审;不符合本法规定的,裁定驳回申请。

【特别提醒】对民事申请再审案件的审查,有特殊情况需要延长的,由本院院长批准可以延长。

【法条链接】

《中华人民共和国民事诉讼法》

第二百零四条 人民法院应当自收到再审申请书之日起三个月内审查,

符合本法规定的，裁定再审；不符合本法规定的，裁定驳回申请。有特殊情况需要延长的，由本院院长批准。

因当事人申请裁定再审的案件由中级人民法院以上的人民法院审理，但当事人依照本法第一百九十九条的规定选择向基层人民法院申请再审的除外。最高人民法院、高级人民法院裁定再审的案件，由本院再审或者交其他人民法院再审，也可以交原审人民法院再审。

6. 当事人申请再审的，在什么情况下，法院应当给予再审？

【律师解答】对于当事人申请再审的，《民事诉讼法》第200条明确规定了13种应当给予再审的情况，具体可参见下面"法条链接"的内容。

【特别提醒】这13种应当给予再审的情形，主要是针对生效的法院判决、裁定而言。调解书申请再审的条件是：有证据证明调解违反自愿原则和调解内容违法。

【法条链接】

《中华人民共和国民事诉讼法》

第二百条　当事人的申请符合下列情形之一的，人民法院应当再审：

（一）有新的证据，足以推翻原判决、裁定的；

（二）原判决、裁定认定的基本事实缺乏证据证明的；

（三）原判决、裁定认定事实的主要证据是伪造的；

（四）原判决、裁定认定事实的主要证据未经质证的；

（五）对审理案件需要的主要证据，当事人因客观原因不能自行收集，书面申请人民法院调查收集，人民法院未调查收集的；

（六）原判决、裁定适用法律确有错误的；

（七）审判组织的组成不合法或者依法应当回避的审判人员没有回避的；

（八）无诉讼行为能力人未经法定代理人代为诉讼或者应当参加诉讼的当事人，因不能归责于本人或者其诉讼代理人的事由，未参加诉讼的；

（九）违反法律规定，剥夺当事人辩论权利的；

（十）未经传票传唤，缺席判决的；

（十一）原判决、裁定遗漏或者超出诉讼请求的；

（十二）据以作出原判决、裁定的法律文书被撤销或者变更的；

（十三）审判人员审理该案件时有贪污受贿，徇私舞弊，枉法裁判行为的。

第二百零一条　当事人对已经发生法律效力的调解书，提出证据证明调解违反自愿原则或者调解协议的内容违反法律的，可以申请再审。经人民法院审查属实的，应当再审。

7. 什么情况属于有新的证据，足以推翻原判决、裁定的？

【律师解答】再审申请人提供的新的证据，能够证明原判决、裁定认定基本事实或者裁判结果错误的，应当认定为新的证据，足以推翻原判决、裁定的。

【特别提醒】需要申请人提供新的证据加以证明。证明的内容是原判决、裁定认定的基本事实或者裁判结果错误。

【法条链接】

《最高人民法院关于适用〈中华人民共和国民事诉讼法〉的解释》

第三百八十七条　再审申请人提供的新的证据，能够证明原判决、裁定认定基本事实或者裁判结果错误的，应当认定为民事诉讼法第二百条第一项规定的情形。

对于符合前款规定的证据，人民法院应当责令再审申请人说明其逾期提供该证据的理由；拒不说明理由或者理由不成立的，依照民事诉讼法第六十五条第二款和本解释第一百零二条的规定处理。

8. 什么情况下可以认定再审申请人逾期提供证据的理由成立？

【律师解答】再审申请人证明其提交的新的证据符合下列情形之一的，可以认定逾期提供证据的理由成立：

（1）在原审庭审结束前已经存在，因客观原因于庭审结束后才发现的；

（2）在原审庭审结束前已经发现，但因客观原因无法取得或者在规定的期限内不能提供的；

（3）在原审庭审结束后形成，无法据此另行提起诉讼的。

【特别提醒】再审申请人提交的证据在原审中已经提供，原审人民法院未组织质证且未作为裁判根据的，视为逾期提供证据的理由成立，但原审人民法院依照《民事诉讼法》第65条规定不予采纳的除外。

【法条链接】

《最高人民法院关于适用〈中华人民共和国民事诉讼法〉的解释》

第三百八十八条　再审申请人证明其提交的新的证据符合下列情形之一

的,可以认定逾期提供证据的理由成立:

(一)在原审庭审结束前已经存在,因客观原因于庭审结束后才发现的;

(二)在原审庭审结束前已经发现,但因客观原因无法取得或者在规定的期限内不能提供的;

(三)在原审庭审结束后形成,无法据此另行提起诉讼的。

再审申请人提交的证据在原审中已经提供,原审人民法院未组织质证且未作为裁判根据的,视为逾期提供证据的理由成立,但原审人民法院依照民事诉讼法第六十五条规定不予采纳的除外。

9. 哪些情况属于原判决、裁定适用法律确有错误?

【律师解答】根据《最高人民法院关于适用〈中华人民共和国民事诉讼法〉的解释》的规定,具有下列六种情形之一,导致判决、裁定结果错误的,应当认定为原判决、裁定适用法律确有错误。具体为:

(1)适用的法律与案件性质明显不符的;

(2)确定民事责任明显违背当事人约定或者法律规定的;

(3)适用已经失效或者尚未施行的法律的;

(4)违反法律溯及力规定的;

(5)违反法律适用规则的;

(6)明显违背立法原意的。

【法条链接】

《最高人民法院关于适用〈中华人民共和国民事诉讼法〉的解释》

第三百九十条 有下列情形之一,导致判决、裁定结果错误的,应当认定为民事诉讼法第二百条第六项规定的原判决、裁定适用法律确有错误:

(一)适用的法律与案件性质明显不符的;

(二)确定民事责任明显违背当事人约定或者法律规定的;

(三)适用已经失效或者尚未施行的法律的;

(四)违反法律溯及力规定的;

(五)违反法律适用规则的;

(六)明显违背立法原意的。

10. 什么情况属于剥夺当事人辩论权利？

【律师解答】辩论权是民事诉讼中当事人享有的一项重要权利，如其辩论权被剥夺，将成为再审的一项重要理由，在原审中如存在以下四种情况，可认定为剥夺了当事人的辩论权利：

（1）不允许当事人发表辩论意见的；

（2）应当开庭审理而未开庭审理的；

（3）违反法律规定送达起诉状副本或者上诉状副本，致使当事人无法行使辩论权利的；

（4）违法剥夺当事人辩论权利的其他情形。

【特别提醒】剥夺辩论权，不等于判决、裁定结果错误，法律规定剥夺当事人辩论权就可以再审，是对当事人诉讼权利的保障和保护，不是针对判决结果。

【法条链接】

《最高人民法院关于适用〈中华人民共和国民事诉讼法〉的解释》

第三百九十一条 原审开庭过程中有下列情形之一的，应当认定为民事诉讼法第二百条第九项规定的剥夺当事人辩论权利：

（一）不允许当事人发表辩论意见的；

（二）应当开庭审理而未开庭审理的；

（三）违反法律规定送达起诉状副本或者上诉状副本，致使当事人无法行使辩论权利的；

（四）违法剥夺当事人辩论权利的其他情形。

11. 再审审查期间，申请人可以撤回再审申请吗？

【律师解答】在再审审查期间，申请人可以撤回再审申请。但是否准许申请人撤回再审申请，则由法院决定。

【特别提醒】再审申请人经传票传唤，无正当理由拒不接受询问的，可以按撤回再审申请处理。

【法条链接】

《最高人民法院关于适用〈中华人民共和国民事诉讼法〉的解释》

第四百条 审查再审申请期间，再审申请人撤回再审申请的，是否准许，由人民法院裁定。

再审申请人经传票传唤，无正当理由拒不接受询问的，可以按撤回再审申请处理。

12. 申请人撤回再审申请后，还能再次申请再审吗？

【律师解答】人民法院准许撤回再审申请或者按撤回再审申请处理后，再审申请人再次申请再审的，不予受理。

【特别提醒】申请人撤回再审申请后，如果有《民事诉讼法》第 200 条第 1 项、第 3 项、第 12 项、第 13 项规定情形，仍可自知道或者应当知道之日起 6 个月内提出再审申请。

【法条链接】

《中华人民共和国民事诉讼法》

第二百条　当事人的申请符合下列情形之一的，人民法院应当再审：

（一）有新的证据，足以推翻原判决、裁定的；

……

（三）原判决、裁定认定事实的主要证据是伪造的；

……

（十二）据以作出原判决、裁定的法律文书被撤销或者变更的；

（十三）审判人员审理该案件时有贪污受贿，徇私舞弊，枉法裁判行为的。

《最高人民法院关于适用〈中华人民共和国民事诉讼法〉的解释》

第四百零一条　人民法院准许撤回再审申请或者按撤回再审申请处理后，再审申请人再次申请再审的，不予受理，但有民事诉讼法第二百条第一项、第三项、第十二项、第十三项规定情形，自知道或者应当知道之日起六个月内提出的除外。

13. 在再审审查期间被申请人及原审其他当事人依法提出再审申请的如何处理？

【律师解答】人民法院应当将其列为再审申请人，对其再审事由一并审查。经审查，其中一方再审申请人主张的再审事由成立的，应当裁定再审。各方再审申请人主张的再审事由均不成立的，一并裁定驳回再审申请。

【特别提醒】审查再审申请期间，被申请人及原审其他当事人依法提出再审申请的，审查期限重新计算。

【法条链接】

《最高人民法院关于适用〈中华人民共和国民事诉讼法〉的解释》

第三百九十八条 审查再审申请期间,被申请人及原审其他当事人依法提出再审申请的,人民法院应当将其列为再审申请人,对其再审事由一并审查,审查期限重新计算。经审查,其中一方再审申请人主张的再审事由成立的,应当裁定再审。各方再审申请人主张的再审事由均不成立的,一并裁定驳回再审申请。

14. 在什么情况下法院可以终止申请再审的审查?

【律师解答】在人民法院审查当事人提出再审申请过程中,如果出现导致审查没有必要再进行下去的情况时,法院可以裁定终结审查。这些情况主要包括以下几种:

(1) 再审申请人死亡或者终止,无权利义务承继者或者权利义务承继者声明放弃再审申请的;

(2) 在给付之诉中,负有给付义务的被申请人死亡或者终止,无可供执行的财产,也没有应当承担义务的人的;

(3) 当事人达成和解协议且已履行完毕的,但当事人在和解协议中声明不放弃申请再审权利的除外;

(4) 他人未经授权以当事人名义申请再审的;

(5) 原审或者上一级人民法院已经裁定再审的;

(6) 有《最高人民法院关于适用〈中华人民共和国民事诉讼法〉的解释》第383条第1款规定情形的。

【特别提醒】终结审查是永久性的终止和结束,终结后,不再恢复。

【法条链接】

《最高人民法院关于适用〈中华人民共和国民事诉讼法〉的解释》

第四百零二条 再审申请审查期间,有下列情形之一的,裁定终结审查:

(一) 再审申请人死亡或者终止,无权利义务承继者或者权利义务承继者声明放弃再审申请的;

(二) 在给付之诉中,负有给付义务的被申请人死亡或者终止,无可供执行的财产,也没有应当承担义务的人的;

(三) 当事人达成和解协议且已履行完毕的,但当事人在和解协议中声明不放弃申请再审权利的除外;

（四）他人未经授权以当事人名义申请再审的；

（五）原审或者上一级人民法院已经裁定再审的；

（六）有本解释第三百八十三条第一款规定情形的。

15. 在什么情况下，人民法院不予受理当事人的再审申请？

【律师解答】有以下三种情况之一的再审申请，法院不予受理：（1）再审申请被驳回后再次提出申请的；（2）对再审判决、裁定提出申请的；（3）在人民检察院对当事人的申请作出不予提出再审检察建议或者抗诉决定后又提出申请的。

【特别提醒】当事人已经向人民法院提出再审申请被驳回或不服再审判决、裁定的，当事人可向人民检察院申请再审检察建议或者抗诉，但因人民检察院提出再审检察建议或者抗诉而再审作出的判决、裁定除外。

【法条链接】

《最高人民法院关于适用〈中华人民共和国民事诉讼法〉的解释》

第三百八十三条　当事人申请再审，有下列情形之一的，人民法院不予受理：

（一）再审申请被驳回后再次提出申请的；

（二）对再审判决、裁定提出申请的；

（三）在人民检察院对当事人的申请作出不予提出再审检察建议或者抗诉决定后又提出申请的。

前款第一项、第二项规定情形，人民法院应当告知当事人可以向人民检察院申请再审检察建议或者抗诉，但因人民检察院提出再审检察建议或者抗诉而再审作出的判决、裁定除外。

第三节　民间借贷案件再审的程序

1. 人民法院对已经发生法律效力的判决、裁定、调解书依法决定再审，怎么办？

【律师解答】人民法院对已经发生法律效力的判决、裁定、调解书依法决定再审，应当签发再审裁定书并送达有关当事人，如原生效判决、裁定需要中止执行的，应当在再审裁定中同时写明中止原判决、裁定、调解书的执行；情况紧急的，可以将中止执行裁定口头通知负责执行的人民法院，并在通知后 10 日内发出裁定书。

【法条链接】

《最高人民法院关于适用〈中华人民共和国民事诉讼法〉的解释》

第三百九十六条 人民法院对已经发生法律效力的判决、裁定、调解书依法决定再审，依照民事诉讼法第二百零六条规定，需要中止执行的，应当在再审裁定中同时写明中止原判决、裁定、调解书的执行；情况紧急的，可以将中止执行裁定口头通知负责执行的人民法院，并在通知后十日内发出裁定书。

2. 按照审判监督程序再审的民间借贷案件，应当按什么程序审理？

【律师解答】人民法院按照审判监督程序再审的民间借贷案件，如发生法律效力的判决、裁定是由第一审法院作出的，按照第一审程序审理，所作的判决、裁定，当事人可以上诉；如发生法律效力的判决、裁定是由第二审法院作出的，按照第二审程序审理，所作的判决、裁定，是发生法律效力的判决、裁定；如上级人民法院按照审判监督程序提审的，按照第二审程序审理，所作的判决、裁定是发生法律效力的判决、裁定。

【特别提醒】无论按一审程序审理，还是按二审程序审理，或者上级法院提审，审理再审案件时，均应当另行组成合议庭进行审理。

【法条链接】

《中华人民共和国民事诉讼法》

第二百零七条 人民法院按照审判监督程序再审的案件，发生法律效力的判决、裁定是由第一审法院作出的，按照第一审程序审理，所作的判决、裁定，当事人可以上诉；发生法律效力的判决、裁定是由第二审法院作出的，按照第二审程序审理，所作的判决、裁定，是发生法律效力的判决、裁定；上级人民法院按照审判监督程序提审的，按照第二审程序审理，所作的判决、裁定是发生法律效力的判决、裁定。

人民法院审理再审案件，应当另行组成合议庭。

3. 在再审中，原审原告可以撤回起诉吗？

【律师解答】一审原告在再审审理程序中申请撤回起诉，应当经其他当事人同意，且撤回起诉不损害国家利益、社会公共利益、他人合法权益的，人民法院可以准许。如发现民间借贷存在虚假诉讼可能的，应当不准原告撤诉。如裁定准许撤诉的，应当一并撤销原判决。

【特别提醒】一审原告在再审审理程序中撤回起诉，不能在其撤诉后重复起诉，对在再审审理中撤诉后，又起诉的，人民法院不予受理。

【法条链接】

《最高人民法院关于适用〈中华人民共和国民事诉讼法〉的解释》

第四百一十条　一审原告在再审审理程序中申请撤回起诉，经其他当事人同意，且不损害国家利益、社会公共利益、他人合法权益的，人民法院可以准许。裁定准许撤诉的，应当一并撤销原判决。

一审原告在再审审理程序中撤回起诉后重复起诉的，人民法院不予受理。

4. 如何确定再审案件的审理范围？

【律师解答】人民法院审理再审案件应当围绕再审请求进行。当事人的再审请求超出原审诉讼请求的，不予审理。被申请人及原审其他当事人在庭审辩论结束前提出的再审请求，符合《民事诉讼法》第205条规定的，人民法院应当一并审理。人民法院经再审，发现已经发生法律效力的判决、裁定损害国家利益、社会公共利益、他人合法权益的，应当一并审理。

【特别提醒】再审中当事人提出的再审请求超出原审诉讼请求的，如其符合另案诉讼条件，告知当事人可另行起诉。

【法条链接】

《最高人民法院关于适用〈中华人民共和国民事诉讼法〉的解释》

第四百零五条　人民法院审理再审案件应当围绕再审请求进行。当事人的再审请求超出原审诉讼请求的，不予审理；符合另案诉讼条件的，告知当事人可以另行起诉。

被申请人及原审其他当事人在庭审辩论结束前提出的再审请求，符合民事诉讼法第二百零五条规定的，人民法院应当一并审理。

人民法院经再审，发现已经发生法律效力的判决、裁定损害国家利益、社会公共利益、他人合法权益的，应当一并审理。

5. 再审开庭审理时，各当事人按什么顺序发表意见？

【律师解答】人民法院开庭审理再审案件，应当按照下列情形分别进行：

（1）因当事人申请再审的，先由再审申请人陈述再审请求及理由，后由被申请人答辩、其他原审当事人发表意见；

（2）因抗诉再审的，先由抗诉机关宣读抗诉书，再由申请抗诉的当事人陈述，后由被申请人答辩、其他原审当事人发表意见；

（3）人民法院依职权再审，有申诉人的，先由申诉人陈述再审请求及理由，后由被申诉人答辩、其他原审当事人发表意见；

（4）人民法院依职权再审，没有申诉人的，先由原审原告或者原审上诉人陈述，后由原审其他当事人发表意见。

【特别提醒】对前述第（1）（2）（3）的情形，人民法院应当要求当事人明确其再审请求。

【法条链接】

《最高人民法院关于适用〈中华人民共和国民事诉讼法〉的解释》

第四百零四条　人民法院开庭审理再审案件，应当按照下列情形分别进行：

（一）因当事人申请再审的，先由再审申请人陈述再审请求及理由，后由被申请人答辩、其他原审当事人发表意见；

（二）因抗诉再审的，先由抗诉机关宣读抗诉书，再由申请抗诉的当事人陈述，后由被申请人答辩、其他原审当事人发表意见；

（三）人民法院依职权再审，有申诉人的，先由申诉人陈述再审请求及理由，后由被申诉人答辩、其他原审当事人发表意见；

（四）人民法院依职权再审，没有申诉人的，先由原审原告或者原审上诉人陈述，后由原审其他当事人发表意见。

对前款第一项至第三项规定的情形，人民法院应当要求当事人明确其再审请求。

6. 按照第二审程序再审的案件，再审中发现案件不符合起诉条件或属于不予受理情形的怎么办？

【律师解答】按照第二审程序再审的案件，人民法院经审理认为不符合民事诉讼法规定的起诉条件或者符合《民事诉讼法》第124条规定不予受理情形的，应当裁定撤销一、二审判决，驳回起诉。

【特别提醒】无论哪一个审理程序，只要案件不符合起诉条件或属于法院不予受理的情形，均应裁定驳回起诉，只不过再审是按一审程序进行时，其作出的驳回起诉裁定，不服的当事人可以在法定期间内上诉。

【法条链接】

《最高人民法院关于适用〈中华人民共和国民事诉讼法〉的解释》

第四百零八条　按照第二审程序再审的案件，人民法院经审理认为不符合民事诉讼法规定的起诉条件或者符合民事诉讼法第一百二十四条规定不予受理情形的，应当裁定撤销一、二审判决，驳回起诉。

7. 再审案件审理中，什么情况下可以终结再审程序？

【律师解答】再审审理期间，有下列情形之一的，可以裁定终结再审程序：

（1）再审申请人在再审期间撤回再审请求，人民法院准许的；

（2）再审申请人经传票传唤，无正当理由拒不到庭的，或者未经法庭许可中途退庭，按撤回再审请求处理的；

（3）人民检察院撤回抗诉的；

（4）有《最高人民法院关于适用〈中华人民共和国民事诉讼法〉的解释》第402条第1项至第4项规定情形的。

如因人民检察院提出抗诉裁定再审的案件，申请抗诉的当事人有前述四种情形，且不损害国家利益、社会公共利益或者他人合法权益的，人民法院应当裁定终结再审程序。

【特别提醒】再审程序终结后，人民法院裁定中止执行的原生效判决自动恢复执行。

【法条链接】

《最高人民法院关于适用〈中华人民共和国民事诉讼法〉的解释》

第四百零六条　再审审理期间，有下列情形之一的，可以裁定终结再审程序：

（一）再审申请人在再审期间撤回再审请求，人民法院准许的；

（二）再审申请人经传票传唤，无正当理由拒不到庭的，或者未经法庭许可中途退庭，按撤回再审请求处理的；

（三）人民检察院撤回抗诉的；

（四）有本解释第四百零二条第一项至第四项规定情形的。

因人民检察院提出抗诉裁定再审的案件，申请抗诉的当事人有前款规定的情形，且不损害国家利益、社会公共利益或者他人合法权益的，人民法院应当裁定终结再审程序。

再审程序终结后,人民法院裁定中止执行的原生效判决自动恢复执行。

8. 经再审开庭审理后,法院如何作出处理?

【律师解答】人民法院经再审审理认为,原判决、裁定认定事实清楚、适用法律正确的,应予维持;原判决、裁定认定事实、适用法律虽有瑕疵,但裁判结果正确的,应当在再审判决、裁定中纠正瑕疵后予以维持。原判决、裁定认定事实、适用法律错误,导致裁判结果错误的,应当依法改判、撤销或者变更。

【法条链接】

《最高人民法院关于适用〈中华人民共和国民事诉讼法〉的解释》

第四百零七条 人民法院经再审审理认为,原判决、裁定认定事实清楚、适用法律正确的,应予维持;原判决、裁定认定事实、适用法律虽有瑕疵,但裁判结果正确的,应当在再审判决、裁定中纠正瑕疵后予以维持。

原判决、裁定认定事实、适用法律错误,导致裁判结果错误的,应当依法改判、撤销或者变更。

9. 人民法院对调解书裁定再审后,如何处理?

【律师解答】当事人申请对调解书进行再审的,人民法院经审查后裁定给予再审的,要根据不同情况作出不同处理。如果当事人提出的调解违反自愿原则的事由不成立,且调解书的内容不违反法律强制性规定的,裁定驳回再审申请;人民检察院抗诉或者再审检察建议所主张的损害国家利益、社会公共利益的理由不成立的,裁定终结再审程序。对调解书进行再审与对判决、裁定的再审是不同的,主要根据提出主体的不同,采取不同的处理方式,对此要加以注意。

【特别提醒】法院驳回再审申请或终结再审程序,如人民法院在裁定再审时,裁定中止执行调解书的,如该调解书需要继续执行的,则自动恢复执行。

【法条链接】

《最高人民法院关于适用〈中华人民共和国民事诉讼法〉的解释》

第四百零九条 人民法院对调解书裁定再审后,按照下列情形分别处理:

(一)当事人提出的调解违反自愿原则的事由不成立,且调解书的内容不违反法律强制性规定的，裁定驳回再审申请；

（二）人民检察院抗诉或者再审检察建议所主张的损害国家利益、社会公共利益的理由不成立的，裁定终结再审程序。

前款规定情形，人民法院裁定中止执行的调解书需要继续执行的，自动恢复执行。

第四节 民间借贷案件的抗诉

1. 什么是民间借贷案件的抗诉？

【律师解答】民间借贷案件的抗诉，是指人民检察院对人民法院已经生效的民间借贷判决、裁定，认为确有错误，依法提请人民法院对民间借贷案件重新审理的诉讼行为。根据《宪法》的规定，人民检察院是国家的法律监督机关，它有权对人民法院的审判工作进行法律监督。根据《民事诉讼法》的规定，人民检察院有权对民事审判活动实行法律监督。《人民检察院民事行政抗诉案件办案规则》指出，人民检察院依法独立行使检察权，通过办理民事抗诉案件，对人民法院的民事审判活动进行法律监督，维护国家利益和社会公共利益，维护司法公正和司法权威，保障国家法律的统一正确实施。人民检察院办理民事抗诉案件，应当遵循公开、公正、合法的原则。

【特别提醒】人民检察院的抗诉是对人民法院民事审判工作的法律监督，但这种监督是一种法院纠错后的事后监督。

【法条链接】

《中华人民共和国民事诉讼法》

第二百零八条 最高人民检察院对各级人民法院已经发生法律效力的判决、裁定，上级人民检察院对下级人民法院已经发生法律效力的判决、裁定，发现有本法第二百条规定情形之一的，或者发现调解书损害国家利益、社会公共利益的，应当提出抗诉。

地方各级人民检察院对同级人民法院已经发生法律效力的判决、裁定，发现有本法第二百条规定情形之一的，或者发现调解书损害国家利益、社会公共利益的，可以向同级人民法院提出检察建议，并报上级人民检察院备案；也可以提请上级人民检察院向同级人民法院提出抗诉。

各级人民检察院对审判监督程序以外的其他审判程序中审判人员的违法行为，有权向同级人民法院提出检察建议。

2. 人民检察院都可以对民间借贷的哪些法律文书提出抗诉？

【律师解答】可由人民检察院提出抗诉的民间借贷案件的法律文书包括判决书、裁定书和调解书。

【特别提醒】可以提出抗诉的判决书、裁定书及调解书均已生效。

3. 民间借贷调解书的抗诉有什么特殊要求吗？

【律师解答】调解书是在法院主持下由当事人双方对案件达成的协议，是当事人互谅互让的结果，也是建立和谐社会的精神的体现和要求。但在民间借贷案件中，个别案件也可能当事人利用法律赋予的调解权，制造虚假诉讼，侵害案外人的财产权利，所以对民间借贷的调解书，其抗诉有特别的要求，即要求"调解书损害国家利益、社会公共利益"。

【特别提醒】民间借贷的案外人，认为其判决或调解书侵害其财产权利的，可以依法提起撤销诉讼。

4. 哪些人民检察院有权对人民法院的民间借贷等民事判决、裁定提出抗诉？

【律师解答】根据《民事诉讼法》的规定，人民检察院对人民法院的民事判决、裁定的抗诉权是：

最高人民检察院对各级人民法院已经发生法律效力的判决、裁定发现有本法第200条规定情形之一的均有权提出抗诉，上级人民检察院对下级人民法院已经发生法律效力的判决、裁定发现有《民事诉讼法》第200条规定情形之一的也有权提出抗诉。

前述有权抗诉的检察机关如发现民间借贷等民事调解书损害国家利益、社会公共利益的，应当提出抗诉。

【特别提醒】在我国，地方各级人民检察院对同级人民法院已经发生法律效力的判决、裁定没有抗诉权，但如发现同级人民法院已经发生法律效力的判决、裁定有《民事诉讼法》第200条规定情形之一的，或者发现调解书损害国家利益、社会公共利益的，可以向同级人民法院提出检察建议，并报上级人民检察院备案；也可以提请上级人民检察院向其同级人民法院提出抗诉。

5. 人民检察院对所有判决、裁定都可以提出抗诉吗？

【律师解答】人民检察院不是对所有人民法院的判决、裁定都可以提出抗诉。可以提出抗诉的只限于已经发生法律效力的判决以及不予受理、驳回起诉的裁定，且适用特别程序、督促程序、公示催告程序、破产程序以及解除婚姻关系的判决、裁定等不适用审判监督程序的判决、裁定除外。

【特别提醒】民间借贷案件的督促程序中各种裁定均不能提出抗诉。

【法条链接】

《最高人民法院关于适用〈中华人民共和国民事诉讼法〉的解释》

第四百一十四条　人民检察院对已经发生法律效力的判决以及不予受理、驳回起诉的裁定依法提出抗诉的，人民法院应予受理，但适用特别程序、督促程序、公示催告程序、破产程序以及解除婚姻关系的判决、裁定等不适用审判监督程序的判决、裁定除外。

6. 在什么情况下当事人可以向检察机关申请抗诉？

【律师解答】有下列情形之一的，当事人可以向人民检察院申请检察建议或者抗诉：(1) 人民法院驳回再审申请的；(2) 人民法院逾期未对再审申请作出裁定的；(3) 再审判决、裁定有明显错误的。

【特别提醒】当事人申请只是人民检察院发现人民法院判决、裁定存在《民事诉讼法》第200条情形的途径之一，具体是否抗诉，还需检察机关进行审查是否符合抗诉条件和要求。对民事判决、裁定的抗诉权属于人民检察院。

【法条链接】

《中华人民共和国民事诉讼法》

第二百零九条　有下列情形之一的，当事人可以向人民检察院申请检察建议或者抗诉：

（一）人民法院驳回再审申请的；

（二）人民法院逾期未对再审申请作出裁定的；

（三）再审判决、裁定有明显错误的。

人民检察院对当事人的申请应当在三个月内进行审查，作出提出或者不予提出检察建议或者抗诉的决定。当事人不得再次向人民检察院申请检察建议或者抗诉。

7. 检察机关对当事人的抗诉申请应在多长时间内进行审查？

【律师解答】人民检察院对当事人的申请应当在3个月内进行审查，作出提出或者不予提出抗诉的决定。人民检察院决定对人民法院的判决、裁定、调解书提出抗诉的，应当制作抗诉书。

【特别提醒】检察机关作出的决定无论是否抗诉，当事人均不得再次向人民检察院申请检察抗诉。

【法条链接】

《中华人民共和国民事诉讼法》

第二百一十二条　人民检察院决定对人民法院的判决、裁定、调解书提出抗诉的，应当制作抗诉书。

8. 人民检察院提出抗诉的案件，接受抗诉的人民法院应当怎么办？

【律师解答】人民检察院提出抗诉的案件，接受抗诉的人民法院应当自收到抗诉书之日起30日内作出再审的裁定。

【特别提醒】再审裁定应当送达抗诉的人民检察院及案件当事人。

【法条链接】

《中华人民共和国民事诉讼法》

第二百一十一条　人民检察院提出抗诉的案件，接受抗诉的人民法院应当自收到抗诉书之日起三十日内作出再审的裁定；有本法第二百条第一项至第五项规定情形之一的，可以交下一级人民法院再审，但经该下一级人民法院再审的除外。

9. 抗诉的民间借贷案件什么情况下可由受理抗诉的人民法院交由下一级人民法院再审？

【律师解答】当事人的再审申请被上级人民法院裁定驳回后，人民检察院对原判决、裁定、调解书提出抗诉，抗诉事由符合《民事诉讼法》第200条第1项至第5项规定情形之一的，受理抗诉的人民法院可以交由下一级人民法院再审。

【特别提醒】这种受理抗诉的人民法院可以交由下一级人民法院再审的案件范围和类型，是有其限制的，即当事人的再审申请被上级人民法院裁定驳回后，人民检察院对原判决、裁定、调解书提出抗诉，且抗诉事由符合《民事诉讼法》第200条第1项至第5项规定情形之一的。

【法条链接】

《中华人民共和国民事诉讼法》

第二百条　当事人的申请符合下列情形之一的，人民法院应当再审：

（一）有新的证据，足以推翻原判决、裁定的；

（二）原判决、裁定认定的基本事实缺乏证据证明的；

（三）原判决、裁定认定事实的主要证据是伪造的；

（四）原判决、裁定认定事实的主要证据未经质证的；

（五）对审理案件需要的主要证据，当事人因客观原因不能自行收集，书面申请人民法院调查收集，人民法院未调查收集的；

……

《最高人民法院关于适用〈中华人民共和国民事诉讼法〉的解释》

第四百一十八条　当事人的再审申请被上级人民法院裁定驳回后，人民检察院对原判决、裁定、调解书提出抗诉，抗诉事由符合民事诉讼法第二百条第一项至第五项规定情形之一的，受理抗诉的人民法院可以交由下一级人民法院再审。

第五节　对民间借贷案件再审与抗诉的指导

1. 对民间借贷案件再审申请的指导

（1）有权提出申请再审的主体限于生效民间借贷判决、裁定、调解书的当事人及原判决、裁定、调解书遗漏了必要的共同诉讼人和对执行异议裁定不服的案外申请人。

（2）当事人对已经发生法律效力的判决、裁定，认为有错误的，可以向上一级人民法院申请再审；当事人一方人数众多或者当事人双方为公民的案件，也可以向原审人民法院申请再审。当事人申请再审的，不停止判决、裁定的执行。

（3）当事人申请再审，应当在判决、裁定发生法律效力后 6 个月内提出；有新的证据，足以推翻原判决、裁定的；原判决、裁定认定事实的主要证据是伪造的；据以作出原判决、裁定的法律文书被撤销或者变更的；原判决、裁定遗漏或者超出诉讼请求的；自知道或者应当知道之日起 6 个月内提出。

（4）当事人申请再审符合《民事诉讼法》第 200 条规定的 13 种情形之一的，人民法院应当给予再审。

（5）当事人对已经发生法律效力的调解书，提出证据证明调解违反自愿原则或者调解协议的内容违反法律的，可以申请再审。经人民法院审查属实的，应当再审。

（6）当事人申请再审的，应当提交再审申请书等材料。人民法院应当自收到再审申请书之日起 5 日内将再审申请书副本发送对方当事人。对方当事人应当自收到再审申请书副本之日起 15 日内提交书面意见；不提交书面意见的，不影响人民法院审查。人民法院可以要求申请人和对方当事人补充有关材料，询问有关事项。

（7）人民法院应当自收到再审申请书之日起 3 个月内审查，符合《民事诉讼法》规定的再审条件和要求的，裁定再审；不符合再审规定的，裁定驳回申请。

（8）除当事人依照《民事诉讼法》第 199 条的规定选择向基层人民法院申请再审的以外。因当事人申请裁定再审的案件由中级人民法院以上的人民法院审理。最高人民法院、高级人民法院裁定再审的案件，由本院再审或者交其他人民法院再审，也可以交原审人民法院再审。

（9）人民法院审理再审案件，应当另行组成合议庭。

（10）人民法院按照审判监督程序再审的案件，发生法律效力的判决、裁定是由第一审法院作出的，按照第一审程序审理，所作的判决、裁定，当事人可以上诉；发生法律效力的判决、裁定是由第二审法院作出的，按照第二审程序审理，所作的判决、裁定，是发生法律效力的判决、裁定；上级人民法院按照审判监督程序提审的，按照第二审程序审理，所作的判决、裁定是发生法律效力的判决、裁定。

2. 对案外人申请再审的指导

（1）必须共同进行诉讼的当事人因不能归责于本人或者其诉讼代理人的事由未参加诉讼的，可以根据《民事诉讼法》第 200 条第 8 项"无诉讼行为能力人未经法定代理人代为诉讼或者应当参加诉讼的当事人，因不能归责于本人或者其诉讼代理人的事由，未参加诉讼的"规定，自知道或者应当知道之日起 6 个月内申请再审。

（2）案外人对驳回其执行异议的裁定不服，认为原判决、裁定、调解书内容错误损害其民事权益的，可以自执行异议裁定送达之日起6个月内，向作出原判决、裁定、调解书的人民法院申请再审。

（3）人民法院因必须共同诉讼的当事人申请而裁定再审，按照第一审程序再审的，应当追加其为当事人，作出新的判决、裁定；按照第二审程序再审，经调解不能达成协议的，应当撤销原判决、裁定，发回重审，重审时应追加其为当事人。

（4）根据案外人的申请，人民法院裁定再审的，如案外人属于必要的共同诉讼当事人，按前条处理。

（5）根据案外人的申请，人民法院裁定再审的，案外人不是必要的共同诉讼当事人的，人民法院仅审理原判决、裁定、调解书对其民事权益造成损害的内容。经审理，再审请求成立的，撤销或者改变原判决、裁定、调解书；再审请求不成立的，维持原判决、裁定、调解书。

3. 对申请检察院对民间借贷案件抗诉的指导

（1）民间借贷案件的抗诉，是国家检察机关代表国家对人民法院的审判行为进行监督的法定形式，是上级人民检察院对下级人民法院确有错误的生效裁判或者具有法定情形的调解书提出抗诉从而引发法院启动再审程序进行重新审理的一种监督方式。

（2）根据《民事诉讼法》第208条规定，民间借贷案件的抗诉，由作出发生法律效力判决、裁定的人民法院的上一级人民检察院向与其同级的人民法院提出。

（3）检察院抗诉一般只限于已经生效的判决和裁定，对调解书能提出抗诉的，要求具备"调解书损害国家利益、社会公共利益"的情况。

（4）民间借贷案件，当事人向法院申请再审或案件经过再审是向检察院申请抗诉的前置程序。根据《民事诉讼法》第209条规定，有下列情形之一的，当事人可以向人民检察院申请检察建议或者抗诉：（一）人民法院驳回再审申请的；（二）人民法院逾期未对再审申请作出裁定的；（三）再审判决、裁定有明显错误的。

（5）人民检察院对当事人的申请应当进行审查，审查应当在3个月内进行，审查完毕应当作出提出或者不予抗诉的决定。

（6）当事人对检察机关已作出的不予抗诉的决定，不得再次向人民检察院申请抗诉。

（7）人民检察院因履行法律监督职责提出检察建议或者抗诉的需要，可以向当事人或者案外人调查核实有关情况。

（8）人民检察院决定对人民法院的判决、裁定、调解书提出抗诉的，应当制作抗诉书。

（9）检察机关办理民间借贷案件的抗诉，按照《人民检察院民事行政抗诉案件办案规则》办理。

（10）对民间借贷案件，只要检察院抗诉的案件，接受抗诉的人民法院均应进行再审。受理抗诉的人民法院应当裁定再审并终止原判决、裁定的执行。

4. 对当事人申请提出再审检察建议的指导

（1）再审检察建议是指检察机关对确有错误的生效裁判或者具有法定情形的调解书，不采用抗诉方式，而是向同级原审法院提出纠正建议要求其自行启动再审程序进行重新审理的一种监督方式。

（2）地方各级人民检察院对同级人民法院已经发生法律效力的判决、裁定，发现有《民事诉讼法》第200条规定情形之一的，或者发现调解书损害国家利益、社会公共利益的，可以向同级人民法院提出检察建议，并报上级人民检察院备案。

（3）地方各级人民检察院依当事人的申请对生效判决、裁定向同级人民法院提出再审检察建议，应当符合下列条件：

①再审检察建议书和原审当事人申请书及相关证据材料已经提交。

②建议再审的对象为依照民事诉讼法及其司法解释规定可以进行再审的判决、裁定。

③再审检察建议书列明该判决、裁定有《民事诉讼法》第208条第2款规定情形，即发现有《民事诉讼法》第200条规定情形之一的，或者发现调解书损害国家利益、社会公共利益的。

④人民法院驳回当事人再审申请或人民法院逾期未对再审申请作出裁定的。

⑤再审检察建议经该人民检察院检察委员会讨论决定。

（4）如果检察机关的检察建议不符合司法解释规定的条件和要求，人民法院可以建议人民检察院予以补正或者撤回；不予补正或者撤回的，应当函告人民检察院不予受理。

（5）人民检察院依法对损害国家利益、社会公共利益的发生法律效力的判决、裁定、调解书经人民检察院检察委员会讨论决定提出再审检察建议的，人民法院应予受理。

（6）人民检察院依照《民事诉讼法》第209条第1款第3项规定对有明显错误的再审判决、裁定提出再审检察建议的，人民法院应予受理。

（7）人民法院收到再审检察建议后，应当组成合议庭，在3个月内进行审查，发现原判决、裁定、调解书确有错误，需要再审的，依照《民事诉讼法》第198条规定裁定再审，并通知当事人；经审查，决定不予再审的，应当书面回复人民检察院。

（8）人民法院审理因人民检察院抗诉或者检察建议裁定再审的案件，不受此前已经作出的驳回当事人再审申请裁定的影响。

图书在版编目（CIP）数据

民间借贷疑难解答与实务指导／安天甲编著.—北京：中国法制出版社，2018.3
ISBN 978-7-5093-9315-4

Ⅰ.①民… Ⅱ.①安… Ⅲ.①民间借贷－经济纠纷－处理－研究－中国 Ⅳ.①D925.104

中国版本图书馆 CIP 数据核字（2018）第 042120 号

策划/责任编辑　任乐乐（lele_juris@163.com）　　封面设计　杨泽江

民间借贷疑难解答与实务指导
MINJIAN JIEDAI YINAN JIEDA YU SHIWU ZHIDAO

编著/安天甲
经销/新华书店
印刷/三河市国英印务有限公司
开本/730 毫米×1030 毫米　16 开　　　　　　印张/28.5　字数/372 千
版次/2018 年 3 月第 1 版　　　　　　　　　　2018 年 3 月第 1 次印刷

中国法制出版社出版
书号 ISBN 978-7-5093-9315-4　　　　　　　　定价：89.00 元

北京西单横二条 2 号
邮政编码 100031　　　　　　　　　　　　　　传真：66031119
网址：http：//www.zgfzs.com　　　　　　　　编辑部电话：66071862
市场营销部电话：66033393　　　　　　　　　邮购部电话：66033288

（如有印装质量问题，请与本社编务印务管理部联系调换。电话：010-66032926）